Heinrich Wallnöfer

Auf der Suche nach dem Ich

Psychotherapie – Meditation – seelische Gesundheit

Albert Müller Verlag
Rüschlikon – Zürich · Stuttgart · Wien

Inhalt

Suche nach dem Ich
Zur Einführung ein Partygespräch am reichhaltigen Büffet:

«Natürlich nehme ich mir immer das kleinste Stück – den kleinsten Apfel, das kleinste Torteneck. Schließlich wurde ich gut erzogen. Und meine Mutter hat mich reichlich mit ihrer Liebe dafür belohnt, wenn ich bescheiden war und mehr an die anderen gedacht habe als an mich. Freilich, heute muß ich sagen: Das bringt mich auch um viele Genüsse.»

Trotzig wurde unterbrochen: «Meine Mutter war genau so. Aber ich denke nicht daran: Ich nehme mir immer und sofort den größten Happen.» Ein Muttertyp hat also zwei Zwangssituationen entstehen lassen: Der oder die eine muß immer das kleinste, die oder der andere das größte Stück nehmen. Beide sind «ganz normal». Sie bemerken freilich kaum, daß sie gar nicht auf die Idee kommen, frei zu wählen. Eben jenes Stück oder die Frucht, auf die sie im Augenblick Appetit hätten. Einmal etwas größer, wenn der Hunger größer ist, einmal klein, wenn man nur aus Höflichkeit einen Bissen nehmen will.

Das aber sehen wir – und nach einigem Nachdenken wohl die meisten Menschen – als echte Freiheit an: Nach Notwendigkeit, Zweckmäßigkeit und nach dem eigenen Wunsch entscheiden zu können, gleichgültig, in welcher Lebenssituation man sich befindet. Wir glauben nicht, daß der Top-Manager, der einen silbernen Porsche oder einen schwarzen Mercedes fahren muß , um sich «top» zu fühlen, wirklich frei ist. Auch wenn er soviel finanzielle Freiheit hat, daß er sich jeden Wagen leisten kann. Um wirklich Freiheit zu erlangen (von der man häufig gar nicht weiß, daß sie einem fehlt), muß man sich mit den Hintergründen des eigenen Handelns, der Gewohnheiten und Eigenheiten (den schwarzen Mercedes immer auf der linken Fahrbahn dahinrollen zu lassen) beschäftigen.

Es geht uns wie Herrn und Frau Jedermann, die sich endlich einmal entschließen zu sagen: Ich will! und sich dabei oft unvermutet mit der Frage konfontiert sehen: Wer ist das eigentlich: dieser Herr oder Frau Ich?

Eine Frau, die Autogenes Training Oberstufe machte – sie stellte sich auf die Formel ein «Ich suche mich» – erlebte unvermutet einen anderen Satz und dabei ein zuversichtliches Gefühl der Befreiung: «Ich finde mich.»

In diesem Sinn wollen wir uns einmal auf die Suche begeben.

Über sich selbst nachzudenken: Das ist manchmal mühsam. Immer aber ist es ein Abenteuer, immer spannend und bringt uns wohl auch immer ein Stück den Geheimnissen unseres Seins näher.

Vielleicht ist es überhaupt die größte Herausforderung, wenn sich der Mensch die Frage stellt: Wer bin ich denn eigentlich. Denn wenn wir auch dabei sind, den Mond, die Sterne, ja das Weltall zu erforschen: Der größte weiße Fleck auf der Landkarte unseres Wissens ist immer noch das «weite Land» der menschlichen Seele. Und es ist sicher vernünftig, sich nur mit einer guten Ausrüstung auf diese Forschungsreise zu begeben.

«Expeditionsaustatter» auf unserem Weg sind die alten und neueren Denker ebenso wie die professionellen Seelenforscher. Für unsere Zeit beginnend mit dem phantasiereichen, stürmischen und umstrittenen Franz Anton Mesmer, dem Erfinder der Hypnose, dieses Mikroskopes der Seele, bis zum Großmeister aller modernen Seelenheilkunde, dem nicht minder umkämpften Vater der Psychoanalyse, Sigmund Freud.

Ob uns eine Krankheit zur Beschäftigung mit der eigenen Person herausfordert oder eine körperliche bzw. seelische Störung, ein Schicksalsschlag oder einfach das Interesse, die gesunde Neugierde: Immer ist damit auch die Chance verbunden, das Leben reicher, voller, befriedigender zu leben und zu er – leben. Unzählige Menschen haben dadurch völlig neue Talente entdeckt oder Zugang zu Lebensbereichen (zum Beispiel in der Kunst) bekommen, die ihnen bisher verschlossen waren.

Man kann die Denk – und Wissensgebiete, die ich in diesem Buch behandeln will, nur schwer und nur künstlich wirklich voneinander trennen. Natürlich müssen wir Grenzen ziehen, sollten uns aber bewußt bleiben, daß es künstliche Grenzen sind.

Psychotherapie und Lebensweisheit

Die in ihrer modernen Form junge Kunst der Psychotherapie geht weit zurück auf die verschiedensten Versuche, mit seelischen Mitteln Kranke wieder gesund und den Menschen an sich «weiser», vernünftiger, mehr der Realität angepaßt zu machen; ihm den Weg zur Mitte, nach «innen» zu zeigen und ihm damit auch zu helfen, leichter, freier zu leben.

In den nun mehr als vier Jahrzehnten, in denen ich versuche, Menschen in den verschiedensten Nöten beizustehen, konnte ich immer mehr erkennen, wie nützlich es sein kann, wenn sich der Suchende – soweit das möglich ist – selbst seinen Weg bahnt. Wenn er versucht, selbst die Methode, den Weg zu finden, die für ihn den meisten Erfolg verheißen, am besten seiner Persönlichkeit entsprechen. Aus dieser Überzeugung heraus habe ich dieses Buch über Meditation und Psychotherapie geschrieben. Aus diesem Grunde stelle ich Ihnen die verschiedensten Methoden, die von den unterschiedlichsten Weltanschauungen ausgehen, so wie ich sie sehe, vor. Die Wahl des Weges, die persönliche Zusammenstellung der Verfahren, die Sie vielleicht erproben wollen, die eigene Sicht der Welt bleiben bei Ihnen.

Ich hoffe, daß jeder, der nach seinem Ich, nach seiner Seele, nach seelischer Gesundheit, nach seinem Standort in der Welt, nach der «Wahrheit», der «Wirklichkeit», dem «Sinn des Lebens» sucht, in diesem Buch einen nützlichen Helfer finden wird. Dabei gehe ich von dem Standpunkt aus, daß jeder Mensch nicht nur ein einmaliges, unwiederholbares Wesen ist, sondern daß jeder in jeder beliebigen Lebenssituation offene Möglichkeiten hat, sich zu entfalten, sich noch ein Stück mehr selbst zu verwirklichen, seinen Sinn zu erfüllen.

Mag die scheinbare Begrenzung von der vielen Arbeit, den vielen Pflichten herrühren (in die mancher vor sich selber flieht!), mag es ein Schicksalsschlag oder eine Krankheit sein, die uns alles ausweglos erscheinen lassen, die Wege, die hier aufgezeigt werden, dienen dazu, die Grenzen zu sprengen.

Auf dem Weg zur Befreiung aus der Enge kann ein Buch, eine Psychotherapiemethode, ein «Lehrer» oder ein «Guru» hilfreich sein. Gehen muß jeder den Weg selbst. Und je mehr Selbständigkeit man dabei lernt, umso mehr wird man auch zu sich selbst finden. Wer den Weg zur Seele, wie ich ihn aufzuzeichnen versucht habe, in der von mir gewählten Form mitgehen will, ist auf die Reise herzlich eingeladen. Wer etwas Spezielles, ein besonderes Verfahren, einen der östlichen oder westlichen Wege sucht, dem stehen das Inhalts- und ein ausführliches Stichwortverzeichnis zur Verfügung.

Als sogenannter «Patient» werden Sie nach kurzem Durchsehen dieses Buches vielleicht den Eindruck gewinnen, ich wäre der Meinung, es sei im wesentlichen gleichgültig, welcher Form der Psychotherapie man sich zuwendet, Hauptsache man wird behandelt. Das glaube ich nun ganz und gar nicht; ich glaube vielmehr an den «mündigen» Patienten, der die Möglichkeit haben sollte, neben den fachlichen Notwendigkeiten Therapeuten und Therapie selbst zu wählen.

Es gibt eben aus weltanschaulichen oder anderen Gründen zum Beispiel Menschen, die mit einem psychoanalytischen Verfahren nichts anfangen, weil sie – aus einem beliebigen Grund – ihr Unbewußtes unangetastet lassen wollen (müssen?) und andere, die zwar mit einem Verfahren recht gut arbeiten könnten, mit dem jeweiligen besonderen Vertreter eines Faches aber nicht zurecht kommen. Hier ist eine frühzeitige Trennung der beiden Menschen und die Suche nach einem neuen therapeutischen Arbeitspartner sicher richtig, ja notwendig.

Natürlich kommen «Flucht» und «Abwehr» als Hintergrund von Ablösungstendenzen in Frage – hier muß die Entscheidung dann gemeinsam getroffen werden. Im Zweifelsfall scheint mir persönlich der Versuch mit einem anderen Therapeuten durchaus berechtigt und besser als ein seelischer Ringkampf über viele Jahre. Ein gutes Beispiel dafür finden Sie im Buch der Ärztin Dörte von Drigalski, «Blumen auf Granit». Wenn jemand freilich ständig die Therapeuten wechselt, so dürfte die Ursache vorwiegend in ihm zu suchen sein, und dann sind sicher Geduld und harte Arbeit der einzige Weg zum Erfolg.

Medizin und Seele

Auch die Medizin hat sicher nicht erst seit Freud oder Mesmer die Seele entdeckt. Hippokrates, die alten chinesischen und ägyptischen Ärzte, Theophrastus Bombastus von Hohenheim, der sich Paracelsus nannte und einer der Mitbegründer sowohl der chemischen Medizin als auch einer medizinisch geführten natürlichen Lebensweise war, wußten um die Zusammenhänge zwischen Seele und Körper überraschend gut und wiesen auch immer wieder darauf hin.

Aber der Laie unserer Zeit, mag er nun Patient sein oder nicht, hat eine andere Beziehung zur Seele bekommen. Er ist weitgehend bereit, die Methoden, die die Wissenschaft – zum Teil gestützt auf uralte Erkenntnisse – zur Behandlung mit seelischen Mitteln entwickelt hat und noch immer weiter entwickelt, zu nützen. Das bezieht sich natürlich nicht nur auf die Schulmedizin und auf die Schulpsychologie, sondern auch auf die vielen anderen Angebote zur Heilung, Bewußtseinserweiterung usw., die oft die merkwürdigsten Kombinationen von Wissenschaft, Religion, Philosophie, Aberglauben und alten Heilslehren darstellen.

Der Mensch war immer auf der Suche nach seiner Seele. Eben das macht ihn ja zum Menschen. Daß man mit dieser Suche aber auch – seelische und körperliche – Krankheiten heilen oder bessern kann, hat die große Masse wohl erst in unserer Zeit zur Kenntnis genommen. Die enormen Möglichkeiten des Austausches von Informationen zwischen dem Wissenschaftler und dem Laien, zwischen Begründern von Heilslehren und ihren zukünftigen Jüngern, macht nicht nur Angst vor dem Atom und seiner Strahlung. Es läßt den

Menschen auch nach neuen Wegen zum «Heil» seiner weltlichen und religösen Seele suchen.

Auf der Suche nach den Grenzen des Körpers sind wir, seit wir unsere körperliche Kraft nicht mehr nur zum Überleben einsetzen müssen. Wir messen sie in Sport und Spiel, zum Teil fröhlich und unbekümmert, wie Menschen- und Tierkinder sich im Tollen aufs Leben vorbereiten. Die Grenzen der Seele waren hingegen lange ausschließlich ein Bereich für Philosophen, Religionsgründer und deren Schüler. Seit die Seele – im naturwissenschaftlichen Sinn – ein zwar umstrittener, aber immerhin ein Gegenstand der Forschung wurde, hat jeder die Chance, die Grenzen seiner Seele auszuloten, ihnen auch im wissenschaftlichen Sinn näherzukommen und, was vielleicht ein noch größeres Abenteuer ist, sie zu erweitern.

Grenzen können ein Schutz sein. Im Geistigen und Seelischen bewahren sie uns davor, über die Ufer der Norm, des «Gesunden» zu geraten. Sie werden aber umso enger, zur Behinderung, zur Fessel, je gestörter wir durch Belastungen sind, die uns in der Kindheit (vielleicht schon im Mutterleib?, vielleicht durch ererbte Verhaltensweisen?) zugestoßen sind. Besserung von seelischen Störungen (wir können den Rahmen mit Neurosen, psychosomatischen Krankheiten und Geisteskrankheiten abstecken) heißt nicht nur einfach sich wohler fühlen, sondern auch die Grenzen und Begrenzungen der eigenen Persönlichkeit erweitern. Es heißt lernen, besser mit sich, mit den anderen und der Welt umzugehen (keineswegs immer nur sich ihr anzupassen!).

Weg zu innerer Freiheit und Lebensfreude

Ein hohes Maß an innerer und äußerer Freiheit, einen weiteren Horizont und mehr Wissen über sich selbst kann jeder brauchen. Auch wenn dieses Wissen nicht immer der Wunschvorstellung, die wir vorerst einmal von uns haben, entspricht. Dabei ist die Arbeit am Selbst, die Erweiterung der Grenzen der Seele, für jeden, der an sich und für sich arbeiten will, nicht nur ein spannendes Abenteuer, sondern auch ein oft zwar mühsamer, aber aussichtsreicher Weg zu mehr schöpferischer Kraft und Lebensfreude.

Die meisten wissenschaftlich orientierten Psychotherapien zielen nicht darauf ab, den Menschen zu einer bestimmten Weltanschauung zu «bekehren». Ihr Ziel ist vielmehr, ihm den Weg zu einem freieren Umgang mit sich selbst zu öffnen. Die Arbeit am Ich, am Es und am Überich, kurz: an der Person, hat nur ein Ziel: Hindernisse aus dem Weg zu räumen, die dem Menschen den Zugang zu Möglichkeiten, die in ihm schlummern, begrenzen, ja oft überhaupt versperren. Wohin er dann geht, wie sich seine höchstpersönliche Anschauung der Welt entwickelt, soll, so weit das überhaupt möglich ist, von seiner eigenen Persönlichkeit gesteuert werden. Er ist dabei natürlich stark von seinem Herkommen, seiner Umgebung und seinem Schicksal geprägt.

Die Grenzen der Person, der persönlichen Freiheit, die uns ja auch die moderne Technik, vor allem der Zugang zu den Informationen, enorm erweitert, noch zugänglicher zu machen, damit der Mensch – die Leserin, der Leser – besser seinen Weg finden kann, ist das wichtigste Ziel meines Buches.

Die Welt entdecken und gestalten

Ich habe in über drei Jahrzehnten Arbeit als Arzt und Psychotherapeut erlebt, daß so mancher durch die verschiedensten Formen der Psychotherapie nicht nur seine Beschwerden verlor oder seine Probleme sich wenigstens besserten, sondern daß Sie oder Er auch freier wurden. Dabei findet der Mensch oft ganz neue Wege der Kreativität. Da beginnt jemand plötzlich und unerwartet sich mit Musik, mit Farben oder einem Gedicht auszudrücken oder mit seinen Händen, die überraschend «ganz von selbst» entdecken, daß sie Ton formen und auch damit dem anderen ihre Gefühle und Gedanken näher bringen können.

Der Effekt kann aber auch schlicht und einfach sein, daß die Welt anders, befriedigender, glücklicher erlebt wird: Der Mond, ein Berg oder eine Blume werden «entdeckt», in ihrer Schönheit, in ihrer Struktur findet der Mensch oft zu sich selbst.

Natürlich ist dieses Buch subjektiv geschrieben. Ich bekenne mich zur wissenschaftlich orientierten Weltanschauung einer bionomen Psychotherapie, die versucht, soweit das möglich ist, die bisher erkannten «Naturgesetze der Seele» zu einem – notwendigerweise unvollständigen – Bild zusammen zu bauen. Auch Brücken zu schlagen. Etwa zwischen den Erkenntnissen der Schulen, die, wie Freud es einmal von der Psychoanalyse sagte, in «pflichtgemäßer Einseitigkeit» den unbewußten Bereich völlig leugnen und jenen, die alles einer Theorie vom rein Seelischen unterordnen. So nützlich ein weiter Blick sein kann, so sehr ist Einseitigkeit, das Beobachten aus einer einzigen Richtung, oft unerläßlich für bedeutende Entdeckungen.

Die Psychoanalyse mag nach bestimmten Regeln keine «Naturwissenschaft» sein. Vielleicht muß man dann aber den Begriff der Naturwissenschaft erweitern. Denn, daß sie unser Leben verändert, freier und in mancher Hinsicht dadurch auch komplizierter gemacht hat, daß sie unser ganzes Denken beeinflußt, ist wohl kaum zu übersehen. Ihr Wortschatz ist zum Großteil in den Alltag übergegangen. Und daß sie die «Widerstände», die Ablehnung durch ihre Gegner voraussagen konnte, spricht für und nicht gegen sie. Sie rechnet mit der Tatsache, daß alles Menschliche gegensätzlich ist, «ambivalent», also wenigstens zweigesichtig, wie übrigens wohl alles in der Natur. Daher ist in der Psychotherapie und in der Tiefenpsychologie auch häufig das eine wie das andere richtig. Unendlich viele Faktoren wirken zusammen, und wir können schon sehr zufrieden sein, wenn wie einige davon erkennen. Daß auch der andere Recht hat, sagt uns nicht nur Martin Buber im jüdischen Witz, den Zusammenfall der Gegensätze kennt auch der christliche Denker Cusanus und kennen die östlichen Philosophen von Lao Tse bis zu den Zen-Buddhisten.

Darüber sollte man aber nicht vergessen, daß die Erkenntnisse der reinen Naturwissenschaft dadurch selbstverständlich nicht ungültig werden. Die Atomphysik hat weder die Gesetze des Einmaleins noch die der Hebelwirkung aufgehoben. Wir haben Reflexe und wir können sie bis zu einem gewissen Grade bahnen. Wir haben die Möglichkeit, heute vieles von der Reaktion der Nerven, von unseren Stimmungschwankungen rein naturwissenschaftlich zu erklären, ja wir sind imstande, Stimmungen und Reaktionen gezielt auszulösen. Warum sollte es nicht möglich sein, hier einen Mittelweg einzuhalten. Das Problem zu einseitig naturwissenschaftlich denkender Menschen ist ja nicht, daß sie sich auf die Ergebnisse von genauem Messen und Wägen verlassen, sondern daß Dinge, die – im Augenblick oder nach ihrem Dafürhalten! – nicht meß- und wägbar sind, für sie einfach nicht existieren.

Ich möchte Sie auf den folgenden Seiten auf eine Reise durch die Seelenkunde entführen. Vor allem durch die Seelen-Heilkunde im weitesten Sinn des Wortes, die für den Gesunden zur Erweiterung seiner Grenzen ebenso wichtig und interessant ist wie für den, der sich krank oder gestört fühlt.

● Für den Studenten, der lernen will aber nicht lernen kann.
● Für die Hausfrau, die ihre Wohnung nicht nur sauber hält, sondern ständig putzen muß.
● Für den Manager, der genau weiß, wie man Arbeit weitergibt, «delegiert», um den Rücken frei zu haben, aber eben dieses Delegieren nicht über sich bringt, weil eine unbestimmte Angst ihm die Fähigkeit nimmt, seinen Mitarbeitern das Vertrauen zu schenken, das zum Delegieren nötig ist.
● Für Herrn oder Frau Jedermann, die nicht oder nicht ausreichend

lieben können, weil Liebe und Zärtlichkeit – zwei Grundbedürfnisse des Menschen – in ihrer Kindheit von (gestörten) Eltern nicht vermittelt werden konnten.

In der modernen Psychologie ist das Wort Liebe verpönt. Trotzdem bin ich überzeugt davon, daß sie das wichtigste, ja vielleicht das einzig wirklich wirksame Mittel im Bereich der Seelenheilkunde ist. Freilich keine fordernde Liebe, die auf eigene Befriedigung aus ist, sondern die Liebe, die den Menschen im anderen liebt und ihm zu seiner Befreiung – und zu seiner Liebesfähigkeit! – helfen will.

«Womit heilen wir denn, als mit Liebe», schrieb ein bekannter Psychoanalytiker, der damit freilich keine körperlichen Beziehungen zu den ihm Anvertrauten meinte.

Störung oder Krankheit?

Es ist noch nicht so lange her, daß man einen Menschen, der sich den ganzen Tag waschen, jede Türschnalle, die er angriff, vorher abwischen und jedes an sich saubere Glas, aus dem er trinken wollte, vorher waschen mußte, als eben ein wenig verschroben bezeichnete. Man dachte kaum daran, wie eng sein Leben durch die «Gewohnheiten» wurde, und dachte auch nicht darüber nach, was die Ursache seines Verhaltens sein und wie man ihn davon befreien könnte. Man nannte ihn auch nicht «krank», obwohl er das sicher war, sondern er galt eben nur als «ein bißchen sonderbar».

Auch daß der Alkoholiker, der seine panische Angst, seine Depressionen, seine Gefühle der Minderwertigkeit mit dem Suchtgift erträglich machen muß, der ohne Hilfe an dieser Sucht sicher zugrunde geht, krank ist, erkennt man nur langsam, zögernd und widerwillig. Lieber spricht man von «selbstverschuldeter» Trunksucht. Als ob man ein Schicksal oder die Anlage zu einer Sucht «verschulden» könnte.

Wie man einen Waschzwangkranken nicht dadurch heilen kann, daß man ihm das Waschen verbietet, kann man den Alkoholkranken nicht wieder «trocken» machen, indem man ihm das Trinken untersagt und womöglich seine Angst noch vermehrt, indem man ihm die schrecklichen Folgen der Trunksucht plastisch und farbenreich schildert. Echter Alkoholismus ist im strengen Sinn wahrscheinlich unheilbar. «Nur ein wenig Trinken» gibt es für diese Menschen nach dem derzeitigen Stand der Wissenschaft nicht. Sie müssen, um gesund zu bleiben, dem Alkohol völlig entsagen.

Nachdem man anfangs als «krank» nur den körperlich Kranken anerkannte, entdeckte man die «Neurosen» – im strengen Sinn des

Wortes: chronische Entzündungen der Nerven –, begann sie von den Psychosen, den ja schon vorher bekannten Geisteskrankheiten, zu trennen und fand schließlich, daß vieles, was man bisher als «sonderbar», «ein bißchen verrückt» usw. bezeichnete, irgend etwas mit der «Seele» zu tun hat. Und man entdeckte auch, daß man etwas Brauchbares dagegen unternehmen kann. Dabei wurde gleichzeitig der Begriff der Krankheit in Frage gestellt, denn man kann sehr häufig nicht mehr so genau die Grenzen ziehen, wo es sich um eine «Krankheit» im engeren Sinne und wo «nur» um eine Störung handelt, bei der der Mensch zwar «arbeitsfähig» bleibt, aber das Leben nicht mehr genießen kann.

Wer hat recht?

Es ist menschlich sehr verständlich, daß die meisten Erfinder einer Methode auf ihr System schwören. Es sind meist nur die ganz Großen, die unvoreingenommen die Grenzen ihres Verfahrens sehen. Durch die bloße Tatsache, daß sich jemand um den Patienten annimmt, werden schon viele Beschwerden wenigstens besser, manche verschwinden sogar ganz. Angenommen-Werden ist eben eines der Grundbedürfnisse des Menschen, auf die ich später bei der Besprechung der kleinen Revolution durch Abraham Maslow zurück komme (Seite 221). Und wenn man einem Menschen Grundbedürfnisse erfüllt, so kann das eben ganz wesentlich zur Besserung von Beschwerden beitragen. Und mindestens in diesem Sinn haben letztlich alle bis zu einem gewissen Grad recht: Wenn jemand täglich zwei oder drei mal die Übungen nach I. H. Schultz (Seite 156) oder nach E. Jacobson (Seite 310) macht, dann erzielt er nicht nur die positiven Auswirkungen der Übungen, sondern hat auch seinen Willen geschult, wie man das in der Psychosynthese nach Roberto Assagioli und nach verschiedenen amerikanischen Autoren lernt. Es werden also Grundsätze wirksam, die an sich oft völlig unterschiedliche Schulen lehren.

Hilfe ist selten einfach

Leider helfen einfache Übungen, das Befolgen irgendwelcher Empfehlungen, ganz schlicht nur «positiv» zu denken, den Willen zu schulen, sich «zusammen zu reißen» usw. keineswegs immer. Wenn es sich um schwerere Störungen handelt, ist das eher die Ausnahme. Dann braucht man eine Behandlung. Und diese Psychotherapie wird dann zur schweren und oft mühsamen Arbeit. Manche Menschen haben eben schlicht nicht die Kraft und die Ausdauer, dreimal täglich irgend eine Übung, ein Gymnastikprogramm oder was immer es sein mag, konsequent durchzuziehen. Es sagt sich sehr leicht: diese Personen sind zu faul, oder: sie wollen ja nur nicht. Untersucht man das Problem genauer, so hat jeder Mensch solche Bereiche, Vorsätze, die er immer wieder faßt, sie letztlich aber dann doch nicht ausführt. Handelt es sich nicht um wesentliche Dinge, so findet er für sich selbst leicht eine «Begründung» dafür. Die Psychoanalyse spricht dann von Rationalisierung. Man sagt sich: «eigentlich» wollte ich ja gar nicht, oder: es zahlt sich nicht aus usw., und schon kann man das, was man «eigentlich» machen sollte, mit «gutem Grund» bleiben lassen.

... und ißt und ißt ...

Für die Tatsache aber, daß jemand in einem wesentlichen Bereich nicht konsequent sein kann – und nur dann wird man es ja näher untersuchen – findet man letztlich immer einen tieferen Grund. Das einfachste und wohl auch für jeden beobachtbare Beispiel ist die Unfähigkeit, das Essen einzuschränken. Da hat jemand schon über hundert Kilo (manchmal 140 und mehr) und ißt und ißt. Fast immer nimmt er (sie) sich vor: ab morgen ... und morgen wird dann wieder der Eisschrank geplündert. Auch mit Ausreden («Begründungen») ist man schnell und überzeugend zur Hand: Es sind die Hormone, es liegt in der Familie. Die Möglichkeiten, eine Ursache zu finden, sind fast unbegrenzt. In Wirklichkeit ist irgendwo im Seelischen eine Sicherung durchgebrannt. Psychoanalytisch spricht man von Ersatzbefriedigung, bei den Verhaltenstherapeuten hat man es «falsch gelernt»: Tatsache bleibt, daß dieser Mensch zuviel ißt. «Entweder heimlich oder unheimlich», wie der bekannte Stoffwechselforscher von Noorden einmal lakonisch feststellte. Letztlich hilft aber dem oder der Armen der ganze Wille nichts, ganz einfach, weil Herr oder Frau Übergewichtig eben nicht Wollen können. Bei manchen helfen die Weight Watchers (weil man nach verhaltenstherapeutischen Richtlinien belohnt wird? weil man Zuwendung bekommt? weil die Suggestion wirksam wird? weil sich gerade, als man mit dem Programm begann, auch im Beruflichen oder in der Ehe die enttäuschende Situation gewandelt hat?), manchmal aber ist das Problem nur lösbar, wenn man die in der Kindheit liegenden Ursachen aufdeckt, bearbeitet und damit das, was eigentlich dahinter steckt, unwirksam macht.

Sieht man sich all diese Wenn und Aber an, die verschiedensten Theorien, die das menschliche Verhalten zu erklären versuchen, so bleibt für den neutralen Beobachter nur ein Schluß offen: Es gibt keine ganz falschen und ganz richtigen Erklärungen und daher auch keine ganz falschen oder ganz richtigen Psychotherapien. Der Mensch, der da gestört ist, muß letztlich selbst so weit kommen, daß er sich die Heilmethode, das Verfahren, sucht, das für ihn am geeignetsten ist.

Schuldgefühle machen niemanden gesund!

Durch die – oberflächliche – Beschäftigung mit Psychologie und Tiefenpsychologie entstehen oft Vorurteile (beim Betroffenen) und Schuldgefühle (bei seinen Angehörigen). Es ist oft sehr willkommen, daß man alte Gefühle der Ablehnung, ja des Haßes, mit (pseudo-) psychologischen Argumenten erklären und verteidigen kann. Wenn es stimmt, was die Seelenforscher sagen, daß die Ursachen von Störungen in der Kindheit liegen, so müssen ja auch die Verantwortlichen aus der Zeit der Kindheit «Schuld» an der Störung sein. Gleichgültig ob nun der Säugling oder das Kind etwas falsch «erlernt» haben, wie die Verhaltensforscher meinen, oder ob sein Unbewußtes geschädigt wurde, wie Freud, Jung und viele andere vor und nach ihnen behauptet haben und behaupten. Die «Schuld» trifft den, der sich «falsch» verhalten hat.

Auch wenn wir keine allgemein anerkannte und unbestrittene Entwicklungs- und Erziehungslehre haben: Es ist sehr wahrscheinlich, daß unbiologische, unzweckmäßige, man kann wohl auch sagen unvernünftige Behandlung gerade in der prägsamen Zeit der Kindheit dem Kind nicht gerade zuträglich sind. Daß KZ und Kriegsgefangenschaft den Menschen verändern, findet niemand verwunderlich. Warum sollte ein Kind, dem die Mutter jedesmal, wenn es Lust hatte, ihr in die Brustwarze zu beißen, einen «Klaps» gab, dadurch nicht schreckhaft geworden sein? Einen Klaps übrigens, sehr oft gegeben nach Anweisung des Haus-, Kinder-, oder Frauenarztes, die ihrerseits in ihren Schulen kein besseres Mittel erlernt hatten, das Kind davon abzuhalten, der Mutter weh zu tun. Es sagt sich so leicht, die Mutter werde schon wissen, wie stark dieser «liebevolle» Klaps ausfallen müsse. Woher soll die Mutter tatsächlich davon Kenntnis haben, wie empfindlich ihr Kind ist, und woher soll das Kind wissen, was ein «liebevoller», ja ein «berechtigter» Klaps ist und was ein «schädlicher»? Ihm ist der – wenigstens anfangs völlig unverhoffte – Schlag auf jeden Fall unangenehm.

Die Vernunft würde uns sagen, daß man ja auch ohne Klaps das Kind, jedesmal, wenn es Lust zum Beißen bekommt, einfach von der Brust wegnehmen kann. Von der Lerntheorie her müßte das genauso wirksam sein. Aber den Klaps gab es ja immer schon, argumentieren die Klapsfreunde, und schließlich gibt ja auch jede Katzenmutter ihren Kindern, wenn sie nicht folgen, kräftige Ohrfeigen. Das Wesentliche dabei ist, daß die Mutter, die den Klaps gibt, die das Kind in die dunkle Kammer oder in den Keller sperrt oder ihm von der Hölle erzählt (wie man das bei ihr getan hatte), das ja nicht tut, um den Kind zu schaden. Ganz im Gegenteil: von ihr anerkannte Autoritäten haben ihr vermittelt, daß gerade das die richtige Verhaltensweise ist, um das Kind zu einem ordentlichen Menschen zu erziehen. Mit voller Überzeugung hat in einer Fernsehsendung, die die angeblich so gesunde Ohrfeige in Frage stellte, eine ältere Dame begeistert erzählt, sie wäre von ihren Eltern täglich mit Schlägen für die diversen Vergehen, die ein Kind nun einmal «verbricht», bestraft worden. Und sie betonte, sie sei ihren guten Eltern noch heute für jede einzelne Strafe dankbar. So und nur so konnte aus ihr ein ordentlicher und anständiger Mensch werden. Das war damals in weiten Kreisen die geltende Meinung, und ist es in manchen Bereichen auch heute noch. Bei der besagten Dame ist es offensichtlich gut ausgegangen. Sie war, wie sie betonte, auch eine geliebte Großmutter. Wahrscheinlich hat sie, so würden wir heute meinen, neben den Schlägen auch viel Zuwendung bekommen. Es hätte aber auch anders kommen können. Geschlagene Kinder sind auch im Leben oft «geschlagene» Menschen: überängstlich oder als Kompensation diktatorisch und herrisch, von sich übermäßig eingenommen. Fragen wir uns: Hätte die offenbar strenge Erziehungsmethode diesen Erfolg gehabt, wäre daraus, was durchaus möglich ist, eine Neurose geworden, dürfte man dann den Eltern, deren Erziehungsstil zweifellos nach heutiger Auffassung die Ursache der Störung war, eine «Schuld» zuweisen? Sie haben nach ihrem besten Wissen und Gewissen gehandelt und waren überzeugt davon, daß man auf diese Weise «ordentliche» Menschen heranbildet.

Es mag gelegentlich einmal vorkommen, daß Eltern absichtlich etwas tun, um dem Kind zu schaden. Man kann in solchen Fällen sicher eher von Schuld sprechen, obwohl man sich auch hier fragen muß, ob eine solche Verhaltensweise mit einem gesunden Menschen, mit seelisch gesunden Eltern vereinbar ist. Im Alltag werden die Eltern eher alles tun, um dem Kind zu nützen und sich dabei eben an Empfehlungen halten, die aus Quellen stammen, denen sie vertrauen: Ihre eigenen Eltern, die Sozietät, Autoritäten aus dem religiösen oder wissenschaftlichen Bereich.

Diesen Erkenntnissen entsprechend versucht man auch in der Psychotherapie, auftauchende Aggressionen gegen die Eltern oder andere Bezugspersonen vorerst einmal ausleben zu lassen.

Es ist aber nicht die Aufgabe der Psychotherapie, Haß gegen Vater oder Mutter zu erzeugen, sondern diesen – unbewußt ja vorhandenen Haß – abzubauen. Es geht darum, Abstand zu gewinnen. Der Spruch: «Alles verstehen, heißt alles verzeihen» gilt hier nicht , denn es gibt ja nichts zu verzeihen. Die Zusammenhänge verstehen und zu bearbeiten bedeutet, daß sich Rache- (oft echte Mord-)wünsche allmählich auflösen und die Eltern nicht mehr als die übermächtigen und eben manchmal auch tyrannischen Wesen, die sie ja für das Kind tatsächlich oft sind, sondern als Menschen wie du und ich empfunden werden. Mit all den Zweifeln, die zum Menschen nun einmal dazugehören, und all den Fehlern, die wir täglich machen.

Ich sehe es aber als eine der Aufgaben dieses Buches an, dem Leser auch in dieser Hinsicht Hilfen anzubieten und jenen Müttern und Vätern, die sich «schuldig» fühlen, weil sich bei ihren Kindern eine Störung entwickelt hat, dieses Schuldgefühl zu nehmen. Nicht das Schuldgefühl kann den Kindern helfen, sondern nur Zuwendung und Verständnis und gegebenenfalls auch die Stütze durch echte Autorität. Autorität wird aber durch Schuldgefühle im Inneren (!) des betroffenen Vaters oder der betroffenen Mutter untergraben. Und wenn man sich schwach fühlt, wechselt man zwangsläufig in ein zu nachgebendes oder in autoritäres, abweisendes Verhalten über. Wobei man nicht vergessen sollte, daß auch für die Eltern die Erfüllung des Grundbedürfnisses nach Zuwendung wichtig für ein erfülltes Leben ist. Wen nur der Haß aufrecht erhält, den kann man wohl kaum zu den glücklichen und erfüllten Menschenexemplaren zählen.

Wo liegt das Gemeinsame?

Es gibt Hunderte von verschiedenen psychotherapeutischen Verfahren. Sie sind, wie Sekten nach einer Religionsgründung, vor allem in den Jahren nach dem zweiten Weltkrieg, buchstäblich aus dem Boden geschossen. Und so mancher fragt sich, ganz ähnlich wie bei den Religionen, wer hat denn nun eigentlich recht? Oder, positiver: Wo liegt das Gemeinsame?

Einem Großteil der Methoden – wenn nicht allen – ist der »veränderte Bewußtseinszustand» gemeinsam, in den der Mensch gerät, wenn er «übt», meditiert, sich auf die Couch des Analytikers legt, die Übungen nach Jacobson macht usw. Mancher wird vielleicht einwenden, daß es sich ja einmal um Ruhe und das anderemal um heftige Bewegungen handelt. Richtig! Aber: Beim Vergleich der Elektroenzephalogramme (EEG = Messung der Hirnströme) von tanzenden Derwischen mit denen ruhig Meditierender konnte man feststellen, daß sie – je mehr die Tanzenden in den Trancezustand kommen, umsomehr den EEG's ähnlich werden, die man bei Ruhemeditation, Hypnose und Autogenem Training findet.

Der «Kern» des Menschen

Wir können also davon ausgehen, daß – vielleicht mit wenigen Ausnahmen – alle «Suchenden» nach den Grenzen des Ichs und der Seele, ob sie nun eine «Therapie» mitmachen oder aus dem Gefühl der Gesundheit heraus mehr über sich wissen wollen, an diesem Grundzustand des Menschen teilhaben.

Eine anderer Bereich ist die «Begegnung mit sich selbst», das Sich-Finden, das Sich-Erleben. Bei manchen Verfahren geht der Weg über das Körperliche, bei anderen über das innere Erleben, über die direkte Meditation.

Allen Verfahren, die (meiner Meinung nach) einer echten Selbstfindung (soweit das überhaupt möglich ist) nahe kommen, ist auch der absolute Respekt vor dem Erleben des anderen gemeinsam. Dahinter steckt die Idee, daß in jedem von uns ein «Kern-Ich», ein «wahres Selbst» vorhanden ist, das es zu befreien gilt. Dahin führen verschiedene Wege, immer aber gilt es, das Besondere, das Eigenständige in der jeweiligen Person herauszuarbeiten, von Verspannungen und Verkrampfungen, von Angst und Vorurteilen frei zu machen.

Es ist nicht die Aufgabe des Therapeuten, Trainers oder Gurus, den Adepten zu seiner, des Vermittlers Lebens- oder Weltanschauung zu bekehren. Daß diese Abstinenz nur bis zu einem gewissen Grad möglich ist, wird kein Einsichtiger bezweifeln. Denn natürlich übernimmt der Schüler Anschauungen des Lehrers.

Schon allein das Ziel, den Menschen zu seinem Kern zu führen, trägt ja eine «Weltanschauung» in sich, nämlich die, daß der Mensch eben einen solchen Kern habe. Andere Ansichten besagen etwa, daß der Mensch grundsätzlich keinen, und schon gar keinen guten Kern besitzt sondern prinzipiell «böse» sei. Die Aufgabe muß verständlicherweise dann darin bestehen, das Böse im Menschen auszutreiben (solche Anschauungen gibt es in Ost und West), die guten Kräfte in ihm zu wecken oder überhaupt erst in ihn einzupflanzen.

Die Vertreter der Anschauung (zu denen ich mich vorsichtig zähle), man müsse einen vorhandenen Kern entwickeln, sind von ihrer Meinung kaum weniger fest überzeugt als die anderen, die diesen Kern... Hier stock' ich schon. Sie erleben mit mir hier eine Schwierigkeit: Versuchen Sie, diesen Satz zu Ende zu formulieren. Heißt das Ende etwa: «... die diesen Kern nicht sehen (wahrhaben, erkennen...) können oder wollen»? Das würde ja bedeuten, daß wir diesen Kern, den die anderen als nicht vorhanden annehmen, als existent betrachten. Damit sprechen wir denen, die anderer Meinung sind, nur die Fähigkeit ab, ihn zu erleben, ihn zu spüren. Der «Kern» ist damit nicht bewiesen.

Vielleicht existiert er wirklich nicht, und die, die ihn erlebt haben – und daher an sich und anderen zu erkennen glauben – sind einer Phantasie, einer Täuschung oder einem Wunschdenken zum Opfer gefallen. Das Problem ist kaum lösbar. Wir werden uns damit begnügen müssen, daß es eben viele Wege gibt, die Welt zu sehen. Einer davon ist die Suche nach dem Ich, dem Selbst, nach dem Kern des Menschen, nach seiner «Seele» – oder, wie wir es in diesem Buch auch versuchen, nach den Grenzen der Seele.

Die Achtung vor der Einmaligkeit des anderen

Wir können uns immerhin auf große Meister berufen, wenn es um den Respekt vor dem inneren Erleben des anderen geht. Auf Hippokrates ebenso wie auf Paracelsus. In jüngerer Zeit etwa auf Sigmund Freud – der bei aller Deutungsfreude (die von seinen Nachfahren reichlich überstrapaziert wurde) seinen Blick für das originale Erleben nicht verlor; auf I. H. Schultz mit seinem «absoluten Respekt vor dem Erleben des Übenden», den man heute bei der Vermittlung des Autogenen Trainings leider oft vermißt.

Auch stark auf das Mystische, das «Numinose», das Geheimnisvolle, Transzendente bezogene Seelenkundige, wie der Ende 1988 verstorbene Karlfried Graf Dürckheim (auf dessen initiatische Therapie wir auf Seite 108 zurückkommen) versuchen dem Menschen den Kontakt mit ihrem «innersten Wesen» möglich zu machen. Diesen Kontakt haben sie, wenn sie krank sind, seiner Meinung nach verloren.

Auch der Meister der kommunikativen Hypnose, der geniale Milton H. Erickson, hatte eine besondere Hochachtung vor dem, was sein Patient erlebte, und lehrte seine Schüler, daß eine Hypnose umso besser funktioniere, je mehr es gelingt, auf den anderen, seine Gefühle, Wünsche und Vorstellungen einzugehen.

Die Begegnung mit sich selbst

Um dem Leser einen kleinen Einblick in den den meisten Methoden gemeinsamen Versuch der «Selbstfindung» zu geben, einige Beispiele: Feldenkrais (Seite 194) läßt Sie durch die Beobachtung der eigenen Bewegung in der Funktionalen Integration zu sich selber finden: «Bewußtheit durch Bewegung führt zu Selbsterkenntnis.». In der Funktionellen Entspannung sucht der Mensch seine «Mitte», wie in der Initiatischen Therapie Dürckheims, der das Bewußtsein der Mitte (japanisch HARA) aus dem fernen Osten mitbrachte. In der Begegnung mit sich selbst erlebt der Mensch, der sich in konzentrativer Bewegungstherapie befindet, sein «wahres Ich». Diese Beispiele dürften ausreichend Einblick in das geben, was ich meine, wenn ich von der Gemeinsamkeit der Sebstfindung spreche.

Psychotherapie – Magie – Religion
Man kann die Sache noch anders sehen, und dieser Aspekt hat sicher viel für sich: Alle Psychotherapie stammt letztlich von Magie und Religion ab, und das Charisma eines Menschen ist nun einmal einerseits ein wichtiges Hilfsmittel bei jeder Heilarbeit und andererseits jeder wissenschaftlichen Forschung, wenn überhaupt, dann nur sehr schwer zugänglich. Es gilt hier ein Gesetz, das an sich für die ganze Biologie Gültigkeit hat: jeder untersuchende Eingriff – und mag er noch so wissenschaftlich sein – verändert das untersuchte System ganz massiv. Daher gilt die Untersuchung wieder nicht vollends für die ununtersuchte Situation. Ein großer Teil der psychotherapeutischen Aufgaben (zum Teil als Erbe der Religionen) ging im Osten wie im Westen fast unbemerkt auf die Sozialarbeit über. Weitblickende Analytiker wie Hans Strotzka haben das schon lange vorausgesehen.
Caritas ist auch eine wichtige Aufgabe der sozialistischen Gemeinschaft im modernen China. Die Erste Hilfe bei seelischen Problemen – also das, was wir heute Krisenintervention nennen – wurde im alten China von der Großfamilie und wird im neuen China von der Nachbarschaft und den nachbarschaftlichen Einrichtungen der Partei übernommen. Die Erfolge sollen nicht wesentlich besser und nicht wesentlich schlechter sein als bei der professionellen Intervention bei Lebenskrisen durch Ärzte, Psychologen und Sozialarbeiter im Westen. Natürlich ist neben nüchternen, praktischen Gegebenheiten auch viel Weltanschauung, viel Ideologie hinter den einzelnen Versuchen zu helfen. Einmal wird der Patient einem Menschen anvertraut – wenn man will einer Vater- oder Muttergestalt. Dieser «einsame Therapeut», so formulierte es einmal ein bekannter, eher

linksorientierter aber erfrischend toleranter Analytiker, sei heute aber ein Anachronismus: was wir in der komplizierten Situation unserer Zeit brauchen, ist Teamarbeit von Therapeuten verschiedenster Schulrichtung, damit dem Klienten – Patienten nach der für ihn richtigen Methode und möglichst effektiv (also sozial billig) geholfen werden kann.

Von der Ohrenbeichte zur Gruppe

Das ist vielleicht ein (umstrittener) Schritt zu einer neuen Gesellschaft: Der Weg von der Ohrenbeichte peinlicher und nach Ansicht der Sozietät schuldbeladener Dinge zum Bericht über die eigenen Probleme vor einem Kreis von Fachleuten. Von diesen «Spezialisten» hat der Klient – Patient an sich schon oft den (sicher falschen) Eindruck, sie sähen als Angehörige eines magischen Zirkels aufgrund ihrer psychologischen Ausbildung ohnehin auf den Grund seiner Seele wie durch Glas. Und mancher formuliert das auch: «Herr Doktor, nach den vielen Testen müßten Sie doch eigentlich über mich Bescheid wissen, oder?». Und denkt sich dabei, eigentlich könnte er mir viele peinliche Fragen ersparen.

Psychotherapien verschiedener Prägung haben verschiedene Ziele, wenn letzten Endes auch alle oder fast alle den Anspruch erheben, der letzte Schrei und die beste Lösung zu sein. Da ist

1. die ganz einfach unterstützende, hilfebringende, tröstende und «tragende» Therapie, das Zuhören und das Helfen mit Ratschlägen, die der fachlichen Bildung und der größeren Erfahrung des Therapeuten entspringen. Natürlich werden sie auch nach der Weltanschauung des Ratenden ausgerichtet sein: ein krasser Materialist wird kaum jemandem raten, sich hilfesuchend ins Gebet zu versenken, obwohl diese Versenkung seit Jahrtausenden ein bewährtes Mittel für den gläubigen Menschen ist; und nebenbei auch für manchen, der sich für ungläubig hält. Der Therapeut ist maximal aktiv.

2. Psychotherapien, bei denen man in kurzer Zeit viel erreichen will, die mit einem «Stoß in die Struktur» (oder in das System) der Psyche dem Patienten helfen soll. Auch hier ist der Therapeut aktiv, wendet aber auch Techniken, die der Psychoanalyse entlehnt sind, an und überläßt manches dem Unbewußten des Patienten.

3. Die orthodoxe Psychoanalyse und Behandlungsformen, von denen man erwartet, daß sie, ähnlich wie die Analyse, die seelische Struktur des Menschen verändern oder zum «gesunden» Aus-

gangspunkt, wie er vor den Schädigungen, die zu den Beschwerden geführt haben, bestand, zurückführen. Voraussetzung dafür wäre die Idee einer angeboren gesunden seelischen Anlage.

Für Nummer zwei und Nummer drei brauchen wir die Theorie des Unbewußten, die Annahme, daß wir einen Bereich haben, aus dem Handlungen und Reaktionen des Menschen gesteuert werden, die nicht mit seinem bewußten Willen übereinstimmen und häufig für ihn schädlich oder krankheitserzeugend sind. Diese Theorie wird bekanntlich u. a. von den Anhängern des strengen Behaviorismus bestritten, die die Existenz des Unbewußten überhaupt leugnen. Alles ist erlernbar und daher auch verlernbar. Die Struktur der Seele wäre folgerichtig durch Lernen zu verändern. Das bedeutet in der grundsätzlichen Betrachtung der Psychotherapien Nummer

4. Verlernen falscher und daher krankmachender Gewohnheiten und Erlernen der richtigen, wodurch der bis dahin Kranke wieder gesund wird – er kann also zum Beispiel wieder Liftfahren oder den Liebesakt vollziehen.

5. Der Zugang zur Seele über das Körperliche. Der erste, der sich – wenigstens aus der psychoanalytischen Schule – damit befaßte, war Wilhelm Reich (1897–1957), der immer mehr zu einer rein biologischen Auffassung zurückkehrte, von der sich Freud ebenso folgerichtig immer mehr entfernt hatte. Das Problem ist nach Reich im Körperlichen zu suchen und die Lösung des Muskelpanzers führt allmählich auch zur Lösung des Charakterpanzers. Im Gegensatz zur sehr breiten Auffassung der Sexualität durch Freud (im Sinne von Libido, Lebenstrieb) konzentrierte sich Reich auch immer mehr auf den Orgasmus, auf die konkrete, körperliche sexuelle Befriedigung und stellte die These auf, daß man ohne Orgasmus gar nicht gesund sein könnte. Der Schritt zur Idee, daß der Orgasmus gesund mache, liegt nahe.

Ich glaube aber nach wie vor, daß mein Satz: Die gesunde Frau hat einen Orgasmus, aber keine Frau wird durch den Orgasmus gesund, Geltung hat. Vielleicht sollte man statt «einen» Orgasmus, «ihren» Orgasmus sagen, um alle Normen, wie ein Orgasmus zu sein habe (und darüber gibt es die merkwürdigsten Vorstellungen), zu vermeiden.

Für unsere Betrachtung der verschiedenen Formen der Psychotherapien scheint mir der Bezug zum Körperlichen wichtig zu sein. Wenn auch der Zugang zur Seele über den Körper der Definition: Psychotherapie ist Behandlung mit seelischen Mitteln, nicht entspricht, rechnet man allgemein diese Therapieformen doch zur seelischen Behandlung. Freilich wäre es dann in diesem Sinn eher eine Behandlung der Seele. Näheres über Reich und seine Nachfolger siehe Seite 171.

Der Streit der Schulen

Es gibt immer wieder (oft sehr fruchtbare und nützliche) Kontroversen zwischen den einzelnen psychotherapeutischen Schulen und zwischen vielen Formen der (auch von der Schulmedizin anerkannten) Psychotherapie schlechthin mit der körperlich orientierten Schulmedizin. Kontroversen, die nicht selten in persönliche Beleidigungen, Unterstellung unredlicher Absichten usw. ausarten.

Eine der wichtigsten Ursachen dürften die verschiedenen Grundlagen, von denen die sogenannte exakte Wissenschaft auf der einen Seite und die Wissenschaft von der Seele des Menschen andererseits ausgehen. Dabei ist die exakte Wissenschaft ein Teil, aber eben nur ein Teil der Methoden, mit denen man im Rahmen der Psychotherapie dem Ziel besserer Erkenntnis näherzukommen versucht.

Sehen wir uns das Problem etwas genauer an: Einer unserer wichtigsten Erkenntniswege, wir haben es schon erwähnt, ist die Mathematik. Wir lernen sehr früh – und ganz zu Recht – daß zwei und zwei vier sind. Das gilt für das Zählen von Kindern im Kindergarten, damit kann man Häuser, Brücken und Atombomben bauen, man kann berechnen, wann der Halleysche Komet kommt. Wir leben in der Mathematik in einer sicheren und überschaubaren Welt, haben eine brauchbare Handhabe für die Bewältigung der Umwelt und an sich keinen Grund, an dieser Welt zu zweifeln. Die Kernfrage lautet, solange wir bei der Mathematik bleiben, richtig oder falsch?

Die Äpfel und das Weltbild

Was in dieses Schema nicht hineinpaßt, paßt nicht in unser Weltbild. Nun wissen wir von der Wahrnehmungspsychologie, daß es mit dem Wahrnehmen von richtig und falsch eine eher problematische Sache ist. Denken Sie nur an die optischen Täuschungen. Wir wissen aber (und das fällt noch viel mehr ins Gewicht) von der Natur (die wir beherrschen und uns «untertan» machen wollen) auch, daß keine zwei Produkte der Natur gleich, wirklich identisch sind. Genauer besehen gleicht kein Apfel wirklich dem anderen, gibt es keinen gerade gewachsenen Baum, nicht einmal zwei Ziegelsteine, die sich wirklich in nichts voneinander unterscheiden, wenn man sie exakt untersucht.

31

Ob A gleich oder ungleich B ist, läßt sich zwar in der Rechenkunst mit Sicherheit beweisen. Im Leben ist aber das Ereignis A nie (!) dem Ereignis B gleich (auch eineiige Zwillinge haben ihre Unterschiede) und damit ist eine wichtige Forderung moderner Wissenschaftstheorie von Haus aus unerfüllbar: die Möglichkeit des Falsifizierens, des Annehmens einer Gegentheorie, die man dann mit Beobachtung beweisen oder verwerfen kann. Es ist sicher für jede Wissenschaft von grundlegender Bedeutung, daß sie sich selbst stets in Frage stellt. Nur die wenigsten tun das wirklich. Die einfache Forderung an eine Theorie, sie müsse widerspruchsfrei zu bestätigen und das Gegenteil dann ebenso widerspruchsfrei zu widerlegen (zu falsifizieren) sein, – nach dem in Wien geborenen und in London wirkenden Sir Karl R. Popper, ist aber nur dort erfüllbar, wo es eben um mathematisch Beweisbares, physikalisch Meßbares usw. geht.

Ich kann mathemathisch-physikalisch unterscheiden, ob es sich bei zwei Dingen A und B um je eine Frucht der Sorte Apfel handelt. Hypothese eins – die in diesem Fall bejaht werden würde, hieße also: Sowohl A als auch B gehören in die Kategorie der Äpfel, Hypothese zwei, einwandfrei zu widerlegen, wenn man genügend Untersuchungsmöglichkeiten hat, lautet: A und B gehören verschiedenen Kategorien an. A kann etwa ein Apfel, B ein Ziegelstein sein. Nach Hypothese eins kann ich auch sagen: A und B sind zwei Äpfel. Ebensogut kann ich aber mathematisch-physikalisch mit verhältnismäßig einfachen Mitteln klarstellen, daß es sich um zwei Einzelindividuen der Sorte Apfel handelt, die man voneinander durch Gewicht, Aussehen, Form des Stengels, Treibfähigkeit der Kerne und unzählige andere Merkmale wieder unterscheiden kann.

Die Wiederherstellung des gesunden Ausgangszustandes

Will man in der Erkenntnis über das menschliche Verhalten weitergehen als nur zur einfachen Unterscheidung klar definierbarer Naturgesetze – also etwa der Konditionierbarkeit (siehe Seite 309), dann hört der Traum von der Falsifizierbarkeit ebenso auf wie der medizinische Traum der wirklichen Heilung, der «Restitutio ad integrum», der Wiederherstellung des ursprünglichen (gesunden) Zustandes. Schon die Verhaltensweisen von Tieren sind in vielem bei weitem nicht so präzis vorauszusagen, wie mancher Labordenker es gerne möchte, und so ist der Mensch in seiner Vielfalt sicher immer nur zum Teil erfaßbar, die Grenzen werden stets fließend sein, und wir müssen uns etwa als Psychotherapeuten wohl immer wieder neu orientieren und auf jeden Menschen neu einstellen. Abgesehen von allen anderen formenden Einflüssen, die gleichzeitig auf den Betreuten wirken und sicher unendlich vielfältig sind, haben wir ja auch eben durch die laufende Psychotherapie (mag es nun die Grundstufe des Autogenen Trainings oder eine orthodoxe Psychoanalyse oder was immer sein) etwas, was diese Person verändert: Genauer besehen haben wir es also bei jedem Zusammentreffen immer wieder mit einem – auch durch die spezielle Therapie! – etwas veränderten Menschen zu tun.

Und wie alles im Menschen ambivalent, zweigesichtig, ist, wie wir in uns wahrscheinlich für jeden Wunsch einen Gegenwunsch finden, so ist eben auch bei der tiefenpsychologischen Betrachtung nicht das eine wahr und das andere falsch, sondern es wirken unendlich viele Komponenten zusammen, und wir sehen jeweils im einzelnen Augenblick das derzeit vorhandene sich ständig ändernde Resultat.

Die Wissenschaftlichkeit einer Methode garantiert zwar nicht ihre Wirksamkeit, aber ihre Überprüfbarkeit. Das ist wichtig. Wir wissen, daß an sich die Tatsache, daß ein Mensch behandelt wird, schon einen therapeutischen Effekt hat, und nur die wissenschaftliche Überprüfbarkeit macht es möglich zu entscheiden, was über diesen an sich bei jeder Therapie schon vorhandenen Heilungs-Effekt hinaus an der Methode wirksam ist. Bei den unendlichen Möglichkeiten, die der Mensch mitbekam und die durch Erziehung und Schicksal eingebremst wurden, kann man einen Teil der Beschränkungen wieder aufheben. Ihn zum Beispiel durch analytische Maßnahmen aus dem Zwang bestimmter biologisch bedingter Verhaltensweisen, in die er zum Schutz vor Unerträglichem zurückfiel, wieder in die menschliche Freiheit zurückholen. Zurück in die ihm eigene Freiheit der Entwicklung, die den Menschen an sich ausmacht. Mit dieser Freiheit der persönlichen Entwicklung hört aber das naturwissenschaftlich an sich gültige Entweder-Oder des Falsifizierens einzelner Hypothesen auf. Aus der Ambivalenz heraus kann beides wahr sein – je nachdem wie der Mensch – oder sein Unbewußtes – entscheidet (eine Möglichkeit, die auch der Computer sehr wohl kennt).

Es scheint solche «freien» Entscheidungen ebenfalls im Tierreich zu geben, sie sind nur noch sehr wenig erforscht, weil man zuerst den einfacheren Weg eingeschlagen hat und den biologischen Zwängen (etwa der Beißhemmung des Wolfes oder der Prägung der Graugans) nachgegangen ist.

Wissen als Lebenshilfe

Es wird heute kaum mehr jemanden geben, der behauptet, es wäre unvernünftig oder schädlich, das Einmaleins zu beherrschen, oder der die Eisenbahn als gesundheitschädliche Einrichtung ansieht. Erkenntnis, Wissen und Verwendung des Wissens sind offensichtlich die wichtigsten Grundlagen unseres Fortschritts. Wie sieht es aber mit dem Wissen als Lebenshilfe, als Weg, die Probleme des Alltags besser zu bewältigen, aus? Es war – und ist! – keineswegs ein unbestrittener Weg zum Ziel eines leichteren und erfüllteren Lebens.
Im Gegenteil. Wir hören immer wieder, daß es viel besser wäre, sich nicht zu sehr mit seiner Seele, mit den unbewußten Zusammenhängen zu befassen. Das könne nur Kopfzerbrechen und Unsicherheit zur Folge haben. Zu groß ist offensichtlich die Angst vor der Erkenntnis, ja, vor der Verantwortung, die man übernehmen müßte, wenn man sich nicht mehr hinter magischen Kräften, dem «Zufall» oder anderen Erklärungen verschanzen kann.
Zu groß ist aber auch die Verlockung, den mühsamen Weg zur Selbsterkenntnis und Selbstverwirklichung durch den Glauben an «Lebensenergien», die man durch irgendwelche Übungen erwerben oder von einem Guru vermittelt bekommen kann, zu ersetzen. Oder die Arbeit an sich selbst durch Medikamente, durch chemische Beeinflussung unseres Denkens, Fühlens, Wollens und Handelns zu erleichtern. Einfachstes Beispiel: der Alkohol: Wer Sorgen hat, hat auch Likör!
Wir leben in einer Zeit des Widerstreits in seelischer Hinsicht: Auf der einen Seite besteht das Bedürfnis des modernen Menschen nach tieferer Kenntnis seelischer Zusammenhänge, nach mehr Erkenntnis über jenes geheimnisvolle Etwas, das wir Selbst nennen (das «Erkenne dich selbst» über dem Tempeleingang war früher eher für die «Eingeweihten» bestimmt). Es hat zum Psychoboom geführt. Auf der anderen Seite besteht eine (zum Teil durchaus berechtigte) Skepsis gegenüber allen Gurus, Seelenheilkundigen, Psychologen, Psychotherapeuten, Psychiatern usw. Die Antipsychiatrie ist sicher nicht zufällig ein Kind unserer Zeit und selbst wieder eine «Lehre».
Mit kräftigen Anleihen aus dem Osten enstanden westliche Sekten, die je nach Guru Bewußtseinserweiterung und inneren Frieden bis zur völligen Heilung der ganzen Menschheit versprechen. Auch im Rahmen der fachlichen Psychotherapie entstanden unzählbare Schulen und Gruppen, denen – wenn man polemisch sein will, vorwiegend das eine gemeinsam ist, daß sie jeweils meinen, die einzig richtige Lösung gefunden zu haben. Natürlich nehmen dann auch

alle gerade für sich das Privileg der «Wissenschaftlichkeit» in Anspruch und bezeichnen die Lehre der anderen – wenigstens die der unmittelbaren Konkurrenten – als völlig veraltet und unwissenschaftlich. Nur selten findet man Ansätze zur vorsichtigen Bescheidenheit eines Sigmund Freud oder anderer großer Denker der Psychologie.

Ich habe mich nun rund dreißig Jahre in dieser Landschaft umgesehen, hatte durch meinen zweiten Beruf, das Schreiben, die Möglichkeit, mit vielen Schulen bekannt zu werden, bei bedeutenden Repräsentanten der einzelnen Schulen zu lernen und glaube nicht mehr daran, daß der eine recht und der andere unrecht hat. Soviele Schulen, soviele Möglichkeiten und Wege, die für den einen gut und gangbar, für den anderen aber wenig oder gar nicht brauchbar sind. Anfangs steht man recht hilflos vor dem großen Angebot, das von der jahrelangen Analyse bis zum Seminar für Zenbuddhismus in zwei Tagen reicht. Ich hoffe, daß der Leser, der am Ende dieses Buches angelangt ist, eher entscheiden kann, ob er sich überhaupt weiter für sein Ich, für die Grenzen seiner Seele interessieren will und wenn ja, welcher Weg oder welche Wege für ihn am ehesten in Frage kommen.

Es geht nicht nur um Krankheiten, um die Heilung von Störungen, die wirklich das Leben beeinträchtigen, es geht um den Menschen wie Du und Ich, der, angeregt durch das große Angebot, einen Weg sucht, sein Bewußtsein zu «erweitern». Um den Suchenden, der mehr über so komplizierte – und doch so einfache – Dinge wie Selbst und Ich, Ichanteile, Unbewußtes und Bewußtes, über Wege in andere Bewußtseinszustände usw. wissen möchte.

Natürlich sind viele der Methoden, die besprochen werden, auch erprobte Wege, die aus psychosomatischen Erkrankungen und aus Neurosen herausführen. Sie sind aber auch für den sogenannten Gesunden Wege zur Selbsterkenntnis, Möglichkeiten, das Bewußtsein und das Wissen um bisher unbekannte Dimensionen der Seele – der Persönlichkeit – zu erweitern.

Die Grenzen sind verschwommen

Es ist ja auch nicht so, daß Freud oder ein anderer der Großen der Meinung waren, daß nun alle Menschen krank seien und eine Analyse bräuchten. Natürlich gibt es keine Methode, von der nicht ein paar Menschheitsbeglücker glauben machen wollten oder wollen, man müsse nur die Methode X (hier kann man von der Analyse bis zum Autogenen Training, von der Transzendentalen Meditation bis zur Verhaltenstherapie alle Verfahren einsetzen) allen Menschen vermitteln, dann werde es keine Kriege, keinen Streit, keine Verbrechen usw. mehr geben. Die Neigung, alles über einen Leisten zu scheren, ist begreiflicherweise besonders bei Menschen zu beobachten, die zum Sektierertum neigen.

Ein Radiohörer hat mir einmal eine typische Frage gestellt: Sagen Sie, Herr Doktor, muß man eine schwere Neurose haben, damit man das Autogene Training erlernen kann? Für alle Verfahren gilt natürlich genau das Gegenteil: Je «gesünder», je freier ein Mensch in seiner Entscheidung ist, umso besser ist er geeignet, unter den verschiedenen Verfahren die für ihn am besten geeignete Methode auszusuchen. Ich bin der Ansicht, daß auch hier eine Vielfalt – bei entsprechend ernster Beschäftigung mit dem Erleben – mehr Einsicht bringt als dauerndes Konzentrieren auf eine Variante.

Bei der Arbeit mit der «Seele» geht es ja viel weniger um die Theorie und viel mehr um das Erleben an sich selbst (erlebte Gesetze). So ist es zum Beispiel sicher wichtig, auch die körperliche Seite des Meditierens oder Psychotherapierens (wie zum Beispiel bei Feldenkrais Seite 194) zu erleben statt nur einen «veränderten Zustand des Bewußtseins» (Seite 47) zu suchen. Ich und Selbst sind zwei Begriffe, die im Sprachgebrauch sehr oft gleichgesetzt werden. In der Psychologie trennt man sie seit Jahrzehnten deutlich voneinander, wenn sich auch keineswegs alle Schulen (ich bin versucht zu sagen: wie sich das gehört) darüber einig sind, was darunter zu verstehen ist.

Grundsätzlich weiß jeder, wovon er oder jemand anderer spricht, wenn er ICH sagt. Wenn ich denke, daß ich jetzt über das Ich nachdenke, da «weiß» ich, wer mit Ich gemeint ist. Ich, zum Unterschied vom Du, von meiner Umgebung, von der Luft, in der ich lebe, vom Wasser, in dem ich schwimme usw. Das ist alles klar und von jedem Gesunden einsehbar und verstehbar. Will man dem Phänomen Ich aber näher nachgehen, so kommt man schon in Schwierigkeiten. Ist es eine Substanz? Ein Etwas, das dem Gehirn entstammt? Kann man es orten, feststellen, wo es ist? Geht es – vorübergehend – verloren, wenn wir bewußtlos sind? Ist es das gleiche Ich wie das Ich, mit dem wir träumen? Ich ist jedenfalls (auch) die Summe der Erlebnisse, die uns aus unserem Leben (jetzt, früher oder später) bewußt ist, es prägt wesentlich unsere Persönlichkeit.

Freud hat einen neuen Ichbegriff geschaffen, als er mit Ich jene Instanz umschrieb, die zwischen den beiden Polen Über-ich und Es stehen und das repräsentieren, «was man Vernunft und Besonnenheit nennen kann, im Gegensatz zum Es, welches die Leidenschaften enthält.»

Er entdeckte auch bald, daß dieses Ich nicht nur bewußte, sondern auch unbewußte Anteile hat, und er übersah auch schon zu Beginn seiner Beschäftigung mit dem Ich nicht den sozialen Aspekt. Denn wie sich dieses Ich entwickelt, wie es zu dem wird, was wir später als Ich erleben, hängt natürlich ganz wesentlich davon ab, in welcher Umgebung wir aufwachsen und welche Möglichkeiten einer Ichentwicklung uns das Schicksal bietet. Wann sich das Ich zu entwickeln beginnt, weiß man nicht genau, man nimmt aber an, etwa um das erste Lebensjahr, wenn das Kind sein eigenes Spiegelbild zu erkennen beginnt und zuerst – zögernd und unsicher – das Wort «ich» verwendet. Zuerst heißt es nicht: ich will das haben, sondern: Toni haben!

Auf dem Weg zum Selbst

Man stellt heute immer häufiger dem Begriff des Ich den Begriff Selbst gegenüber: Ich erfahre mich als mich selbst, als die Person, die ich bin. Ich bin mir meiner selbst bewußt. Mit den besser faßbaren Begriffen der Selbstbeurteilung, Selbsteinschätzung und Selbstdarstellung verschwand der früher häufig gebrauchte Ausdruck der Selbsterkenntnis (der Freud lösend-heilende Wirkung zusprach) aus dem Vokabular der Psychologen und blieb mehr eine Domäne der Philosophen, Begründer neuer Lehren usw. Trotzdem ist er aus dem Sprachgebrauch der praktischen Psychotherapie nicht wegzudenken.

Das Selbst wurde ein wesentlicher Ausgangspunkt psychotherapeutischer Theorien und die Verwirklichung des Selbst ein wesentliches Ziel. Carl Rogers und Abraham Maslow sind die wichtigsten Vertreter dieses direkt angesprochenen Zieles, wobei die Effekte, die bei der Selbstverwirklichung herauskommen sollen, bei genauerer Betrachtung durchaus auch schon mit den therapeutischen Zielen eines Sigmund Freud vergleichbar sind: nur sprach Freud selbst sehr wenig von den besonderen Zielen der Kur; für ihn dürfte es selbstverständlich gewesen sein, daß die Patienten eben gesünder und damit leistungsfähiger und einsichtsvoller werden sollten. Womit sie sicher besser imstande sind, eben das zu erreichen, was man heute allgemein unter «Selbstverwirklichung» versteht. Zum Problem der Selbstverwirklichung gehört die Theorie, daß dem Menschen etwas innewohnt, ein Trieb oder ein Bedürfnis, seine Möglichkeiten, so weit es überhaupt durchführbar ist, auszuschöpfen. Wenn man die von Charlotte Bühler erstmals klar beschriebene «Funktionslust» des Kindes bewußt erlebt, die Freude am Entdecken immer wieder neuer Möglichkeiten und am Ausnützen der vorhandenen, so kann man unschwer diese menschliche Dimension verstehen. Das Selbst ist also ein dem Ich übergeordneter Begriff, es schließt das Ich ein und umfaßt damit die gesamte Person mit all ihren Möglichkeiten der Reifung und des Wachstums.

Freud war freilich ein sehr skeptischer Mann und er hielt nicht allzuviel von der Selbstentwicklung. Das Bedürfnis danach entspräche «narzistischen» Trieben, also der Eigenliebe. Wobei er wohl die Angst seiner Zeit vor dem, was man abwertend Egoismus nennt, teilte. Immerhin versuchen sich heute viele Menschen, die ganz offensichtlich gar keine Fähigkeit haben, sich selbst zu lieben, wieder etwas «Egoismus» zu verschaffen. Wie sollen mich, so fragt man in der Psychotherapie, die anderen lieben, wenn ich mich selbst nicht leiden kann. Oder wie heißt es in der Bibel: «Liebe deinen Nächsten wie dich selbst.» Das kann ja wohl nur heißen, daß Selbstliebe eine nicht zu verwerfende Eigenschaft des Menschen ist.

Erkenne dich selbst

Die vielzitierte Überschrift über dem Tempeleingang von Delphi hat viel mit der Suche des Menschen nach dem Ich, nach seiner Seele zu tun. Wenigstens in der deutschen Version kann man den Ratschlag unterschiedlich verstehen: **«Erkenne dich selbst»** – also versuche Deine Person, das Selbst, das hinter Dir steckt, zu erkennen. Zu durchleuchten, wer dieses Selbst ist, oder **«Erkenne dich selbst»**, also überlasse es niemandem anderen, zu erkennen und zu durchleuchten, wer du bist. Mach' es selbst. Das letzte Ziel der meisten Psychotherapien ist nun dieser zweite Sinn: den Menschen dazu zu befähigen, sich selbst zu erkennen, ihm die Fähigkeit zu geben, seine eigene seelische Dynamik eigenständig zu durchleuchten. Und gerade das will der Mensch am Anfang einer Psychotherapie meist nicht. Er erwartet vom Psychologen, vom Psychoanalytiker, vom Psychotherapeuten, daß sie über seine Seele Bescheid wüßten und ihm daher folgerichtig auch auseinandersetzen müßten, wie es in ihm aussehe.

Freud meinte, daß Selbsterkenntnis ein Weg sei, das geschwächte Ich zu stärken. Freilich sah er dies nur als den ersten Schritt auf dem Weg zu einer profunden Analyse an.

Bis auf einige Techniken, deren Vertreter meinen, sie könnten wirklich vom einzelnen Menschen sagen, was in ihm vorgehe, beruhen alle anderen zwar auch auf Theorien, die die Gesetze der seelischen Abläufe zu erklären versuchen. Sie geben aber aufgrund dieser Theorien nur dem Menschen selbst die Mittel in die Hand, die Wege, die seine Seele, sein Ich gehen, selbst besser kennenzulernen und dadurch Krankheitssymptome zu verlieren und mit sich selbst besser zu Rande zu kommen. Wie etwa ein Arzt eine Diagnose stellt und dem Patienten erklärt, warum er durch einen nach innen gewachsenen Kropf so schwer schlucken könne.

Um beim Beispiel des Schluckens zu bleiben: Wenn es sich um eine seelische Schluckstörung handelt, so werden die meisten Psychotherapieformen trachten, dem Patienten die Ursachen seines Nichtschlucken-Könnens nahezubringen, aber so nahe, daß er im wesentlichen selbst die Dynamik erkennt und durch die Konfrontation mit ihr lernt, sich allmählich anders zu verhalten. Dadurch soll der Weg durch die Speiseröhre, gehemmt von Muskelkrämpfen, wieder frei werden. Nur in der Hypnose etwa, wird man – meist als Erste Hilfe – den Weg ohne jede Erklärung, durch bloße Suggestion vorerst einmal freizumachen versuchen.

Der Kern der Person

Daß die Persönlichkeit, der «Kern» des Menschen, sehr wohl ein auch beweisbares Eigenleben und eine Eigenstruktur hat, zeigen Hypnoseexperimente, die man beliebig wiederholen kann. Eine gut hypnotisierte Person tut ohne Widerstand, was der Hypnotiseur ihr aufträgt oder um was er sie bittet, wenn man eine nicht autoritäre Form der Hypnose benützt. Das funktioniert solange, bis ein Auftrag oder eine Bitte inneren Strukturen der Person widersprechen. Der Auftrag kann zum Beispiel mit der ethischen Haltung der Person nicht übereinstimmen: der Hypnotisierte geht zwar auf eine Person, auf die er einstechen soll, zu, läßt aber vor ihr das Messer fallen. Der Auftrag kann aber auch nur mit dem «Geschmack» der Versuchperson in Widerspruch stehen: der Auftrag an einen Jazz- oder Rockgegner, eine Platte mit dieser Musik aufzulegen, wird erfüllt, die Wiederholung des Satzes: «Ich liebe Jazzmusik» beharrlich verweigert. Meist tauchen die Versuchspersonen sogar bei solchen Aufträgen, die ihnen «tief in der Seele zuwider» sind, aus dem Hypnosezustand rasch in den Wachzustand auf. Etwa ein alter k. u. k. Rittmeister, der in tiefer Hypnose alle «Befehle» exakt befolgte, bis ich ihm sagte: «und ab sofort rauchen Sie nicht mehr!» Der Auftrag hatte nur eine, freilich nicht erwartete, Folge: Der alte Offizier erwachte mit einem aus der Tiefe kommenden Lachen aus der Hypnose. Es war augenscheinlich, daß «es» in ihm dachte: So weit kommt es noch, daß ich mir das Rauchen verbieten lasse!

Gelingt es aber, den Geschmack oder die ethischen, tief im Selbst verwurzelten Grundsätze zu umgehen, bzw. in den Auftrag geschickt einzubauen, so kann man eine an sich moralisch oder ethisch verbotene Handlung unter Umständen erreichen. Eine Mutter wird man wie andere Menschen kaum dazu bringen, auf jemanden zu schießen, es sei denn, man kann ihr mit der Suggestion die «Wahrheit» vorgaukeln, daß sie auf den «bösen Mann», der jetzt hereinkomme, schießen müsse, weil er sonst ihr Kind entführen oder töten würde.

Nicht jeder ist ein Seelensucher

Viele Schulen stellen es als selbstverständlich hin, wenn ein Mensch auf der Suche nach seinem Selbst ist. Wenn man sich ein wenig umsieht und vor allem, wenn man mit Menschen zu tun hat, die ganz einfach um das Überleben kämpfen müssen, dann sieht man, daß das Bedürfnis nach Selbsterkenntnis, die Frage, wer denn das eigentlich ist, der da um den nächsten Tag kämpft, kaum Bedeutung hat. Erst wenn es uns bis zu einem gewissen Maß gelungen ist, das Leben zu sichern, kommt diese – für den modernen Menschen zweifellos sehr wichtige – Frage auf.

Und es gibt natürlich auch Menschen, die ihr Leben leben, ihrem Beruf nachgehen, Kinder großziehen und sterben, ohne sich ernsthaft mit dem Problem ihrer Persönlichkeit befaßt zu haben. Es handelt sich dabei oft um sehr zufriedene, tüchtige Erdenbürger, die mitten im Leben stehen und eben von Zweifeln nicht geplagt werden. Sie wissen, was sie zu tun haben, sind oft in eine Religion oder Weltanschauung eingebunden, und sie haben meist sehr gut funktionierende Abwehrmechanismen gegen Versuche, sie in dieser Sicherheit zu stören.

Ihnen gegenüberstellen kann man Personen, die ihr Selbst mehr oder weniger bewußt einer Weltanschauung verschrieben haben, um sich mit sich selbst nicht auseinandersetzen zu müssen. Sie sind keineswegs frei von inneren Zweifeln, sie haben sie aber verdrängt, um besser leben zu können. Für sie gilt das Schillerwort: «Je quälender der Zweifel, desto größer die Aufforderung zu Überzeugung und fester Gewißheit.»

Wenn wir dem Menschen innere Freiheit zubilligen wollen, so müßten wir meines Erachtens ihm auch die Freiheit zubilligen, sich mit seinem Selbst, mit der Frage nach dem «wahren Ich» usw. nicht zu beschäftigen, und dürfen, nur weil wir uns selbst freiwillig oder einem inneren Zwang gehorchend mit der Frage nach dem Selbst befassen, nicht voraussetzen, daß dies nun jeder tun müsse, um ein akzeptables Mitglied der Gesellschaft zu sein.

Wer sind aber nun die Menschen, die sich mehr oder weniger intensiv mit diesem Problem befassen – sofern sie nicht die Erforschung der Natur des Menschen an sich zu ihrem Beruf gemacht haben wie die alten Philosophen oder die neuen Wissenschaftler?

Eine Voraussetzung kennen wir schon: Sie sind in ihrem Leben soweit gesichert, daß sie Zeit und Muße haben, sich mit Fragen nach dem Warum, dem Woher und Wohin usw. zu befassen. Eine weitere Voraussetzung ist die Umgebung und die Zeit, in die sie hineingeboren wurden. Denn unser Selbst und seine Eigenschaften entstehen ja ganz offensichtlich nicht ohne Einfluß von außen. Und hier müssen wir sagen, daß wir – allem voran ausgelöst durch den Genius Freud – in einem Jahrhundert leben, in dem (wenigstens in der westlichen Welt) die Frage nach dem Selbst, nach dem Ich und seinen Problemen ein mehr oder weniger fester Bestandteil des Alltags ist. Abgesehen von Schule und Bildung regen auch die Medien, die immer mehr Menschen immer leichter erreichen, diese Frage an sich selbst an.

Drei Erschütterer des Weltbildes

Es waren wohl auch die Medien, die den letzten Durchbruch für eine – bis heute noch keineswegs verkraftete – Veränderung unseres Weltbildes brachten. War Darwin schon für alle Lesenden und Lernenden ein Begriff und seine Theorien lebhaftes Diskussionsmaterial im Kreise dieser Menschen, so weiß heute jeder, der auch nur gelegentlich einen Fernseher benützt, wer Sigmund Freud war.

Das waren ja die drei großen Erschütterer des alten Weltbildes der Menschen aus biblischer Sicht:

Kopernikus, der uns aus dem Mittelpunkt der Welt herausholte und zu einem unbedeutenden Pünktchen im Weltall machte,

Darwin, der zwar nicht, wie fälschlich immer behauptet wird, die Affen als unsere Vorfahren, aber immerhin als unsere Vettern nachwies und eben

Freud , der das Menschenbild gründlich veränderte, die «unbewußten» Wünsche bewußt machte und in vieler Hinsicht entzauberte.

Am Rande: Joseph Pierre Teilhard de Chardin, der Jesuit und Paläontologe (Wissenschaft von den versteinerten Lebewesen, man kann ihn wohl auch als Anthropologen, also Menschheitswissenschaftler bezeichnen), Theologe und Philosoph, versuchte die moderne Wissenschaft vom Menschen in exakterer Form als sein Vorgänger, der Erzbischof James Ussher (Theorieentwicklung um 1650) in die christliche Lehre einzubauen. Ussher hatte das Alter der Welt seit der Schöpfung durch Zusammenzählen der Generationen in der Bibel mit damals genau 4004 Jahren bestimmt.

Teilhard de Chardin (den man kirchlich viermal mit Lehr- und sechsmal mit Druckverbot belegte) entdeckte bei Forschungsreisen in China den Sinanthropus Pekinensis und versuchte einen Zusammenbau des christlichen Schöpfungsgedankens mit dem modernen Wissen unserer Zeit. Die Schöpfung ist nach ihm keine Schöpfung aus dem Nichts. Gott steht bei ihm ein «Sein» gegenüber. Daher war auch Gott nicht absolut frei. Und aus dem Etwas, das da vorhanden war, sei durch komplizierte Vorgänge eben jene Evolution entstanden, an deren augenblicklichem Höhepunkt der Mensch stünde, der sich immer weiter vervollkommnen soll.

Das auseinanderstrebende unendlich Viele soll zu dem Einen, Vollendeten werden, zum Zielpunkt Omega. In ihm vereinigt sich dann das Bewußtsein der vielen Ichs zu einem gemeinsamen Über-Ich. Dieses gemeinsame Über-Ich ist dann der mystische Leib Christi. Schöpfungs- und Heilsgeschichte gipfeln in der Vollendung der Evolution durch das geschichtliche Handeln des Menschen.

Wir sehen deutliche Parallelen zu östlichen Lehren und verstehen auch, daß sich sowohl die Kirche als auch die Naturwissenschaft mit diesem brillanten Denker nicht einverstanden erklären konnten.

Krise der Lebensmitte

Auch das Lebensalter spielt eine Rolle: Identitäts-«krisen» findet man am häufigsten in der Pubertät und im Übergang ins dritte Drittel des Lebens (höflicherweise als midlife crisis bezeichnet) und auch als Ausdruck einer seelischen Störung. Wieweit ein Modetrend nach Selbsterkenntnis (ohne den tieferen Gehalt einer echten Suche) auch Ausdruck einer «Zeitneurose» sein kann, bleibe dahingestellt.

Was ich letztlich damit sagen will: Sucher nach dem Selbst und der eigenen Identität sind Menschen wie du und ich, die nicht gesünder oder kränker wie andere sind, aber die Fähigkeit haben, eine interessante Wanderung in ein «weites Land» zu unternehmen. Natürlich kann diese Suche neben der Befriedigung der Neugier auch von Störungen befreien. Anfangs mag sie auch die Ursache von Störungen oder der Verschlechterung von Störungen sein – letztlich ist sie für den Menschen ein Weg zur Selbstverwirklichung, zur Reifung der Persönlichkeit. Daß wir diesen Weg überhaupt gehen können, ist eine der Gaben des Menschen, die uns trotz allem die Hoffnung offen lassen, daß die Menschheit sich weiterentwickeln und nicht selbst zerstören wird.

Faßbares an den Grenzen der Seele

Um die Grenzen der Seele suchen zu können und wenigstens zu ahnen, was an ihnen liegt, ist auch ein Blick auf das, was wir allgemein Person nennen, auf das, wie wir uns selbst überhaupt erkennen, erfassen können, wichtig. Daß wir das «Ich», das «Selbst», die «Person» nicht ganz erfassen können, ist zwar den Weisen aller Zeiten bekannt, sie haben es in Ost und West immer wieder betont, wirklich faßbar ist dieser Gedanke aber nur schwer.

Der Blick auf ein einfaches Springbild, etwa auf den Würfel, zeigt uns schon, daß das, was wir sehen, keineswegs nur ein einfaches Abbild der Wirklichkeit ist. Je nachdem, welche Ecke des Würfels man betrachtet, ragt er entweder in den Raum, gleichsam befestigt an der Hinterseite, oder steht fest am Boden, von links nach rechts weisend. Zuerst kann das «Umkippen» eine Zufallsbeobachtung sein, dann können wir mit einigem Geschick die Veränderung im Raum auch willentlich herbeiführen. Die Wahrnehmung besteht also wenigstens aus zwei Komponenten, dem Reiz auf der Netzhaut, der uns das Bild vermittelt, und einem Beitrag unseres Gehirns, wie wir den Reiz aufnehmen. Wir können willkürlich «filtern», welches die «vorderen» und welches die «hinteren» Ecken des Gebildes sind,

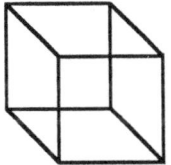

Abb. 1: Der Springwürfel

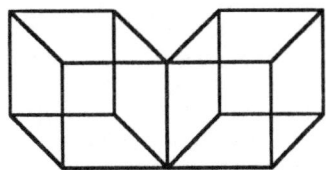

Abb. 2: Der Neckersche Würfel ohne «Hilfe»

43

das in Wirklichkeit eine flache, (fast) zweidimensionale Angelegenheit ist.

Etwas komplizierter, aber für die «Scheinwirklichkeit» vielleicht noch beeindruckender ist der Neckersche Würfel, bei dem man die «Vorderflächen» der einen möglichen Stellung für die meisten schon vorerst einmal anmalen muß, damit sie sie sehen können.

Was ich Ihnen zeigen wollte: Wenn wir etwas sehen, heißt das also noch lange nicht, daß es auch wirklich so ist, wie wir es sehen, ja nicht einmal, daß es überhaupt da ist.

Wann ist jetzt?

Oder: Wir sagen, ich lebe «jetzt». Jeder weiß, was damit gemeint ist. Wollen wir aber einmal genau wissen, was dieses Jetzt denn nun sei, so wird die Sache kompliziert. Denn jetzt ist ja der Augenblick, in dem wir an jetzt denken. Wenn wir an das Jetzt nicht denken, dann leben wir auch, genießen – ohne Hinblick auf das Jetzt – einen Augenblick, lassen die Zeit verstreichen, ohne uns bewußt zu sein, daß sie verstreicht. Stellen Sie sich vor, wir würden etwas tun und dabei immer gegenwärtig haben, daß «jetzt» gerade die Zeit verstreicht. Verwirrend – ja?

Es wird noch verwirrender, wenn wir die «Unzulänglichkeit» unserer Sinnesorgane bedenken. (Unzulänglichkeit steht unter Anführungszeichen, denn gerade diese «Unzulänglichkeit» macht die Organe überhaupt erst gebrauchsfähig!) Reizt man das linke Ohr mit einem Ton und eine Tausendstel-Sekunde danach das rechte Ohr, so empfinden wir das Gesamtgeräusch als einmaliges Erlebnis – nur, wir haben den Eindruck, es käme von links (genauer: wir hören es mehr in der linken Kopfhälfte). Was wir wahrnehmen, auch wenn der Unterschied doppelt bis fünffach so lange ist, bleibt *ein* Geräusch.

Wahrnehmungen über das Hauptsinnessystem können sogar etwa 0.01 Sekunden auseinanderliegen und werden immer noch als gleichzeitig empfunden. Wenn ich also behaupte, etwas wäre gleichzeitig, so müßte ich, um genauer zu sagen, was ich meine, dazusagen, mit welchem Sinnes-Organ ich die Gleichzeitigkeit gemessen habe, damit der, mit dem ich spreche, weiß, wie weit ich ich mich geirrt haben kann. Auf den ersten Blick unwesentlich: Denken Sie aber zum Beispiel an Zeugenaussagen bei Auto- oder gar Flugzeugunfällen, bei denen 13 Meter Weg zurückgelegt worden sein können, in einem Zeitraum, den wir noch als gleichzeitig empfinden. Gar nicht zu sprechen von unserer Reaktionszeit, also der Zeitspanne, mit der wir bestenfalls auf ein Ereignis reagieren können, die beim Auge um 0.17 und beim Ohr um 0.13 Sekunden liegt. Das heißt für das Flugzeug 36 Meter, für das Auto acht Meter – alles im Idealfall! Die Reaktionszeit und damit der Weg, der zurückgelegt wird, kann durchaus länger sein.

Mit den Sinnesorganen, oder besser gesagt nur mit den Sinnesorganen, werden wir also an die Grenzen der Seele nur in bescheidenem Maße herankommen. Wir brauchen dazu jenes unbekannte Etwas,

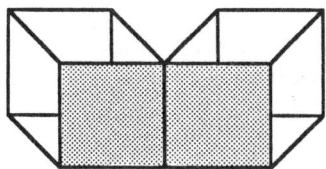

Abb. 3: Hilfen zur Betrachtung des Neckerschen Würfels – versuchen Sie es nun ohne Hilfe!

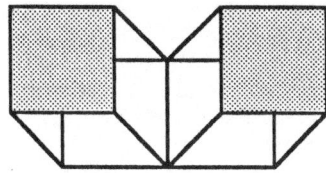

Abb. 4

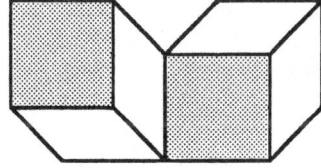

Abb. 5

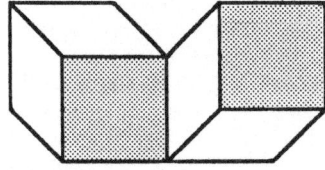

Abb. 6

45

das man als Herz bezeichnet (chinesisch Hsin), als «im Bauch», oder was die Menschen immer für Umschreibungen dafür gefunden haben. «Es» ist kein Sinnesorgan, auch kein «Sinn» in wissenschaftlicher Hinsicht, aber es ist etwas, was (fast) jeder Mensch sehr wohl kennt, mehr oder weniger oft darauf horchen und damit Informationen empfangen kann. Eben weil es so wenig faßbar ist, können auch Dichter, Musiker, überhaupt Künstler oft viel besser ausdrücken, was «Es» uns sagt.

Wegen der Unfaßbarkeit ist es auch verständlich, daß Wissenschaftler erst dann etwas damit anfangen, wenn sie «weise» geworden sind. Im Enthusiasmus der ersten Entdeckungen ist es eher störend und hat (wie übrigens so vieles in der Tiefenpsychologie) den wissenschaftlichen «Nachteil», daß das «Gegenteil» auch wahr ist. Wie kann das sein? Nun, im Menschen, vielleicht in der Natur überhaupt, ist alles «ambivalent», nach zwei Seiten hin gerichtet. Nach der Tag- und der Nachtseite, nach heiß und kalt, nach «gut» und «böse» (was immer das wieder nach den jeweiligen Regeln auch ist), nach männlich – weiblich, Yin und Yang, Subjekt – Objekt. Irgendwie strebt alles immer wieder zusammen, will eine Einheit werden, will sich ausgleichen, wie Wasser miteinander verbundene Gefäße füllt. Schon im alten China hieß es in einem der ältesten medizinischen Lehrbücher der Welt, im Pen tsao kang mu : Es gibt kein Yin, in dem nicht ein Yang zu finden ist und kein Yang, in dem nicht auch ein Yin wäre. Und die moderne Wissenschaft fand, daß es keinen Faserzug des «sympathischen» Teiles der Lebensnerven, des «Verbrauchers», gibt, in dem man nicht auch Fasern des «Parasympathikus», des aufbauenden, des «trophotropen» Systems finden könnte.

In jedem Menschen ist auch das «Gegen-»Geschlecht

Dieses zweifach Sein spielt bei der Suche nach den Grenzen der Seele – gleichgültig ob man nun sucht, weil man wieder «gesund» werden oder sich selbst kennenlernen will – eine wesentliche Rolle. Carl Gustav Jung spricht vom «Animus» und der «Anima», dem männlichen und dem weiblichen Seelenanteil, der in jedem von uns ist, der Anatom weiß, daß der Mann rudimentäre weibliche und die Frau verkümmerte männliche Organe hat. Wenn wir also auf die Entdeckungsreise gehen, müssen sich beide Geschlechter mit beiden Geschlechtern auseinandersetzen, wobei das «Spüren», das «Fühlen mit dem Bauch» wohl eher zu unseren weiblichen Eigenschaften gehört. Es heißt nicht umsonst **der** Verstand und **die** Vernunft. Frauen (oder das Weibliche in uns) sind eben besser geeignet zu «vernehmen».

Wenn Sie sich auf die Reise durch die verschiedenen Formen und Möglichkeiten des Suchens und Findens des «Selbst», der «Seele» begeben, werden sie alle «Eingangspforten», die uns Mutter Natur gegeben hat, angesprochen finden. Und ich bin überzeugt davon, daß wir eben auch alle brauchen, um wenigstens eine Ahnung davon zu bekommen, was es in unserer «Seele» und an ihren Grenzen an Wundern und Selbstverständlichkeiten gibt.

Die Bewußtseinsebenen

Der Begriff Bewußtsein (oder wahrscheinlich besser, aber weniger gebräuchlich: die Bewußtheit) ist wieder ein Bereich, von dem jeder von uns sagen kann, er wisse, was damit gemeint sei. Schließlich sind wir uns ja unserer selbst bewußt und kennen auch die damit gemeinte Empfindung. Wir wissen auch, wie es ist, wenn wir in den Schlaf hinübergleiten, und die meisten haben im Laufe einer Operation, als Folge eines Unfalles usw. auch den Zustand der Bewußtlosigkeit erlebt.

Man kann grob sagen, daß ein sehr wacher Mensch sich seiner selbst auch bewußter ist, und danach verschiedene Bewußtheitsebenen unterscheiden, die von überwach bis bewußtlos reichen. Die Prüfung erfolgt hier von zwei Seiten:

1. durch Selbstbeobachtung der Versuchspersonen,
2. durch Messungen der Hirntätigkeit mit dem Elektroenzephalogramm, oder
2a. durch (einfachere) Messungen der Reflexstärke (zum Beispiel, Kniesehnenreflex), wie man das unter anderem zur Festellung des Versenkungsgrades im Autogenen Training und in Hypnose macht.

   (I) Die «oberste» Ebene unseres Bewußtseins, gemessen an der Wachheit, bedeutet nicht die beste Anpassung an Leben und Umwelt: Wir sind «hellwach», «aufgeregt», alles wird besonders grell wahrgenommen. Man ist nicht imstande, sich wirklich klar auf eine Sache zu konzentrieren. Die Reflexe sind überschießend, oft auch unsere sonstigen Reaktionen.

   (II) Die nächste Stufe wird etwa durch den aufmerksamen Studenten repräsentiert, der gerade in hoher Konzentration an einer Aufgabe für sein Studium arbeitet, oder durch einem Diskussionsteilnehmer, der konzentriert und hellwach (aber nicht aufgeregt überwach) seine Meinung verteidigt.

   (III) Etwas weniger wach ist schon der Mensch, der sich in einem kreativen Stadium mit seinen Gedanken beschäftigt. Er kümmert sich daher weniger um die Umwelt, ist aber immerhin noch wach und mit ihr verbunden. Stärkere Reize nimmt er auf und kann auf sie auch ohne Schwierigkeiten reagieren. Sein Bewußtsein ist noch nicht auf das Stadium

(IV) eingeschränkt, bei dem er allmählich in Tagträume verfällt. Sein Bewußtsein zieht sich immer mehr aus der Umwelt in die eigenen Bereiche zurück, auf die Produktion eigener (häufig optischer) Bilder. Die Bewußtseins-»erweiterung» in Meditation, Autogenem Training usw. bezieht sich auf diese reiche Innenwelt, die man nur aufsuchen kann, wenn man sich im ausreichenden Maße von der Außenwelt zurückgezogen hat. Wobei oft das Gefühl der «Wirklichkeit» bei intensiverer Meditation stark empfunden wird. Da diese Wirklichkeit oft angenehmer ist als die «reale», versteht man das Bemühen des Menschen, sie als die «höhere», «echtere» einzustufen. In der Hypnose können übrigens beide Ebenen nebeneinander existieren. Eine Versuchsperson kann gleichzeitig hellwach, aufmerksam, reaktionsfähig und sich ihrer selbst bewußt und trotzdem in tiefer Hypnose sein. Mit oder ohne Erinnerung an das Geschehene.

(V) In Traum, Trance und Hypnose erleben wir das nächste Stadium, in dem wir nur mehr Traumgedanken haben, an die wir uns gegebenenfalls erinnern können. Im tiefen Schlaf

(VI) und ähnlichen Zuständen wissen wir nichts mehr von Reizen aus der Umwelt (wenn wir unter Umständen auch mit Primitivreaktionen oder eingefahrenen Reaktionen darauf antworten) und sind uns unser selbst in keiner Weise mehr bewußt. Aus diesem Stadium kann man verhältnismäßig leicht geweckt werden. Man kann es zum Beispiel im Elektroenzephalogramm vom Stadium

(VII) unterscheiden, in dem die Verbindung zur Aussenwelt fast oder gänzlich unterbrochen ist. Der Mensch schläft nicht mehr, er liegt im Zustand tiefer Bewußtlosigkeit, im Coma.

Die netzförmige Substanz

Schon lange ist eine netzförmige Einrichtung unseres Nervensystems, die Substantia oder Formatio reticularis, bekannt. Es handelt sich um ein Maschenwerk von Nervenzellen und Zellanhäufungen, eng verbunden mit dem «limbischen» System, jenem entwicklungsgeschichtlich alten Grenzbereich zwischen unserem «jüngeren»

Denkapparat (graue Hirnzellen usw.) und dem «alten» Hirnstamm (der die primitiven Lebensfunktionen regelt), das unser «seelisches» Verhalten regelt und die Verbindung zu den Körperfunktionen (Herzklopfen bei Aufregung) herstellt. Erst seit 1949 weiß man durch zwei Nervenforscher, den Amerikaner Horace Winchel Magoun und den Italiener Giuseppe Moruzzi, welch wichtige Aufgaben dieses Schaltwerk hat. Die von außen kommenden Reize aus Sinnesorganen, dem Rückenmark und der Denkzentrale (Großhirn) werden hier sozusagen gebahnt, geordnet, und in planvolle organgerichtete Impulse umgesetzt. Dieses wichtige Geflecht ist auch verantwortlich für unseren Wachheitsgrad. Von der Formatio reticularis, bzw. von ihrer Steuerfunktion hängt es ab, ob wir «überwach» sind oder uns im Bereich III bis IV unserer Bewußtheit befinden, in dem sich im wesentlichen die Psychotherapien im veränderten Bewußtseinszustand abspielen: von der Meditation bis zur freien Assoziation in der Psychoanalyse, von dem merwürdigen Trancezustand, in den die Menschen oft im Psychodrama kommen, bis zur klassischen Hypnose.

Ansätze zu einer Anatomie des Bewußtsein, zu einer Anatomie der Seele, gibt es sehr wohl; die Forschungsergebnisse sind nur so kompliziert, zum Teil lückenhaft, zum Teil widersprechend, daß man eben noch kein allgemeingültiges Bild aus diesem Forschungsbereich hat. Trotzdem kann man vor allem als Ergebnis dieser Forschungen mit Hilfe der Psychopharmaka heute im seelischen Bereich außerordentlich viel mehr helfen, wenn wir auch von der Prophezeiung Freuds, die Chemie werde die Psychotherapie allmählich überflüssig machen, noch sehr weit entfernt sind.

Kreativität am Übergang von der bewußten zur Traumwelt

Im ersten Augenblick scheint der Weg in die Stadien III und IV nur eine «sinnlose» Träumerei, ein Abschweifen in die Phantasie, eine Flucht aus der Realität. Man weiß heute aber neben der Therapie auch aus der Kreativitätsforschung, daß gerade in diesem Bereich viele schöpferische Möglichkeiten des Menschen liegen.

Was ist die Seele?

Sieht man moderne Bücher der Psychologie, ja auch der Psychotherapie (also der Seelenheilkunde!) durch, so findet man unter den vielen Stichworten die Begriffe Angst, Depression, Selbstmord, Leistung, Ich, Selbst usw. Das Wort Seele kommt aber in neun von zehn Büchern kaum oder nur am Rande vor.

Das ist nicht verwunderlich, versteht sich doch die moderne Psychologie als eine «Naturwissenschaft», als «Wissenschaft von den Bewußtseinserscheinungen», die versucht zu messen und zu wägen, was meß- und wägbar ist, und alles andere bewußt aus ihrem Forschungsbereich ausklammert.

Mediziner und Psychologen schränken den Seelenbegriff daher auch gerne – und wieder zu Recht! – auf die Summe des Empfindens, Fühlens, Denkens, Wollens und Handelns ein. Experimentell sind andere Funktionen des Seelenlebens nicht oder kaum (das hängt zum Teil von der Weltanschauung ab) faßbar.

Vom Historischen sei hier nur so viel erwähnt, daß der griechische Philosoph Platon (* 427 v. Chr. † 347 v. Chr.) einer Sinnen-(Begierden-)Seele und einer Mutseele eine Geist-Seele gegenüberstellte. Bei seinem Schüler Aristoteles (* 384 v. Chr. † 322 v. Chr.) finden wir schon einen Hinweis auf das, was wir oben als Seele der Mediziner und Psychologen kennengelernt haben: Seiner «sensitiven» Seele, dem Zentrum unseres Empfindens, Vorstellens, Begehrens und Fühlens, steht die Vitalseele , das belebende Prinzip, gegenüber. Ein Etwas, das «sein Ziel in sich hat» und Voraussetzung für die sensitive Seele ist. Macht man den Sprung herauf in unsere Zeit, so findet man zum Beispiel den Wiener Psychiater Erwin Stransky, der um die Jahrhundertwende von einer Thymopsyche, die die gefühlsmäßige Seite der menschlichen Seele umfaßt, und der Noopsyche, der verstandesmäßigintellektuellen Seite unserer Seele sprach.

In den Religionen waren ursprünglich Leib und Seele eine Einheit. Dadurch besaßen auch einzelne Körperteile wie die Leber oder das Herz eine geheimnisvolle, heilige Macht. Nach der Animismus genannten Vorstellung früher «primitiver» Menschen (und auch heute lebender primitiver Völker) hat sozusagen alles eine Seele. Die Welt ist von Geistern belebt, die der Hintergrund alles Geschehens sind. Später entstand allmählich die Vorstellung einer unsterblichen Seele, die «eingehaucht» (siehe auch Atman Seite 83) wird und mit dem letzten Atemzug auch entweicht, ohne jedoch verloren zu gehen: Die Idee hatte sozusagen den Tod überwunden. Paracelsus ließ die spirituelle Seele überhaupt erst nach dem Tod entstehen. Er warnt die Menschen vor einer falschen Einschätzung des Teufels – der «ein Geist aus unseren Gedanken geboren, ohne materia» ist, und schreibt dann: «das nach unserem Tode geboren wird, das ist die Seele.»*

* Vol. Paramirum Peukert 1/222, Aschner 1/47

Nach Sigmund Freud (in Totem und Tabu) hat die Menschheit drei große Denksysteme hervorgebracht:
die animistische (mythologische),
die religiöse und
die wissenschaftliche.
Wohin uns das Suchen nach der Wahrheit (auch) gebracht hat, zeigt uns der Begründer der Pychoanalyse: Die animistische Theorie erklärt die Welt vollkommen und läßt an sich keine Frage offen (wenn man an sie glaubt). Sie ist nach Freud «vielleicht die folgerichtigste und erschöpfendste, eine, die das Wesen der Welt restlos erklärt.» Einen Seelenbegriff, der von den herkömmlichen stark abweicht, hat Alfred Adler, der später abtrünnige Schüler Freuds: Die Seele – nur «beweglichen» Lebewesen eigen – ist ein Angriffs-, Abwehr- oder Sicherungs-, ein Schutzorgan, unvorstellbar ohne Zusammenhang mit der sozialen Umwelt, unvorstellbar für Lebendiges, das sich nicht bewegen kann – also etwa für eine Pflanze. Das menschliche Seelenleben ist durch ein Ziel bestimmt. Wer das Ziel dieser speziellen Seele kennt, kann dem Menschen (seinem Patienten) auch helfen, dieses Ziel zu erreichen, ihm raten, welche Handlungen er setzen muß, um zum Ziel zu gelangen. (Finalität, siehe Seite 265)
In den Religionen gibt es schon mehr Zweifel, dafür aber die Aufforderung und die Möglichkeit (!) zu glauben. Die wissenschaftliche Welt kennt nur mehr die Aussage: «nach dem derzeitigen Stand der Wissenschaft.» Und dieser Satz gilt natürlich auch für alles, was Sie in diesem Buch lesen. Will man genau sein, müßte es korrekterweise, da ja *ich* dieses Buch geschrieben habe, heißen: «nach dem mir bis jetzt zugänglichen Stand der Wissenschaft».
Ludwig Klages , der Philosoph und Psychologe, der der Graphologie wissenschaftliches Ansehen verschafft hat (* 1872 † 1956), schreibt in einem seiner Hauptwerke «Handschrift und Charakter» über die Beziehung von Seele und Persönlichkeit: «Charakter nennen wir die Sonderbeschaffenheit einer persönlichen Seele; Seelen aber kommen nicht in der Welt der Dinge vor und dürfen daher niemals unter den möglichen Ursachen dinglicher Vorgänge aufgesucht werden. Das Verhältnis der Seele zum Leib ist ein gänzlich anderes und zwar unvergleichlich innigeres als das der Ursache zur Wirkung. Der lebendige Leib ist nämlich die Erscheinung der Seele, die Seele der Sinn des lebendigen Leibes; die Bewegungsvorgänge sind der Ausdruck der Seele.»
Wenn uns die Gelehrtensprache vor rund einem halben Jahrhundert auch nicht sehr flüssig vorkommt: Klages hat die Schwierigkeit, mit der auch die modernen Seelenforscher kämpfen, die Streitpunkte zwischen den Psychoanalytikern und ihren Gegnern, die nicht wahr-

haben oder wenigstens nicht beachten wollen, was man nicht messen oder wägen kann, klar herausgestellt. Die Seele – auch die der Psychologen – ist nicht faßbar; man kann sie nicht angreifen, nicht tasten. Ihre Äußerungen sind aber indirekt sehr wohl erlebbar, «fühlbar», und jeder Mensch, darauf angesprochen, weiß, worum es sich handelt.

In der katholischen Glaubenslehre ist die von Gott für jeden Menschen unmittelbar und einzeln erschaffene Seele das Unsterbliche, wobei die Frage, wann die Seele den Körper «betritt» und verläßt, nicht klar beantwortet wird.

Dem Problem, das wir in diesem Buch behandeln wollen, kommen wir schon näher, wenn man das Unbewußte der tiefenpsychologischen Schulen als Seele bezeichnet, eine Begriffsbestimmung, die man natürlich ebenfalls wieder in Frage stellen kann.

Immerhin, wenn wir den engeren Seelenbegriff auf unser Empfinden, Fühlen, Denken, Wollen und Handeln einschränken, so ergeben sich zwei Vorteile: Jeder von uns weiß etwa, was mit Empfinden, Fühlen usw. gemeint ist, und wir können den Seelenbegriff der Religionen, der eben keine Sache der Wissenschaft, sondern des Glaubens ist, bis zu einem gewissen Grad (!) beiseite lassen. Freilich nur bis zu einem gewissen Grad, denn Religiöses, Numinoses, im weiteren Sinn Heiliges kann man, wenn man nach den Grenzen der Seele fragt, nicht einfach fortlassen. Sie werden später sehen, daß etwa Graf Dürckheim das Transzendente, das Grenzen Überschreitende, nach Plato «das über allem seiende Gute», ganz bewußt in seine Psychotherapie mit einbezieht.

Sehen wir uns aber vorerst einmal die oben genannten Begriffe, die unser rational teilweise faßbares «Seelenleben» ausmachen, an:

Empfinden

Eine Empfindung ist das, was uns bewußt wird, wenn ein Reiz eine Außenstelle unserer Sinnesorgane trifft. Wenn also etwa ein fremder Finger unsere Haut berührt und die Tastkörperchen und die Wärmesinnesorgane reizt. Auf Nervenbahnen wird nun mehr oder weniger rasch die Nachricht über Ausmaß und Stärke der Reizung an die Sinneszentren und von hier an unser Bewußtsein weitergegeben. Den Effekt kann man zum Beispiel im Elektroenzephalogramm ablesen.

Fühlen

Obwohl wir alle wissen, was ein Gefühl ist, ist alles, was mit Gefühlen zu tun hat, ein ziemlich unüberschaubares Gebiet, das man wieder unterteilen muß, um einige Klarheit zu bekommen. So stellt man zum Beispiel gerne die «Affekte», also heftige Gefühle wie Wut, Zorn, Haß den «einfachen» Gefühlen gegenüber. Wir fühlen Freude und Schmerz, haben Gefühle wie Liebe und Angst und wissen auch, daß diese Gefühle unsere «Gesamtstimmung», ja unser Wollen und Handeln – und auch unser Empfinden! – wesentlich beeinflussen. Wer wütend oder sonst «außer sich» ist, empfindet zum Beispiel oft keinen Schmerz.

Denken

Beim Denken stellen wir von dem, was wir gerade be–denken, Ordnungen her, etwa danach, ob das eine dem anderen ähnlich oder unähnlich ist. Wir ordnen Ereignisse, Gegenstände nach ihrer Zusammengehörigkeit (also Ziegel zu Baumaterial, Löwen zu den Tieren, exakter zu den Katzen). Das geschieht beim Erwachsenen verhältnismäßig rational, vernünftig, beim Kind hat das Denken noch einen starken magischen Anteil. Es wird also zum Beispiel Gegenständen die Fähigkeit einer Einflußnahme zugeordnet: die Glocke, die mich holen kommt, der Baum, der mich erkennt, mir nachläuft und mich schlagen kann.

Manche Schulen meinen, daß wir zum Denken unbedingt die Sprache brauchen, andere billigen auch manchen Tieren Denkfunktionen zu. Affen, die sich Werkzeuge herstellen oder mit einem Computer durch selbständige Zeichenzusammensetzung eine Belohnung «erdenken», sind ein Beispiel dafür (siehe auch Seite 70).

Eine weitere Denkform ist für unser Anliegen noch sehr wichtig: Das Denken, das auch unbewußte Anteile, unbewußtes «Wissen» unserer Persönlichkeit mitverwendet. Normalerweise denken wir mit klarer Logik – oder hoffen das wenigstens zu tun – und verbannen Phantasie und ungeordnete Einfälle. Beim schöpferischen Denken, das sich oft sogar in einem Zustand zwischen Schlafen und Wachen abspielt, kommt zum üblichen Gedankenablauf noch das Material dazu, das unser Unbewußtes beisteuert. Auf Anhieb oft scheinbar sinnlose Dinge bekommen plötzlich Sinn und werden zu einer neuen Idee, die bisher in unserem Denkschema noch nicht vorhanden war.

Im ersten Augenblick verblüffend, bei näheren In-sich-selbst-Hineinhorchen aber sofort zu bestätigen, ist die Tatsache, daß wir denken müssen, daß wir unser Denken nicht willkürlich abschalten können. Es ist schon schwer genug, manchmal unmöglich, an «etwas anderes» zu denken, wenn uns ein Gedanke gefangen nimmt. Natürlich auch, bei einem Gedanken zu bleiben, wenn etwas Interessantes, Spannendes dazwischen kommt. Emanuel Geibel läßt den römischen Tyrannen Tiberius, der vom Zwang, an seine Opfer zu denken, gequält wird, ausrufen: «Doch grimmer brennt das Denken im Haupt mir, ich verfluch' es tausendmal und kann's doch lassen nicht zu meiner Qual.». Und nach der indischen Legende kann der Maharadscha ohne Gefahr einem seiner Gäste sein halbes Reich anbieten, wenn der nur «hundert Herzschläge lang nicht an den kleinen weißen Elefanten denkt», von dem eben gesprochen wurde. Der so «Beschenkte» hat keine Chance, den Elefanten aus seinen Gedanken zu verbannen.

Wollen

Auch hier scheint im Prinzip wieder alles einfach: Er, Sie, Es wissen, was sie wollen, und benützen wohl auch hin und wieder den berühmten Spruch vom «Du mußt nur wollen, dann kannst du auch.» Freilich sieht das häufig anders aus, wenn man selbst etwas wollen «sollte». Denn dann war man eben «zu müde» oder «man weiß noch nicht ganz genau», was man eigentlich wollte usw. Wenn ich etwas will, so ist offenbar das «Ich» von «ich will» die eigentliche Ursache der Handlung oder der Unterlassung einer Handlung: ich will etwas nicht tun.
Nun wissen wir sehr gut, daß «Wollen» sehr viel von der Motivation abhängt, die wiederum entweder durch zu erwartende Freude oder zu vermeidende Unlust gespeist wird. So kann großes Interesse durchaus auch eine Motivation sein, eine Übung, die auch in der Psychotherapie verwendet wird, zu erlernen, ohne daß der Betreffende grundsätzlich an einer Psychotherapie interessiert ist. Ebensogut kann aber jemand sich auch sehr konsequent einer Therapie oder einer Übung widmen, an der er an sich nicht interessiert ist, weil er sich davon die Heilung seiner Magengeschwüre erhofft.
Ob es überhaupt so etwas wie einen freien Willen gibt, darüber streiten sich die «Gelehrten», und die Argumente, die benützt werden, beziehen sich nicht selten eher auf Quellen der Weltanschauung als auf wissenschaftlich faßbare Erkenntnisse. Wir müssen praktisch vorerst einmal den freien Willen als Gegebenheit anerkennen, da wir sonst viele Probleme unserer Gesellschaft (wenigstens derzeit) über-

haupt nicht lösen können. Wie sollte man jemanden für sein Tun mit gutem Gewissen zur Verantwortung ziehen, wenn man der Ansicht ist, daß die Entscheidung, etwas zu tun oder zu unterlassen, gar nicht seinem freien Willen unterliegt. Sicher aber finden wir an den «Grenzen der Seele» Bereiche, in denen die Frage nach dem «Wollen – Können» offen bleiben muß.

Ebenso sicher ist anderseits aus der Erfahrung auch, daß man den «Willen», was immer man nun darunter versteht, trainieren kann, und daß es neben vielen anderen Dingen, die die Entwicklung unseres Willens von seiner Ausbildung an bestimmen, einen Gewöhnungsfaktor gibt, der uns nach einiger Schulung das «Wollen» erleichtert.

Unter den Psychotherapiemethoden, die sich speziell mit diesem Problem befassen, ist die bekannteste das Assertiveness–Training–Programm (ATP), eine Methode der Verhaltenstherapie, die das Selbstvertrauen und den sozialen Kontakt und damit automatisch auch die Fähigkeit, etwas zu wollen, steigern soll. (Siehe Seite 288)

Handeln

Wenn der Mensch «handelt», also einer Tätigkeit nachgeht, so kann das bewußt, also Folge einer vorhergehenden Überlegung oder unbewußt, etwa aus der Gewohnheit heraus, geschehen. Handlungen haben prinzipiell einen «Sinn», auch wenn sie einem Beobachter sinnlos erscheinen, wie manches Tun der Geisteskranken. Im Kranken besteht aber sehr wohl eine Absicht – er will etwa in Wirklichkeit nicht vorhandene Fliegen verjagen.

Ein Großteil unseres Handelns ist der Sitte, der allgemeinen Konvention unterworfen und daher nur wenig für unsere freie Entscheidung offen. Man kann aber überdies – und das ist für unser Anliegen besonders wichtig – etwa mit einem posthypnotischen Auftrag – jemanden dazu bringen, daß er mitten in einem Gespräch, ohne ersichtlichen äußeren Anlaß, plötzlich aufsteht und ein Fenster öffnet. Fragt man ihn, warum er denn nun die Diskussion unterbrochen habe, obwohl es doch gerade so spannend gewesen sei, so findet er (automatisch und unbewußt!) eine scheinbar logische Begründung. Etwa: «Es ist hier so heiß!», obwohl die Raumtemperatur völlig normal ist. In einer weiteren Hypnose kann man dem Menschen dann den eben erlebten Vorgang und auch die Pseudo-Erklärung bewußt machen. Für unser Problem heißt das, daß Handeln zwar generell offensichtlich eine zweckmäßige, sinnvolle Sache ist, daß die Hintergründe unseres Tuns aber keineswegs so einfach zu erklären sind. Wir werden bei der Hypnose und bei Sigmund Freud noch auf das Problem stoßen.

Wenn man vom Handeln spricht, kommt man um das Problem von Gut und Böse, um das «sogenannte» Böse nach Konrad Lorenz, nicht herum.

Gut und Böse

Nietzsche sagt in «Also sprach Zarathustra»:
«Es gibt einen alten Wahn, der heißt Gut und Böse. Um Wahrsager und Sterndeuter drehte sich bisher das Rad dieses Wahns.
Einst glaubte man an Wahrsager und Sterndeuter: und darum glaubte man ‹alles ist Schicksal: du sollst, denn du mußt!›
Dann wieder mißtraute man allen Wahrsagern und Sterndeutern: und darum glaubte man ‹Alles ist Freiheit: du kannst, denn du willst!
O, meine Brüder, über Sterne und Zukunft ist bisher nur gewähnt, nicht gewußt worden: und darum ist über Gut und Böse bisher nur gewähnt, nicht gewußt worden.»

Vieles, ja alles was mit der Seele zu tun hat, hat auch irgendwie mit den Begriffen von Gut und Böse, mit Wertvorstellungen und auch mit den Geboten aller Religionen und Weltanschauungen: du sollst und: du sollst nicht! zu tun. Und in fast allen Religionen ist in diese Wertvorstellungen auch die Sexualität – fast immer mit direkten Tabus, manchmal mit der Aufforderung nach starker sexueller Betätigung, verbunden. «Gut» ist es, die Jungfräulichkeit zu bewahren – «gut» ist es, sich im Tempel zu bestimmten Zeiten zur Ehre der Götter den Fremden hinzugeben.

Psychologie und vor allem auch Tiefenpsychologie sehen die Begriffe Gut und Böse als Phänomene an, ohne zu werten, was denn nun wirklich gut und böse ist. Und damit kommen Psychologen und Psychotherapeuten, seit die Psychologie nicht mehr «die Erforschung der Seele im Blick auf des Menschen Tugend und Glück» (Erich Fromm) ist, immer wieder in ein Dilemma, dem man nur schwer entkommen kann. So ging es Mesmer, als man entdeckte, daß die Sexualität bei seinen hypnotischen Massensitzungen keine geringe Rolle spielte, so ging es vor allem auch Freud, der der Unterdrückung sexueller Bedürfnisse eine überaus wichtige, bei der Entstehung der meisten Neurosen die wichtigste Rolle zuschrieb.

Das Problem ist auch nur schwer – und für jeden Psychologen oder Psychotherapeuten nur jeweils persönlich und immer wieder neu – zu lösen. Denn wir brauchen gewisse Normen, um überhaupt miteinander leben zu können. Was beim Tier – wenigstens zum größten Teil – durch den Instinkt vorgeschrieben ist, ist beim Menschen dem «freien Willen» (siehe oben) anheimgestellt. Wir können, bis zu einem gewissen Maß, frei entscheiden, ob wir eine Tat als gut oder böse einschätzen, und uns dann von diesem Urteil abhalten oder anspornen lassen, sie zu tun.

Man kann nun der Ansicht sein, daß der «gesunde» Mensch, der «normale» im Sinne einer «Idealnorm», der sich seiner Sozietät anpaßt, «richtig» verhält. Darüber hinaus scheint es etwas zu geben, was jenseits der Normen der einzelnen Gemeinschaften dem Menschen als «gut», «freundlich», als «Liebe zum Nächsten» oder wie immer man es nennen will, eigentümlich ist. Charaktermerkmale wie Hilfsbereitschaft, Mut für den anderen einzutreten, ja überhaupt den anderen zu betreuen. Lauter Eigenschaften, die man ursprünglich für «typisch menschlich» hielt, aber mehr oder weniger ausgeprägt auch beim Tier entdecken konnte.

Im Innersten seiner Seele wäre der Mensch dann grundsätzlich «gut», und es gibt Päpste und asiatische Weise, die dieser Meinung waren. Andere sahen und sehen das «Böse» überwiegen. Alle, die sich von einem naturwissenschaftlichen Standpunkt dem Problem nähern, können nun Gut und Böse nicht auf ihre Fahnen schreiben und müssen sich auf viel einfachere Kategorien, wie etwa: zweckmäßig und unzweckmäßig für die «Erhaltung der Art» (welcher Art: der einzelnen Untergruppe wie zum Beispiel der Löwen oder der Art schlechthin – also zum Beispiel der Katzentiere oder der Insekten?) beschränken.

Erich Fromm schildert, was den Menschen vom Tier unterscheidet: «Er ist sich seiner selbst als eines eigenständigen Wesens bewußt, er hat die Fähigkeit, sich an Vergangenes zu erinnern, und kann sich Zukünftiges vorstellen; er kann Gegenstände und Handlungen mit Symbolen belegen, seine Vernunft kann die Welt erfassen und verstehen, und mit seinem Vorstellungsvermögen kann er die Grenze seiner Sinne überschreiten. Der Mensch ist das hilfloseste aller Tiere. Diese biologische Schwäche ist aber zugleich die Basis für seine Stärke, denn sie ist primär die Ursache für die Ausbildung seiner spezifischen menschlichen Qualitäten.»

Daneben hat aber – ich bin versucht zu schreiben: natürlich! – jeder, der sich mit diesen Dingen befaßt, so wie jeder andere Mensch seine eigene, persönliche Wertvorstellung. Sie ist – wenigstens nach Ansicht der modernen Psychologie – eine Eigenschaft des gesunden Menschen, und dort, wo Ehrgefühl, Gewissen, Reue und ähnliche Eigenschaften, die mit dem, was wir Werte nennen, zu tun haben, fehlen, spricht man von: Moral insanity. Wobei Menschen mit dieser «Störung» sonst «seelisch» vollkommen «gesund» sein können.

Das berühmte Idealziel der Selbstverwirklichung bezieht sich grundsätzlich auf diese Vorstellung des «Gesunden». Sonst müßte man ja mit Hilfe einer Psychotherapie, die die Selbstverwirklichung zum Ziel hat, jemanden, dessen Seele, dessen «Selbst» zu dem neigt, was wir Verbrechen nennen, zu einer besseren Verwirklichung seiner für unser Gefühl verbrecherischen «Absichten» verhelfen. Und das kann wohl kaum das Ziel einer vernünftigen Form der Behandlung oder Förderung eines Menschen sein. Wir müssen also, sozusagen zwangsläufig, daran glauben, daß der gesunde Mensch sich – freilich nach seinen Normen, wenn wir ihm ein gewisses Maß an Entscheidungsfreiheit zubilligen – in seiner Sozietät «richtig», den jeweiligen Moralvorstellungen entsprechend (oder ihnen vielleicht voraus eilend?!) verhält. Was sicher mit dem Vorwurf mancher Kritiker der Psychotherapie, sie diene nur der zwangsmäßigen Anpassung des Menschen an die jeweils geltende Moral, nichts zu tun hat. Allein das Beispiel der Psychoanalyse zeigt, daß tiefenpsychologische Überlegungen und Erkenntnisse am Beginn einer (noch keineswegs abgeschlossenen) Revolution stehen können.

Transzendenz

Alle Spuren in die Vergangenheit weisen darauf hin, daß der Mensch, nachdem er allmählich sein «Menschsein» erkannt hatte, auch die Grenzen seiner Seele suchte. Und es ist höchstwahrscheinlich, daß denen, die den Ursprung der Seele im Jenseits, in der Transzendenz suchten, schon früh die «Materialisten» gegenüberstanden, die alles und jedes mit «irdischen» Mitteln erklären wollten, so «magisch» uns auch diese Mittel heute vorkommen.

Jedenfalls sind aber die Religionen, wie das ein jüdischer Gelehrter einmal formuliert hat, profan gesprochen, auch eine Art «Gebrauchsanweisung» für den Menschen, wie er am besten mit der Lebensspanne, die ihm nun einmal gegeben ist, umgehen kann – wie er am besten «glücklich» wird. Freilich gibt es da gewichtige Unterschiede: Das Glück kann für den einen darin bestehen, daß er sich hier auf Erden wohlfühlt, schöne Stunden erlebt, alles genießt, was uns an irdischen Genüssen offensteht – einschließlich der Begeisterungsfähigkeit für die abstrakteren Genüsse der Kunst. Der andere sieht nicht nur theoretisch den Weg strenger Kasteiung als Glück an: etwa das Vermeiden aller «irdischen» Genüsse – von einfacher Bequemlichkeit bis zur Sexualität. Der Mensch erhofft sich dafür in einem späteren Leben alle Freuden des Paradieses seiner Religion, wie sie die Verheißung verspricht.

Für andere ist es eben Glück, die Grenzen , die uns die Natur, die uns unser So-Sein, wie wir sind , und unser In-die-Welt-geworfen-Sein, auferlegt, aufzusuchen und auch zu überschreiten. Erziehung, Religion, Moral, «Man tut» – all das sind Hilfen, die uns einerseits einengen, andererseits aber wieder das Leben in der Gemeinschaft erleichtern, ja, vielfach überhaupt erst ermöglichen.

Diese Grenzen – die an sich also sicher ihren Sinn haben – zu suchen, sie zu überschreiten, kann sinnvoll sein, wenn man durch Probleme aus der Kindheit, durch Erziehung und andere Einflüße, die aus irgendeinem Grund überlastend waren, krank oder wenigstens gestört wurde und nicht mehr fähig ist, das Leben frei und sinnvoll zu meistern.

Neurosen, psychosomatische Erkrankungen usw. – so sehen es wenigstens heute die meisten Psychotherapeuten – sind unangenehm, behindern das freie Leben, sie sind aber oft der wahrscheinlich einzige Weg, der es uns möglich macht, mit der Spannung zwischen unseren Wünschen und den (meist moralischen) Forderungen der Umwelt (und vor allem unseres Über-ich) zurecht zu kommen. Sie sind also «Überlebenstechniken», auch wenn sie uns oft hindern, einen Großteil der uns sonst offenstehenden Möglichkeiten zu entfalten. So behindert ein starker Waschzwang einen Menschen im täglichen Leben fürchterlich. Er läßt ihn oft schon einen Vorgeschmack der «Hölle» hier auf Erden auskosten. Er verhindert aber auch, daß dem Menschen Wünsche bewußt und von ihm ausgeführt werden, die mit seinem Gewissen, mit seinem Über-ich, nicht vereinbar sind.

Wenn man sich nun an die Grenzen begibt, die in diesem Fall die Neurose zieht, so kann man (die dabei entstehende Angst mit Hilfe des Therapeuten überwindend) den Weg zu einem neuen, freieren, weniger behinderten Leben gehen, das freilich vielleicht auch in mancher Hinsicht alten Verhaltensgesetzen widerspricht: So läßt sich etwa eine früher sehr konservativ katholische Frau im Laufe einer Therapie von ihrem Mann, der sie vielfach betrogen hat und den sie schon lange nicht mehr liebt, scheiden. Sie hat eine Grenze überschritten, die sie aus der Erziehung übernommen hat, und hat damit – natürlich nicht im katholischen Sinn – zu neuen Möglichkeiten gefunden. Wenn ihre Selbstverwirklichung darin besteht, ihre «irdischen» Möglichkeiten auszunützen, so hat sie ihre Grenzen erweitert. Ebensogut kann sie aber natürlich ihre Selbstverwirklichung darin sehen, das Kreuz auf sich zu nehmen, ihr Schicksal in Demut zu tragen, um eben für dieses Verhalten (das dann ohne weiteres auch «lustbetont» sein kann) später, in einem Jenseits, belohnt zu werden.

Diese Entscheidung muß – im Rahmen der meisten Psychotherapien – jeder Mensch für sich selbst treffen. Der «Seelenarzt» kann und will ihm nur den Weg zu einer freien, der Persönlichkeit des einzelnen Menschen entsprechenden Entscheidung erleichtern, ohne (wenigtens bewußt) die eine oder andere Richtung zu bevorzugen.

Nützlich auch für den Gesunden

Was bedeutet das alles für jemanden, der sich gar nicht gestört fühlt, für den sogenannten Gesunden? Sicher gibt es Menschen, die andere Interessen haben, völlig zufrieden in den Grenzen ihrer Seele leben und keinerlei Bedürfnis empfinden, ihnen auch nur nahe zu kommen. Für sie kann manche Methode der Psychotherapie eine Hilfe sein, einfach den praktischen Alltag besser zu bewältigen, etwa rascher einzuschlafen oder im Sport bessere Ergebnisse zu erzielen, ohne an der psychischen Situation etwas zu verändern. Sie werden ihre Grenzen vielleicht in der Punktezahl beim Tennisspiel oder an der 100-Meter-Marke beim Schwimmen oder Laufen suchen.

Andere sind eher «philosophischen» Fragen aufgeschlossen, und ihnen kann alles, was vom einfachen Autogenen Training bis zur Meditation der christlichen oder der (älteren) asiatischen Prägung reicht, eine Wunderwelt neuer Erkenntnisse und Entdeckungen eröffnen, die wahrscheinlich spannender als jede andere Reise zu fremden Horizonten ist. Dazu kommt noch: Wer sich an den eigenen Grenzen erlebt, bekommt auch eine neue Beziehung zum anderen und zur Umwelt überhaupt.

Psychosomatische Krankheiten und die Grenzen der Seele

«Meditation ist kein Heilmittel», «Autogenes Training ist keine Meditation», «Man sollte das Krankhafte nicht zum Maßstab für das Gesunde machen», «Nur aus der Verzerrung und Übersteigerung im Krankhaften kann man Rückschlüsse auf das Gesunde ziehen»: Lauter scheinbare Widersprüche, die vorwiegend ein Beweis für die Vielfalt des Lebens sind, für die Vielfalt der Wege, die der Mensch im Leben gehen kann. Die Tatsache, daß man Leben und Sterben, Krankheitsentstehung und Tod auf so mannigfache Weise erklären kann, hat ihre Spuren auch in der Wissenschaft hinterlassen. Freuds Wort von der Beschränkung durch den jeweils notwendigerweise engen Blickwinkel, von dem aus man eine Sache betrachten muß, wenn man sie untersuchen will, gilt für unser ganzes Problem.

Vom Einfluß der Seele auf den Körper sprachen nicht nur die großen Ärzte aller Zeiten, sie wußten in ihrem Rahmen auch damit umzugehen. Paracelsus: «Ihr wißt alle, daß der Einfluß des Willens ein wesentliches Kapitel der Medizin darstellt. Es kann in der Tat geschehen, daß ein Mensch nichts Gutes in sich findet, daß er sich verabscheut und eben dadurch krank wird.» Mit der psychosomatischen Medizin wurde der Versuch gemacht, diese uralten Erkenntnisse auch für die moderne wissenschaftliche Medizin annehmbar zu machen.

Die «objektive» Wissenschaft – oder sagen wir besser ein großer Teil ihrer Anhänger – machte einen grundlegenden Fehler: Was man mit ihren Mitteln nicht wägen und messen konnte, dem wurde das Recht auf Existenz verweigert, das gab es einfach nicht. Anstelle der einzig objektiv möglichen Aussage: Das können wir (noch) nicht messen und wägen, trat die unkritische Ablehnung und das «leider auch» in der Medizin. Die Seele entzieht sich offensichtlich dem materiellen Zugriff – sie ist dem Messer des Pathologen nun einmal nicht zugänglich – und daher schloß man «messerscharf», daß es sie eben einfach nicht gäbe. Weder die, die die Theologen praktisch aller Religionen zum Gegenstand ihrer Überlegungen und Lehren machen, noch die, von der die «Psycho-»logen und die Philosophen aller Zeiten immer wieder sprachen. Und wie kann etwas, was es gar nicht gibt, Einfluß auf den Körper haben?

Man mußte also eine Formel finden, um den Anhängern des «objektiv» Faßbaren ein Problem zugänglich zu machen, das außer ihnen jedem Menschen – wenigstens seit wir lesbare Spuren des Menschen haben – mehr oder weniger bewußt war. In unserer (zu Ende gehenden?) Zeit war es Sigmund Freud, der hier die erste Bresche schlug. 200 Jahre vor ihm – wissenschaftlich auch mit den Mitteln seiner Zeit leicht widerlegbare – Franz Anton Mesmer, der freilich nicht an der wissenschaftlichen Widerlegung seiner Arbeiten scheiterte – siehe Seite 75. Natürlich waren nicht alle Überlegungen Freuds richtig, aber viele waren bahnbrechend, und manche muß man heute noch stark verballhornen oder gar falsch zitieren, um gegen sie ins Feld ziehen zu können.

Man kommt also kaum mehr darum herum, das Wirken einer Seele oder eines Seelenlebens anzunehmen.* Man weiß, daß die Widerstandskraft gegen eine Infektionskrankheit wesentlich auch (!) von der seelischen Verfassung abhängt und daß es nicht «nur» Bakterien oder Viren sind, die «ganz einfach» zuschlagen. Und die psychoso-

---

* Wobei Psychologie und Medizin sich der Beschränkung auf die Summe des «Fühlens, Denkens, Wollens und Handelns» befleißigen.

matische Medizin konnte immerhin so weit an Boden gewinnen, daß auch eingefleischt «körperlich», «materialistisch» denkende Ärzte kaum mehr leugnen, daß etwa Magengeschwüre nicht nur eine «körperliche» Ursache haben. Etwa: Zuviel und zu hastig eiskalte Getränke aus dem Kühlschrank trinken oder die Speisen zu stark würzen. Sie räumen auch der Frage: Warum trinkt der Patient so hastig und nur eiskalt oder warum übertreibt er das Würzen (das Rauchen, das Alkoholtrinken usw) einen wichtigen Platz in ihren Überlegungen ein.

Und wie sich der Krankheitsbegriff als solcher gewandelt hat, so unterscheidet man auch nicht mehr streng zwischen Körperlich und Seelisch und räumt – bei aller Kontrolle des Somatischen, des Leiblichen – auch der Psyche ihren Platz im Kampf um gesund und krank ein.

Gesundheitsvorsorge – auch seelisch

Und damit wird die Suche nach den Grenzen der Seele nach einer gesunden und brauchbaren Erweiterung des Horizontes nicht nur ein Problem der mehr oder weniger abstrakten Persönlichkeitsentwicklung, sondern auch ein Faktor der Gesundheitsvorsorge. In der untrennbaren Verquickung von Leib und Seele, im Organismischen, wie I. H. Schultz das genannt hat, um jeden Hinweis auf eine Vorherrschaft der einen oder der anderen Seite – also von Leib oder Seele – zu vermeiden. Wenn man von der Parodie einer Lösung der Glücksfrage durch den Dichterarzt Gottfried Benn absieht: «dumm sein und Arbeit haben», ist die Beschäftigung mit sich und der Welt, mit den Bereichen Bewußt und Unbewußt, (auch) ein Mittel zur Erhaltung und Förderung der (seelischen und körperlichen) Gesundheit und zählt (auch) zum «Wissen vom langen Leben», zur Ayur-veda (Lebens-Wissenschaft) des alten Indiens.

Die «Grenzerweiterung», das Bearbeiten alter Probleme, das «Fündigwerden» im Reich des Unbewußten, führt nicht nur zu größerer Gelassenheit, es läßt den Menschen auch mit seiner Innen- und seiner Umwelt freier kommunizieren, baut inner- und zwischenmenschliche Spannungen ab, und macht ihn auch in dieser Hinsicht «gesünder». Auch wenn anfangs beim Wiedererleben kindlicher und frühkindlicher Situationen Haßgefühle aufkommen: Wenn man sie nicht aufgrund irgendeiner Ideologie (oder eigener ungelöster Probleme in dieser Hinsicht) schürt und wachhält, wandeln sie sich allmählich in Erlebensformen, die man vielleicht am besten mit Verstehen und Annehmen-Können umschreibt. Und es vergrößert sich in erstaunlichem Maß eine menschliche Eigenschaft, die das Leben wesentlich erleichtern kann: Die Liebes- und Zuwendungsfähigkeit.

Mit anderen Worten: An den Grenzen der Seele kann man sehr wohl auch die eigene Gesundheit finden.

Was ist an den Grenzen der Seele?

Was immer man auch von der «Seele» denken mag, von welchem Gesichtspunkt aus man sie betrachten will, eines ist sicher: Das, was die Menschheit schlechthin seit Menschengedenken unter Seele versteht, ist etwas Unendliches, nicht ganz Faßbares, selbst wenn man es auf einen mehr oder weniger naturwissenschaftlichen Begriff – aus guten praktischen Gründen – einengt. Es geht auch weniger um ein Anliegen der Naturwissenschaft als um eine humane, wenn man will letztlich philosophische Frage, in der jeder am Ende auf sich selbst gestellt ist und seinen Weg gehen muß. Sicher ist es auch kein Zufall, daß in den letzten Jahrzehnten der Begriff der Selbsterkenntnis aus der wissenschaftlichen Psychologie praktisch verschwunden ist – er überschreitet das Meß- und Wägbare. Er gehört aber sehr wohl in den ärztlichen Bereich, in den Bereich der Behandlung mit seelischen Mitteln. Einen streng naturwissenschaftlichen Weg zur Selbsterkenntnis und zur Erkenntnis, was wir unter Seele verstehen wollen, gibt es nicht, ihn mit den Mitteln der Naturwissenschaft zu suchen, hieße diesen Erkenntnisweg der Menschheit wenigstens vorläufig zu überfordern. Darüber war sich Freud klar, darüber sind sich viele moderne Naturwissenschaftler einig, die wie Freud natürlich trotzdem von ihrem Blinkwinkel aus weiterarbeiten.

Die Seele: religiös und psychologisch

Die Grenzen der Seele suchen ist auch eine Suche nach dem Ich, nach der Person. In irgendeiner Form stellt sich diese Frage jeder Mensch, aus ihr entstand wohl unser Drang zu philosophieren und aus ihr entstanden wahrscheinlich auch die Religionen. Wer bin ich? Woher komme ich? und – die wesentlichste Frage im Religiösen: Wohin gehe ich?

Beide Begriffe, Seele und Ich sind nicht klar umrissen, sie sind und waren für den Menschen, der sich hinterfragt, nie eindeutig. Eindeutigkeit bekommen sie (beide!) nur für den Gläubigen einer beliebigen Religion: Denn hier wird ihm mittels der Lehre meist genau gesagt, was er ist, woher er kommt und wohin er bestimmt ist, zu gehen.

Dem Menschen, der sich in der Geschichte und der religiösen Literatur umsieht, stehen unbegrenzte Möglichkeiten offen: Paradiese mit und ohne Houris, Höllen mit den verschiedensten Einrichtungen, den armen Seelen ihr Leben nach dem Tode schwer zu machen. In manchen Religionen wird man geläutert, kann wiedergeboren werden, bei anderen bleibt man in der ewigen Verdammnis, wenn man nur auf Erden sündhaft genug war. Den Himmel mit all seinen Freuden ersetzt im Osten bei verschiedenen Richtungen das Nirwana, das Eingehen in die vollkommene Harmonie, wo es dann nichts mehr gibt – auch kein Leid mehr. Für das Gewiß-Sein ist es nicht wesentlich, an welche Form dieser Überlieferungen eines Glaubens, einer Offenbarung, man glaubt, sondern vielmehr die zu Recht als Gnade bezeichnete Eigenschaft des überhaupt Glauben-Könnens.

Aus dem Glauben entstehen dann natürlich auch psychotherapeutische Empfehlungen und Lehren: Die Christo-Therapie (Seite 306), die Therapie aus dem Zen (Seite 103, 223) und die Rückkehr in frühere Leben in der Hypnose, die augenblicklich wieder modern geworden ist. Für eine solche Form der Therapie ist verständlicherweise der Glaube an irgend eine Form der Seelenwanderung nötig. Übrigens liebäugelte auch C. G. Jung damit, in früheren Leben ein anderer gewesen zu sein.

Wenn die Seele etwas Unendliches ist, wieso dann die Frage, was ist an den Grenzen der Seele? Nun, wir wollen – da wir neben der Meditation auch von Psychotherapie, von der Behandlung mit seelischen Mitteln sprechen – unter Seele in diesem Buch nicht den religiösen Begriff verstehen. Auch nicht ein im wesentlichen philosphisches Gebäude, sondern – im Rahmen der Psychotherapie – jene Funktionen des Menschen, die wir «seelisch» nennen: Die Summe des Fühlens, Denkens, Wollens und Handelns einer Person, eines Ich. Und hier gibt es Grenzen, Grenzen, die wir aus einem Schutzbedürfnis heraus selbst setzen, Grenzen, die uns von der Natur, von der Gesellschaft usw. gesetzt werden und die man nur schwer, aber doch manchmal erfolgreich überschreiten kann.

So kann zum Beispiel die Liebesfähigkeit eines Menschen durch persönliche Probleme, durch Auflagen der Gesellschaft usw. eingeschränkt sein. Es entstand eine Grenze, die ihn von vielen Erlebnissen, die das Leben lebenswert machen, fernhalten.

Wenn wir als Seele nicht den religiösen Begriff meinen, sondern eben die Summe des von Es, Ich und Überich gesteuerten Fühlens, Denkens, Wollens und Handelns, dann ist an den Grenzen der Seele auch das, was I. H. Schultz das Gedächtnis des Organischen genannt hat. Erscheinungen, die man im Autogenen Training, in Hypnose und Selbsthypnose und auch – als wichtiges Experiment zur Aufhellung dieser Phänomene – im LSD-Versuch erleben kann. Der Anteil Fühlen dürfte schon sehr früh vorhanden sein, das zeigen zum Beispiel Filme, die das Kind im Mutterleib beobachten. Wenn man den Gesichtsausdruck des noch nicht geborenen Erdenbürgers richtig deutet, so kann er durchaus angenehm von unangenehm unterscheiden und, in der relativen Dunkelheit der Gebärmutterhöhle, den Unmut über Störendes – zum Beispiel laute Geräusche – durch Verziehen der Gesichtsmuskulatur «bekanntgeben». Freilich, es fehlt sicher das Bewußtsein, die Absicht, etwas kundzutun. In unserem Körper bleiben aber scheinbar «Gefühlserinnerungen» zurück. Eindrücke, die wir nicht mit dem Intellekt, also mit der Fähigkeit zu erkennen, koppeln können, wohl aber mit der Erinnerung an Körpergeschehen und – wahrscheinlich – auch an ein Gefühl der Urangst. Das Kind im Mutterleib , das zeigen nicht nur die «Rückführungen» in Hypnose, sondern vor allem auch LSD-Versuche (Prof. Hanscarl Leuner, Dr. Stanislov Grof u. a.), empfindet mit der Mutter, wenigstens wenn diese starke Emotionen hat (Schmerz, Freude). Es registriert mit dem Gedächtnis des Organischen auch starke Erschütterungen, ja wahrscheinlich auch gewisse, nicht gelungene aber doch weit vorangetriebene Abtreibungsversuche. Auch hier sind wir an einer Grenze der Seele, des werdenden Ich. Einige Teile dieses Apparates funktionieren offensichtlich schon, bevor wir das Licht der Welt erblicken.

Transzendenz in biologischer Sicht

Sozusagen am anderen Ende des Körperlichen, der Biologie und des Gedächtnisses des Organischen, steht die Transzendenz, ein Problem, über das man vom Standpunkt der Naturwissenschaft aus – wenn überhaupt – nur sehr vorsichtige Aussagen machen kann, wenn man sich nicht gänzlich auf Unzuständigkeit zurückzieht. Jedenfalls ist das Instrument Wissenschaft für dieses Anliegen nur sehr bedingt geeignet.

Immerhin, manches «kosmische» Gefühl, manches «Schwimmen» im Ozean des Alls, manches Gefühl der «Wiedergeburt» und des Eingesperrtseins in die «Hölle», kommt in Bildern aus der analytischen Oberstufe des Autogenen Trainings, in der Hypnose und auch im LSD-Versuch regelmäßig wieder, so wie das Gefühl des Fliegens, Schwebens, Fallens, Versinkens usw. ebenfalls zu den «normalen» Erlebnissen im Trancezustand gehören. Manche Hexen- und

Zauberergeschichte ist aus dem Erleben im veränderten Bewußtseinszustand erklärbar – und im Experiment gezielt wiederholbar!
Um ein Beispiel zu nennen: Die Kosmische Bewußtseinserweiterung
kann man sowohl parapsychologisch als auch aus einem körperlich
faßbaren Phänomen erklären: aus der Biochemie der Gehirnab-
läufe. In gleicher Weise lassen sich Erlösungserlebnisse verschiedener meditativer Verfahren verstehen. So manches Außer- und Über-
sinnliche läßt sich auf physiologische Quellen zurückführen und
wird, bei richtiger Versuchsanordnung, für den weitaus größeren Teil
der Versuchspersonen regelmäßig erlebbar. Es ist – wenn überhaupt
– nur sehr schwer zu entscheiden, ob etwa der «Gott in uns» (Viktor
Frankl) ein letztlich von außen gesteuertes Erlebnis ist oder etwas
mit Erlebnissen vor und vielleicht auch während der Geburt zu tun
hat. Man sollte freilich über all diese Phänomene nicht vorschnell
urteilen, sondern nur mit der nötigen Demut an sie herangehen, wie
man das wohl überhaupt bei allen Phänomenen tun sollte, die mit
menschlichen Empfindungen und Reaktionen zu tun haben. Die Erklärung: Das ist nur . . . dürfte der sicherste Weg zu Fehlinterpreta-
tionen und Irrläufen sein und ist wahrscheinlich immer falsch bzw.
unvollständig.
Schließlich untersucht ja hier der Mensch den Menschen, muß also
letztlich alles, was er findet, auch für sich selbst als gültig annehmen
und ist daher – meist ganz unbewußt – voreingenommen.
Sicher gibt es in uns das Gefühl, von bestimmten Dingen etwas zu
«wissen» – nicht im wissenschaftlichen Sinn, sondern im Rahmen
einer unbestimmbaren Empfindung –, ein Gefühl der «Erhellung»,
wie der Arzt-Philosoph Karl Jaspers es nennt, das über die Grenzen
dessen, was von uns mit unseren heutigen Mitteln objektiv faßbar ist,
hinausführt. Manches, was mit den Mitteln dieser «Erhellung» vor
Jahrhunderten erahnt wurde, ist heute fundiertes Alltagswissen (und
sie bewegt sich doch!), manches noch ungeklärt und manches konnte
zwar bestätigt werden, bekam aber eine völlig andere – meist sehr
nüchterne – Erklärung.

Ein Weg zum Unbewußten: Die Ekstase

Man kann mit Rauschmitteln (LSD, Meskalin usw.) Reisen in das
Unbewußte unternehmen, man kann aber auch – wie der Mensch
seit Jahrtausenden weiß – mit den verschiedensten aktiven und passiven Meditationsmethoden (Seite 83 ff) sich «außer sich» stellen.
Der Weg zum ekstatischen Zustand beginnt mit der Faszination, wie
sie wohl jeder Mensch von Zeit zu Zeit erlebt. Enttäuschungen im

politischen oder religiösen Leben können die Fähigkeit (den Mut) zur Faszination natürlich wesentlich vermindern.

Wer wirklich fasziniert ist, kommt allmählich in ein Stadium, das man am besten mit Ergriffenheit charakterisiert. Vor allem die religiöse Ergriffenheit, die immer wieder auch Menschen erfaßt, die sich als ganz «nüchtern» einschätzen, gehört hierher: Ergriffensein, wenn die Landesflagge gehißt wird, wenn der Priester die Ringe tauschen läßt, wenn in der Oper eine Arie besonders gut gelingt.

Wenn man auch in der Medizin den Ausdruck exzitiert meist in anderem Sinn verwendet: in der Meditation spricht man vom Exzitationsstadium, wenn es zu starken, durch das Meditieren erzeugten Erregungszuständen kommt.

«Hingerissen» kann natürlich auch ein Verliebter von dem Gegenstand seiner Liebe sein. Beim Meditieren verhält sich der «Übende» ebenfalls oft wie ein Verliebter: Er ist exaltiert.

Hat man diese Stufen (rasch oder Schritt für Schritt) durchschritten, so gelangt man eben in die Ekstase. Aber auch hier muß man sagen: Keine Ekstase gleicht der anderen. Es gibt nicht nur Unterschiede zwischen den einzelnen Meditierenden, die sich wieder je nach Verfahren unterschiedlich verhalten, sondern auch jede Einzelperson verhält sich je nach Ausgangslage anders. Es ist an sich verständlich, daß man sich etwa nach einer durchwachten Nacht im Zustand des Außer-sich-Seins anders benehmen wird, als wenn man gerade frisch aus dem Urlaub kommt.

Je nach den «Stufen», die ich gerade (nach K. Thomas) beschrieben habe, kann es auch zu sehr angenehmen oder auch sehr unangenehmen Erlebnissen kommen.

Das Gefühl des Friedens und der inneren Ruhe – das man durch Gebet und Entspannungsübungen meist bald bekommt – steigert sich in ein Gefühl der Geborgenheit, in das Erleben angenehmer Bilder verschiedenster Art (ohne daß diese überwertet werden) bis zu einem Gefühl der Seligkeit, das ohne jede Übersteigerung einfach einen glücklichen Zustand auslösen kann. Im Autogenen Training spricht man von der autochthonen Euphorie, dem aus der eigenen Ruhe entstandenen Gefühl des Wohlgestimmtseins, mit all den verschiedensten Erlebnissen, die in diesem Stadium möglich sind.

Wohin nach Rückkehr aus der Ekstase?

Wie immer man aus dem Normalbewußtsein «herausgestellt» wurde, es ist erwünscht und zweckmäßig, wieder in den Alltag zurückzukehren. An sich ist das ja ein alltägliches Ereignis, wenn etwa jemand aus der Versunkenheit ins Gebet wieder in die Beschäftigung mit der diesseitigen Welt zurückkehrt. Vor allem wenn man intensive Meditationsübungen macht oder in eine tiefe gewollte oder ungewollte Hypnose kommt, ist der Weg aus dem Trancezustand nicht immer ganz leicht und gelegentlich ist auch fachliche Hilfe dazu nötig. Bei nicht wenigen bleibt oft über längere Zeit ein Zustand zurück, der von manchen durchaus angenehm als eine Art Glückszustand empfunden wird, von anderen als ein Gefühl der Benommenheit, das oft in die Worte gekleidet wird: «Ich habe das Gefühl, ich bin noch nicht ganz da.»

Rein technisch kann man bei den meisten erwarten, daß – wie bei der Hypnose – spätestens mit dem nächsten morgendlichen Aufwachen der Trancezustand beendet ist. Fühlt man sich noch immer nicht ganz frisch, so sind alle üblichen Weckmittel: kalte Dusche, kräftige, möglichst sportliche und rasche Muskelbewegungen usw. hilf- und auch meist erfolgreich. Schwierigkeiten gibt es am häufigsten, wenn die Person, die da nicht ganz aus dem Trancezustand kommt, früher Rauschmittel (Haschisch, LSD) genommen hat. Jedenfalls sollte man dann den Fachmann zu Rate ziehen.

Ekstatische Zustände gehen an manchen Menschen wenigstens äußerlich spurlos vorrüber, für manche bedeutet es aber eine grundlegende Veränderung der Einstellung zum Leben. Ob man dies als «positiv» oder «negativ» wertet, hängt vorwiegend wieder einmal von der Weltanschauung ab. Denn es ist ein Problem der Einstellung zum Leben, ob man etwa das Umsteigen eines Managers aus einer streßbeladenen Stellung in eine ruhigere (meist, aber nicht immer!) weniger lukrative Tätigkeit als Fort- oder Rückschritt bezeichnet. Vom psychotherapeutischen Standpunkt aus kann man wohl klar sagen: Fühlt sich der Betroffene dabei wohler, weniger unter Druck, so wird auch seine Lebenserwartung und seine Lebensqualität besser sein. Freilich, ob damit zum Beispiel auch seine Familie einverstanden ist, die nun plötzlich auf den bisher gewohnten Lebensstandard verzichten muß, ist eine andere Frage. Der Betrieb, aus dem Frau oder Herr Manager ausgestiegen sind, hat, wenn es sich um eine gute Kraft handelt, ziemlich sicher keine Freude damit.

«Innere» Umstellung ohne spektakuläre äußere

Von den Einschränkungen der Weltanschauung abgesehen, habe ich persönlich den Eindruck, daß ekstatische Erlebnisse, die in einem «gesteuerten» Zustand (zum Beispiel Autogenes Training) erlebt werden, die Persönlichkeit in einer psychotherapeutisch wünschenswerten Art verändern, ohne daß es zu spektakulären Änderungen in der beruflichen Umwelt kommt. Wohl aber zum Beispiel zu einer ruhigeren, gelasseneren Einstellung zur bisherigen Arbeit, zur Entscheidung, den eigenen Betrieb früher (und reibungsloser!) an den Sohn oder andere vorgesehene Nachfolger zu übergeben und anderes mehr. Dazu kann es durchaus kommen, wenn etwa ein Manager beim meditativen Zen-Gehen in einem Klostergarten plötzlich und überwältigend im gemähten Gras entdeckt, daß es Gänseblümchen gibt, ja in einem Gänseblümchen oder einer Löwenzahnblüte plötzlich «die Welt erlebt» und die Gewichtungen in seinem Leben anders setzt.

Auch amerikanische Erfahrungen zeigen übrigens, daß solche Erlebnisse dem geschäftlichen (und zum Beispiel sportlichen) Erfolg oft sehr zuträglich sind. Zen bewährt sich nicht nur in der Kunst des Bogenschießens, sondern auch in der Kunst des Tennisspiels und des Managements.

Man muß also aus der Ekstase keineswegs in ein Einsiedlerleben überwechseln, sondern kann sehr gut auch in die alte Welt zurückkehren und sich hier wohler fühlen. Das wußten schon die alten Zen-Meister, die (etwa in der Geschichte vom Ochsen) den «Erleuchteten» nach der Erleuchtung keineswegs zum einsamen Guru machen, sondern zum Menschen unter Menschen, der – unerkannt! – in der Menge durch sein So-Sein wirkt. Und am Ende der besten Zen-buddhistischen Fechtlehren stehen nicht Kampf und Sieg, sondern eine höfliche Verbeugung.

Vom Opfer zur Vorsorge

Die Bemühungen des Menschen, die Götter und Geister günstig zu stimmen, ist wohl so alt wie unsere Fähigkeit zu denken. Nicht nur aus der Geschichte, sondern auch aus der Beobachtung von Völkern, die heute noch in einem entwicklungsgeschichtlich verhältnismäßig sehr frühen Zustand leben, weiß man, daß unser Denken ursprünglich von einer Art Magie beherrscht war, wenn seine eigentlichen Ursprünge vielleicht auch eher in praktische Bereiche zu verlegen sind. Der Beginn des Denkens könnte etwa in die Phase verlegt werden, in der der Mensch bemerkte, daß man einen Ast dazu benutzen kann, eine Frucht von einem Baum herunterzuschlagen, und man so mehr Äpfel oder Birnen ernten kann.

Hat man früher gerne den Unterschied zwischen Mensch und Tier darin gesehen, daß der Mensch eben als einziges Lebewesen die Fähigkeit des Denkens habe, billigt man heute auch vielen höheren

Tieren einen wenigstens denkähnlichen Prozeß zu. Etwa manchen Affen, wenn sie im Experiment Werkzeuge herstellen: Z. B. zwei als solche zu kurze Stangen zusammenstecken, um einen längeren «Arm» zu haben, mit dem sie eine Banane erobern können, oder die Zeichen an Computertasten «intelligent» zusammensetzen, um ein an sich nicht vorhandenes Zeichen zu erhalten, damit sie zu ihrer Lieblingsspeise kommen.

Wenn die Ansätze unseres Denken «sachlich» waren, so hat uns wahrscheinlich die «Wirklichkeit» bald so mit unlösbaren Problemen überschwemmt, uns so deutlich unsere Ohnmacht gezeigt, daß vielleicht gar nichts anderes übrig blieb, als zur Abwehr eine Form des Magischen Denkens einzuführen. Wenn technische Hilfen versagen (sei es ein Laubdach oder ein Atombunker), ist es verständlich, wenn man bei Symbolen (Steinen, Tieren, Sonne, Mond – Astrologie, «heilende» Edelsteine!), die als Götter oder Geister verehrt werden, Hilfe gegen all die unbeherrschbaren Einwirkungen von außen sucht. Auch heute Hilfe gegen Katastrophen, die man mit den von uns bisher erfundenen Mitteln noch nicht ausreichend bewältigen kann: Gegen Erdbeben und andere Naturereignisse, gegen Seuchen, die uns bedrohen. Vor allem aber auch gegen jenes Etwas im Menschen, daß ihn so unberechenbar macht, Nachbarn zu Feinden, friedliche und «anständige» Bürger zu Mördern und was es sonst an menschlichem Fehlverhalten gibt, das uns vielleicht mehr bedroht als alle Naturgewalten zusammen.

Am Anfang des Denkens – wenigstens in der Form, in der wir es uns heute vorstellen können – steht die Sprache oder wenigstens die Möglichkeit, irgendwelche Gegenstände, Ereignisse und Gefühle mit einem Symbol zu bezeichnen. Welches Wesen hätte sich entwikkelt, wenn wir «sachlich» geblieben wären und Unlösbares schlicht als unlösbar hätten stehen lassen können, bis es zu einer Lösung kommt? Wir wissen es nicht – vielleicht würde uns auch so manches Liebenswerte fehlen!

Triebfeder Angst

Der wichtigste Motor zur Magie war und ist wohl die Angst, die die Menschheit offensichtlich auch heute wieder überschwemmt, nachdem es ihr gelang, Riesenspielzeuge wie Atombomben zu ersinnen, mit denen sie die Möglichkeit hat, sich gleich vielfach vollständig auszurotten. Wir müssen für die Angst aber gar nicht bis zur Atombombe gehen: auch der Blitz kann ein Feind des Menschen sein. Wir können beobachten, wie dieses Licht vom Himmel den Nachbarn oder gar das eigene Kind erschlägt. Man ist versucht zu sagen: was liegt näher, als den Blitz anzubeten? Ihn, nachdem wir ihn personifiziert haben, um mit ihm sprechen zu können, zu bitten, er möge uns doch verschonen. Schließlich weiß der Mensch aus Erfahrung, daß Mutter oder Vater sich durch eine Unterwerfungsgeste wenigstens manchmal gnädiger stimmen ließen. Eine Tatsache, die wir wiederum ganz ähnlich aus dem Tierreich kennen, wenn zum Beispiel der Wolf seine Halsschlagader dem Feind anbietet und damit beim Gegner eine Beißhemmung erzeugt.

Medizinmänner und Schamanen

Und es gehört wahrscheinlich zu unseren frühen Denkprozessen, daß wir für diese Arbeit, die wir ja nicht alle allein ausführen können, Stellvertreter, «Delegierte» suchen, Beauftragte, von denen wir annehmen, daß sie etwas für uns machen können. Meist eben besser machen als wir selbst, aufgrund höherer Kenntnisse (Schulung), von Vererbung und Geburt (Kaiser, Könige, Adel als Vermittler zu den Geistern, als Heiler usw.) oder durch in diese Richtung gedeutete Ereignisse. Epileptische Anfälle werden zum Beispiel in vielen Kulturen als Beweis für das «Von den Göttern gezeichnet sein» gewertet. Typisch für die Anfänge dieses Geschehens, und im Zeitalter der Atombombe wieder «modern», sind die Schamanen. Man nimmt an, daß das Wort aus dem Tungusischen stammt (Tungusen = Völker und Volksstämme aus Sibirien und Nordchina). Die Art der Einweihungszeremonien (symbolisches Zerstückeln, symbolische Reisen usw.) finden wir auf der ganzen Welt, bei den Indianern (Castaneda) ebenso wie bei den Eskimos oder in Afrika usw. Schamane wird man meist nach der Pubertät, die Aufgaben der Schamanen reichen vom Erbitten guter Ernten, des Sieges über die Feinde bis zur echten Krankenbehandlung, dem Austreiben von bösen Geistern usw.

Vom Schamanen kann der westliche Arzt oft viel lernen. So ging es einem meiner Kollegen, der in seiner Praxis einen Schamanen arbeiten ließ, um seine Arbeit und seine Heilerfolge beobachten zu können, kurz, von ihm zu lernen. Da gab es einen Tag, an dem das Wartezimmer voll war, die Leute drängten und murrten. Der Kollege wurde etwas nervös und versuchte vorsichtig, den Schamanen darauf aufmerksam zu machen, daß es noch viele Leute im Vorzimmer gäbe. Der verstand zuerst nicht. Als er erkannte, worum es ging, fragte er: «Glauben die Menschen hier, daß Gesundheit schnell geht?» Daß die Leute «hier» das sehr wohl glauben, vor allem alle

Vertreter der sozialen Belange (Kassen, Ämter usw.) ist offensichtlich. Und offensichtlich ist auch, daß wir trotz aller Technik, trotz Praxiscomputer usw. noch keinen Ausweg aus diesem Dilemma gefunden haben, das der alte Hausarzt – wenn überhaupt – nur in einem sehr geringen Maß kannte.

Bei den Indianern Nordamerikas sprechen wir von den Medizinmännern, die freilich meist von den Schamanen dadurch zu unterscheiden sind, daß sie neben den magischen Praktiken auch über echte medizinische Kenntnisse verfügen. Sie verwandten (und verwenden) sowohl Heilkräuter und mineralische Substanzen als auch (echte, nicht nur magische) chirurgische Eingriffe, die wahrscheinlich ebensooft lebensrettend wie lebensgefährlich waren.

Stehen beim Schamanen mehr die magischen Praktiken im Vordergrund, beim Medizinmann mehr die handfestere Behandlung, verbrämt durch Magie, so ist das Ziel des Gurus eher, ein geistig-seelischer Führer zu sein, der, gestützt auf eine Religion und auf seine persönlichen, oft als paranormal eingeschätzten Fähigkeiten, den Menschen aus dem Elend dieser Welt herausführen soll. Guru (wörtlich übersetzt etwa der Gewichtige, der Schwere) heißt eigentlich alles, was ehrwürdig durch Alter und Wissen, Weihe und Wandel ist und dadurch zum Gefäß der göttlichen Offenbarung (und damit «gewichtig» im übertragenen Sinn) wurde.

Reinheit und Jungfräulichkeit

Dabei ist die «Reinheit», die vom alten Weisen verlangt wird, mit der Reinheit unserer Kultur, der Jungfräulichkeit männlicher und weiblicher, höher geachteter Wesen nicht zu vergleichen. Für den Asiaten gilt im allgemeinen nicht die tertullianische Formel: «Im Schoß des Weibes wohnt der Satan.» Reinheit bedeutet hier – und wir werden auf das Problem noch zurückkommen: Ichlosigkeit, Freiheit von weltlichen Bedürfnissen überhaupt, Abstand zur eigenen Person. Westlich ausgedrückt vielleicht am ehesten mit Franz Karl Ginskeys Zeilen: «Seele, erst wenn dich kein Wunsch mehr stört, umrauscht Erfüllung dich unerhört» zu vergleichen.

Heilung als mystisches Geschehen und Psychoanalyse

Einer der Vorteile unserer Zeit ist die wesentlich vergrößerte Möglichkeit der Kommunikation zwischen Ost und West, ja, zwischen den Kulturen schlechthin. Damit wurde es auch möglich, daß jemand dem indischen Kulturkreis und der internationalen psychoanalytischen Vereinigung angehört und von der Berührung mit dem «westlichen» Gedankengut nicht gefesselt, ich möchte sagen «betört» ist, so daß er sich der Aufgabe unterziehen kann, die Heilweisen der Schamanen, Gurus und anderer Heiliger mit dem Respekt und der Achtung, die ihnen zweifellos anstelle von Verurteilung wegen Aberglauben und Scharlatanerie gebührt, zu untersuchen. Es handelt sich um den Psychoanalytiker und Forscher Sudhir Kakar, der in Neu Delhi ordiniert. Von den westlichen Psychoanalytikern hat sich Medardus Boss intensiv mit diesem Problem beschäftigt.

Kakar weist zuerst einmal auf etwas hin, was man bei westlichen Analytikern – wie etwa E. Fromm, der mit D. T. Suzuki und R. D. Martino ein Buch über Zen-Buddhismus und Psychoanalyse schrieb – keineswegs so deutlich findet: Für die asiatische Kultur ist die Psychoanalyse grundsätzlich wesensfremd, während sie für den Westen vielleicht aus weltanschaulichen Gründen teilweise unannehmbar ist, aber zweifellos aus seiner Denkweise stammt. Freud war und blieb – meines Erachtens ganz bewußt – der Naturwissenschaftler westlicher Prägung und mußte von seinem Kulturgut nichts aufgeben. Für den Inder aber bedeutet Psychoanalyse betreiben: «Seine eigene Kultur zu verleugnen oder doch wenigstens weitgehend aufzugeben».

Noch deutlicher wird der Unterschied in der Feststellung des indischen Arztes: «Die ersten westlichen Psychoanalytiker mögen die 'Outcasts' ihrer Gesellschaft gewesen sein, aber sie waren nicht die Unberührbaren (Parias) ihrer Kultur...».

Durch das Gestaltetwerden aus beiden Kulturkreisen (und wer eine Psychoanalyse erlebt hat, wurde sicher auch in westlicher Weise «gestaltet») kann Kakar uns in unserer Ausdrucksweise mit den Phänomenen bekannt machen, die er bei Heiligen, Gurus und Schamanen östlicher Prägung erleben konnte. Er berichtet auch über Tantra, die im Westen so oft als sexistisch abgeurteilte Lehre. Daß «sexistisch» an sich schon eine Verurteilung bedeutet, ist durchaus auch im Osten denkbar, wo der Schweizer Psychiater Medardus Boss dort, wo die Sexualerziehung so repressiv war wie bei uns, auch ganz ähnliche Neurosen fand.

Tantra dient aber – etwa im Gegensatz zu Yoga – auch als Heilsystem und als System zur seelischen Gesundheit, was für unser Anliegen besonders interessant ist. Mehr darüber auf Seite 111)

Um Mißverständnissen vorzubeugen: Auch im Tantra ist das letzte Ziel nicht die körperliche Heilung, sondern die Befreiung aus der Enge des «Ich». Anfang und Ziel liegen im Mystischen, im Religiösen, während Freud ja vorerst einmal Kranke wieder gesund machen oder wenigstens bessern wollte. Erst seine Entdeckungen um die Zusammenhänge im menschlichen Seelenleben waren es ja, die unsere Welt – also auch die Welt des «Gesunden» – so nachhaltig beeinflußt haben und auch in den Osten hinüber wirken sollten. Freilich kann es andererseits wohl als Mißverständnis angesehen werden, wenn Kakar (in der deutschen Übersetzung) schreibt, daß sich Psychoanalyse wie Tantra auf die Verherrlichung der sinnlichen Natur in jedem Menschen gründen. Hier wird wieder einmal Freud mit Wilhelm Reich in einen Topf geworfen. Freud war ja in sexueller Hinsicht im persönlichen Leben eher streng, um nicht zu sagen prüde.

Ein Beispiel der Verbindung von Orient und Okzident in einer neuen Form der Psychotherapie ist auch die Positive Psychotherapie des in Deutschland lebenden persischen Psychiaters Nossrat Peseschkian, auf den wir auf Seite 234 zurückkommen.

Heilung durch den Traum in Epidauros

Während Äskulap (Asklepios), der Sohn Apolls, als «Soter», was nach der Übersetzung Luthers «Heiland» heißt, angebetet, um Hilfe angerufen und gläubig verehrt wurde, war Hippokrates eine historische Gestalt. Und schon zu seiner Zeit gab es das Problem zwischen der «wissenschaftlichen» Medizin und den anderen Heilern, bei denen eine (kultische) Beeinflussung der Seele im Vordergrund stand. Nicht, daß sich Hippokrates (460–377 v. Chr.) um die Träume nicht gekümmert hätte. Er hat ihnen eine eigene Abhandlung gewidmet. Sein Interesse war aber mehr «naturwissenschaftlicher» Art. Der Traum war für ihn vor allem (ein auch noch heute brauchbares und zuwenig angewendetes) Hilfsmittel der Diagnostik: Feinste, sonst unbemerkte Körperreize werden im Traum zu Bildern verarbeitet und weisen frühzeitig auf Störungen hin. Er befaßte sich besonders mit den Blasenreizträumen (die wahrscheinlich dazu dienen, den Schlaf noch einige Zeit zu erhalten) und war der Meinung, daß im Traum wohl der Körper, aber nicht die Seele ruhe. Er meinte sogar, daß erst im Traumgeschehen die Seele so richtig wach wäre: Sie könne unbehindert denken, habe aber freilich eine andere (teilweise gelöste) Verbindung zu den Sinnesorganen. Gesundheit zeigen Träume an, die die Erlebnisse des Wachzustandes richtig wiedergeben. Verzerrungen der Wirklichkeit weisen auf Krankheit hin. Je abnormer der Traum, umso dringender ist die Behandlung: Diät, Erbrechen, Schwitzen, Bewegung.

In einem gewissen Gegensatz dazu standen (auch in der Zeit des

Hippokrates) die Priesterärzte in Epidauros, dem Heiligtum des Heilgottes Asklepios, der nach Homers Ilias vom Centauren Cheiron über die Heilkraft der Kräuter belehrt wurde. Er erscheint in ältester Zeit als Schlangengott, später wird die Schlange auf dem Stab zu seinem Symbol. Im Gegensatz zur Neuzeit haben die Griechen Schlangen gerne als Haustiere gehalten. Sie dienten den vornehmen Damen in der heißen Jahreszeit als Schal zur Kühlung des Halses! Auch dem Heilsuchenden wurden die Schlangen – eine besonders leicht zähmbare Art – aufgelegt. Freilich gab es damals auch noch keine Abscheu gegen Schlangen.

Lange Inschriften sprechen – wie unsere Votivtafeln – von den vielen Heilungen, die hier «einfach» durch den Schlaf im Heiligtum durch Apoll bzw. Asklepios bewerkstelligt wurden. Später, vielleicht weil der Glaube nicht mehr so wirksam war, wurden auch ausgefeilte Kursysteme entwickelt und höchstwahrscheinlich auch Heilkräuter und andere Mittel verwendet. Ursprünglich war es aber eine «Heil»-stätte im religiösen Sinn.

Die Heilung Suchenden mußten sich für den Tempelschlaf mit Fasten, Enthaltung von Tierfleisch und Alkohol und sexueller Enthaltsamkeit vorbereiten. Nach einer speziellen Reinigung durch rituelle Waschungen betraten sie das Heiligtum, das Asklepieion, entweder nackt oder mit weißen Gewändern, die mit Purpurstreifen geschmückt waren. Sie legten sich im «Abaton», einer zweigeschoßigen Halle des heiligen Bezirkes, zur Ruhe. Mit diesem feierlichen «Sich auf den Boden legen», der Inkubation, begann der eigentliche Schlaf. Im Schlaf sandte Asklepios entweder direkt die Heilung oder er schenkte den (gläubigen) Patienten Träume, die von den Priester-Ärzten gedeutet wurden. Aber auch verschiedene Vorschriften für die Heilung wurden dem Kranken gegeben.

Unter den Geheilten findet man, nach einer historischen Arbeit über Epidauros, «unzählige hochbegabte Menschen aus der ganzen damaligen zivilisierten Welt.»

Die wissenschaftlich begründete Psychotherapie beginnt

Am Anfang des Versuches, Psychotherapie auf ein wissenschaftlich begründetes Fundament zu stellen, steht der Arzt Franz Anton Mesmer (1734–1815), nach dem im angelsächsischen Raum Hypnose immer noch häufig Mesmerismus genannt wird. Mesmer hatte an sich die Fähigkeit entdeckt, seine Patienten in Trance zu versetzen, nachdem er sich mit dem (damals noch nicht so genannten) hypnotischen Phänomen der früheren Literatur befaßt hatte. Zum Beispiel mit den Schriften des Abtes Athanasius Kircher, der schon 1646 die Tierhypnose beschrieb.

Wenn man sich über die Bedeutung des Franz Karl Mesmer klar werden will, muß man sich ein wenig in der Zeit umsehen, aus der er kommt. John Canton hatte die elektrische Influenz entdeckt, das Abklopfen in der Medizin wurde von Leopold Josef von Auenbrugger entdeckt, der die Methode aus dem Weinkeller übernahm, das Wasserstoffgas wurde von Henry Cavendish 1766 entdeckt, mit Antoine Lavoisier beginnt die moderne Chemie, Geschlechtskrankheiten werden in Norwegen unentgeltlich behandelt, Karl Wilhelm Scheele entdeckt 1777, daß Luft aus zwei Komponenten besteht, der Planet Uranus wird durch ein selbstgebautes Teleskop von Friedrich William Herschel gesehen, Urzeugungstheorien und Theorien einer geheimen Zeugungskraft werden durch Besamungsversuche widerlegt; schließlich entdeckt James Watt die Dampfmaschine, Christoph Wilhelm Hufeland schreibt seine Makrobiotik. Alles ist im Aufbruch. Und alle wollen zur Quelle des Lebens. Auch der aus Iznang stammende Franziscus Antonius Mesmer. Der stolze Vater ist Jäger bei seiner gnädigen Exzellenz dem Bischof von Konstanz, und es nimmt nicht wunder, daß der junge Mann zuerst Theologie studiert. Dann aber wendet er sich den Naturwissenschaften zu, wird in Ingolstadt zum Doktor der Philosophie kreiert und letztlich in Wien Doktor der gesamten Heilkunde – ein Titel, der von der Wiener Universität im Gegensatz zu anderen, «einfacheren» Doctores medicinae auch heute noch verliehen wird.

Seine in Wien verteidigte medizinische (!) Inauguraldissertation befaßt sich mit dem Einfluß der Gestirne auf den menschlichen Körper, «Dissertatio physio-medica De Planetarium influxu in corpus humanum» (andere behaupten, sie hätte kürzer nur «De Planetarum influxu» geheißen) und war damit ganz im Bann seiner Zeit. Es waren die Ideen eines Paracelsus, und es war auch kein geringerer als Gerald van Swieten, der damalige Präses der medizinischen Fakultät (heute würde man Dekan sagen), der das Doktordiplom unterzeichnete. Das Diplom, das Mesmer für eine These bekam, die immerhin schon das System der magnetischen Heilkunde erwähnte und sich auch auf den erfolgreich exorzierenden Vorläufer der Hypnose, den berühmten Pater J. J. Gassner berief, der einige Jahre später durch die Schweiz, Schweden, Bayern und Pfalz zog und mit einer Art Hypno-analyse (wie wir heute wissen) die Menschen vom Teufel befreite. 27 Lehrsätze hatte Mesmer 1775 an alle Akademien versandt, nur eine, die Berliner, hat ihm – ablehnend – geantwortet. Mesmer folgte also den Ideen seiner Zeit. Am 6.11.1789 hatte überdies noch der italienische Professor der Anatomie und Gynäko-

logie in Bologna, Luigi Galvani, am Froschschenkel die Reaktion lebendiger Substanz auf die Elektrizität entdeckt und schloß daraus, daß biologische Abläufe auf elektrische Vorgänge, wie man sie an der Leidener Flasche beobachten konnte, zurückzuführen seien. In diesem Sinne entwickelte Mesmer seine Theorie des animalischen oder Lebensmagnetismus, eines «Fluidums», des «Weltäthers», der den ganzen Kosmos durchströmt. Die französische Akademie der Wissenschaften gab 1784 über behördlichen Auftrag ein vernichtendes Urteil über die Mesmerschen Thesen ab, wobei man nicht versäumte, in einem angefügten Geheimbericht die krampfartigen Zukkungen, die Schreie und «geheimen Leidenschaften, die die Patienten bei der Magnetisierung spüren», vor allem aus sittlichen Gründen als Gefahr für die öffentliche Moral aufzuzeigen. (Rapport des Commissaires de la Societé Royale de Médicine nommés par le Roi Louis XVI pour faire l'éxamen du magnétisme animal, Paris 1784) Nun, die Beschreibungen der magnetischen Sitzungen aus dieser Zeit könnten genausogut ein Bericht über die massenhypnotischen Séancen eines Bhagwan sein: «Die Augen verdrehen sich, die Hälse recken sich in die Höhe, die Köpfe fallen nach hinten, man zittert, weint, lacht, hustet, spuckt, schreit, stöhnt, ringt nach Atem, fällt in Ekstase, fühlt geheime Leidenschaften. ... vor allem Frauen werfen sich aufeinander, rot oder bleich, mit verzerrten Zügen, flatternden oder an den Schläfen klebenden Haaren, umarmen sich, stoßen einander zurück, wälzen sich am Boden und schlagen mit dem Kopf gegen die Wände (die zu diesem Behufe gepolstert sind) ... Dann wirft der Meister seine Mundharmonika beiseite (Musik fördert den Magnetismus*). Er eilt auf die Rasenden zu, durchdringt sie mit einem scharfen und tiefen Blick (genau, wie man sich heute den «Hypnotiseur» vorstellt), faßt sie an den Händen oder streicht mit den seinen über die bebendsten Körperteile.»
Man muß aber wohl auch Gerechtigkeit nach beiden Seiten walten lassen. Die Argumentation der gelehrten Gesellschaft ist zu einem nicht unerheblichen Teil auch heute noch durchaus gültig: «....., da sie auch andererseits bewiesen haben, daß auch die Einbildung ohne Magnetismus Krämpfe erzeugen kann und der Magnetismus ohne Einbildung nichts, haben sie einstimmig beschlossen, daß nichts den Beweis eines magnetisch-animalischen Fluidums erbringt, und daß dieses nicht feststellbare Fluidum infolgedessen ohne Nutzen ist, daß die gewaltsamen Wirkungen, die man bei der öffentlichen Behandlung bemerkt hat, teils auf die Berührung zurückzuführen sind, auf

---

* Er hat auch eine Glasharmonika verwendet, die daraufhin eine Zeitlang in Wien als gefährliches Instrument verboten war.

die dadurch erregte Einbildung und die automatische Einbildung, die uns gegen den eigenen Willen zwingt, Vorgänge, die auf unsere Sinne wirken, zu wiederholen. Gleichzeitig fühlt sie sich verpflichtet, beizufügen, daß diese Berührungen, die immer wiederholte Heranziehung zur Krisenerzeugung schädlich sein kann und daß der Anblick solcher Krisen gefährlich wird durch den Zwang zur Nachahmung, den die Natur uns auferlegt hat, und deshalb jede öffentliche Behandlung auf die Dauer nur gefährliche Folgen haben kann.»*
Es ist ohne weiteres zu beweisen, daß man die Wirkungen «auch ohne Magnetismus» erzielt, daß bis heute kein solches «Fluidum» nachweisbar ist und daß wir diesen Nachahmungs- bzw. Wiederholungszwang haben. Daß der «Anblick der Krisen» gefährlich sein kann, ist – unter anderem aus dem Nachahmungstrieb und aus der Disposition mancher Menschen zu hysterischen, ja psychotischen Reaktionen – ohne weiteres verständlich und wurde auch oft genug gezeigt. I. H. Schultz hat zum Beispiel in einer Arbeit hundert (!) solche klinisch bekanntgewordene Schäden beschrieben. Jeder, der sich mit diesem Fach der Medizin befaßt, kennt Schäden durch Schau- und Laienhypnosen.
Etwa 50 Jahre nach dem vernichtenden Gutachten verlangte man von der medizinischen Akademie neuerlich eine Untersuchung über den Magnetismus, und nach sechsjährigen Forschungen fand diese nun, daß die Effekte des Magnetismus bei gesunden Personen meist gleich Null sind, es sich aber sehr wohl um eine wertvolle Bereicherung der Therapie handle; ja man sprach von der Möglichkeit des Hellsehens und der Zukunftsschau, wie der italienische Hypnosespezialist Prof. Granone in seinem großen Lehrbuch der Hypnose berichtet.
Ein Engländer, James Braid, führte 1843 das – nunmehr Hypnose genannte Verfahren – in die Medizin ein, aber erst 1882 setzte Charcot, der berühmte Chef der noch berühmteren Salpetrière in Paris bei der französischen Akademie der Wissenschaften die vollkommene Anerkennung des Verfahrens (der hypnotischen Therapie) durch, was freilich noch keineswegs einen echten Durchbruch bedeutete. Die amerikanische Ärztegesellschaft AMA (eine klassisch schulmedizinische Vereinigung) hat überhaupt erst 1985 die Hypnose als vertretbare und zugelassene Therapiemethode anerkannt, obwohl es in Amerika schon lange Ärztevereinigungen gibt, die sich besonders mit Hypnose und Hypnoanalyse befassen.

* Zit. nach Stefan Zweig.

Begründung der modernen Psychotherapie: Die Psychoanalyse

Sigmund Freud hatte bei Charcot und Bernheim Hypnosen erlebt, die Technik studiert und war begeistert nach Wien zurückgekehrt. Er begann auch die Hypnose anzuwenden und fand in Josef Breuer einen Kollegen, der schon vor ihm mit Hypnose gearbeitet hat und auch beachtliche Erfolge erzielen konnte. Breuer hatte entdeckt, daß man mit Hypnose Vergessenes, man wird später sagen Verdrängtes, aus dem Bewußtsein (aus guten Gründen) Verbanntes, wieder bewußt machen kann. Breuer und Freud nannten dieses Verfahren Psychokatharsis, eine Erfindung, aus der Freud später die Psychoanalyse entwickelte. An ihrem Anfang stand die Selbstanalyse des Nervenarztes Sigmund Freud, der dabei freilich einen «Analytiker» hatte, dem er sehr viel von dem Geschehen berichtete: seinen Freund und etwas unkritischen Arzt Wilhelm Fließ, dem die Welt die heute so geschickt vermarktete Idee des Biorhythmus «verdankt».

Was war geschehen? Freud hatte einige Jahre begeistert mit Hypnose gearbeitet, hatte in einem «Doktorbuch» eine ebenso begeisterte Abhandlung über die hypnotische Behandlung geschrieben. Die Macht *gegen* den Patienten, die der Arzt nach Freud scheinbar bekam, überstieg alles, was man selbst Wundertätern bis dahin zumutete. Und gerade deshalb, wegen dieser Überschätzung, dieser vollkommen falschen, unkritischen Beurteilung der Hypnose mußte Freud nicht nur mit dieser Therapie scheitern, er begann – psychoanalytisch durchaus verständlich – eine Haßliebe gegen die Hypnose, die ihn so enttäuscht hatte, zu entwickeln, die er zeit seines Lebens nie mehr loswerden sollte.

Am Beginn der Psychoanalyse stand die Entdeckung, daß das Wiedererinnern, das Noch-einmal-Durchleben von seelischen Traumen (also belastenden Erlebnissen, die nicht bewußt verarbeitet werden können) keinesfalls immer zur «Heilung» führt, ja manchmal, auch wenn der Kranke gut in den Zustand der Hypnose kommt, keinen sichtbaren Effekt hat. Wenn man annimmt, daß bei dem Trauma Affekte, seelische Energien, zurückgehalten, unterdrückt werden müssen und diese dann den Patienten, weil sie sozusagen von «unten» her weiterarbeiten, nach oben drängen, Beschwerden machen, so wird die Heilung durch das Abreagieren in Hypnose verständlich. Wenn die Energie verbraucht ist, drückt auch von «unten» nichts mehr nach und der Mensch wird aus seinem Reservoir an unbewußten Energien nicht mehr gestört.

Freud fand nun, daß die störenden Impulse aus dem Unbewußten nicht (nur) einfach mehr oder weniger vergessene «Traumen», Schäden, vorwiegend aus der Kindheit, waren, sondern daß die Problematik viel eher zu erklären und auch zu beseitigen ist, wenn man sich mit den Trieben – vorwiegend mit dem in unserer Sozietät so stark verdrängten und verteufelten Sexualtrieb – befaßt.

Einige Passagen aus Freuds Schriften scheinen zu bestätigen, daß er bei der Entdeckung der Psychoanalyse ursprünglich nicht so sehr die Heilung seiner Patienten im Auge hatte, sondern fasziniert von dem Mittel zur Untersuchung der noch unbekannten seelischen Vorgänge war. Jedenfalls wurde die Analyse – notgedrungen – zuerst einmal eine Entdeckungsreise in ein noch (fast) völlig unbekanntes Land, gegen viele Widerstände, ja auch gegen heute noch zu beobachtende vollkommene Ablehnung.

Aber auch die Möglichkeit zu heilen war bald entdeckt: Dadurch, daß das Verdrängte durch die «Untersuchung» bewußt gemacht wurde, bekam der Mensch die Möglichkeit, an die Stelle des unbewußten Verwerfens einer Triebregung (berühmtestes Beispiel: Mit der Mutter zu schlafen) eine freie, seinem bewußten Urteil unterworfene Entscheidung zu treffen. Freud schrieb: «Ich trug der neuen Sachlage Rechnung, indem ich das Verfahren zur *Untersuchung und Heilung* nicht mehr Katharsis, sondern Psychoanalyse nannte.»

Warum funktioniert die Hypnose nicht so, wie Freud, wie der damals bekannte Wiener Gesellschaftsarzt Dr. Siegfried Breuer, von dem Freud die «kathartische Methode» übernommen hatte und viele andere sich das erhofft hatten? Die Erklärung ist heute gar nicht so kompliziert: Es ist schlicht und einfach eine Überforderung der Methode, wenn man glaubt, dem Hypnotisierten, auch wenn er in tiefer Hypnose ist – jeden Befehl geben zu können. Wenn man sich zusätzlich noch erhofft, daß dieser Befehl von den inneren Instanzen des Menschen dann – möglichst ein Leben lang – auch befolgt werde.

Wir wissen heute, daß in diesem veränderten Bewußtseinszustand zwar manches möglich ist. Das aber umso mehr, je besser es gelingt, sich in die Person einzufühlen und ihren Wünschen anzupassen. Wenn es wirklich einmal gelingt, einen Befehl zu verankern, der den Instanzen im Menschen unangenehm, aber nicht unannehmbar ist, so entstehen durch seine Ausführung oft starke Beschwerden. Sie hören oft erst auf, wenn man das Problem mit der Versuchsperson durchgearbeitet und ihr die Zusammenhänge bewußt gemacht hat. Was der Betroffene wirklich nicht will, kann man ihm bestenfalls – vorübergehend – mit einem Trick schmackhaft machen.

Nicht jeder Mensch kann übrigens zu therapeutischen Zwecken in einer für eine effektive Therapie vernünftigen Zeit in Hypnose versetzt werden, obwohl der berühmte Hirnforscher Oskar Vogt beweisen konnte, daß letztlich jeder Mensch hypnotisierbar ist.

Freuds wichtigste Anfangsentdeckung war: Die schweren inneren Konflikte, die durch die Spannung entstehen, auf der einen Seite der Trieb (bzw. die Triebe), auf der anderen die der Trieberfüllung entgegenstehende Moral, die Ethik, die religiösen Vorschriften, lassen sich in der Hypnose nicht auflösen. Das «Gewissen», die ethischen Grundsätze eines Menschen, können in der Hypnose nicht geändert werden. Weder zum «Guten» noch zum «Schlechten». Man kann also auch nicht einen Menschen, der einen starken Drang zum Stehlen hat, in der Hypnose «ehrlich» machen. Die Abreaktion von verbotenen Trieben – die in begrenztem Maß in Hypnose möglich scheint, hat keinen wirksamen therapeutischen Effekt. Eine Tatsache, die übrigens schon bei Mesmer deutlich wurde.

Die innere Zensur hat – wie im Traum – auch in der Hypnose eine nicht zu unterschätzende Macht. So können viele Menschen auch in tiefer Hypnose zwar viele «Aufträge» erfüllen, spüren keinen Schmerz mehr, sie sind aber wie im Leben blockiert, wenn es darum geht, «Leidenschaften» auszuleben. Sie können also etwa nicht – wie das viele andere können – mit einem mächtigen Tränenstrom den Schmerz über den Tod der Mutter, den sie bisher erfolgreich «mit Haltung» verdrängt haben, nachholen. Die «Trauerarbeit» ist bei ihnen ein viel komplizierteres Geschehen.

Freud hatte also mit der Hypnose Schiffbruch erlitten. Da die Abreaktionen der angestauten Gefühlsenergien (die «Katharsis») offensichtlich nur selten (zum Teil allerdings wahrscheinlich auch wegen der unvollkommenen Technik) Linderung oder Heilung brachten, mußte er einen anderen Weg finden und sich damit auch von den ursprünglichen Theorien der kathartischen Methode (Breuer) lösen. Hinter der Neurose und der psychosomatischen Krankheit mußte mehr stecken als nur eine «verklemmte» Gefühlsregung.

So sehr Verhaltenstherapeuten und Psychoanalytiker miteinander streiten (wobei die Angriffe meist von der [jüngeren] Verhaltenstherapie kommen), so merkwürdig ist es, daß eine der Freudschen Theorien gerade durch die exakten Experimente der Verhaltenstherapeuten unterstützt wird. Wenn jemand als Kind einen strengen Vater hatte, der kein entdecktes Vergehen ungesühnt ließ, so wurde er nach der Verhaltenstheorie «konditioniert», auf andere Menschen, die einer väterlichen Autorität gleichkommen (Lehrer, Polizisten, Vorgesetzte) vorsichtig und mit Angst zu reagieren, auch dann, wenn gar kein objektiver Grund für Angst und Herzklopfen vorhanden ist. Solche Menschen reagieren, wenn sie mit Menschen zusammentreffen, die ihnen übergeordnet sind, mit körperlichen und seelischen Zeichen der Angst, auch wenn die Person, die die Reaktion auslöst, freundlich, gütig und zuwendend ist. Die Konditionierung, auf die wir auf Seite 309 noch zurückkommen, hatte gewirkt. Andere Forscher konnten sogar beweisen – noch mehr verhaltenstherapeutisches Wasser auf die Freudschen Mühlen –, daß die Reaktionen nach solchem «Einschleifen» von Verhaltensweisen noch stärker waren, wenn die Versuchsperson den Zusammenhang zwischen Versuch und Reaktion vergessen hatte.

Auch die vielleicht wichtigste Theorie von Freud, die der Verdrängung, läßt sich – nach C. G. Jung – mit einer solchen «erlernten» Blockierung erklären. Wenn eine Erinnerung an ein peinliches Ereignis droht, springen erlernte Blockaden ein, um die Gedanken entweder in eine andere Richtung zu bewegen oder ganz zu unterdrücken.

Meditation

Was heißt eigentlich meditieren?

Die Wurzel des Begriffes Meditation ist im Dunkel der Geschichte der letzten vier- bis fünftausend Jahre verborgen. Die ersten historischen Spuren kann man in den Veden finden, deren Entstehung um etwa 1600 vor Christi – als Aufzeichnung alter Lehren, «das vom Himmel Gehörte»: Shruti – angesetzt wird. Von den Veden sind vor allem die Upanischaden, der Schlußteil des «Gehörten», mit den Begriffen Atman, Brahman und der heiligen Silbe OM, für die Geschichte der Meditation wichtig.

Der Begriff Brahman, das ewige, unvergängliche Absolute, hat in den Religionen mit einem persönlichen Gott nichts Gleichsetzbares. Das einzige, was man darüber aussagen kann, ist, daß es sich unserem Denken entzieht. Sobald wir es fassen wollen, wird es Ishvara, «der Herr des Universums», also personifiziert. Und diese «Person» ist mit unserem Gottesbegriff dann durchaus vergleichbar.

Dazu ein Text aus den Upanischaden: «Du kannst den Seher des Sehens nicht sehen; du kannst den Hörer des Hörens nicht hören; du kannst den Denker des Denkens nicht denken; du kannst den Erkenner des Erkennens nicht erkennen*.

Atman ist nach hinduistischer Lehre das wirkliche, unsterbliche Selbst des Menschen, vergleichbar mit unserem Seelenbegriff.

OM ist die «Manifestation der spirituellen Kraft», Symbol des Schauens der «echten» Wahrheit. Im tibetischen OM MANI PADME HUM, dem ältesten Mantra (kraftgeladene Silbe) Tibets, dem «Juwel im Lotus», ist das Ziel des Allerbarmens, der Wunsch nach Befreiung im Nirwana (also dem letzten Ziel aller Meditation) enthalten.

Auch der Taoismus, entstanden aus der Lehre Laotses, dessen Tao Te Ching heute im Westen ebenfalls sehr bekannt ist, hat viel zur weiteren Ausformung der Meditation beigetragen. Eine mögliche wörtliche Übersetzung von Tao Te Ching ist: «Das Buch oder die Sammlung (Ching) vom Sinn (Tao) und Leben (Te)». Ein wesentlicher Grundgedanke ist schon im ersten Satz enthalten: «Der Sinn, den du erkennen kannst, ist nicht der rechte Sinn». Ein weiterer wichtiger Gedanke ist die Lehre vom «Nicht-Tun», eine innere Haltung, die keineswegs mit «Nichts-Tun» verwechselt werden darf.

* Brihadaranyaka – Upanishad 1.4.7 nach R. Lay

Das Sanskritwort Dhyana wird oft mit «Meditation» übersetzt. Meditiert wurde und wird vorwiegend im Sitzen und in dieser Haltung die Versenkung erreicht, die nötig ist, um etwa im Yoga des Patanjali (Begründer einer Yoga-Form, um 200 vor Christus) Samadhi zu erreichen, was man mit Befreiung von den Fesseln der Subjekt-Objekt Beziehung, mit Aufsteigen in höhere Bewußtseinsebenen, Frei-Sein von Wünschen und Begierden, europäisiert vielleicht auch mit Erlösung, übersetzen kann.

Aus Dhyana, das vor allem der Buddhismus übernommen hat, wurde das chinesiche Ch'an und das japanische Zen (Seite 98).

Das lateinische Meditatio ist in seiner Herkunft ebenfalls dunkel, hat aber nach fast allen Autoren etwas mit der Mitte, die Mitte suchen, die Mitte finden, zu tun. Vielleicht auch etwas mit der indogermanischen Wurzel «med» – messen, das Maß finden. Das Zeitwort Meditari heißt nachsinnen.

Grundsätzlich ist Meditieren etwas sehr Persönliches, etwas, das man zwar unter der Anleitung eines Meisters erlernen kann (sollte), das man aber ganz für sich allein tun muß, auch wenn man es «allein» in einer meditierenden Gruppe macht. Denn der Meditierende muß «in sich» gehen, sich – um es tiefenpsychologisch auszudrücken – in sein Unbewußtes versenken, sein Ich auf die Suche nach seinem Selbst gehen lassen.

Im Westen finden wir eine Art der Meditation schon im Neuplatonismus (um 200 nach Christi) mit einer religiösen Grundstimmung, die mehr dem Geschehenlassen als dem Gut-Sein aus eigenem Willen verhaftet ist.

In unserer Zeit hat man einen Oberbegriff Meditation geschaffen, der sowohl eine seelische Technik meint – also etwa «meditative exercises», englisch für die Oberstufe des Autogenen Trainings – als auch die (nicht immer ausdrücklich religiös orientierten) Versuche der Weg- und Selbstfindung.

Meditation und Religion

Häufig wird aber auch heute der Begriff der Meditation ausschließlich dem Bereich der Religion zugeordnet. Das ist aus einem weiteren, recht interessanten Grund nicht ganz zutreffend: Nimmt man die Sache nämlich genauer, so kann man einen Teil der östlichen Lehren gar nicht in unserem Sinn Religion nennen. Viel eher handelt es sich oft um eine Philosophie, in der – siehe Brahman (Seite 83) – keine Spur von einem persönlichen Gott vorhanden ist. Und eben in dieser – östlichen – Art der Welterfassung spielt die Meditation eine ausschlaggebende Rolle.

Dazu zählt auch das heute im Westen so wohlbekannte Zen. Freilich: Es gibt Zen-Lehrer, die eine tiefe Kluft zwischen «Meditation» und Zen sehen.

Im weiteren Sinn hat meditieren sicher etwas mit «Religion», mit «Weltanschauung» und «Philosophie» als Weltbetrachtung, und als Weg zu sich selbst, zu tun. Trotzdem ist Meditation aber ursprünglich keine Auseinandersetzung mit einem persönlichen Gott der Religionen unserer Prägung.

Es waren also wahrscheinlich die Upanischaden mit âtman, dem Geheimnisvollen, Unerkennbaren, das man nur teilweise erfassen kann, die zuerst die Menschen lehrten, sich durch Meditation diesem Urgrund zu nähern.

Die alle «Psychotechnik» ablehnende Feststellung, jedes Meditieren ohne religiösen Hintergrund sei sinnlos, finden wir sowohl im Osten wie auch im Christentum. Für den Christen ist alles, was nicht mit Gott und für Gott geschieht, nicht wert, daß es geschieht. Es hat seinen tieferen Sinn verloren. Nur: Im Buddhismus etwa, gibt es, wie gesagt, keinen persönlichen Gott, an den man sich wenden könnte, wenn auch viele Anklänge uns an Christliches erinnern. Auch wenn die Menschen zu Buddha beten: Er ist kein Gott, sondern ein Erleuchteter, wie sie in größeren Abständen immer wieder auf die Erde, in unsere Welt, kommen. Andererseits hat die Göttin der Barmherzigkeit, Kuan Yin, (früher eine männliche Gottheit), viele Züge unserer Gottesmutter. Sie will nicht ins Nirwana eingehen, bevor nicht der letzte Mensch «erlöst», mit der ewigen Harmonie, dem letzten und ewigen Gleichgewicht, verbunden ist.

Guru: Meister und Lehrer

In einem kurzen Beitrag zur Festschrift anläßlich des 75. Geburtstages des «Ehrwürdigen Nyanaponika» präzisiert Erich Fromm klar den Unterschied zwischen «Kulten» verschiedener Prägung, wie sie als Antwort auf die Sehnsucht der Jugend nach einer «religiösen Renaissance» entstanden sind, und den «gewachsenen Religionen» in Ost und West. Das Bedürfnis nach etwas Neuem ist, nach Fromm, »nur zu verständlich», weil Christentum und Judentum auf die heutige Jugend «nur eine geringe Anziehungskraft» ausüben.

«Heilen», vor allem auch im Sinne von «Heil-Finden», wird zum Riesengeschäft, denn es besteht offensichtlich ein großes Bedürfnis nach «Heil».

Millionen können heute via Fernsehen eine ganze Reihe von Gurus aller Art erleben, von denen sicher nicht alle das sind, was man unter einem Meister versteht. Einem Meister gleich dem Nikodemus der Bibel, dem Jesus auf seine Frage, wie das denn gehe mit dem Neu-Geboren-Werden und mit denen, die aus dem Geist geboren sind, die Gegenfrage stellte: «Du bist ein Meister (Rabbi) in Israel und weißt das nicht?»

Ein Weg zum Guru

Oder vergleichbar eben jenem Meister aus – ja, aus Hanau im Hessi-schen, der nach einer Jugend in Schlesien und Ostpreußen, Lehrjah-ren in Locarno, 1936 nach Ceylon, dem heutigen Sri Lanka reiste, dort buddhistischer Mönch wurde, den Namen Nyanaponika erhielt (ein «zur Erkenntnis Geneigter») und zu einem international be-kannten Gelehrten wurde. Von ihm stammen hervorragende Über-setzungen buddhistischer Werke aus der mittelindischen Sprache Pali, er war ein großer «Lehrer und Helfer».
Fromm beschreibt Nyanaponika Mahathera: «... seine Person trägt die Züge aller großen Gelehrten aller Kulturen: er ist objektiv, unfa-natisch, zuverlässig im Großen und im Detail und bescheiden.»
Fromm führt noch etwas anderes, meines Erachtens sehr wichtiges an: Nyanaponikas Stil: Immer einfach, aber von jener Einfachheit, die nur von denen ausgeht, die den Gegenstand, von dem sie spre-chen, so durchdrungen haben, daß sie eine (wenigstens scheinbar) komplizierte Sache einfach ausdrücken können. Es ist der Wille zu überzeugen, nicht zu überwältigen. Der Schüler, der Meditierende, (der Übende im Autogenen Training), soll seine eigenen Bilder ha-ben und auch lernen, selbst mit ihnen umzugehen. Sicher gibt es allgemeingültige Gesetze. Sie sind aber so zahlreich und vielfältig, daß in ihrem Rahmen unendlich viele Varianten – eigenständige, einmalige Persönlichkeiten – möglich sind.
Ich glaube, wenn man sich einem Meister anvertrauen kann, der dem von Fromm so meisterhaft entworfenen Bild auch nur nahe kommt, so wird man nicht sehr weit in die Irre gehen. Der Meister wird Hilfe anbieten und nichts als Hilfe. Denn das ist alles, was ein echter Meister geben kann. Er kann versuchen, dem, der da Erkenntnis sucht, einen – für die jeweilige Person sehr persönlichen – Weg zu öffnen, zur eigenen Erkenntnis der Welt. Natürlich wird diese Er-kenntnis dennoch von der Persönlichkeit des Lehrers gefärbt sein. Daß dies aber nur im notwendigsten Maß geschieht, und der «Schü-ler», soweit das überhaupt möglich ist, eigenständig bleibt, über die-ses Ziel sind sich die Meister des Zen und der christlichen Medita-tion ebenso einig wie die Großen der Psychologie und Psychothera-

pie der letzten hundert oder hundertfünfzig Jahre. Nicht umsonst behauptet ein boshafter Scherz über die Psychoanalyse, ihr Zweck sei es, den Analysanden dem Analytiker so ähnlich wie möglich zu machen. Wenn das geschieht – und es geschieht sicher öfter, als es den Jüngern Freuds recht ist – dann kann man kaum von einer «gelungenen» Analyse sprechen. Auch dann nicht, wenn der (vielleicht «ehemalige») Patient sich durchaus wohl fühlt.

Freiheit zur Suche nach der «Tiefe»

Es erhebt sich allerdings die Frage, ob nicht viele der oft Hundertausende, die mehr oder weniger fragwürdigen Propheten folgen, gar kein besonderes Bedürfnis nach «Tiefe» haben. So mancher sucht einen Weg, der rasch «Heilung» oder «Heil» verspricht, und ist an einer Vertiefung mit all der Mühe und Plage, die damit verbunden ist, gar nicht interessiert. Das ist ja auch der Patient nicht, der vom Arzt (zu Recht) keine tiefsinnigen Erklärungen, sondern ein wirksames Heilmittel, unter Umständen auch ein Psychopharmakon, also eine «Seelendroge», haben will. Und man muß meines Erachtens doch wohl jedem Menschen das Recht zugestehen, sich mit dem einen oder anderen Problem nur oberflächlich zu beschäftigen und Dinge, von denen man ganz bewußt nichts wissen will, im Schoß des Unbewußten zu lassen. Zweifellos gibt es immer wieder Menschen, denen eine eher einfache und unkomplizierte Erklärung der Welt genügt, die zufrieden auf einen «Guru» schwören, der den Fachleuten eher suspekt vorkommt. Wer will da den ersten Stein werfen?

Gefährlich werden Kulte und Sekten, wenn sie beginnen, das große Geschäft zu machen und oft ganz armen Leuten den letzten Groschen aus der Tasche zu ziehen, ohne dafür etwas anderes zu bieten als ein paar leere Versprechungen. Und gefährlich werden sie natürlich auch, wenn sie sich an die jungen Menschen in jenem Stadium der Bereitschaft richten, in dem man willens ist, jedem Guru zu folgen, wenn er nur gegen die (vielleicht wirklich fragwürdige !) Autorität ist. Denn diese «Seelenführer» wollen natürlich nicht, daß der Schüler soweit kommt, wie es etwa Nyanaponika Mahathera, (1970) als Ziel beschrieben hat: «sein eigener Herr zu sein und im Licht der Erkenntnis zu leben und zu denken.»[*]

Mehr über Sekten siehe Seite 117.

*Literatur bei Fromm.

Der «Ort» der Meditation

In der Meditation gehen wir bis zu jener bildhaften (in Bildern denkfähigen) Tiefenschicht des Menschen zurück, die uns sicher schon eigen war, als wir noch lange nicht mit der Schrift umgehen konnten, ja vielleicht noch gar keine Sprache hatten. Das darf man sowohl für die Entwicklung der Menschheit als solcher, als auch für die des Einzelmenschen annehmen. Hier können wir wie in Symbolen Dinge «verstehen», die unserer Logik (noch) nicht zugänglich sind, ja ihr teilweise direkt widersprechen. Im Symbol (symballein = zusammenwerfen, zusammenfallen) fallen Gegensätze zusammen, wird verstanden, was sonst unverstehbar ist. Da es im Unbewußten keine Verneinung, keine Negation gibt – im Traum ist nichts unmöglich, können auch die «Gegensätze» zusammenfallen – ist in diesem Bereich auch alles «möglich».

Für wen ist meditieren sinnvoll?

An sich ist die Frage einfach zu beantworten: Für jeden, der sich für all das interessiert, was jenseits der Grenzen des Alltags liegt. Diese simple Feststellung reicht aber nicht aus, denn wer Interesse an diesen Dingen hat, findet auch einen Weg in diese, manchen Menschen so ferne, Welt.

Wenn man überzeugt davon ist, daß es dem Menschen an sich gut tut, (maßvoll) in die «Tiefe» zu schauen, so müßte man fragen, wie kann man die «Nicht-Interessierten» dazu bringen, sich – im Gegensatz zu ihren Vorurteilen – einmal mit sich zu beschäftigen? Die Antwort ist verblüffend, meines Erachtens aber richtig: Durch Nicht-Tun ! Wenn es nicht gelingt, durch das Verhalten, das man selbst an den Tag legt, den anderen dazu zu bewegen, sich mit diesen Problemen zu beschäftigen, so kann man den einen oder anderen vielleicht durch begeistertes Erzählen dazu überreden, sich einmal eine Meditationsgruppe anzusehen, es wird aber (fast) immer dazu führen, daß sich der «Kandidat» in der Gruppe Verstärkungen für seine Abneigung – wie wir meinen, für seine Vorurteile – holt.

Sigmund Freud hat das schon erkannt, als er dazu riet, niemals zu versuchen, mit Argumenten für die Psychoanalyse kämpferisch einzutreten. Im Gesprächspartner werden dadurch die Gegenargumente mobilisiert. Was man häufig schon daran merkt, daß sie ausgesprochen werden, lange bevor der Angesprochene nach menschlichem Ermessen überhaupt die Möglichkeit hatte, die Argumente, die er soeben gehört hat, auch zu überdenken. In uns formt sich die

«Gegenrede» schon während des Hörens des ersten Teiles einer Beweisführung. Das «Nein, aber» oder «Ja, aber» ist heraus, bevor noch Zeit war, den Gedanken zu Ende zu denken. Und erfahrungsgemäß kommt die weitere Argumentation schon deshalb nicht mehr an, weil man noch im Zuhören schon die Antwort auf den ersten Teil des Gehörten formuliert. Klingt das etwas kompliziert? Versuchen Sie einmal, sich selbst zu beobachten, wenn Sie von jemandem, dessen Weltanschauung Sie nicht teilen, in ein Gespräch verwickelt werden.

Daß das Verhalten die Menschen am ehesten «verführt», sich mit etwas Ungewohntem zu beschäftigen, kennen wir aus der Psychotherapie: Wenn ein Ehepartner sich durch eine Psychotherapie ändert, so kommt nach einiger Zeit oft auch der anfangs skeptisch oder gegnerisch eingestellte andere.

Was kann man mit Meditation erreichen?

Die religiösen Ziele kann man wohl nur nennen. Hier gilt ganz besonders, daß jeder seinen Weg zur Erleuchtung, Erlösung, zum Einswerden mit Gott oder dem Universum gehen und sich die für ihn passenden Anleitungen suchen muß. Man kann aber auch sehr handfeste Ziele anstreben, unter anderem:
Verbesserung der allgemeinen Aufmerksamkeit
Steigerung der Intuition
Verbesserte Beziehungen zur Umwelt
Steigerung der Aufnahmefähigkeit für Kunst (Musik) und für das von anderen Menschen Gehörte und Gesehene
Steigerung der Konzentrations- und Lernfähigkeit
Allgemein verbesserte Stimmung
Klarerer Blick für das Wesentliche
Wie bei allem, was mit Selbstfindung, mit Psychotherapie und Psychohygiene zu tun hat, muß man vor übertriebenen Erwartungen warnen. Alles auf diesem Gebiet muß mühevoll erarbeitet werden und alle Versprechungen, man müsse «nur», dann werde das und das geschehen, können nicht in Erfüllung gehen.

Wer nicht meditieren sollte

Es gibt eigentlich nur einen echten Gegengrund gegen ernstgemeinte Meditation: Eine geistige Erkrankung, bei der der Psychiater von meditativen Übungen abrät. Manche raten auch «Nervösen» – was immer das auch sein mag – , «hysterisch» Strukturierten, Depressiven, Menschen mit Schilddrüsen-Überfunktion und einer langen Liste anderer «Kranker» von der Meditation ab. Es ist ganz klar, daß jemand, der sich «gestört» fühlt, bevor er mit einem so ernsten Eingriff in das Seelenleben, wie es die Meditation darstellt, beginnt, seinen Arzt fragen wird. Aber es gibt zum Beispiel Formen der Depression, bei denen das Meditieren außerordentlich hilfreich, ja ein Weg aus dem tiefen Dunkel sein kann. Ich bin daher der Meinung, daß man das Meditieren nur nach Lage des Einzelfalles verantwortlich empfehlen oder verbieten kann. Wen es drängt, mehr über sich zu wissen, dem sollte man ohne triftigen Grund nicht die Chance nehmen, vielleicht wirklich etwas über sich zu erfahren.

Meditationstechniken

Es gibt außerordentlich viele Techniken zur Meditation. Sie scheinen letztlich nur einen Zweck zu haben: Den Menschen zu einer Erfahrung zu bringen, die er auf anderem Wege nicht erreichen kann. Wittgenstein schreibt: «Denn genetische Erklärungen erfassen niemals (nicht nur nicht vollständig, sondern überhaupt nicht) den erfahrenen Gehalt einer Sache.»

Die Technik erlernen, um frei von ihr zu werden

Ein Ziel ist – soweit ich das übersehen kann – allen meditativen Techniken eigen: frei von der jeweiligen Technik zu werden. So frei wie der Violinvirtuose, der den Fingersatz, den er mühsam studiert hat, so in sein unbewußtes Repertoire aufnehmen muß, daß er ihn bewußt wieder völlig vergißt. Darauf angesprochen, muß er ihn erst wieder vergessen, um frei spielen zu können. Diese Forderung nach dem Freiwerden von der Technik der Meditation, die man erst mühsam erlernt hat, gilt für das Christentum (freie Kommunikation mit Gott), für den Zen-Meditierenden (Einfügen in die allgemeine Harmonie, in die Auflösung von Subjekt und Objekt) und gilt auch für wissenschaftlich fundierte Techniken wie das Autogene Training (I. H. Schultz: «Jeder muß sein ihm eigenes Training finden»). In vieler Hinsicht kann man den Zustand des Meditierenden mit dem des Künstlers im schöpferischen Akt vergleichen. Der Künstler «ist» sein Werk im Hier und Jetzt, in dem er es schafft. Morgen ist er schon ein anderer, und oft hören wir von begabten Menschen, daß ihnen das, was sie geschaffen haben, einige Zeit danach ganz fremd ist, wie aus einer anderen Welt.

Der Meditierende «ist» im So-Sein der Meditation, er erlebt sich darin in einer dem Alltag gegenüber veränderten Weise. Er ist, wenn er aus der Meditation wieder auftaucht, zwar wahrscheinlich etwas verändert, er ist aber nicht mehr der, der er in der Meditation war. Kunst und Meditation haben gemeinsam, daß sie unfruchtbar werden, wenn sie um ihrer selbst willen durchgeführt werden. Meditierende und Künstler erleben oft auffallend Ähnliches und beschreiben es auch ähnlich, soweit dieses Erleben beschreibbar ist. Der Grund könnte darin liegen, daß dem Menschen bestimmte Strukturen angeboren sind, allen Menschen schlechthin mitgegeben, wenn sie auf die Welt kommen. Manches mag auch nur als Folge allmählicher Formung einer Kultur auftreten. In diese (wahrscheinlich) allgemein vorhandenen Strukturen können wir in der Ekstase , im «Außer-Sich-Sein», vorstoßen. Gleichgültig, ob ein Mensch im afrikanischen Busch, in Indien oder China, in Rom oder Berlin «sich außer sich» zu stellen versucht: wenn wir eine Beschreibung seiner Erfahrungen lesen oder hören, so klingt etwas Gemeinsames an. Er hat gelernt, oder besser an sich erfahren, sich zu öffnen: Für eine Busch-Gottheit, für Buddha oder das Tao, für Christus oder die Lösung eines komplizierten mathematischen Problems, das bisher ungelöst blieb.

Und mit der mathematischen Lösung ist es ebenso wie mit dem religiösen Erlebnis: irgend etwas berührt, etwas allgemein Gültiges, etwas Überdauerndes, das Gottfried Benn in die Worte faßt: «Ja, dieser Mensch wird ohne Ende sein.». Das etwa meinen wir wohl auch, wenn wir von Transzendenz sprechen.

Der Weg in die Ekstase

Man kann in den Zustand der Ekstase (Trance, altered state of consciousness) auf verschiedenen Wegen gelangen. Zum Beispiel sich «ganz ausleeren». Von psychologisch-physiologischen Gesichtspunkten aus kommt es zu einer Reizabschirmung, Reizausschaltung, (Reizdeprivation), die natürlich nur Stück um Stück erreichbar ist. Letztlich kann man genau genommen immer nur von einer Reizverarmung sprechen, denn irgendwelche Reize von außen und innen kommen immer noch an.

Der Zustrom der Reize kann – bei gleichbleibenden Außenreizen – auch vermindert werden, indem man sich auf etwas konzentriert:

Auf seine Ahnen
Auf den Meister
Auf ein Bild (Mantra)

Auf einen (Sinn-) Spruch oder eine scheinbar sinnlose Aufgabe
(Stell dir das Klatschen einer Hand vor!)
Auf Ideen
Auf einen Partner
Auf Gefühle und natürlich auch
Auf religiöse Motive.
Um umschalten zu können, gibt es auch sehr «handfeste» Wege:
Sauerstoffrausch durch intensive Atemübungen
längere Zeit nicht Schlafen
Tanzen (tanzende Derwische)
Fasten
Intensiver Beischlaf (Tantrismus) und
Rauschmittel aller Art.
Intensive Ablenkung führt dazu, daß andere Reize nicht mehr oder
weniger empfunden werden. Dazu kommt, daß unsere Sinnesorgane
gleichbleibende Reize ebenfalls von der Wahrnehmung ausschlie-
ßen: Eine Pendeluhr hört man einige Zeit ticken. Dann wird die
Empfindung des Signals ausgeschaltet, und der Reiz taucht erst wieder in unserem Bewußtsein auf, wenn ein anderer Reiz uns für den
monotonen Reiz neuerlich ansprechbar gemacht hat. Wie man von
der Suggestion sagt, sie sei «ein zwischenmenschlicher Grundvollzug
unter Ausschaltung rationaler Persönlichkeitsanteile», müssen auch
zum Erleben in der Kunst und in der Meditation «rationale Persönlichkeitsanteile» ausgeschaltet werden.
Kant schreibt: «Die anschauende Erkenntnis der anderen Welt kann
nur erlangt werden, wenn man etwas von demjenigen Verstand ein-
büßt, welchen man für die gegenwärtige Welt nötig hat.»

Subjekt – Objekt: Spaltung und Einswerden

Der Arzt-Philosoph Karl Jaspers beschreibt diese Subjekt – Objekt-
Beziehung in einer auch dem Osten sehr vertrauten Weise: «Seit
Jahrtausenden haben Philosophen in China, Indien und dem Abend-
lande etwas ausgesprochen, was überall und durch alle Zeiten gleich,
wenn auch in der Mitteilungsweise mannigfach ist: «Der Mensch
vermag die Subjekt-Objekt-Spaltung zu überschreiten zu einem völligen Einswerden von Subjekt und Objekt, unter Verschwinden aller
Gegenständlichkeit und unter Erlöschen des Ich. Da öffnet sich das
eigentliche Sein und hinterläßt beim Erwachen ein Bewußtsein tiefster, unausschöpfbarer Bedeutung. Für den aber, der es erfuhr, ist
jenes Einswerden das eigentliche Erwachen und das Erwachen zum
Bewußtsein in der Subjekt-Objekt-Spaltung vielmehr Schlaf.»

Seine Methode der «Grenzüberschreitung» ist das Philosophieren: «Haben wir mit unserer philosophischen Grundoperation die Fesseln gelöst, die uns am Objekt als an das vermeintliche Sein selbst binden, so verstehen wir den Sinn der Mystik.»

Wirklichkeit und Welt-Anschauung

Die «Wirklichkeit» liegt also nicht dort, wo wir unsere «normalen» Lebensfunktionen spüren, sondern jenseits, in einem veränderten Bewußtseinszustand, der durch Meditation oder ähnliche Übungen ausgelöst werden kann, uns aber auch als «Glücksgefühl» irgendeinmal «übermannt» hat.

Irgendwie – wissenschaftlich wenigstens bis heute nicht faßbar, aber vom Einzelnen erfahrbar – ist der Mensch nach einem solchen Erlebnis verändert. Er hat eine etwas geänderte «Weltanschauung», er weiß darum, daß es jenseits der sinnlich faßbaren Wirklichkeit noch einen Bereich gibt, der uns nur mehr oder weniger zufällig zugänglich ist. So unterschiedlich die Beschreibungen auch sind, sie haben alle den «euphorischen», den erlösungsgefühlartigen Charakter der Beschreibungen gemeinsam und den Bericht, daß es kein direkter Willensakt war, mit dem der Zustand ausgelöst wurde.

Es ist durchaus möglich, daß die zukünftige Hirnforschung Möglichkeiten finden wird, diese Vorgänge genauer zu beschreiben. Bis jetzt können wir – schwache – Parallelen nur mit Rauschgiften auslösen. Mag sein, daß man für die Vorgänge eine naturwissenschaftliche, eine biochemische Erklärung finden wird. Ich bezweifle, daß wir auf diesem – außerordentlich nützlichen und wichtigen – Weg wirklich näher an die Grenzen unserer Seele, an all das, was mit Glück, Mystik, Transzendenz usw. verbunden ist, herankommen können. Vielleicht wird sich dazu einmal eine ganz neue, heute noch nicht einmal denkbare Wissenschaft auftun. Ehe wir sie haben, wird die Suche nach den Grenzen der Seele, nach dem Ich (oder den vielen Ich-Anteilen) an der Meditation, der Innenschau und den (stammelnden) Berichten darüber nicht vorbeikommen.

Glück und Meditation

Die Grenzen der Seele suchen und dabei auch Grenzen überschreiten, die uns normalerweise gezogen sind, hat auch sehr viel mit dem Glücksgefühl zu tun. Viele Menschen beschreiben ihre glücklichen Augenblicke ganz ähnlich wie die Meditierenden aller Richtungen, das Gefühl, das sie haben, wenn sie in einen ekstatischen Zustand gelangen. Wir kennen diesen Zustand auch aus dem Autogenen Training als «autochthone Euphorie», als einen Zustand des Wohlbefindens, der – als Folge der Übung – «ganz von selbst» (was ja nicht stimmt, weil wir ja dazu üben müssen), aber sicher nicht direkt willentlich herbeiführbar, entsteht. In diesen Zustand kommt wahrscheinlich jeder, der genügend lang meditiert. Obwohl man mit ziemlicher Sicherheit sagen kann, daß diese «Euphorie», dieses Sich-Wohlfühlen, jeder Mensch erreichen kann, ist es ebenso offensichtlich, daß keine zwei Menschen diesen Zustand gleich beschreiben. Ja er ist – wie die anderen Momente des Glücks überhaupt – nur annähernd beschreibbar. Am besten gelingt das wahrscheinlich noch den Dichtern, den Musikern, letztlich wahrscheinlich eben den Künstlern unter den Menschen. Andererseits wird oft jemand, der die «Euphorie» erlebt, manchmal in eben diesem Augenblick zum Künstler.

Bedeutende Vertreter der Meditation und ihre Anweisungen

In der christlichen Welt:

Im Christentum gibt es auf Anhieb weniger Anweisungen zur Meditation wie in den asiatischen Religionen. Trotzdem gab es viele Meditierende unter den Heiligen und Kirchenvätern. Außerdem ist das doch im großen und ganzen sehr einheitlich geübte Chorgebet, ist die Litanei ein durchaus brauchbarer Weg zur Versenkung. Insofern hat meines Erachtens also auch der Westen seine «Meditationstechnik».

Das Herzensgebet
Um Gott zu schauen, muß man nach neurophysiologischer und neuropsychologischer Auffassung in einer Art Trancezustand sein, und in diese Trance kommt man wohl nur durch eine beliebige Form der Versenkung; eben durch das, was wir mit Meditation umschrieben haben.
Darüberhinaus geben manche christlichen Mystiker ganz ähnliche Meditationsanweisungen wie die Zen-Meister. Ich zitiere daher zuerst einmal die Hesychasten. Mystisches Sehen wird auch Sehen mit dem Herzen genannt (Anklänge dazu gibt es auch im Chinesischen Denken). Am ausgeprägtesten finden wir diese Idee im Christentum

in der Ostkirche: Im Hesychasmus, im Herzensgebet der Mönche Kallistus und Ignatius. Was später Antoine De Saint Exupéry schreiben sollte, war den Mönchen vom Berg Athos sehr bewußt: «Man sieht nur mit dem Herzen gut.»
Ähnlich wie bei der taoistischen Teilung des Menschen in drei Regionen: Die «Zinnoberfelder» von Kopf, Brust und Bauch, finden wir auch bei den Hesychasten

zwei Zentren im Kopf:
    Schädel und Vorderhirn
    Mund und Kehlkopf,
im Oberkörper das Brustzentrum
    (im oberen und mittleren Teil der Brust) und das
Herzzentrum.

Es befindet sich, nach der Lehre der griechischen Väter, ein wenig oberhalb oder ein wenig unterhalb der linken Brustwarze. Im Herzen sammelt sich alles heilige Denken, es ist das Zentrum, in dem sich ohne Mühe der Gedanke zu einer vollkommenen Einheit sammelt, rein, unabgelenkt von allem, was von außen stören kann. Eine Kraft zieht alles nach «innen», verleiht dem Betenden in der Meditation die Gabe, ohne Mühe, ohne Kraftanstrengung zu verweilen, so wie wir das vom «altered state of consciousness» der verschiedensten Prägungen her kennen. Eine Kraft, «die der Seele innerlicher ist als sie sich selbst», unterstützt den Meditierenden dabei, belebt sein Herz und fördert die Einheit des Denkens. So wird er von jedem Kampf, jeder Unsicherheit befreit und bleibt in diesem glückhaften Zustand, bis der heilige Geist seine Gnade zurückzieht.
Man muß, um meditieren zu können, wie wir festgestellt haben, sich ablenken von äußeren Reizen. Also auch im Hesychasmus: Durch die Konzentration auf das Herzzentrum wird das Gefühl inbrünstig, lebhaft und rein, von jeder Leidenschaft und Erregung frei, erfüllt vom innerem Frieden. Wir denken an die autochthone Euphorie von I. H. Schultz.
Wer eine solche Stille aller Seelenkräfte erreicht, vermag, wie Isaak der Syrer sagt, das ungeschaffene Gotteslicht und die Geheimnisse der Welt, seiner eigenen Seele und seines Leibes zu schauen. Wir werden stark an die große Leere von Ch'an und Zen erinnert. Siehe Seite 98.
Auch finden wir hier wieder ein Grundgesetz aller Kreativität: Das Gebet ist eine Gnade Gottes und kann durch kein Kunstmittel, durch keine List oder Gewalt hervorgebracht werden.
Auch das Gebet ist nicht «lehrbar»

Ein schönes Beispiel für diese Ideen sind die Worte des «höchstseligen» Bischofs J.M. Sailer. Er schreibt: «Ein Gebetbuch kann, wenn es auch ist, was es sein soll, weiter zu nichts nützen, als Anweisung und Anleitung zu ächtem Gebet zu geben. Das Gebet kann im strengen Sinn nicht gelehrt, nur der Weg kann gewiesen, auf welchem uns Mittel an die Hand gegeben werden, durch welche, wer immer zum Gebet kommen, zum Gebete sich anschicken will, im Gebete sich einüben kann. Beten, lieber Mitpilger auf Erden! lehrt dich eigentlich Gott allein und dann auch dein eigenes Herz und dein eigener Geist.»

«Wenn aber dich kein Buch beten lehren kann, so kann es auch noch viel weniger für dich beten. Das Gebetbuch soll nur die Orgel stimmen und dein Herz soll nur die heilige Cäcilia sein. Dein Herz soll in den Chören der Engel sich verlieren und mit ihnen Gott preisen in heiliger Liebe. So lege denn das Buch weg, sobald sich die himmlische Flamme reget und laß dann dein Herz reden.»

«Wenn die Flamme schon auf dem Herde lodert, so bedarfst du keines Stahles, keines Feuerzeuges mehr, um einen Funken zu schlagen. Du hast nur zu sehen, daß die Flamme nicht ausgehe...»*

Man kann alles, was der «höchstselige» Herr Bischof im ersten Viertel des vorigen Jahrhunderts schrieb, genau so gut als Meditationsanweisung, als Gebrauchsanweisung für die analytisch orientierte Psychotherapie, aber auch als Modell für viele asiatische Meditationen verwenden. Nicht nur im Sinne, fast im Wortlaut sind die Anweisungen identisch, wenn der Übende hört; der Therapeut oder Meditationslehrer – oder der Psychopäde (Derbolowsky) – können nur Hilfen geben, alles muß aus dem Meditierenden selbst kommen, er müßte seinen Weg gehen. Und wenn der Autor des Buches dann noch betont, daß man mit Gott dem Vater nicht in einem «geschmückten Vortrag» reden solle, sondern den Leser anweist, daß er «das Wort nehme, wie es komme und ende», so werden wir an die formelhafte Vorsatzbildung im Autogenen Training erinnert. Hier konnten wir beobachten, daß die Formeln viel besser ankommen, wenn man mit sich so spricht, wie man es auch sonst tut.

Dies bedeutet freilich auch, daß man den einmal eingeschlagenen Weg nur mehr schwer oder gar nicht verlassen kann. Wenn etwa ein psychoanalytischer Prozeß in Gang gekommen ist, so kommt man wahrscheinlich davon nie wieder los, weil man ja «nicht zweimal in den selben Fluß springen» kann. Was immer wir erleben, es prägt und verändert uns und kann nur über einen neurotischen Prozeß

---

* Aus: «*Erhebungen des Geistes und Herzens zu GOTT.* Ein Andachtsbuch für katholische Christen von Dr. M. A. Nickel, Domkapitular, etc. Mainz 1858 (Erste Auflage 1825!)

«ungeschehen» gemacht werden. Das heißt freilich nur, daß das Unbewußte «so macht», als wäre etwas, was sonst unerträglich wäre, gar nicht passiert.

Dazu eine Warnung: Man sollte diese Bereiche nur bei echtem Interesse und dem Bedürfnis nach eben dieser Art der Erweiterung betreten. Denn wer wollte leugnen, daß es nicht noch viele andere Mittel und Wege gibt, mit denen man seinen (einen!) Horizont erweitern kann. Denken Sie nur daran, wieviel es den Menschen schon bereichert, wenn er rein sachlich mehr lernt, mehr «weiß».

Ignaz von Loyola (1491–1586)

Er unterschied: Consideratio: Das Überlegen
Contemplatio: Die Beschauung
Meditatio: Die Betrachtung

Die Kontemplation ist aktiv, gegenständlich, richtet sich an das bewußte Gedächtnis. Die Meditation ist hingegen nach Loyola bildhaft, ein passives Mit-sich-geschehen-Lassen. Aber er führt auch wieder zurück in den Alltag und rät dem Meditierenden, am Ende wieder seine fünf Sinne zu gebrauchen. Loyola betont das Passive und hat Erlebnisse, wie wir sie praktisch von allen Entspannungsübungen her kennen, vom passiven Sich-im-Gebet-an-Gott-Hingeben beschrieben: Es entsteht bei dem, der im Beten verweilt, ein Zustand, der «Wohlgeschmack und Tröstung spendet».

Er legte besonderen Wert auf die Anwendung der Sinne, das «Ziehen der fünf Sinne über den Gegenstand der (vorher geübten) Kontemplation»: «Will jemand im Gebrauch seiner Sinne Christus unseren Herren nachahmen, so empfehle er sich Seiner Göttlichen Majestät und betrachte jeden einzelnen Sinn und bete dann je ein Vaterunser.»

Das Kernstück der Meditationslehre von Ignaz von Loyola stammt (nach Prof. Hugo Rahner) aus dem Werk des deutschen Kartäusers Ludolf von Sachsen, der schrieb: «Wenn du aus diesen Meditationen Gewinn ziehen willst, dann setze alle Sorgen und Kümmernisse still beiseite. Mache dir mit dem Gemüt des Herzens liebend und besinnlich alles, was der Herr Jesus gesagt und getan hat, so gegenwärtig wie wenn du es mit deinen eigenen Ohren hörtest und mit deinen eigenen Augen schautest. Dann wird dir alles so süß, weil du es eben mit Sehnsucht bedenkst und noch viel mehr kostest. . . . Mache dir gegenwärtig wie er sprach, wie er umging mit seinen Jüngern, mit den Sündern, wie er spricht und predigt, wie er geht und ruht, schläft und wacht, ißt und Wunder wirkt.»

Der englisch-schottische Mystiker Richard of St Victor († 1173) kannte sechs Stufen:

Die Contemplatio der sichtbaren und angreifbaren Objekte
Das Studium des Natürlichen und des Künstlichen
Das Studium des Charakters
Das Studium der Seelen und Geister
Den Eintritt in die «mystische Region» und zuletzt
Die Ekstase.

Ch'an, Zen und das Koan

Die Meditation des «Sitzens in der Stille», Sanskrit Dhyana, chinesisch Ch'an und japanisch Zen bzw. Za-Zen, basiert auf der Annahme – im religiösen Sinn würde man sagen auf der Erkenntnis – daß alle beobachtbaren Dinge nur bedingt vorhanden sind und keine Substanz haben. Vereinfacht könnte man von einer allgemeinen Täuschung über das Wirkliche sprechen. Aufgabe der Zen-Meditation ist es, den Menschen aus der Verstrickung der Welt der Subjekt-Objekt-Beziehung zu befreien. Auch Buddha hat seine Erleuchtung im Sitzen in der Stille erlebt. Siehe auch Seite 92, Spaltung und Einswerden.
Erleuchtung, Befreiung, Samadhi, Satori, soll erreicht werden, indem Geist und Körper immer mehr in eine Ordnung, in Harmonie gebracht werden, damit die spirituelle Erweckung möglich wird. Ohne dieses Ziel ist nach buddhistischer Auffassung jede Übung sinnlos. In der «großen Leere», in der alles Denken aufhört, in der etwa auch die aus dem Unbewußten aufsteigenden Bilder, die im analytischen Geschehen bearbeitet werden, zu verbannen sind, findet der Mensch jenes Etwas, das ihn oft wie ein Keulenschlag trifft und ihm (nach den vorsichtigeren Schulen einen Augenblick der) Erleuchtung bringt.
Das Ziel des Zen beschreibt der «erste Patriarch» des Zen, Bodhidharma, so: «Es ist das reine Wissen, wunderbar und rund. Sein Wesen ist Leere und Stille. Solcherlei Verdienst läßt sich nicht durch weltliches Tun erlangen.»
Unter Samadhi versteht man im hinduistischen Bereich einen Bewußtseinszustand, der jenseits von Wachen, Träumen und Tiefschlaf ist. In ihm hört alles Denken auf. Der Übende geht völlig in dem Objekt, über das er meditiert, auf und kann sich mit ihm, wenn es zum Beispiel eine Gottheit oder das Absolute ist, vereinigen.
Auch im Zen-Bereich versteht man unter Samadhi einen Bewußtseinszustand, in dem man über die Subjekt-Objektspaltung hinaus-

gekommen ist, alles ist nur mehr Erfahrung, keine Konzentration, kein Wollen, kein «Gerichtetsein» mehr – Eins. Die drei «überweltlichen» Samadhi-Zustände sind:

Die Leere

Das ohne Merkmal Sein

Das Freisein von Verlangen nach einem Objekt.

Wer sie erreicht, kann auch das Nirwana erreichen.

Satori oder Kenshō ist der japanische Ausdruck für Erleuchtung, wobei letzteres meist für die anfänglichen Erlebnisse, die noch weiterer Übung bedürfen, Satori für den Endzustand der Erleuchtung gebraucht wird. Aber auch das ist unterschiedlich. Nach einigen Lehren kann man Satori eben nur einmal erleben und ist dann erleuchtet, nach anderen kann man Satori immer wieder erleben.

Das Koan: Erkennen aus dem Paradoxen

Seit den Sung-Meistern im China des zwölften Jahrhunderts (zum Beispiel: Wu-tsu Fa-yän (japanisch Go-so Hô-en, * 1024, † 1104) gibt es im Zen das Koan, chinesisch kung – an, wörtlich etwa «der öffentliche Aushang», die «Bekanntmachung». Es handelt sich um einen Weg zu einer besonderen Art der Erfahrung, zu einer Erkenntnis, die jenseits des Denkens liegt, «paradox» (para = neben, jenseits, dokein = denken) ist, mit dem Verstand nicht lösbar. Auch hier haben wir wieder Parallelen zur analytischen Arbeit, zur «Logik» des Unbewußten, die mit dem wachen logischen Denken nicht oder nur teilweise erfaßbar ist. Es war wieder Erich Fromm, der hier Wesentliches in seinem, gemeinsam mit dem Zen-Meister Daisetz Taitaro Suzuki verfaßten Buch «Zen-Buddhismus und Psychoanalyse» aufgezeichnet hat.

Eine ausführliche Koan-Sammlung ist in der «Niederschrift von der smaragdenen Felswand», chinesich Bi-yän-lu, japanisch Heki-gan-roku, (deutsch von Wilhelm Gundert) zu finden.

Zu Zazen, dem Sitzen, kommt das persönliche Gespräch mit dem Meister, bei dem dieser den Fortschritt seines Schülers verfolgt, ihm vielleicht ein neues Koan und vor allem Hilfen zur weiterer Entwicklung gibt: Sanzen (wörtlich: Hingehen zum Zen). Vor allem für den jungen Mönch eine große Herausforderung und Belastung, vor der er oft in den entlegensten Winkel des Klosters flüchtet, aus dem er erst aufgestöbert werden muß.

Abstand zu sich selbst («Entichung» im Autogenen Training !) und vollkommenen Gleichmut zu erreichen ist das oberste Ziel der Zenübungen. Den Gleichmut des Weisen, der, konfrontiert mit den schwersten und ehrenrührigsten Beschuldigungen, nur: «Ist das so?» antwortet und ruhig weiter seiner Arbeit nachgeht. Wenn dann – nach Jahren – sich seine Unschuld herausstellt, und alle, die ihn geächtet hatten, ihm nun begeistert vor seiner Hütte zujubeln, hat er als Antwort wieder nur das ruhige «Ist das so?».

Bist du wach?

Diesen Abstand zu sich selbst schildert auch gut die folgende Geschichte von Meister Zuigan Shigen: Jeden Tag rief der Meister sich morgens selbst zu: «He! Meister!» Und er antwortete sich selbst: «Ja?». Dann fragte er sich: «Bist du wach?» und antwortete sich wieder selbst: «Ja, das bin ich!». Dann mahnte er sich: «Sei nicht achtlos und laß dich von anderen nicht betrügen!» Nun kam ein Mönch, der bei Shigen studiert hatte, zu Meister Gensha (831–908), der ihn fragte: «Wo warst du in der letzten Zeit?» «Ich war bei Zuigan und erzählte ihm von dem täglichen Gespräch des Meisters mit sich selbst.» «Warum bist du nicht bei Zuigan geblieben?» «Er starb.» Gensha fragte: «Wenn du ihn jetzt anrufst, wie er es immer getan hat, ‹oh Meister›, wird er dann antworten?» Mit welchem Meister sprach Zuigan wohl, wenn er sich selbst als Meister anrief – He!?*

Eine andere Geschichte berichtet von einem Mönch, der mit seinem jungen Bruder an eine Furt kommt. Da steht ein schönes junges Mädchen, das die beiden bittet, sie doch ans andere Ufer zu tragen. Der Alte schultert sie, trägt sie hinüber, setzt sie ab und geht weiter. Nach längerer Wanderung fragt ihn der jüngere: «Ist es uns nicht verboten, Frauen zu berühren?». «Ist sie noch in dir?» lautet die (Koan-artige) Gegenfrage.

Zwei weitere Koan-Beispiele

Meister Sanko, japanischer Zen-Lehrer seines Kaisers um 1300 auf die Frage eines Mönches: «Bitte zeige mir das Wesen des Zen.» «Schau unter deine Füße!»

Ein Meister fragte: «Bring mir etwas, das überhaupt nichts Gutes an sich hat!» Der Schüler suchte, aber er kehrte endlich zum Meister zurück: «Da ist nichts, das ich finden kann, das zu gar nichts gut ist.»

---

* Nach «A flower does Not Talk» von Abt Zenkei Shibayama, Nanenjii Kloster, Kyoto, Japan.

Daraufhin sandte ihn der Meister aus: «Bring mir etwas, das Gutes tut!» Sudhana, der Schüler, von dem wir sprechen, pflückte ohne Zögern einen Grashalm und gab ihn dem Meister. Der sprach: «Dieses einzelne Blatt kann beides: den Menschen töten und ihm Leben spenden.»

Hier und jetzt!

Zen bedeutet aber nicht nur Abstand zu sich selbst finden, die Wahrheit suchen, es heißt vor allem auch, das konkrete Leben im gegebenen Augenblick leben. «Ich esse, wenn ich hungrig bin, ich schlafe, wenn ich müde bin.» Dazu eine Lieblingsgeschichte von Daisetz Suzuki: Nan-ch'üan P'u-yüan (748–834), Abt des von ihm gegründeten Nan-Chü'an-Klosters, arbeitete mit einer Sichel am Feld mit seinen Mönchen, als ihn ein wandernder Mönch, nicht wissend, daß er den Meister selbst vor sich hatte, fragte: «Wie kommt man zum Nan-chüan-Kloster?». Nan Chü'an hielt gleichmütig seine Sichel hoch und sagte: «Dafür habe ich dreißig Geldstücke gegeben.» Er wußte sehr wohl, daß der Wanderer eine andere Antwort erwartete. «Ich habe nicht nach dem Preis deiner Sichel gefragt. Was ich wissen will, ist der Weg nach dem Kloster.» «Ja, ja», sprach der Meister, «sie schneidet sehr gut.» Hier und jetzt, bei der Arbeit am Feld, war nicht der Weg zur Weisheit ins Kloster wesentlich, sondern die Sichel. Und noch dazu schnitt sie gut!

Die Ochsengeschichte

In der Ochsengeschichte sucht auch einer sich selbst, lernt den Ochsen zu zähmen, und fast am Ende löst sich alles in einem Kreis auf. Alles ist vergessen, kein Mann, kein Ochse. Wie der Koan «Leib und Seele sind mir ausgefallen». Aber das ist nicht das Ende. Das Ende ist der Weise, der unter den Menschen wandelt, wie andere Menschen auch. «Seine Persönlichkeit hat sich verändert, aber was er tut, ist gleichgeblieben.» Er wirkt nur durch sein «So Sein». Er «ist».

Zen-Übung

Alte Zen-Regeln muten höchst modern an: Vor allem könnte man sie in jedem neuen Lehrbuch der Psychohygiene finden: So schreibt Meister Tendai Chigi im 6. Jahrhundert n. Chr. über die fünf Vorschriften:

die Ordnung für das Essen
die Ordnung für das Schlafen
die Ordnung für den Körper
die Ordnung für die Atmung und
die Ordnung für den Geist (die Seele).

Diese vorwiegend körperlichen Wege, zum «Heil» zu kommen, werden praktisch in allen modernen Schulen, die dem Menschen Ratschläge für das Leben mitgeben, abgehandelt. Freilich mit unterschiedlichen Forderungen, je nach der Weltanschauung des Vermittlers.

Der rechte Geist, in dem Zen geübt werden sollte, hat drei unabdingbare Vorraussetzungen:

Bereitschaft, sich dem Training mit vollem Herzen hinzugeben
Den festen Willen, auch unter harten Bedingungen zu arbeiten
Die Bereitschaft zum «Großen Zweifel» zu haben, der die wahre (von Weisheit erfüllte) Grundlage für jede Wahrheitssuche ist.

Zen, etwa ab 600 nach Christus vorwiegend in Japan kultiviert, wird, wenigstens in der Lehrzeit, in den Klöstern in Japan (und heute an vielen Stellen der Welt) meist in der Gemeinschaft «geübt». Beim einfachen Suwari-Sitzen legt sich der Meditierende eine zusammengerollte Decke unter die Schienbeine und kniet nieder. Die Füße werden gekreuzt und man setzt sich auf die Fersen. Heute wird vor allem dem westlichen Schüler auch gestattet, in einer Haltung zu üben, die der Sitzhaltung des Autogenen Trainings nahesteht. Die Hände ruhen wie beim Lotussitz wie zwei Schalen aufeinander, wobei (nach einigen Schulen, denn auch hier gibt es Unterschiede) die linke die rechte «trägt».

Insgesamt sollte der Übende das Gefühl haben, in sich zu ruhen. In Fukuoka (Japan) gibt es ein eigenes Institut, in dem Fachleute Parallelen und Unterschiede zwischen Autogenem Training und Zen untersuchen. Geübt wird stundenlang, wobei der Meister auf Wunsch des Übenden ihm mit einer Pritsche auf die Schulter schlägt, um die Aufmerksamkeit wach zu halten.

Wie I. H. Schultz in seinem Lehrbuch über das Autogene Training feststellt, wird äußere Haltung allmählich auch zur inneren Haltung. So erlebt sich auch der Suwari-Sitzende allmählich nicht nur im äußeren, sondern auch im inneren Gleichgewicht, führt der harmonische Ablauf des meditativen Zen-Gehens zu seelischer Harmonie und das Gefühl der harmonischen Aufeinanderfolge von Spannung und Lösung beim Bogenschießen zum besseren Umgang mit den eigenen inneren Spannungen und ihrer Lösung.

Bogenschießen: Spannen und Lösen

Wenn wir in der westlichen Welt auch kaum Zeit und Geduld aufbringen, uns etwa drei Jahre vor dem Ziel zu verbeugen, bis wir
einen Bogen in die Hand nehmen dürfen, um die Zen-Meditation
des Bogenschießens zu üben, so kann das langsame Erfühlen der
Spannung und Lösung beim Bogenschießen auch für den westlichen
Menschen eine eindrucksvolle Übung sein. Ich übe nun bald zwei
Jahrzehnte mit Managergruppen neben dem Autogenen Training
eine angepaßte Zen-Gang-Meditation und ein abgewandeltes Zen-
Bogenschießen mit eindrucksvollen Ergebnissen.

Beim Bogenschießen dieser Art steht der Übende etwa drei Meter
vor dem Ziel und erlernt ein einfaches Ritual, bei dem der Bogen
langsam in die Waagrechte gehoben wird, dann legt man in ausgewo-
genem Schwung den Pfeil auf, schiebt die Kerbe am hinteren Pfeil-
ende auf die Sehne, stellt den Bogen senkrecht, spannt und «löst».
Dabei wird ständig die Scheibe im Auge behalten, alles geschieht
allmählich automatisch. Nach dem Lösen führt man wieder in einem
eleganten Bogen den rechten Arm zurück (der Linkshänder den
linken) und nimmt – alles langsam und meditativ, zu Beginn mit
Anweisung für jeden Schritt – in harmonischem Ablauf den nächsten Pfeil auf. In einer Serie werden so drei oder sechs Pfeile «ins
Ziel gedacht». Es ist praktisch für jeden, der die Übung mitmacht,
ein Erlebnis, daß – es wird nie «gezielt» – die Pfeile bald bei ge-
schlossenen Augen besser im Zentrum der Scheibe landen als mit
offenen. Ein weiteres Erlebnis: Sobald man «treffen» will, landen
die Pfeile wesentlich «schlechter».

Das echte Zen-Bogenschießen beschreibt wohl am besten E. Herrigel in seinem kleinen, an meditativer Erkenntnis reichen Buch «Zen
in der Kunst des Bogenschießens».

Die heilige Silbe «OM»

An dieser Stelle sei noch ein weiteres Verfahren erwähnt, das an sich
in den Bereich der Mantra-Meditation gehört, das ich aber vor allem
auch mit Managern praktiziere: Vor allem in Räumen mit ausgepräg-
ter Akustik hat sich auch die Anwendung der «heiligen Silbe» OM zur
raschen Versenkung einer Gruppe in den meditativen Zustand bewährt. Man kann das OM etwa in einem Gewölbe von der Gruppe,
die zur Wand gerichtet steht, gegen die Mauer nach oben «rufen»
lassen – «OM» – «OM» – «OM». Wie von selbst entsteht ein Rhyth-
mus. Der tiefe Ton bringt den Kopf zum Schwingen, und es entwikkelt sich wieder ein meditativer Zustand von oft beträchtlicher Tiefe.
Ähnliches läuft rein physiologisch auch bei jedem Chorgebet ab. Das
für den Europäer «neutrale» OM erleichtert es aber manchen Men-

schen, die sonst mit religiösen Problemen kämpfen («nichts mit Religion zu tun haben wollen»), die Lösung und Verinnerlichung durch die Meditation zu erleben.

T'ai Chi

Als wir mit Anna von Rottauscher in unsere chinesische Medizin 1959 die «Übungen zur Verlängerung des Lebens» aufnahmen und zwei Jahre später das Buch von Ilse und Erich Stiefvater über die chinesische Atemlehre und Gymnastik erschien, konnte niemand ahnen, daß die chinesische Atemgymnastik einmal einen Siegeszug über die Welt antreten werde und im entlegensten Winkel unserer Erde jedes Kind den Ausdruck Kung Fu kennen werde. Freilich blieb von den ursprünglichen Ideen durch die westliche Vermarktung nicht viel übrig. Gerade diese Grundlagen aber sind das Wesentliche. Sicher, Tai Ch'i Chuan, Kung Fu und verschiedene andere Übungen wurden auch zur Selbstverteidigung empfohlen und angewendet. Sie waren ursprünglich nur einem kleinen Kreis von Auserwählten zugänglich.

Von der Härte zur Harmonie

Nach der Legende war es der Mönch Chan San Feng, der irgendwann zwischen dem 12. und 14. Jahrhundert lebte, der Tai Ch'i erfand – oder besser wohl «fand». Die Boxschule, deren Meister Feng war, kämpfte verbissen und hart einen «äußeren» Kampf, hatte sich also weit von den Lehren des großen «sanften» Meisters Laotse entfernt, dessen oberstes Prinzip das WU WEI, das NICHT TUN war. Feng sah einen Kranich mit einer Schlange kämpfen. Während der Kranich immer wieder innehielt, um dann mit einem gezielten Schnabelstoß auf die Schlange herabzufahren, blieb diese in ständiger, geschmeidiger Bewegung, in deren Ablauf sie sowohl dem zustoßenden Schnabel entkommen konnte als auch angreifen konnte. Und in diesen geschmeidigen (ganz den Gesetzen des TAO gehorchenden) Bewegungen gewann sie den Kampf.

«Habt Ihr», so soll der alte Meister Feng seine Schüler gefragt haben, «meine Zunge gesehen?» «Ja, Meister, natürlich», war die Antwort. «Habt ihr auch meine Zähne gesehen?» Da lachten die Schüler: «Aber Meister, Ihr habt doch gar keine Zähne mehr.» «Seht ihr», belehrte sie Feng, «die weiche und geschmeidige Zunge war immer da und wird es immer sein, solange ich lebe, die harten Zähne haben keinen Bestand und fallen aus.»

Laotse, rund tausend Jahre vorher, schrieb:
«Der Mensch, wenn er ins Leben tritt,
ist weich und schwach,
und wenn er stirbt,
so ist er hart und stark.»
. . . .
Darum sind die Harten und Starken
Gesellen des Todes,
die Weichen und Schwachen
Gesellen des Lebens.»
. . . .*

Sie sehen schon, das klingt anders, als es in den modernen Filmen
aussieht. Auch Kung Fu war ursprünglich eine Gymnastik, ein
«Handwerk» (Kung Fu = der Handwerker, Arbeiter, Künstler), das
der Heilung und Gesunderhaltung diente. Ein Erfrischungs- und
Kräftigungsmittel, das – merkwürdige Parallele zur Identität von
Ärzten und «Badern» – in China von Barbieren vermittelt wurde.

Es bestand aus: Den eigentlichen Bewegungsübungen (einschließlich Selbstverteidigung)
Massagen durch den «Meister» und Selbstmassage
Atemübungen
Meditation, die vor allem (Parallele zum Autogenen Training)
aus Vorstellungen der Wärme im Körper bestand.

Bewegung
Von der Idee ausgehend, daß der menschliche Körper eine Senk-
rechte darstellt – Symbol des aufrechten Ganges! –, von der die vier
Gliedmaßen abzweigen, und daß diese Verbindung in größtmögli-
cher Harmonie sein sollte, werden im Stehen, Sitzen und Liegen eine
Reihe streng vorgeschriebener Übungen durchgeführt. Sie betreffen
die «großräumigen» Aktionen der Gliedmaßen, die Bewegung der
einzelnen kleinen Abschnitte (zum Beispiel Finger, Zehen) und die
Kombination von den kleinen, ausgewogenen Übungen in Harmonie
mit den (immer «runden», nie steifen oder eckigen) Gesamtverän-
derungen der Körperhaltung.

* Laotse, Übersetzung von Richard Wilhelm

Massage

Im Kung Fu massiert sich der Übende meist selbst. Man beginnt häufig mit dem Ballen der Fäuste. Das ist eine Übung, die wir heute aus der «isometrischen» Gymnastik kennen. Isometrisch bedeutet, daß man die Muskeln anspannt, der Muskel dabei aber keine Bewegung auslöst.

Atmung

Schon in der alten indischen Kultur wird dem Atem die Lebenskraft zugeschrieben. Es ist daher kein Wunder, daß man in Indien und später in China, das ja einen Großteil dieses Gedankengutes übernommen hat, der Atmung fast in allen Lebensbereichen eine zentrale Stellung einräumte. So gibt es auch kaum eine chinesische Übung, in der nicht auch eine Atemanweisung zu finden ist. Schon die taoistischen Unsterblichen, die «gefiederten Hsien» übten die Kunst des Atemholens. Wobei natürlich damit nicht nur das körperliche Atmen, sondern auch das Eins-Sein mit der Natur, dem All gemeint ist. Vom Atemanhalten über die bloße Beobachtung des Atems bis zu extremen Übungen kommen alle Abstufungen vor.

Minutenlang den Atem anhalten

Mit der folgenden Übung kann man ohne besonderes Training den Atem einige Minuten – bis zu etwa 10! – anhalten. Sie kann von jedem gefahrlos erprobt werden und ist gleichzeitig eine brauchbare Meditationseinleitung. Man legt sich bequem auf den Boden, auf einen Diwan oder wo immer es angenehm ist, öffnet beengende Kleidungsstücke, sammelt sich ein wenig und atmet dann – nach einer klassischen Anweisung 33 mal – rasch und tief, so rasch es nur möglich ist, ein und aus. Nach einer solchen «Hyperventilation», wie man dieses übersteigerte Atmen auch nennt, wird eine kurze Pause eingeschaltet, während man den Atem in Einatemstellung anhält. Dann wird die Hyperventilation nochmals ausgeführt, wieder eine Pause gemacht, und nach dem dritten heftigen Atmen ist man so weit, daß auch der Ungeübte fast immer auf eine Atemanhaltezeit von über zwei Minuten kommt.

Eine heute bekannte Übung, das explosionsartige, mit einem Laut verbundene plötzliche Ausatmen, erinnert noch am ehesten an das alte Kung Fu. Aber das war nur eine der Atemübungen. Die beiden anderen sind das fadenförmige Aushauchen und Einströmenlassen des Atems und das ebenso geräuschlose «breite» Ausatmen. Die Einatmung geschieht dabei wie bei vielen asiatischen Atemübungen durch die Nase, das Ausatmen durch den Mund. Es kommt dabei zur

Kühlung der Nasenschleimhäute, die durch die Ausatemluft nicht wieder erwärmt werden. Das schafft, längere Zeit geübt, einen kühlen, klaren Kopf.

Meditation im Kung Fu

Während viele Meditationsübungen sich auf den Atem in realistischer und im übertragenen Sinn beziehen, hat die Kung Fu Meditation das Ziel, den Körper zu erwärmen. Die sehr realistischen Taoisten rieben dazu ihre Handflächen aneinander und legten die erwärmte Hand dann auf die zu erwärmende Stelle. Wie man im Autogenen Training das «Sonnengeflecht», die Leibesmitte, strömend warm «denkt», schreibt eine taoistische Anweisung vor: «Reibe den Bauch mit den Händen und gehe 100 Schritte. Halte den Atem an und denke Feuer an die Stelle tan t'ien (Bauchmitte) und erhitze so den ganzen Körper.»*

Modernes T'ai Chi

Waren die Anweisungen des Mönches San Feng jahrhundertelang ein wohlgehütetes Geheimnis, so begann gegen Ende des vorigen Jahrhunderts eine Blütezeit der harmonischen Übungen in China, später haben sie teilweise auch die Maoisten übernommen und letztlich wurde auch im Westen T'ai Chi (leider) fast zu einer Mode. Man kann das moderne T'ai Chi sicher nur bei einem «Meister» lernen. Die Gefahr, daß man sich mehr ver- als entspannt, wenn man T'ai Chi etwa allein nach einem Buch versucht, ist zu groß. Ja, man darf diesen Effekt – vielleicht mit Ausnahme einiger besonders begabter Menschen – ziemlich sicher erwarten.
Natürlich gibt es auch hier wie immer, wenn sich eine Methode bewährt, sofort unterschiedliche Schulen, von denen jeweils die eine, auch wenn sie sich bescheiden gibt, behauptet, sie besitze das eigentliche Geheimnis, während die anderen «künstliches Flickwerk» sind, der körperlichen und seelischen Gesundheit «lange nicht so zuträglich» wie die wahre Lehre. Ich rate jedem, der sich mit T'ai Chi näher befassen will, zuerst etwas Literatur zu verarbeiten und sich dann mehrere Meister anzuschauen, um den für den einzelnen richtigen Meister (die richtige Meisterin, die seltener sind) zu finden.

* Nach Stiefvater «Chinesische Atemlehre und Gymnastik»

Initiatische Therapie

Einer der bedeutendsten Grenzensucher des Westens ist Karlfried
Graf Dürckheim (* 1896 † 1988), der in acht Jahren Japanaufenthalt
tief in die Philosophie des Zen eingedrungen ist. Vor allem die
«Mitte», HARA, und die Kultur der Stille haben ihn geprägt.
Dürckheim hat mit seiner Frau Maria Hippius die initiatische Therapie in ihrer «existential-psychologischen» Bildungsstätte in Tod-
moos-Rütte entwickelt und eine Reihe von Schülern gefunden, die
versuchen, ihren Weg weiterzugehen.
Vieles aus dem Osten und vieles aus modernen westlichen Psychotherapien ist im initiatischen Weg zu finden. Dürckheim spricht den
Menschen als Wesen an, in dem sich «überweltliches» Leben darstellen möchte. Der moderne Mensch hat, nach Dürckheim, den Kontakt zu seinem innersten Wesen verloren. Daraus entstehen die Gefühle der Sinnlosigkeit, der Unzufriedenheit, die Depression, die wir
in der Konsumgesellschaft tatsächlich erleben. Folgerichtig versuchen die Anhänger der initiatischen Therapie die Ursachen zu finden, die dem Menschen den Weg zu sich selbst und zu seiner Tiefe
buchstäblich verbarrikadieren. Hier treffen wir auf das psychoanalytische Element der Bearbeitung von Belastungen aus der Kindheit,
auf die «Entichung» und das Geschehen-Lassen von I. H. Schultz
und das «Loslassen» von Marianne Fuchs ebenso wie auf das Sitzen
in der Stille des Zazen, auf T'ai Chi und das Bogenschießen. Alles
soll den Menschen wieder fähig machen, sich mit sich selbst zu konfrontieren.

»Der Leib, der ich bin»

In einem Vortrag bei den Lindauer Psychotherapiewochen hat Karl-
fried Graf Dürckheim, auf die beiden Blinkwinkel, von denen aus er
den Menschen sieht, hingewiesen: «Der Leib, der ich bin» und «der
Körper, den ich habe». In seinem Buch «Hara» zeigt er den Unterschied der Idealhaltung des östlichen und des westlichen Menschen.
Bei uns: Brust heraus, Bauch hinein, im Osten: Alles ruht in der
Mitte, der Buddhabauch als Symbol der Ruhe, des Friedens und der
Gelassenheit.
Wir hören von Dürckheim die alten Zen-Regeln: Zur Übung muß
man sich Zeit nehmen, man braucht Ausdauer, Konzentration auf
das Ziel und die innere Bereitschaft, sich der Übung hinzugeben.
Im Gegensatz zum Zen, bei dem es zur Berührung nur mit der Prit-
sche kommt, mit der der Schüler wachgehalten werden soll, arbeitet

die Schule um Dürckheim mit der personalen Leibtherapie. Westliche und östliche Methoden werden dabei je nach Zweckmäßigkeit vermischt. Paula Ursula Weber berichtet in dem von Theodor Seifert und Angela Waiblinger herausgegebenen Buch «Therapie und Selbsterfahrung» über einen Fall:

Eine Patientin Mitte Vierzig klagt darüber, daß ihr Leben sinnlos scheine, daß sie sich leer und ausgebrannt fühle. Der Therapeutin fällt als erstes die Haltung der Frau auf: «Sie sitzt mit eingezogenem Kopf vor mir, ihr Brustkorb wirkt verkümmert, und ihre Beine hält sie fest geschlossen.» Dann wird die Patientin etwa in der Feldenkraisschen Form bzw. in der Art der konzentrativen Bewegungstherapie angewiesen, sich auf den Boden zu legen und den Boden zu «erspüren». Die Frau wird aufgefordert, der Therapeutin ihre Hand «wirklich zu überlassen». Sie will diese aber viel eher zurückziehen als hergeben. Allmählich gewinnt sie Vertrauen, spürt die Wärme der anderen Hand, «Tränen stehen ihr in den Augen», «Es ist, wie wenn ich auch loslassen darf» ... «wie wenn ich heimkommen darf.»

Träume und Arbeiten mit Bildern

Es kommt zur Bearbeitung von Träumen, und dann bringt die Patientin zwei Bilder, wie wir sie vom Gestalten vor und nach dem Autogenen Training her kennen. Entstanden «vor und nach der Stunde, wo ich zum ersten Mal meinen Rücken ganz spüren und öffnen konnte.» Der Inhalt der Bilder ist nicht so wesentlich wie die Art des Gesehenen: Das erste Bild ist blaß und mit dünnen Strichen gezeichnet, das zweite «voll kräftiger, fließender Farben, mit einem ‹Strahlenkranz›». Neben anderen Übungen lernt die Frau, sich auf ihre Leibesmitte, auf «Hara», einzustellen (Sonnengeflechtsübung des Autogenen Trainings!) und aus dieser Mitte heraus «ihr tägliches Tun zu gestalten.»

Ich glaube, man sieht schon aus diesen wenigen Informationen, daß die initiatische Therapie beweist, daß man sehr wohl erfolgreich östliche und westliche Methoden kombinieren kann, und daß das Suchen nach dem Sinn, nach dem Selbst, dem Ich, nach dem eigenen Weg, auch ein Suchen nach den Grenzen der Seele ist.

Zen-Therapie

Um 1977 begannen in Japan die ersten Versuche, Zen wissenschaftlich auch in die Psychotherapie einzuführen. Da man schon längere

Zeit vergleichende Studien: Autogenes Training – Zen-Übungen gemacht hatte, lag es nahe, die beiden Methoden einander anzunähern. Dr. Yuji Sasaki kam zu dem Schluß, daß Zen im engeren Sinn nur für seelische Erkrankungen, die auf existenzielle Angst zurückzuführen sind, in Frage käme. Und auch hier müßte man einige Änderungen vornehmen. Zen dient ja nicht der Entspannung, sondern eher der Spannung, dem Ständig-Bereit-Sein für die Augenblicke der Erleuchtung. So kann es durch zu eifriges Zen-Üben (oder durch Zen-Üben von gestörten oder schwachen Menschen) zu Krankheitssymptomen kommen, die schon die alten Meister kannten. Hakuin Zenji, auch Hakuin Ekaku genannt (1686–1769), einer der berühmtesten japanischen Zen-Meister der Rinzai*-Schule, der «Vater des modernen Rinzai», wußte schon um diese Störungen. Er empfahl Selbsthypnose und Selbstmassage als Behandlung. Beide Verfahren sind dem Autogenen Training (Seite 156) und der Jacobsonschen Relaxation näher als dem eigentlichen Zen.

Um Zen-Techniken als ganzheitsmedizinisches Verfahren anwenden zu können, versuchen japanische Psychotherapeuten wie Hitoshi Kasai M. A., verschiedene Modifikationen zu finden und die therapeutisch wirksamen Elemente herauszuarbeiten. Dazu muß man freilich auch wenigstens einen Teil des buddhistischen Gedankengutes beiseitestellen, denn es sollen ja nicht nur Buddhisten damit behandelt werden. Es kann durchaus sein, daß sich aus diesen Bemühungen ein Mittelding zwischen Autogenem Training und Zen-Übungen herauskristallisiert.

* Auch der oben erwähnte Meister Suzuki gehört der Rinzai-Schule an.

Tantra

Tantra und die spirituelle Sexualität

Die tantrischen Ideen (wir bewegen uns hier vorwiegend im Bereich des Hinduismus) reichen offensichtlich weit ins Matriarchat zurück. Manche Anhänger bringen sogar Symbole, die man in den altsteinzeitlichen von Menschen bewohnten Höhlen fand, mit den tantrischen Symbolen in Verbindung. Daß es hier Ähnlichkeiten gibt, ist nicht sehr verwunderlich, sind doch Glied und Vulva, also äußeres weibliches Genital, wesentliche Bestandteile tantrischer Darstellungen.

Das tantrische Schrifttum, das uns heute vorliegt, stammt vorwiegend aus der Zeit um 300 n. Chr. Nach Heinrich Zimmer, dem bekannten Indologen, liegen die Quellen vielleicht schon im vierten Jahrtausend vor Christi. Er stellte sich mit dieser Annahme zwar in Gegensatz zu den meisten seiner Fachkollegen. Vor einiger Zeit hat man jedoch eine Reihe großer Städte im Indus-Tal gefunden, die aus der vorarischen, drawidischen Periode stammen. Diese Entdeckungen stützen die Theorie Zimmers.

Tantra, der Webstuhl, Zettel, das System, Ritual, die Lehre , ist das vierte der heiligen Bücher Indiens.

Das erste: Shruti: was gehört wird, besteht aus den Veden und einigen Upanishaden;

das zweite: Smirti: was erinnert wird, sammelt die Lehren alter Heiliger und Weiser, Vorschriften für die häuslichen Rituale usw.;

das dritte: Puṛāna: enthält Altertumskunde und Betrachtungen über die Welt in einer bibelartigen Zusammenfassung.

Indisches Tantra, grundsätzlich eine Geheimlehre, die nur an den Sohn oder einen eingeweihten Schüler, der zum inneren Kreis gehört, weitergegeben werden darf, entstammt der Überlieferung nach Zwiegesprächen zwischen Shiva, dem höchsten Gott, und seiner Gemahlin Shakti, der höchsten Göttin, die als Kali auch alle Zerstörung und Grausamkeit verkörpert (und auch als solche geliebt werden soll!). Shiva selbst hat der Sage nach die tantrischen Lehren geoffenbart, als Lehre des vierten – unseres – Zeitalters.

Shakti ist die «projizierte» Kraft des Männlichen. Weiblich und männlich ergänzen sich zu einer Einheit – sie sind im Wesen eins. Die Betonung des Weiblichen und sexuelle Aspekte haben im Westen dazu geführt, Tantra mit zügelloser Sexualität gleichzusetzen. Tatsächlich gibt es zwei Richtungen, den «Weg der linken Hand», der auch durch sexuelle Ekstase zur «Wahrheit» führt, und den der rechten Hand (wir haben auch schon hier Hinweise auf «das-Rechte-Tun»), der ein sehr strenges, geistiges, läuterndes Ritual hat, das mit großer Disziplin die absolute Hingabe an die göttliche Mutter – hier liegt die Betonung auf «Mutter»! – fordert.

In Tibet werden mit Tantra verschiedene Texte (Medizin, Astrologie usw.) bezeichnet. Daneben versteht man aber unter Tantra auch eine «Verkündigung», die dem «dreikörperlichen» Buddha zugeschrieben wird: Körper des eigentlichen Buddhawesens, der großen Ordnung, Körper des Entzückens, des Paradieses, des «reinen Landes» und Körper der Verwandlung, in dem die Buddhas den Menschen erscheinen, um die Wesen erlösen zu können.

Die – zum Großteil meditativen – Praktiken sollen dem Menschen den Weg von der Basis über das Reifen bis zur Frucht zeigen. Je nach Erleuchtung werden die Adepten in verschiedene Klassen der Erleuchtung eingeteilt.

Letztes Ziel ist wieder die Aufhebung der Dualität, der Gegensätze, zum Beispiel des männlich Methodischen und der weiblichen Weisheit. Am Rande: Wir sagen der Verstand und die Vernunft. Mit der weiteren Entwicklung werden hier – der Vergleich mit den westlichen Psychotherapieschulen drängt sich auf – immer weitere Unterteilungen getroffen. So wird von den «alten Tantras» das höchste Yoga Tantra der anderen Schulen noch in drei weitere Kategorien eingeteilt und die Dualität vor allem auch durch sexuelle Symbole im Laufe des Weges besonders betont. Die Grundlage aber ist und bleibt die «Reinheit des Geistes».

Ein Zeuge für die Bedeutung, die der Sexualität und dem einfachen Leben schlechthin im Tantra-Bereich zugemessen wird, ist C.G. Jung, der die berühmten sexuellen Darstellungen des Tempels von Konorak (Orissa) besuchte. C. G. Jung: «Die Pagode ist von der Basis bis zur Spitze mit exquisit obszönen Skulpturen bedeckt.» Eine Gruppe junger Bauern stand bewundernd davor, sichtlich in erotische Träume versunken. Der Pandit (tantrischer Gelehrter), mit dem sich Jung lange besonders über diese Beobachtung unterhielt, erklärte den Zweck: Die Betrachtung gerade *dieser* Bilder diene als Mittel zur Vergeistigung. Nun, Jung meinte, die jungen Menschen würden eher recht leibliche Genüße in ihren Phantasien durchspielen, was der Pandit nachdrücklich bestätigte: «Aber das ist es ja gerade. Wie können sie sich je vergeistigen , wenn sie nicht zuvor ihr Karma erfüllen? Die zugegeben obszönen Bilder sind ja dazu da, die Leute an ihr Dharma (Gesetz) zu erinnern, sonst könnten diese Unbewußten es vergessen!»

C. G. Jung bringt an der selben Stelle aber auch ein gutes Beispiel für die Naivität des Pandit. Zuerst sprach er von der hohen Stufe, die *sie beide* (Jung und er im Vergleich zu den Bauernjungen, die sie dort sahen) erreicht hätten. Ihre hohe Stufe des Bewußtseins hoben sie über das Bedürfnis nach verführerischen Tempelmädchen hoch hinaus. Aber dann führte er ihn durch eine Allee aus «Lingam»- (also penisartigen) Steinen: «Sehen Sie diese Steine? Wissen Sie, was sie bedeuten? Ich will Ihnen ein großes Geheimnis verraten!» Und dann kam – heimlich ins Ohr geflüstert, wie wenn Kinder verbotene Dinge besprechen, auf englisch: «Diese Steine sind die intimen Teile des Mannes.» Der berühmte Indienforscher Zimmer rief, als er die Geschichte hörte, aus: «Endlich höre ich einmal etwas Wirkliches von Indien.»

Mir scheint dieses Erlebnis sehr wichtig für alle jene zu sein, die alles Heil nur aus einer Richtung erwarten, gleichgültig aus welcher. Die gleiche menschlich sympathische Naivität finden wir immer wieder. In Ost und West und bei vielen sehr gelehrten Menschen. Sie steht am Anfang der Erkenntnismöglichkeit – sicher aber nicht an ihrem Ende. Und die Überzeugung, man habe eine «höhere» Stufe erreicht, kann ein schweres Hindernis sein, die Welt auch nur in Grenzen so zu sehen, wie sie ist. Deshalb empfehlen ja auch viele Schulen, vor allem im Zen-Buddhismus, ihren Adepten, sich die «Naivität des Beginners» zu erhalten. Wir finden aber auch schon bei Plato: «Dies Erleben gehört vor allem zur Philosophie: Das ERSTAUNEN.»

Im Tantra werden verschiedene Yogaübungen praktiziert, im indischen vorwiegend Karma-Yoga, Bhakti-Yoga und Kundalini-Yoga. Im Tibetischen, in der «Schule der Alten», wird das letzte Ziel in Dzogchen*, in der großen Vollendung gesucht, immer wieder mit der Betonung auf die höchste Reinheit des Geistes. Auf Pflege, Beachtung und sorgsames Umgehen mit dem mitbekommenen Körper wird auch in vielen anderen Lehren, zum Beispiel bei K'ung Tse (Konfuzius): «den Körper achten und pflegen, den man mitbekommen hat» großer Wert gelegt.

---

* Dzogchen ist der Kern einer als «außergewöhnlicher» Yoga (Ati-Yoga) bekannten Lehre, die von ihren Anhängern als die letzte und geheimste Unterweisung des (vorläufig) letzten Buddhas – Shakiamuni Buddha – angesehen. Shakiamuni Buddha: der Buddha aus dem Geschlecht der Shakiamuni, auch der «historische Buddha» (* um 563 v. Chr.) im Gegensatz zu den anderen legendären, von denen es dreizehn gibt und weitere erwartet werden.

Seelenkunde für Gesunde?

Wie oft hören Menschen, die von irgendeiner Meditationsmethode, vom Autogenen Training oder ähnlichem sprechen: Na ja, das mag ja recht schön sein, aber wissen Sie, ich bin gesund, das brauche ich nicht. Vielleicht ist es etwas für meinen Mann – meine Frau.

Ich bin der festen Überzeugung, daß jemand, der kein Interesse an den Mechanismen der Seele, am Funktionieren des Geistigen usw. hat, auch im Recht ist, wenn er sagt, daß das nichts für ihn sei. Freilich, wenn dazu die Bemerkung kommt, die Beschäftigung mit der Seele und ihren Gesetzen sei nur etwas für «Gestörte» und dann gleich noch der Hinweis auf die Frau oder den Mann kommt oder etwa den «verrückten» Gegner im Büro, den Konkurrenten im Geschäft, dann wirkt das Ganze nicht mehr sehr überzeugend.

Warum sollte sich jemand, der sich wohl fühlt und genügend andere Interessen hat, mit der Seele beschäftigen, wenn er das gar nicht will. Warum aber muß er dann das Problem heruntermachen. Zu einer Sache abklassifizieren, die nur für mehr oder weniger Verrückte – wie «seine» Frau, wie «ihr» Mann –, in Frage kommt? Wenn er oder sie nicht Tennis spielen, bezeichnen sie deshalb alle Tennisspieler als «Gestörte», die das eben nötig haben? Hinter der Ablehnung, sich mit den eigenen Gefühlen, mit der Dynamik des eigenen Seelenlebens zu befassen, steckt oft – sicher nicht immer – ein gerüttelt Maß an Angst, was denn bei diesem Forschen herauskommen könnte.

Was ist Psychohygiene?

Vielfach wird das Sicherheitsbedürfnis des Menschen in unserer Zeit auf die Angst vor der Atombombe, vor dem Krieg der Sterne usw. zurückgeführt. Man vergißt dabei, daß die wahrscheinlich wichtigste Primitivreaktion des Menschen – vielleicht jedes Lebewesens – die Suche nach Sicherheit ist (Primitivreaktionen: neben Sicherheit z. B. Flucht). Sicher, eine Atombombe kann mehr Menschen töten als andere Tötungsmaschinen davor. Wenn die Söldner alle Lebewesen einer Stadt mit Frauen und Kindern «über die Klinge» springen lassen mußten, dann war das eine schwerere Arbeit, als auf einen Knopf zu drücken; für die Getöteten und Bedrohten war der Effekt aber kaum anders. Die Angst vor dem Schwedentrunk dürfte nicht viel kleiner gewesen sein als die vor dem Bakterienkrieg, und die

Angst eines Astronauten, der erstmals aus seiner Kapsel steigt, auch nicht wesentlich anders als die eines Kriegers mit Lanze und Schwert vor der Schlacht.

Was damals für viele Menschen die Religion war: Hilfe in körperlicher Not und seelischer Bedrängnis durch einen Feind von außen, soll heute wenigstens teilweise die seelische Hygiene – (Psychohygiene) sein, ein nur wenig bekanntes und kaum wirklich praktiziertes Grenzgebiet zwischen Medizin und Psychologie.

Und es sind Überlegungen der Psychohygiene, die vermuten lassen, daß die Menschen unserer Zeit – oder besser: mehr Menschen in unserer Zeit als in anderen Zeiten – stärker von Angst geplagt sind, wenn auch das Lamento über die so schlechten Zeiten, die eine Generation durchlebt, so alt ist wie die Fähigkeit des Menschen, seine Gedanken für die Nachwelt festzuhalten; und sei es nur durch die mündliche Weitergabe der Historie von Generation zu Generation.

Einer der Väter der Psychischen Hygiene, Ernst Freiherr von Feuchtersleben (Wien, * 29. 4. 1806, † 3. 9. 1849), Dichter und Arzt, wohl der erste medizinische Dozent für ärztliche Seelenkunde, schrieb 1838: «Unsere Zeit ist rasch, stürmisch und leichtsinnig. Man erweiset sich selbst und dem lesenden Publikum eine echte, geistige Wohltat, wenn man den Blick von dem entmuthigenden Leben einer vulkanischen Gegenwart, von dem noch entmuthigerenden Schwanken einer in tausend nichtige Richtungen zerfallenen Literatur ab, und den stillen Regionen der Naturforschung des inneren Menschen, der Betrachtung des inneren Selbst, zuwendet.»

Abgesehen von dem mit einem h versehenen Buchstaben t und der etwas anderen Diktion: was von dieser Klage und dem folgenden Ratschlag könnte nicht irgendein Vertreter der unzähligen Schulen der Selbstfindung, Selbstverwirklichung, Bewußtseinserweiterung unserer Zeit völlig gleichlautend geschrieben haben? Abgesehen also von der scheinbar allgemein menschlichen Klage über die gerade so schlechten und gefährlichen Zeiten sind wir heute in der Lage, mit Hilfe der Medien viel intensiver und nachhaltiger über drohende oder schon erfolgte Katastrophen «informiert» – und damit auch geängstigt – zu werden. Wenn in der New Yorker U-Bahn ein Mord geschieht, fürchten sich, von den Medien mit der Sensation überfallen, irgendwo in Europa die Menschen in ihrer U-Bahn, aber auch jene, die früher ohne Angst durch den finsteren Wald heimgegangen sind.

Und damit sind wir bei einer Frage der Psychohygiene, die man auch als ein Teilfach der Psychotherapie auffassen kann: denn von der Art, wie jemandem eine Nachricht vermittelt wird, hängt in weitem

Maße seine Reaktion darauf ab. Es ist also zum Beispiel eine psychohygienische Frage, wie und in welchem Maße es sinnvoll ist, für den einzelnen sehr bedeutungsvolle, für die Gesamtheit aber unwesentliche Katastrophen breitzutreten.

Natürlich sind wir bei der Psychohygiene auch sofort wieder bei der Weltanschauung: Für den einen ist es Psychohygiene, wenn Pornographie («seelische Umweltverschmutzung») streng verboten und verfolgt wird, für den anderen ist es ein unerträglicher seelischer Druck, eine Einschränkung der für die seelische Hygiene so wichtigen persönlichen Freiheit, wenn er nicht lesen und kaufen kann, was er nach seiner eigenen Wahl selbst aussucht. Dazu gehören neben der Literatur, die sich sozusagen aktiv mit Sexualität befaßt, auch Filme und Geschichten über Mord und Totschlag: Bauen sie Aggressionen ab? Sind die Filmbösewichte ein Ventil für den Bösewicht in uns, damit dieser sich auf harmlose Weise abreagieren kann? Bekanntlich war es früher ein Volksfest, bei den Hinrichtungen nach verschiedensten sadistischen Ritualen zuzusehen. Oder regen die Brutalitäten in Büchern, comic strips, Film und Fernsehen das Sogenannte Böse (Konrad Lorenz) in uns noch mehr an und sind sozusagen Rezeptbücher für Übeltäter?

Die Beantwortung dieser Fragen hängt – wenigstens solange wir keine sicheren Untersuchungen der Psychohygiene etwa über das Problem der Aggression haben – wesentlich auch von der Weltanschauung des einzelnen ab, und die Antwort muß (wieder ein psychotherapeutisches Problem) wohl jeder für sich persönlich geben. Es sind psychohygienische Maßnahmen, wenn man den Eltern rät, die Kinder nicht zuviel dem Druck des Fernsehens auszusetzen, es ist aber auch eine psychohygienische Maßnahme, wenn man versucht, Kinder und Erwachsene dazu zu motivieren, Sendungen, die der «Seelenbildung» dienen, anzusehen. Hauptaufgabe der seelischen Hygiene (als Bestandteil der Psychiatrie – Psychotherapie) ist die Vorsorge gegen seelische Störungen und die Betreuung seelisch «Anfälliger». Eine Arbeit von enormer sozialer Bedeutung. Gesund ist, nach den Richtlinien der WHO, wer sich «psychisch, geistig und sozial wohlbefindet.»

Sekten und kein Ende

Nicht für die Vertreter der offiziell anerkannten Religionen, sondern auch für die Forscher und Therapeuten, die sich mit Psychohygiene befassen, sind die vielen Sekten und religionsersatzartigen Gruppen ein wesentliches und besorgniserregendes Problem. Zweifellos: Solche Dinge entstehen nicht, wenn nicht Bedürfnisse vorhanden sind. Niemand greift zu Rauschgiften, vom Alkohol bis zu Heroin, von Haschisch bis Meskalin, wenn er nicht Sorgen zu bewältigen, Störungen der Persönlichkeit zu überbrücken hat.

Das führt dazu, daß Menschen, von denen man annehmen darf, daß sie «völlig normal» sind, Menschen, die im Berufsleben stehen als Ärzte, Journalisten, Chemiker, Beamte, sich plötzlich aufmachen und etwa nach Indien fahren. Sie suchen dort die – wenigstens scheinbare – Heiterkeit eines Bhagwan (der etwa genau weiß, wo Jesus Christus und Sigmund Freud geirrt haben), oder sie schließen sich einer anderen Gruppe um einen «Erleuchteten» an. Solange das ohne Rauschgift, ohne Verlust des Vermögens usw. abläuft, kann man von einer freien Entscheidung für ein Abenteuer sprechen. Für manche, und vor allem oft für Jugendliche, wird es aber zur Katastrophe, manchmal auch zu einer Reise in den Tod. Und natürlich kann diese Reise auch in der Schweiz, in der Bundesrepublik, in Österreich oder irgendwo anders in Europa oder Amerika ihr Ziel haben: Das Wesentliche ist die Verführung zu einem extremen Verhalten.

Die «offizielle» Gesellschaft ist an all diesem Geschehen weder unbeteiligt, noch ist sie offenbar fähig, dem Ganzen Einhalt zu gebieten. Es ist nicht die Aufgabe dieses Buches, die Sekten zu beschreiben oder ihren Weg auf der Suche nach «Bewußtseinserweiterung», ich will nur ein Beispiel herausgreifen:

Transzendentale Meditation

Sie sei aus den diversen Sekten als Beispiel herausgegriffen und ich will den Versuch einer möglichst neutralen Beurteilung wagen, obwohl das sicherlich sehr schwierig ist. Begründet wurde die Bewegung von «Seiner Heiligkeit» Maharishi Mahesh Yogi, dem heute, wie man annehmen kann, etwa zwei Millionen (!) Menschen ihr Vertrauen geben. Seine Lehre wird von rund 10 000 Vermittlern in über 1000 Weltplanzentren weitergegeben, und man schätzt allein in der Bundesrepublik an die 50 000 Anhänger. Immerhin ein beachtlicher Erfolg.

Was lehrt, was verspricht dieser «Maharishi», wörtlich übersetzt, dieser «große Seher»? Nun, nicht weniger und nicht mehr, als daß es etwa keine Kriege und keine Verbrecher mehr geben werde, wenn nur jeder hundertste Mensch die Transzendentale Meditation übt. Maharishi Mahesh hat dort, wo das möglich ist, Universitäten gegründet, und seine Lehre hat auch bei einer Reihe von Wissenschaftlern Anklang gefunden. Soweit das überblickbar ist, sind es freilich Menschen, die von den alten asiatischen Lehren keine wesentlichen Kenntnisse haben.

Aber immerhin hat man wissenschaftliche Arbeiten veröffentlicht, die, wenigstens auf den ersten Blick, den Kriterien der modernen Naturwissenschaft standhalten. In angesehenen Zeitschriften erschienen Beiträge, die die Veränderungen, die man durch Transzendentale Meditation erreichen kann, beweisen sollen. Wenn man genauer hinsieht, beweisen sie nichts anderes, als daß der Mensch, wenn er Transzendentale Meditation macht, auch, wie bei allen anderen Verfahren, die einen «veränderten Bewußtseinszustand» hervorrufen, die entsprechenden Veränderungen etwa beim Hautwiderstand, im Elektroenzephalogramm usw. zeigt. Das beweist allerdings nichts über die Transzendentale Meditation, es besagt nur, daß man durch die Mantra-Meditation wie durch Hypnose, teilweise auch durch einfache Ruhigstellung, solche Veränderungen hervorrufen kann.

Ein besonders gutes Beispiel für diese Problematik ist das Buch der Kieler Gesprächs-, Verhaltens- und Kindertherapeutin Christa Kniffki: «Transzendentale Meditation und Autogenes Training.» Es entstand im Rahmen ihrer Diplomarbeit an der Universität Göttingen. Immerhin wurde es mit einem Vorwort des berühmten Streß-Forschers Prof. Hans Selye ausgezeichnet. Er betont zu Beginn, daß er weder Untersuchungen über das Autogene Training noch über die Transzendentale Meditation durchgeführt habe, daß er aber «jede Methode, die uns die unangenehmen Auswirkungen von Streß bewältigen hilft», nachdrücklich unterstütze.

Daß bei diesen Untersuchungen alles nach den Regeln der Statistik zugegangen ist, dafür bürgt an sich schon, daß die Arbeit an der Universität angenommen wurde, daß Professoren der Universität Kiel mitgearbeitet haben. Warum stelle ich das Problem hier dem – möglichst unvoreingenommen – Leser vor?

Nun, beide Verfahren wollen ja an die «Grenzen der Seele», und die Untersuchung scheint generell zu ergeben, daß die Transzendentale Meditation, also ein an sich doch wenigstens umstrittenes Verfahren, deutlich wirksamer ist als das im Westen bewährte Autogene Training. Ich zitiere: «Außerdem beschrieben sich die Teilnehmer der

TM-Gruppe als weniger introvertiert, geselliger, lebhafter, durchsetzungsfähiger als die der AT-Gruppe und zeigten erheblich weniger Manifeste erkennbarer Angsttendenzen.»

Was wird, fragen wir uns einmal, wirklich ausgesagt? Die Autorin hat mit Hilfe einer Reihe von üblichen Testen, bei einer Stichprobe von 99 Studenten und Studentinnen, von der nach 7–8 Wochen noch 62 und nach 14–16 Wochen noch 37 übrig waren, feststellen können, daß bei den beiden Gruppen, die entweder Autogenes Training oder Transzendentale Meditation machten, verschiedene Veränderungen vorgegangen waren, die im wesentlichen bei der Kontrollgruppe, die keine Behandlung erhielt, fehlten.

Und was geschah wirklich mit den Studenten? Frau Kniffki beschreibt das so: Die Gruppe, die Autogenes Training erlernte, bekam die Technik von Professor Boeters in seiner Vorlesung an der psychiatrischen und Nervenklinik der Universität Kiel, in einem Hörsaal, der 100 Personen faßt, vermittelt. Frau Kniffki selbst unterrichtete ihre Gruppe in einem kleineren Raum für etwa 25–30 Personen in Transzendentaler Meditation.

Alles noch ohne Bedenken, wenn auch die Vermittlung im Hörsaal im Rahmen einer Vorlesung mit der Intimität der Vermittlung an die Gruppe in einem kleinen Raum einen gewissen Unterschied darstellt. Dann liest man freilich, daß bei der Vermittlung des Autogenen Trainings «im Gegensatz zu der von J. H. Schultz angegebenen Methode, nach Erläuterung der Übung die Teilnehmer für sich allein üben zu lassen, . . .» die Formeln ähnlich wie die Suggestionen bei einer Hypnose vom Professor vorgesprochen wurden. Es wurde also als Einleitung streng genommen eine Hypnose gemacht und nicht das, was man unter echtem Autogenen Training versteht.

Sehen wir bei I. H. Schultz nach: «‹Begleitendes›, noch so wohlgemeintes Reden des Versuchsleiters, Anschalten von Platten usw. schafft einen hypnotisch ‹geführten› Zustand und hebt das Grundprinzip des ‹auto-genen›, selbstgeschaffenen, autorhythmischen Erlebens beim Übenden auf.» Was die Studenten vermittelt bekamen, war also einmal sicher nicht Autogenes Training nach I. H. Schultz.

Es gibt aber noch ein anderes Bedenken: Frau Kniffki ist, nach ihren eigenen Worten, eine echte Anhängerin: «Mein tiefempfundener Dank gilt Maharishi Mahesh Yogi, dessen philosophische und praktische Lehren mein Leben stark beeinflußt haben.» Kann, ja muß man nicht annehmen, daß in dem sechstägigen Kurs, in dem es

– zwei Stunden Informationsvortrag,
– eine Stunde vorbereitenden Vortrag, anschließende
– persönliche Gespräche mit dem Therapeuten,

- einen viertägigem Praxiskurs und
- anschließend die gleiche Zeit, in der noch von den anderen Studenten Autogenes Training geübt wurde, 45minütige Gruppensitzungen zur «Überprüfung» der Meditation stattfanden

eine verhältnismäßig viel stärkere «Übertragung» (Seite 266), also Bindung, an die (wie das Bild beweist sehr attraktive) junge Psychologin entstand, als sie im großen Hörsaal beim Erlernen des Autogenen Trainings aufkommen konnte. Dort bekamen die Studenten in sechs Wochen, wöchentlich einmal, die Technik des Autogenen Trainings vom Professor, der die Hauptvorlesung hielt, vermittelt. Noch dazu in zugegebenermaßen von der Originalmethode abweichender Form. Und es gibt unter den Psychotherapeuten kaum einen Zweifel: Abgesehen von der unbestrittenen Wirkung des Glaubens: die persönliche Beziehung zum Therapeuten und seine Ausstrahlung (die «Therapeutenvariable») spielen für den Erfolg oder Mißerfolg bei der Behandlung mit einer beliebigen Methode eine ausschlaggebende Rolle.

Darüber hinaus: Bei aller mathematischen Genauigkeit solcher Untersuchungen, mit praktisch den gleichen Testen konnten wir an hunderten Versuchspersonen zeigen, daß die Unterschiede innerhalb der Gruppen oft größer sind als die Veränderungen überhaupt, wenn man jeweils Personenkreise von 20–25 Menschen untersucht.

Was heißt das alles: Eine Methode, deren Fragwürdigkeit kaum zu leugnen ist, wird von einer begeisterten Anhängerin in ihrer persönlichen Form – die wahrscheinlich sehr nützlich ist – einer Studentengruppe vermittelt, um den Unterschied der Wirksamkeit eines «Konkurrenzverfahrens» mit der religionsartigen Transzendentalen Meditation zu zeigen. Natürlich gelingt der Beweis, aber wahrscheinlich weniger deshalb, weil das eine oder andere Verfahren soviel besser oder schlechter ist, sondern weil einfach die begeisterte Anhängerin überzeugender ist als der nüchterne Wissenschaftler, der die Vorlesung hält.

Warum ich so genau darauf eingehe? Überlegen Sie einmal: Sie wollen wissen, ob es vernünftig ist, eine größere Summe Geldes für den Erwerb eines «Mantra» und einen Kurs in Transzendentaler Meditation zu investieren oder (im Rahmen einer anderen Sekte) viel Geld für ein ganz einfaches Gerät zur Messung des Hautwiderstandes auszugeben. Sie haben gehört,
- daß die Schüler der Transzendentalen Meditation buchstäblich im Lotussitz fliegen können (Illustrierten-Bilder «beweisen» es !).
- daß der Maharishi das «Zeitalter der Erleuchtung» und eine Weltregierung geschaffen hat, die allen anderen Regierungen über Ansuchen (!) bei der Problemlösung hilft,

- daß Physikprofessoren die Theorien des Maharishi unterstützen,
- daß der einzelne sich eines Lebens frei von Problemen und Leiden erfreuen kann,
- daß jede Nation ihre Unbesiegbarkeit genießen wird.

Nehmen wir an – und das kann wohl jedem von uns geschehen –, daß Sie vorerst einmal durch das Ausmaß der Versprechungen nicht abgeschreckt werden. Was tun Sie dann? Nun, Sie werden sich doch wohl das Zeugnis bekannter Wissenschaftler suchen, also etwa eines Hans Selye, oder die Bestätigung durch einen gelernten Psychologen. Und das ist ja nun Frau Kniffki zweifellos, das sind ihre Lehrer, die ihre Dissertation angenommen haben.

Ich glaube nicht, daß man jemanden, der einer neuen Heilslehre sein Vertrauen schenken will, davon abhalten sollte, dies zu tun. Ich glaube aber, daß es sehr gefährlich ist, wenn man Heilslehren als wissenschaftliche (bewiesene!) Theorien verkauft und dazu noch die Unterstützung prominenter Wissenschaftler (anderer Wissensbereiche) bekommt. Daß jeder Mensch Sehnsucht nach Erlösung und Befreiung hat, der eine mehr, der andere weniger, ist mit ein Grund, daß ich dieses Buch geschrieben habe. Alle ernsthaften «Lehrer» aller Zeiten haben aber eines nicht versprochen: daß man Erleuchtung, Erlösung oder wie immer man es nennen will, mit ein paar einfachen Übungen oder durch den Erwerb eines Mantra erlangen kann. Es werden hier uralte Lehren mit modernen Werbemethoden verknüpft, und es wird auch so mancher Patient, der dringend Hilfe brauchen würde, vom Weg zum Fachmann abgehalten.

Psychotherapie

Was ist Psychotherapie?

Gerade über dieses Fach der Medizin gibt es häufig Mißverständnisse: Unter Psychotherapie verstehen die Psycho-Therapeuten nicht eine Behandlung der Seele, sondern die Behandlung mit seelischen Mitteln. Phytotherapie heißt ja auch nicht Behandlung der Pflanzen, sondern Therapie mit Heilpflanzen. Und das jeweils nach den Gesetzen, die im entsprechenden Wissenschaftsbereich gelten oder (sofern die Gesetze nicht genau bekannt sind) nach Theorien, die versuchen, Ordnung in das Geschehen zu bringen.

So gibt es seit urdenklichen Zeiten eine Theorie, die einen Bereich unserer Seele vermutet, der uns nicht bewußt wird: das Unbewußte, und eine andere Theorie, die dieses Unbewußte als Hirngespinst abtut und meint, daß wir unsere Verhaltensweisen erlernen und die Theorie des Unbewußten gar nicht nötig ist, um unser Agieren zu erklären.

Im Laufe der Jahrhunderte gab es die verschiedensten Erklärungen für seelische Vorgänge, die verständlicherweise auch der Mode und dem Erkenntnisgrad der jeweiligen Zeit entsprachen. Mesmers Theorie vom animalischen Magnetismus (Seite 75) als physikalische Kraft wäre nicht geboren worden, wenn die Gesetze des Magneten nicht bekannt und eine naturwissenschaftliche Erklärung nach der Mode der Zeit nicht «modern» gewesen wäre. Ebenso hat man mit einigem Erfolg versucht, die Funktion des Körpers mit einer Maschine zu vergleichen (und zu «erklären») und ist heute begeistert, wenn die Sache so schön in die Theorie der Kybernetik (also der Regelung des einen durch das andere) und des Computers «paßt».

Da sich die Psychotherapie, wie alle Wissenschaften, weiterentwickelt, dürfen wir auch verschiedene neue Theorien in der weiteren Entwicklung des Menschen erwarten. Freilich sind große Ideen, wie Mesmers Theorie vom Magnetismus, die uns die Hypnose gebracht hat, und die Theorien von Sigmund Freud, der ja mit der Hypnose anfing, selten. Sie kommen nur alle paar Jahrhunderte einmal vor. Was dazwischen liegt, ist emsige Kleinarbeit, Feilen an den Ideen der Meister und oft große (und verständliche) Freude, wenn man irgendwo einen kleinen Irrtum entdecken oder eine Facette hinzufügen kann.

Psychotherapie ist also Behandlung mit seelischen Mitteln, die natürlich – wie die Heilpflanzen – immer da waren, aber nicht oder nur im Rahmen von magischen Behandlungsformen, von Religionen, religiösen Gebräuchen usw. zum Heil des Menschen eingesetzt wurden. Je mehr die Psychotherapie zur Wissenschaft wird, umso zielbewußter und effektiver kann man sie einsetzen, umso mehr Menschen können damit erfolgreich behandelt werden.

Zu den seelischen Mitteln zählen etwa die Suggestion, also die Möglichkeit, jemandem eine Idee so tief einzupflanzen, daß er sie als eigene Idee annimmt und sein Körper danach reagiert. Etwa wenn man die Gesamtpersönlichkeit davon überzeugen kann, auf ihrem Handrücken läge eine glühende Münze. Gegen alles verstandesmäßige Reagieren entsteht eine Brandblase an der angegebenen Stelle. Der Körper hat die Suggestion als Wahrheit angenommen und reagiert entsprechend. Und wenn an die Stelle der Suggestion «Brandblase» die Suggestion «du bist schmerzfrei» tritt, wird die Sache gleich praktisch wirksam. Sie war es wohl immer, wenn wir daran denken, wie die Mutter dem Kind die Schmerzen nimmt, indem sie auf die verletzte Stelle bläst und sagt: «tut ja gar nicht mehr weh!»

Seelisch krank?

Was ist Krankheit im seelischen Bereich?

Im Körpergeschehen kann eine Krankheit lange versteckt bleiben, sie wird sich aber irgendeinmal melden und klar erkennbar sein. Trotzdem gibt es auch hier schon manchen Diskussionspunkt: Ist ein medizinisch gut versorgter Zuckerkranker, der normale Zuckerwerte hat und, wie man weiß, eine Lebenserwartung, die der des «Gesunden» in nichts nachsteht, «krank»? Er fühlt sich – wenn er seelisch mit der Tatsache, daß er Diabetes hat, fertig geworden ist – wohl, sicher nicht krank und kann, mit Ausnahme einer gewissen Beschränkung seiner Diät, alles machen, was andere auch tun. In diesem Fall weicht man gerne auf den Begriff «Leiden» aus – aber leidet der Zuckerkranke wirklich darunter, daß er Diabetiker ist? Um allen Mißverständnissen vorzubeugen: Natürlich vorausgesetzt, daß alles medizinisch gut verläuft.
Im seelischen Bereich wird die Sache noch komplizierter. Das Vergleichsbeispiel wäre der Alkoholiker. Bei ihm wissen wir, daß er, wenn es gelingt, ihn «trocken» zu bekommen, vollkommen «gesund» ist. Eben mit der Ausnahme, daß er zu einem hilflosen Wrack wird, wenn er auch nur die geringste Menge Alkohol zu sich nimmt und als Alkoholiker dann weitertrinken muß. Der Sorgentröster wurde zum Suchtgift, für das bei diesem Menschen eine körperliche Abhängigkeit besteht. Also ist dieser Patient gar nicht «seelisch», sondern körperlich krank?
Die Frage wird noch komplizierter, nachdem man in Amerika nachweisen konnte, daß wahrscheinlich eine (vererbbare ?) körperliche Konstitution für die Alkoholanfälligkeit besteht – so wie die Anfälligkeit für Zuckerkrankheit vererbt werden kann. In diesem Sinne hat auch der Alkoholismus wahrscheinlich eine körperliche Komponente, und wir kommen wieder auf das «organismisch» zurück: es gibt eben keine echte Trennung von Körper und Seele. Ein Patient mit einem Magengeschwür – also mit durchaus faßbaren körperlichen Veränderungen – ist sicher auch körperlich krank, auch wenn er seine Geschwüre der seelischen Belastung (von innen und außen) verdankt.
Versuchen wir eine Einteilung:
psychosomatische Erkrankungen, sind Krankheiten, deren letzte Ursache im Seelischen zu suchen wäre, die aber eindeutige und faßbare körperliche Veränderungen mit sich bringen.
Neurosen sind seelische Krankheiten, die – mit Ausnahme von kör-

perlichen Beschwerden (zum Beispiel Herzklopfen), die auf der durch das Seelische gestörten Funktion der Lebensnerven beruhen – keine körperlichen Folgen haben.

Übrigens haben es auch die Fachleute mit der Einteilung nicht einfach, da man sich über die Entstehung der Neurosen nicht einig ist: In der Freudschen Psychoanalyse sind Belastungen aus der Kindheit und das Ungleichgewicht zwischen den Trieben und ihrer Abwehr (soweit sie verboten sind) als Folge des Verbotes durch das Überich, die letzte Ursache. Die «Lerntheoretiker», um eine der vielen anderen Schulen, die den Begriff der Neurose zu erklären versuchen, zu nennen, sehen nur falsch erlernte Verhaltensweisen, die man dann durch richtiges Lernen verständlicherweise beseitigen kann.

In einem Fachlexikon gibt es für den Ausdruck Psychoneurose gleich vier Interpretationen:

1. Der Freudsche Begriff der Psychoneurose, die er schon 1898 im Gegensatz zu den Aktualneurosen stellt. Nach frühen Theorien (Freud: Die Sexualität in der Ätiologie der Neurosen) kann durch eine «aktuelle sexuelle Schädlichkeit» eine Aktualneurose (Neurasthenie und/oder Angstneurose) entstehen, in deren Gefolge sich dann eine Psychoneurose entwickeln kann, wenn der betroffene Mensch dazu disponiert ist. Freud beschreibt die Psychoneurose später so: «...Psychoneurosen sind entstellte Ersatzbefriedigungen von Trieben, deren Existenz man vor sich selbst und vor den anderen verleugnen muß.»*

2. Ein Zustand seelischer Erkrankung mit Angst, Furcht vor bestimmten Dingen oder Ereignissen, Zwangshandlungen und Depressionen.

3. Schwere oder im Organischen verwurzelte Neurose mit vorwiegend psychischen Symptomen.

4. Rein seelisch bedingte (psychogene) Neurose. (Was direkt das Gegenteil von dem bedeutet, was unter Punkt 3. beschrieben ist: «organisch verwurzelte» Neurose!)

Unter Organneurosen versteht man seelisch entstandene Beschwerden, die ein Organ betreffen – also etwa Herzangst, mit der Furcht, demnächst an einem Infarkt zu sterben usw. –, das aber nicht «Sprachrohr» einer Regung ist, die so ausgedrückt werden soll. Das unterscheidet die Organneurosen von den Konversionsneurosen, die nach der Theorie einen echten Zweck haben: Patient oder Patientin werden zum Beispiel blind, um irgend etwas nicht sehen zu müssen. Einem solchen Versuch, nichts zu sehen, entspricht auch der Lidkrampf, bei dem sich unwillkürlich die Lider beider Augen so

* Literatur: Freud, Die zukünftigen Chancen der psychoanalytischen Therapie.

krampfhaft verschließen, daß der Patient nichts sieht, weil seine Augen eben fest verschlossen sind.

Bei all diesen Störungen ist der «Geist» des Menschen völlig in Ordnung. Er ist über das, was wir Wirklichkeit nennen, seiner Bildung, seinem Herkommen und seiner Kultur entsprechend, völlig orientiert.

Weiteres zur Entstehung der Neurosen

Zuerst ist nach der Meinung der meisten Forscher als Voraussetzung für die Entwicklung einer Neurose die entsprechende Konstitution vorhanden, eine erbliche Anlage, zu der sich dann zufällige Belastungen aus der Kindheit gesellen. Aus all dem und dem Gesamtschicksal der heranwachsenden Person entwickelt sich für den aktuellen Zustand des Menschen die Disposition, also die augenblickliche Ausgangslage, in der ihn nun irgend ein Trauma, ein Schaden, trifft. Da er mit der Belastung nicht fertig werden kann, zieht er sich auf früher erlernte Verhaltensweisen zurück, er regrediert und verhält sich dadurch gestört: die Neurose ist entstanden.

Meist hat sie mit einem Konflikt etwas zu tun. Etwa dem Konflikt zwischen dem Trieb etwas zu tun – am deutlichsten wohl in der Sexualität, es kann sich aber auch auf Machtwünsche, auf etwas besitzen wollen usw. beziehen. Aber der Konflikt ist nach I. H. Schultz und anderen Forschern das Kennzeichen der Neurose. Viele Menschen, ja wohl alle, leben in solchen Konflikten zwischen Wunsch und Wirklichkeit. Die nicht lebensgesetzliche, die a-bionome Verhaltensweise im Hinblick auf den Konflikt ist es, die die Neurose ausmacht. Einen Wunsch unterdrücken muß man bald. Wenn Wunsch und Gegenwunsch (meist der Wunsch «brav zu sein») gleich stark sind, so kommt es bei vielen Menschen zu Schwierigkeiten. Man kann das bei Mensch und Tier nachweisen. Bekommt ein Hund bei einer bestimmten Tonlage Futter und muß er bei einer anderen etwas Unangenehmes erwarten – etwa einen Windstoß auf die Schnauze (was vor allem Katzen im Labor widerlich ist), so weiß er, wie er sich verhalten soll, wenn er den Ton eins oder den Ton zwei hört.

Schlimm wird es, wenn man nun die Töne einander annähert, bis das arme Tier nicht mehr weiß, ist das jetzt ein Ton der Höhe eins oder einer der Höhe zwei. Und nun reagiert er mit typisch neurotischen Antworten: er wird unruhig, die Haare stehen ihm zu Berge, und wenn die Sache länger dauert, verändert sich sein Charakter. Er ist ängstlich, «nervös» und in seinen Handlungen nicht mehr so berechenbar wie früher.

Ganz gleich kann man beim Versuch mit dem Menschen vorgehen.

Man verwendet zu diesem Zweck etwa die Konditionierung in Hypnose, zum Beispiel durch Dr. Van Damm und Prof. Barendregt in Holland, die einen hervorragenden Film darüber gedreht haben. Man verkettet Gefühle mit einem bestimmten Ton, einem Geräusch, einer Farbe, die mit einer Lampe angeboten wird usw. Ist ein Reiz stark und fehlt der andere ganz oder ist er nur schwach, so gibt es keine wesentlichen Probleme. Die Versuchsperson spürt die Angst oder Freude, die Heiterkeit oder Wut, die sexuelle Erregung oder den Hunger. Schlimm wird es, wenn man etwa Angst mit Freude koppelt. Nun weiß «es» in der Versuchsperson nicht mehr ein noch aus, denn es kann ja keine klare Entscheidung mehr getroffen werden zwischen zwei vernünftigen Angeboten. Beide konditionierten Gefühle sind gleich stark, aber offensichtlich nicht vereinbar. Erfolg: echt neurotisches Verhalten der Versuchsperson!

Würde sich in solchen Fällen nun jede Versuchsperson gleich verhalten, so hätten die Verhaltenstherapeuten in hohem Maße recht. Gott sei Dank oder leider, wie man es nehmen will, sind die Reaktionen keinesfalls gleich. Es hängt von der Stärke der Person an sich, von ihrer augenblicklichen Stimmung usw. ab, wie sie mit dem Konflikt fertig wird – aber immerhin, sie muß sich ihm stellen. Und hier wird der Mensch, der zu neurotischem Verhalten neigt, natürlich viel früher, wenigstens scheinbar, unzweckmäßig reagieren als der gesündere, innerlich stärkere. Es hängt von der Art des Konfliktes und wieder der inneren Stärke der Person ab, ob eine Weltanschauung zur Konfliktbewältigung hilfreich sein kann. Ob jemand eben aus Überzeugung zum Beispiel gar kein wirkliches Problem damit hat, ein Eigentumsdelikt zu begehen, weil er sehr hungrig ist – er würde lieber verhungern als stehlen.

Hier fragt es sich natürlich auch wieder sofort, ob ein solches Verhalten, das natürlich sehr moralisch, sehr anständig ist, auch zweckmäßig genannt werden kann. Sicher verschwimmen hier die Grenzen.

Fremd-, Rand-, Schicht- und Kern-Neurosen

I. H. Schultz hat sehr zweckmäßig die Neurosen nach dem Bereich, aus dem sie stammen, untersucht und damit ein in der Therapie sehr brauchbares Schema geschaffen. Er teilt sie nach ihrer Herkunft ein in Störungen, die ihre Ursache ausschließlich in der Umwelt haben, bei einer Person die theoretisch ganz gesund ist: Die **Fremdneurosen**. Ein Mensch – vor allem ein Kind – ist zum Beispiel einem selbst schwer gestörten Menschen als Erziehungsperson ohnmächtig ausgeliefert. Hier muß es allmählich zu Überreaktionen kommen, die nicht mehr «normal» sind, eben weil sie der Angst, dem Unsicher-sein usw. entspringen.

Bei Fremdneurosen muß man bestenfalls den Verursacher behandeln (was bekanntlich meist nicht möglich ist) oder sonst irgendwie – oft sehr «direktiv» eingreifen –, was oft sehr schwer ist. Denken Sie an Bergmanns hervorragenden Film Fanny und Alexander. Wer hätte hier (wie?) in die Erziehung der Kinder eingreifen können?

Druck von außen bei Störungen, die man in den «Randschichten» der Person orten kann, führen zu den schon etwas gravierenderen **Randneurosen**. Ihr Auslöser ist oft eher eine schlechte, unzweckmäßige Gewohnheit, ein «falscher» Reflex.

Entstandene Schäden durch Fremdeinwirkung bei der Fremdneurose und auch die Randneurosen lassen sich meist durch Verhaltenstherapie, Erlernen verschiedener Übungen, wie die nach Jacobson oder der Grundstufe des Autogenen Trainings, ohne besondere Probleme beseitigen.

Schwerer zu schaffen machen dem Patienten und dem Therapeuten schon die **Schichtneurosen**, bei denen bereits tiefere Bereiche der Persönlichkeit durch Belastungen aus der Kindheit angegriffen sind. Gekränkter Stolz, Liebesentzug – meist lauter Dinge, die dem Betroffenen auch bewußt sind, sind die häufigsten Ursachen.

Wir haben die Schichtneurosen in zwei «Schichten» aufgeteilt, weil die mehr oberflächlichen, die nicht so sehr in die «Tiefe» gehen, eher noch gut auf die oben genannten Therapien ansprechen, während es Schichtneurosen gibt – bei einem wahrscheinlich noch gesunden Persönlichkeitskern, die man nur mit tiefenpsychologischem Rüstzeug (Analyse – Freud, C. G. Jung, Adler oder Analytische Oberstufe des Autogenen Trainings) erfolgreich angehen kann. Das muß man auf jeden Fall mit den **Kernneurosen**, die am schwersten zu werten sind. Sie sind auf Schäden in der frühkindlichen Zeit, etwa im ersten, vielleicht auch noch im zweiten Lebensjahr zurückzuführen. (Manche Schäden vielleicht sogar schon auf die Zeit vor der Geburt?) Hier ist der Kern der Persönlichkeit erfaßt, und es ist von außen überhaupt kein «Reiz» nötig, um ein gestörtes Verhalten auszulösen. Das heißt übrigens natürlich nicht, daß die Störung auch schon in der frühen Kindheit bemerkbar sein muß.

Dieser Bezug auf den «Kern» der Person berührt nicht die Theorie, die von manchen vertreten wird, daß es einen unantastbaren gesunden Kern im Menschen gäbe, an den Schädigungen gar nicht herankommen und zu dem vorzudringen sich manche Psychotherapeuten vornehmen.

Ein Schema soll das verdeutlichen

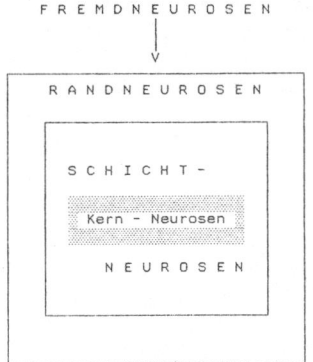

Abb. 7

Analytische Einteilung der Neurosen

Der Berliner Analytiker Harald Schultz-Hencke hat eine andere Neuroseneinteilung, die übrigens auch der Persönlichkeitsbeurteilung im Lüschertest zugrunde liegt:

Die schizoide Neurosenstruktur

Schizoid betonte Menschen haben große Schwierigkeiten im Umgang mit anderen, sie sind meist stark kontaktgestört. Sie sind mißtrauisch, passen sich an sich der Umwelt gut an, ohne mit ihr wirklich vertrauensvoll Verbindung aufzunehmen. Sie fürchten den Kontakt, setzen sich lange, bevor sie überhaupt angegriffen werden, zur Wehr und nehmen jede Enttäuschung schon, ehe sie noch eintreten kann, vorweg.

Die depressive Neurosenstruktur

Der depressive Mensch dieses Typs hat seine eigenen Aggressionen in die Umwelt projiziert (siehe Seite 250). Sie stammen aus seiner «oralen» Phase, aus der Zeit, in der er (oder sie) die Welt mit dem Mund zu entdecken begann. Die Menschen seiner Umwelt sind für ihn eine Art Dämonen, die Männer etwa Wölfen, die Frauen der alles verschlingenden Mutter vergleichbar. Seine innere Haltung ist durch die Hoffnungslosigkeit geprägt, auch wenn er nach außen sehr oft nachgiebig, opferbereit, gefügig erscheint. Er ist passiv, jeder Impuls, etwas zu tun, wird in ihm, bevor er sich überhaupt noch richtig regen kann, schon verdrängt, unterdrückt.

Der depressive Mensch hat Angst sich hinzugeben, weil er fürchtet, dabei aufgefressen zu werden. Die Forderungen seiner Umwelt sind ihm so mühsam, daß er sie kaum mehr wahrnimmt. Sie bleiben nur eine dumpfe, im Hintergrund drohende Last. Er reagiert – im Gegensatz zum Schizoiden, der die Enttäuschungen vorwegnimmt – erst, wenn er wirklich enttäuscht wird. Dann aber meist rasch und heftig.

Die zwangsneurotische Struktur

Der zwangsneurotische Mensch neigt zu großer Sauberkeit, zu Ordnung und peinlicher Genauigkeit (in manchen Belangen, in anderen kann er übertrieben nachlässig sein). Die zwangsneurotische Haltung entsteht meist in der Zeit der Reinlichkeitserziehung, zum Teil auch dadurch, daß man ihn in seiner motorischen Entfaltung hindert. Er vermeidet Konfrontationen mit der Welt, hat Angst vor Zärtlichkeit (weil er sich vor den eigenen Aggressionen fürchtet), versucht die Ansprüche der Umwelt zu erfüllen, ist aber hin und her gerissen zwischen dem Wunsch zu vertrauen und dem Bedürfnis zu mißtrauen.

Die hysterische Struktur

Im vierten bis fünften Jahr beginnt das Kind nach Freud mit der Prüfung der Realität. «. . . soll's der Teufel holen, es wird auch geprüft, was es mit der Sexualität, mit der Herkunft der Kinder, . . . mit den Genitalien auf sich hat», schreibt Schultz-Hencke. Gelingt die Integration vom magischen Denken des Kleinkindes und der – mehr oder weniger klaren – Feststellung der Realität nicht, so entsteht eine Persönlichkeit mit doppeltem Boden, die zwar Rollen spielt, aber nicht «echt» in ihren Empfindungen ist. Diese Menschen sind nicht «ausgereift», sie haben die genitale Stufe nach Freud nicht erreicht und haben sich ein Überreagieren auf die Forderungen der Umwelt angewöhnt. Sie erscheinen oft besonders herzlich, besonders zuwendend, können aber das Objekt dieser Zuwendung schon im nächsten Augenblick wieder vergessen haben. Auch hier ist das

Mißtrauen vorhanden, bei Frauen vielleicht entstanden aus der Enttäuschung durch den Vater, die dann an jedem Mann ausgelebt wird. Wir wollen aber eines festhalten: Alles, was hier an menschlichen Eigenschaften in der Übersteigerung zum neurotischen Verhalten wird, brauchen wir im gesunden Alltag zur Bewältigung des Lebens: Wir müssen ein wenig «hysterisch» sein, um uns freuen zu können, um in Rollen, die man von uns fordert, hineinzuwachsen. Wir brauchen ein gewisses Maß an Zwanghaftigkeit, um unsere Aufgaben – von der Schularbeit angefangen – bewältigen zu können. Wir müssen «depressiv» trauern können, um einen Verlust zu verarbeiten, und wir brauchen letztlich ein Stück Schizoidie, um uns von uns selbst distanzieren und um ein gewisses Mißtrauen gegen uns selbst haben zu können.

Alles «Neurotische» stammt aus unserer Welt, ist eine im wesentlichen übersteigerte «Normaleigenschaft». Erst wenn wir aus dieser Welt heraustreten, kommen wir in den Bereich der

Geisteskrankheiten:

Der Patient ist aus seiner Umwelt im buchstäblichen Sinn des Wortes «ver-rückt», das heißt, seine Wirklichkeit ist nicht mehr die Wirklichkeit seiner Mitmenschen: Er ist also zum Beispiel davon überzeugt, daß man aus Fernsehen und Radio ständig über ihn spricht und/oder daß seine «Feinde» durch die elektrische Leitung (oder auch via Radio) giftige Gase in sein Schlafzimmer leiten. Für diesen Menschen sind natürlich die anderen «ver-rückt», denn sie wollen ja seine Wirklichkeit nicht wahrhaben. Will man sich vor Augen halten, wie unentwirrbar das Problem ist, wenn man ihm näher zuleibe rücken will, muß man nur an Paul Watzlawicks Buchtitel (und -inhalt!) «Wie wirklich ist die Wirklichkeit?» denken.

Zum Abschluß glaube ich, daß die Frage: körperlich oder seelisch? grundsätzlich falsch gestellt ist. In Wirklichkeit sollte sie heißen: Welche Ursachen *überwiegen*, die körperlichen oder die seelischen? Und darüber können die moderne psychosomatische Medizin, die Psychologie und Tiefenpsychologie ebenso Wichtiges aussagen wie ihre Gegenspieler, die Behavioristen, die reinen «Somatiker» usw. Und erst wenn sich diese Gegensätze irgendwo (in der Mitte?) getroffen haben, wird man mit größerer Sicherheit an diese Störungen herangehen können.

Wer braucht Psychotherapie?

Sprechen wir von der «kleinen» Psychotherapie, von der seelischen Betreuung im Alltag, so kann man ohne Bedenken sagen: Gelegentlich einmal jeder. Denn eine «kleine» psychotherapeutische Leistung ist auch dabei (oder sollte wenigstens dabei sein), wenn der Arzt dem Patienten auch nur eine Spritze verabreicht. Vielfach wird das benützt, was I. H. Schultz Populärpsychotherapie nannte: jenes gewisse Etwas, das man hat oder nicht hat, jener Seelentakt, der zur rechten Zeit das rechte Wort findet. Die alten Hausärzte waren berühmt dafür, und auch die neuen kommen damit oft gut zurecht. Dabei ist es oft die «Note» des Arztes, die wirksam wird. So mancher Mediziner macht in «Grobheit», schnauzt den Patienten an, er möge sich doch zusammennehmen, und ist gerade dadurch bei vielen Patienten beliebt. Sie wollen nicht, daß man mit ihnen «Geschichten» macht, sie erfreuen sich der – oft scheinbaren – Stärke und sind, wenn sie einmal schwach werden, recht zufrieden, wenn man sie hart anfaßt.

Freilich ist das nicht jedermanns Sache, und ein Kranker, der sich diesen Arzt nicht freiwillig ausgesucht hat, wird unter Umständen ungebührlich geschockt. Immerhin, Kommandieren ist eine Art der Psychotherapie, in etwa beschrieben von dem einst sehr bekannten und beliebten Psychiater Erwin Stransky: Die Relations-Subordinations-Therapie. Sie geht davon aus, daß der Patient in vielen Lagen eine Autorität braucht, die ihn führt und notfalls eben auch hart an die Kandarre nimmt. Erst wenn er ausreichend erwachsen geworden ist, kann man aus ihm einen mitarbeitenden Partner machen.

Bei jeder Populärpsychotherapie – die also von keiner Theorie, keiner wissenschaftlich fundierten Absicht, sondern mehr oder weniger ausschließlich vom Gefühl und vom guten Willen getragen wird – besteht die Gefahr, daß der Arzt seine Weltanschauung auf den Patienten überträgt und ihm direkt oder indirekt Ratschläge gibt, die wohl mit seinem Weltbild – also dem des Arztes –, aber nicht unbedingt mit dem des Patienten übereinstimmen. Diesen Fehler – sofern man das als Fehler werten will – versucht die wissenschaftlich fundierte Psychotherapie (wenn sie nicht wieder von einer besonderen Weltanschauung getragen wird) zu vermeiden.

Geht man davon aus, daß Psychotherapie Behandlung mit psychischen Mitteln ist, so braucht Psychotherapie auch zum Beispiel der Krebskranke. Nicht nur, weil man heute immer deutlicher sieht, wie sehr die Psyche am Aufbau des Abwehrsystems des menschlichen Körpers beteiligt ist, sondern auch, weil seelische Heilmittel oft ebenso erfolgreich und mit weniger Risiko als «materielle» eingesetzt werden können. Zum Beispiel die Hypnose als Mittel zur Schmerzausschaltung ohne Medikamente eben bei einem Patienten, dessen Schmerzen von einem bösartigen Tumor kommen.

Im allgemeinen aber wird man die Frage: wer braucht Psychotherapie? eher dann stellen, wenn es um eine rein seelische und/oder psychosomatische Störung geht, und wer nach Psychotherapie fragt, meint meist auch ein analytisch orientiertes Geschehen.

Sicher und dringend braucht jeder eine solche Behandlung, bei dem Medikamente nicht ansprechen. Sei es nun, weil es sich um eine Störung/Erkrankung handelt, die man mit Chemie nicht oder nur wenig beeinflussen kann, sei es, weil der Kranke aus irgend einem Grund keine Medikamente verträgt. Natürlich sehen die Seelenärzte das Ganze noch etwas enger. Bevor ich auf diesen Standpunkt näher eingehe, muß ich gerechterweise feststellen, daß er hier eben von einem Psychotherapeuten geschildert wird (auch dieser Hinweis gehört übrigens zur Psychotherapie).

Die Verfahren parallel laufen lassen

In vielen Fällen ist es ein Jammer, zusehen zu müssen, wie alle Möglichkeiten der somatischen Medizin ausgeschöpft werden, bevor man endlich einen Seelenfachmann beizieht. Der hat es nun oft nicht weniger schwer als ein körperlich orientierter Arzt, wenn an einer Krankheit lange und ohne die wirklich zielführende Behandlung, herumkuriert wurde. Ein klassisches Beispiel sind Patientinnen oder Patienten mit einer ausgeprägten Operationssucht. Sie haben nicht nur einen nicht unterdrückbaren Wunsch nach Leiden und Schmerzen (der oft einer Selbstbestrafungstendenz entspricht), sie stehen auch gerne im Mittelpunkt und wissen, daß sie das nur dann so richtig können, wenn im Krankenhaus sich alles um den armen Pflegling dreht, der das Zentrum des Interesses der Ärzte, der Schwestern und natürlich auch aller Besucher ist, die mit Blumen, Süßigkeiten, besorgten Mienen und guten Ratschlägen kommen. Wer glaubt, daß sich doch niemand selbst (wenn auch unbewußt) Schmerzen verschafft, irrt ganz gewaltig.

Genau so falsch wäre es, und hat zu berechtigtem Mißtrauen der «Somatiker» geführt, wenn irgend ein übereifriger Seelendoktor verschiedenster Prägung, ein Magengeschwür (das sich womöglich später als Magenkrebs herausstellt oder in einen Magenkrebs verwandelt) ausschließlich mit «seelischen» Mitteln behandelt und glaubt, seinen Schutzbefohlenen vor den «nur aufs Körperliche» schauenden Kollegen bewahren zu müssen. Häufiger ist sicher das

Umgekehrte, denn kein gut ausgebildeter Arzt oder klinischer Psychologe wird eine Psychotherapie übernehmen, wenn nicht die körperliche Problematik vorher – und während der Therapie, wenn diese länger dauert – genau abgeklärt wurde.

Der Idealzustand wäre erreicht, wenn man wenigstens bei allen Erkrankungen, bei denen man auch einen seelischen Hintergrund vermuten kann, die beiden Verfahren parallel laufen läßt und neben der körperlichen Diagnose auch auf die seelische Rücksicht nimmt.

Helfen kann man – neben allen Formen der Neurose – mit der Psychotherapie vor allem dem psychosomatisch Kranken. Hier kämpft der psychisch orientierte Arzt oft einen Mehrfrontenkrieg. Während er bemüht ist, möglichst objektiv festzustellen, wo die seelischen Quellen zu suchen sind und welche seelischen Faktoren eine Rolle spielen, sind in der Umgebung des Patienten fast immer Menschen, die meinen, man müsse doch mit seelischen Problemen selbst fertig werden, man müsse nur wollen, sich zusammenreißen, dann gehe gleich alles viel besser. Daß das nicht der Fall ist, zeigt so mancher tragisch ausgegangene Fall, dem man mit «seelischen» Mitteln vielleicht noch hätte helfen können.

Psychotherapie für Süchtige

Unbedingt eine sehr sorgfältige und auch längerdauernde Psychotherapie brauchen Süchtige und Menschen, die süchtig waren. Bei den echten Suchtmitteln wie Alkohol, Heroin und anderen Morphinabkömmlingen und auch bei manchen Psychopharmaka ist an Abstinenz ohne (oft jahrelang «begleitende») Psychotherapie nicht zu denken. Das ist heute ganz allgemein bekannt und wird praktisch von allen Stellen, die sich mit Entwöhnung befassen, berücksichtigt. An eine echte Heilung, das hieße also beim Alkoholiker, daß er wieder die Möglichkeit hätte, mäßig zu trinken, ist ohnehin nicht zu denken. Der Süchtige muß sein Leben lang «trocken» bleiben. Jeder Rückfall bedeutet eine neue, noch schwierigere Entwöhnungskur, noch größere Gefahr des völligen Untergehens in der Sucht.

Psychotherapie brauchen häufig auch gestörte Jugendliche, denen man in dieser Zeit oft noch verhältnismäßig rasch helfen kann. Hier liegt noch vieles im Argen, und erst allmählich gelingt es den Verantwortlichen, gerade hier das Bewußtsein der Notwendigkeit einer raschen und sachgerechten Hilfe in der Bevölkerung zu verankern. «Er oder sie ist nur faul», «Ich verstehe nicht, wieso gerade ich so ein Kind haben muß», «An der Familie kann es nicht liegen, die ist streng –» ... und es folgt irgend eine Religion oder Weltanschauung, «Er hatte ja so eine glückliche Jugend, sein Vater gab ihm über X-Tausend DMark, Schillinge, Schweizerfranken Taschengeld» (die er verdienen mußte und daher natürlich keine Zeit für seinen Sohn hatte). So und ähnlich klingen die Sätze, die wir immer wieder hören. Sicher ist es oft schicksalshaft, daß Eltern sich um ihre Kinder zuwenig kümmern können, daß sie aus ihrer Persönlichkeit heraus nicht imstande sind, Ihnen die Liebe zu zeigen, die sie sicher für sie empfinden; dem Unbewußten des Kindes ist aber die Ursache völlig gleichgültig. Was es empfindet, ist der Mangel an Zuwendung, an Zärtlichkeit, und der kann später nur mühsam und in langwieriger Arbeit ausgeglichen werden.

Sonderstellung der Psychotherapie

Im Kreis der Wissenschaften nimmt die Psychotherapie eine besondere Stellung ein, weil sie, im Gegensatz zu anderen Bemühungen, auch das Forschen an sich und die Art des Forschens in Frage stellt. Wie die Psychotherapie einer Zeit aussieht, hängt natürlich vom Geist der Zeit, von ihrer Ideologie ab. Man konnte keine Computermodelle der menschlichen Seele und des menschlichen Verhaltens erdenken, bevor es den Computer gab. Sigmund Freud wäre mit seinen Ideen undenkbar, wenn er nicht am Übergang einer (wenigstens äußerlich) sehr sexualfeindlichen Zeit gelebt hätte, die Materialismus und das, was man damals Vernunft nannte, auf ihre Fahnen geschrieben hatte. Die ganz dem Patienten zugewandte, auf seinen gesunden Kern und seine Fähigkeit zur Selbstheilung vertrauende Therapie nach Rogers und auch nach Maslow – der zur Gesundheit demokratisches Verständnis zählt, wie man dies einst mit der Treue zu Kaiser und Vaterland tat – wäre undenkbar ohne den Hintergrund der liberalen Ideen in Amerika der fünfziger und sechziger Jahre. Ebensowenig die vielen «Gruppen», die zum Großteil aus dem Bedürfnis nach einer neuen Wertordnung, nach freierem Umgehen mit dem anderen – und mit der Liebe! – enstanden. Mit ihnen sind Namen wie Fritz Perls, Carl Rogers und nicht zuletzt auch des Freudschülers Jakob L. Moreno untrennbar verbunden. Wir werden bei unserer Arbeit mit der Suche nach dem Ich immer wieder auf diese Pioniere der modernen Psychotherapie stoßen.

Psychotherapie und Krankenkassen

Erst in den letzten Jahren wird noch ein Problem aktuell, das im Anfang der Psychotherapie keine wesentliche Rolle spielte: Das Diktat der Kassen. Freud hatte festgestellt, daß ein wesentlicher Faktor für das Gelingen der Therapie die Tatsache war, daß der Patient dafür auch bezahlen – etwas leisten – mußte. Man hatte zwar schon früh auch einige wenige «wohltätige» Ambulatorien, in denen Mittellose psychoanalytisch behandelt wurden, das Gros aber zahlte sich seine Stunden – oft unter großen Opfern – selbst. Langsam beginnt sich das zu ändern, die Sozialversicherungsträger sind allmählich dem bisher immer etwas «verdächtigen» Unterfangen der Psychotherapie aufgeschlossener, wollen aber natürlich die Spreu vom Weizen trennen. Bezahlt wird, was die Kasse als wissenschaftlich überprüfbare Psychotherapie anerkennt. Was nach dem derzeitigen Stand der Wissenschaft von der Theorie und vom Effekt her nicht wenigstens einigermaßen überprüfbar ist, wird nicht bezahlt. Zum Beispiel die Behandlung von Neurosen mit schamanischen Methoden oder mit transzendentaler Meditation. Das ist klar und verständlich. Nur: In verschiedenen Bereichen bekämpfen sich ja auch die anerkannten Schulen, und es hängt natürlich wieder von der Ideologie der einzelnen Kasse ab, was sie nun anerkennen will und was nicht. Und daß wir mit den anerkannten Methoden nicht allen Menschen helfen können, ist offensichtlich, wird immer offensichtlicher, je mehr Menschen sich in die Betreuung von «Heilern» begeben, die jenseits der offiziellen Medizin ihre Dienste anbieten.
Es ist an sich durchaus einsehbar, daß sich die Krankenkassen, als Verwalter öffentlicher Gelder, vergewissern wollen, ob die Methoden, die sie bezahlen sollen, auch seriös sind. Gerade in der Psychotherapie stößt das aber auf gewaltige Schwierigkeiten, die man von der normalen Medizin her zwar auch, aber bei weitem nicht in diesem Maße, kennt. Man denke nur an den Streit um die Homöopathie und die Heilpflanzen.
So steht denn auch der Psychotherapeut manchmal im Spannungsfeld zwischen seinem offiziell erlernten, seinem Erfahrungswissen und seinem Gewissen, das ihn unter Umständen eine Methode hoch einschätzen läßt, die nicht «kassenzugelassen» ist. Gibt er sie «auf Kasse» unter einem anderen Titel ab, so macht er sich eindeutig des Betruges schuldig.
Ein bekannter Psychotherapeut hat das einmal bei der Eröffnung eines Kongresses den Widerstreit zwischen den «erlaubten» und den verfügbaren Methoden genannt.

Psychotherapeuten zwischen Magie und Wissenschaft

Es gibt viele Wege, dem Menschen zu helfen: Man kann ihm, wie viele Verhaltenstherapeuten, vermitteln, wie er einmal falsch Gelerntes wieder «ver-»lernt, und muß dazu Theorien wie die vom Unbewußten in keiner Weise anerkennen. Ja, man kann erfolgreich helfen und dabei alles, was nach Analyse, nach Unbewußtem, Vorbewußtem usw. klingt, als völligen Unsinn oder gar als Schwindel abtun. Und man kann auch – um an das andere Ende dieser «Anschauung» der Welt zu gehen – gerade noch an dem Anspruch, eine Religion zu sein, knapp vorbeikommen: Wie etwa Karlfried Graf Dürckheim, der den Menschen seiner Transzendenz näher bringen will und dabei Analytisches, körperlich Aktives und Regeln aus der religiösen Meditation kombiniert (Seite 108). Kein objektiver Beobachter wird behaupten wollen, daß irgendeine der verschiedenen Methoden, auch wenn sie sich nur einige Zeit hält, als Hilfe wirkungslos sei.

Was aber sind das für Menschen, die sich der Aufgabe widmen, anderen Wege aufzuzeigen, die sie (meist?) selbst nicht erfolgreich zu Ende gehen können, wie etwa Sigmund Freud, der sich selbst von seinen Störungen nie ganz befreien konnte?

Ich habe buchstäblich einige Generationen von Psychotherapeuten der verschiedensten Schulen heranwachsen sehen und viele mit ausgebildet. Das kommt daher, daß das Autogene Training eine Methode ist, die von vielen Schulen als Grundlage und Ausgangspunkt für weitere Schulung anerkannt ist.

Deshalb hatte ich auch Gelegenheit, viele verschiedene Menschen, die diesen Beruf ergreifen wollten, näher kennenzulernen, gleichgültig, ob sie nun als Ziel hatten, im Sinne von I. H. Schultz mit einer bionomen Psychotherapie zu arbeiten oder orthodoxe Analytiker werden wollten. In einigen Therapieformen machte ich außer meiner Ausbildung bei Schultz, den zehn Jahren psychotherapeutisches Seminar an der Wiener psychiatrischen Klinik und neben meiner eigenen Freudschen Analyse auch selbst eine gründliche, in manchen Verfahren eine informative Ausbildung mit. Ich glaube, daß ich durch diesen Werdegang über den Menschen, der sich zur Psychotherapie als Beruf hingezogen fühlt, vorsichtig etwas aussagen kann. Er wurde meist deshalb zum Helfer, weil er sich von Studium und Ausbildung auch für seine eigenen Probleme Hilfe erwartete. Eine Voraussetzung, von der man im ersten Augenblick annehmen könnte: das sind ja lauter Kranke oder Gestörte. Ich glaube nicht, daß das richtig ist. Es sind Menschen, die die Fähigkeit hatten, zu erkennen, daß hinter den menschlichen Problemen eben auch menschliche Probleme stecken und die daran gingen, die Ursachen –

bei Studenten etwa für Lernstörungen – bei sich und ihrer eigenen Geschichte zu suchen. Das scheint mir – wenigstens für unseren Beruf – durchaus ein Vorteil gegenüber der (zum Teil durchaus vielleicht auch richtigen) Auffassung zu sein, der Fehler liege am Schulsystem und an der Unfähigkeit der Oberen. Wenn man die Welt verändern will, sollte man zuerst einmal an sich selber arbeiten – das ist ein Grundsatz, den man annehmen oder ablehnen kann, er ist aber oft die Basis für die Entscheidung, sich mit der Psychotherapie als Lebensaufgabe zu befassen.

Die Palette der Persönlichkeiten reicht wie in jedem Beruf von dem von sich extrem eingenommenen Hypnotherapeuten, der glaubt, mit forschen Befehlen seine Patienten heilen zu können, bis zum übervorsichtigen Analytiker, der pro Stunde ein, zwei «Warum?» und gelegentlich ein «mhmm» von sich gibt. Und bei all diesen Verhaltensweisen – und natürlich noch mehr für die reiche Palette dazwischen – gibt es Menschen, die aus eben dieser einen Form Nutzen ziehen. Die einen, die, wenigstens für einige Zeit, einen strengen, helfenden, gelegentlich auch polternden Vater brauchen, der jeden Schritt vorschreibt, oder die anderen, die das Gegenteil nötig haben. Ihnen kommt in ihrer augenblicklichen Situation die vollkommene Freiheit zu sagen, zu tun und zu lassen, was immer sie wollen, entgegen.

Lange Zeit war die Frage, ob man Psychotherapie – eben Behandlung mit seelischen Mitteln – nur Ärzten überlassen sollte, ein großes Problem unter den Psychoanalytikern. Der Arzt Freud nahm – sehr zum Mißvergnügen zahlreicher Schüler – viele «Laien» als Analytiker an, und viele Laien wurden auch berühmte und erfolgreiche analytische Psychotherapeuten. Heute hat sich die Sache so verschoben, daß effektiv wahrscheinlich mehr Laien als Ärzte psychotherapeutische Methoden anwenden. Es ist kaum zu leugnen, daß etwa Angehörige des Berufes Sozialarbeiter tatsächlich einen großen Teil der psychotherapeutischen Arbeit übernommen haben. Und so sehr man sich von fachlicher Seite (aus diesem Blickwinkel verständlich) gegen die Hypnose durch «Laien» wehrt: es hat sich zum Beispiel in Amerika außerordentlich bewährt, daß Krankenschwestern den Patienten, die unter Schmerzen aller Art – bis zum sterbenden Krebs- und Aidskranken – mit dieser Methode Hilfe leisten, ihre Schmerzen lindern, ja, sie häufig völlig schmerzfrei machen können.

Französische Analytiker lassen Krankenschwestern das Autogene Training vermitteln und bearbeiten dann mit dem Patienten das dabei auftauchende seelische «Material» usw.

Eine solche – gesteuerte – «Laien-»Vermittlung psychotherapeutischer Techniken ist sicher nicht die Ursache dafür. daß seit eh und je

Menschen, die keinen hippokratischen Eid geleistet haben oder einer mit der Medizin vergleichbaren akademischen Disziplin verbunden sind, als gewissenlose Geschäftemacher solche Techniken zu ihren Gunsten ausnützen und etwa Massenhypnosen zu angeblichen Heilzwecken veranstalten.

Ich persönlich glaube, daß es besser ist, den «Laientherapeuten», wenn er sich diesem Beruf verschreiben will, möglichst gut auszubilden. Dafür trat übrigens auch Georg Groddeck, der «Vater» der psychosomatischen Medizin, schon sehr früh und sehr nachhaltig ein. Die Grundlage der guten Ausbildung ist dabei meines Erachtens nicht so sehr die selbstverständlich nötige Ansammlung von Wissen. Fingerspitzengefühl und Einfühlungsvermögen sind wenigstens so wichtig wie die Kenntnis der Fakten und Zusammenhänge. Das Wichtigste ist die Vermittlung der Fähigkeit, die eigenen Grenzen zu kennen und, durch ständige Fortbildung, zu erweitern. Auch ein Arzt kann ja nicht die gesamte Medizin beherrschen. Eines der wichtigsten Ziele seiner Ausbildung ist es, daß er lernt zu beurteilen, wann er für einen Patienten den Rat anderer Kollegen, auf den wir ja immer wieder angewiesen sind, einholen muß.

Sicher aber haben die Menschen, die sich einer psychotherapeutischen Schule oder freier der Psychotherapie als solcher mit all ihren Möglichkeiten verschrieben haben, davon keine großen Schätze erwartet. Man kann sich davon bei einem Vergleich der Honorarmöglichkeiten etwa zwischen einem Arzt, der in einem beliebigen Fach Patienten betreut, und auch den höchsten Honoraren, die von berühmten Psychotherapeuten gefordert werden, leicht überzeugen. Der Beruf des praktizierenden Psychotherapeuten ist sicher kein Weg zum «großen Geld».

Letztlich sind also Psychotherapeuten Menschen wie du und ich. Ihr Bedürfnis zu helfen kann durchaus auch einem Mangel an Hilfe, den sie selbst erlebt haben, entsprungen sein. Sie haben aber auch erkannt, daß der Weg aus dem Dilemma, sagen wir vorsichtigerweise wenigstens für sie, nur über die Arbeit am Ich, an sich selbst zu finden ist. Und der Mensch, der sich ihnen anvertraut, muß ja auch bereit sein, diesen Weg wenigstens zu erproben, denn sonst wendet er sich sicher einer anderen Methode zu und läßt etwa sein Rauch- oder Eßproblem mit Tabletten, Akupunktur oder Homöopathie behandeln. Verfahren, die ja ebenfalls für sich in Anspruch nehmen, Störungen seelischer Art erfolgreich zu behandeln. Und sie sind – man mag über ihre theoretischen Grundlagen denken wie man will – zweifellos auch erfolgreich.

138

Der strenge Vater

Sie werden unter den Psychotherapeuten Menschen finden, die Autorität und eine strenge Vaterfigur repräsentieren. Widerspruch wird nicht zugelassen. Es wird angeordnet, was zu geschehen hat. Solche Therapeuten werden vielleicht den Eindruck besonderer Stärke machen. Vielleicht sind sie auch stark. Sie verbergen aber vielleicht damit auch ein unbewußtes Gefühl der Schwäche. Wer sich einer «Führung» anvertrauen will, wird sich wahrscheinlich dort gut aufgehoben fühlen.

Die gütige Mutter

Mütterlichkeit können, wie väterliche Autorität, Angehörige beider Geschlechter vermitteln. Animus, der männliche Anteil der menschlichen Seele und Anima, ihr weiblicher Teil nach C. G. Jung, sind ja in jedem von uns enthalten. Trotzdem wird «die große Mutter» eher von weiblichen Therapeuten, die das – wieder mehr oder weniger unbewußte – Bedürfnis haben, zu Be-muttern, repräsentiert werden. Es entspricht der Rollenerwartung unserer Gesellschaft, daß ein bemutternder männlicher Therapeut vor allem bei Männern eher auf Ablehnung stoßen wird – es sei denn, er erfüllt gerade ein bei der betreffenden Person vorhandenes Bedürfnis.

Sachlich kühler Abstand

Auch diesen Typ kann man unter den Therapeuten finden: Seine Angehörigen haben glasklare Vorstellungen vom Aufbau der Seele ihres Patienten und arbeiten daran wie an einem Computerprogramm. Sie werden wieder jenen Menschen entgegenkommen, die von einer Überschwemmung mit Gefühlen nichts halten, die ihre Probleme gerne sachlich zerlegt und gelöst haben wollen. Diese sehr distanzierten Therapeuten findet man keineswegs nur bei mehr oder weniger statistisch – rechnerisch begründeten Verfahren, bei maschinenbetonter Arbeit mit dem Patienten wie etwa bei Biofeedback, bei computergesteuerten Therapiemethoden, sondern gar nicht selten auch bei Vertretern der orthodoxen Freudschen Schule. Freud selbst hat ja immer wieder diese Distanz betont, sein rein «sachliches» Interesse am Menschen. Der Analytiker sollte theoretisch weniger ein menschliches Wesen als der Spiegel sein, in dem sich der Analysand sehen kann. Aus allem, was wir heute aus seinem Leben wissen, scheint sich hinter dieser nüchternen Maske bei Freud eher ein sehr gütiger Mensch verborgen zu haben, der – nach der analytischen Theorie – seine Gefühle abwehren mußte, um ihnen nicht ausgeliefert zu sein. Man lese nur die Lebensgeschichte seiner Haushälterin!

Alles ist Verständnis und Einfühlung

Was ich hier zeichne, sind natürlich Beispiele zu den verschiedenen Extremen der Psychotherapie, für mehr oder weniger einseitige Vertreter von Ansichten und Einsichten, die bis zu einem gewissen Grad für jede Therapie nötig sind. Die Kunst ist es dann, zur rechten Zeit das Richtige zu tun. So braucht man sicher, um halbwegs erfolgreich Psychotherapie betreiben zu können, auch ein gewisses Maß an Einfühlungsvermögen, an Empathie. Manche Schulen haben gerade diesen Aspekt zu ihrem Hauptanliegen gemacht. Etwa die «klientenzentrierte» Psychotherapie nach Carl Rogers. Und so findet man bei verschiedenen Schulen Therapeuten, die sich völlig auf den anderen Menschen konzentrieren und alles, was sie selbst einbringen könnten, streng zurückhalten. Sie üben die «Abstinenz» in der Psychoanalyse, das «Schweigen» im Original des Autogenen Trainings und das «klientenzentrierte» Verhalten in der Rogers Therapie. Das wird manchem, vor allem, wenn es darum geht, die Persönlichkeit zu entwickeln, sehr gut tun. Mancher wird aber vielleicht ganz einfach den Zuspruch und den praktischen Rat vermissen.

Natürlich ist der Psychotherapeut vor allem auch ein Mensch. Er oder sie haben eigene Probleme, die sie zum Teil vielleicht in der eigenen Therapie verarbeiten konnten oder mit denen sie wenigstens umgehen lernten. Der Mensch hinter dem Therapeuten bleibt aber ein Mensch und kommt zum Beispiel um das, was Freud die Gegenübertragung nannte, nicht herum. Das heißt, er wird unter Umständen Probleme mit dem einen oder anderen Patienten bekommen, weil dieser Dinge zu «bearbeiten» hat, die für den Therapeuten selbst problematisch sind. Wir wissen aber von der Psychotherapie grundsätzlich, daß die Zahl der Menschen, die einem «unsympathisch» sind (die also ein Problem bedeuten) mit fortschreitender Therapie immer kleiner wird. Man lernt immer besser, mit dem anderen umzugehen, und muß gegen manche fremde Verhaltensweisen zum eigenen Schutz keine Barrieren mehr aufbauen.

Ausbildung

Jeder Psychotherapeut hat – zumindest wenn er einer entsprechenden Vereinigung angehört – eine fundierte Ausbildung in der Methode, die er anwendet. Universitäten, Ärztekammern und Vertretungen der Psychologen versuchen, ihre Angehörigen in möglichst vielen psychotherapeutischen Verfahren auszubilden, damit der einzelne Behandler das Verfahren anwenden kann, das für den Patienten am besten geeignet erscheint. Dazu gehört als Grundausbildung die Grundstufe des Autogenen Trainings, gehören Kenntnisse der Tiefenpsychologie, das Katathyme Bilderleben und viele andere Methoden, über die Sie in diesem Buch mehr erfahren.

Natürlich hängt es auch von der Weltanschauung des einzelnen ab, welche Methoden er bevorzugen wird und welche er vielleicht grundsätzlich ablehnt. Orthodoxe Vertreter der Verhaltenstherapie sind der Ansicht, daß es so etwas wie ein Unbewußtes gar nicht gibt, andere werden das Zur-Sprache-Bringen sexueller Probleme als einen unerlaubten Eingriff in die Intimsphäre des Patienten ablehnen, wieder andere sind der Meinung, daß man ohne entsprechende Aufarbeitung sexueller Probleme überhaupt nicht helfen kann. Die Wahrheit liegt wohl wie immer im Mittelweg. Für die Person des Psychotherapeuten bedeutet es freilich, daß er sich – auch weltanschaulich – mit diesen Problemen auseinandersetzen muß. Es liegt ja – neben dem Zufall, der dabei sicher auch eine Rolle spielt – in seiner Entscheidung, ob er sich nun einer Freudschen Psychoanalyse unterzieht oder ob er eine Ausbildung bei den Behavioristen, bei den Verhaltenstherapeuten, vorzieht. Und mancher wird eben die Möglichkeit – und die innere Freiheit – haben, sich die verschiedenen Schulen anzusehen. Er wird dabei vielleicht zu der (persönlichen und persönlich gefärbten) Einsicht kommen, daß an all diesen Denkgebäuden etwas daran ist, daß keine ganz im Unrecht ist und keine ganz recht hat.

Die Suche nach dem Ich des anderen Menschen, nach der Dynamik seiner Seele, ihren Grenzen und dem, was wir Selbst nennen, wird selten von Menschen begonnen, die nicht auch auf der Suche nach dem eigenen Ich, seinen Wegen, seinen Stärken und seinen Abgründen sind. Der Sucher nach den Gesetzen des Ich und der Seele muß sich darüber im klaren sein, daß diese Gesetze, wenn sie gültig sind, auch für ihn gelten.

Vielleicht von rein materialistisch-rechnerischen Überlegungen abgesehen; aber auch für sie gilt dieser Gedanke grundsätzlich. Psychoanalytisch betrachtet wird also zum Beispiel auch der Therapeut sich immer wieder einmal durch «Versprecher» verraten und so wie andere Menschen etwas aussagen, was er gar nicht aussagen wollte. Und es ist menschlich, daß bedauerlicherweise auch für den Bereich der Psychotherapie die Worte, die Sigmund Freud 1914 schrieb, nach wie vor gelten: «Die Beobachtung zeigt, daß es den wenigsten Menschen möglich ist, im wissenschaftlichen Streit manierlich, geschweige denn sachlich zu bleiben, und der Eindruck eines wissenschaftlichen Gezänkes war mir von jeher eine Abschreckung.» Vielleicht gilt das in besonderem Maß für die Psychotherapie, deren Vertreter wenigstens den größten Teil dessen, was sie an Aggression aufbauen, bei einem Großteil der Menschen, mit denen sie zu tun haben, nicht abladen kann, bzw. aus rein technischen und ethischen Gründen nicht abladen darf. So wäre es erklärlich, daß vieles, was da aufgestaut wurde, den Kollegen trifft, der auf Kongressen und anderen Besprechungen gerade ins Schußfeld kommt.

Wie kommt man zum Psychotherapeuten?

Der einfachste Weg ist die Überweisung durch den Hausarzt. Viele Hausärzte (sie mögen Praktiker sein, Internisten oder welcher Fachrichtung immer angehören) sind mit der Idee der Psychologisierung des Arztes (I. H. Schultz) oder besser der Einführung der Psychologie in die ärztliche Arbeit schon so vertraut, daß sie selbst die sogenannte kleine Psychotherapie übernehmen (Gespräche, Grundstufe des Autogenen Trainings, Jacobsonübungen usw.) und auch imstande sind, für die speziellen Eigenschaften des Patienten nicht nur eine angemessene Psychotherapieform, sondern auch den richtigen Psychotherapeuten zu finden. Das klingt im ersten Augenblick merkwürdig. Wenn man aber bedenkt, daß die Wahl des Psychotherapeuten von der zwischenmenschlichen Beziehung her eine sehr viel heiklere Angelegenheit ist als etwa die Wahl eines Chirurgen, wird die Sache schon verständlicher. Beim Vertreter eines «handfesteren» Faches spielt die persönliche Sympathie (deren Wert damit nicht in Frage gestellt werden soll!) sicher eine kleinere Rolle als die fachliche Qualifikation. Wer psychologisch denkt, muß davon ausgehen, daß etwa ein berühmter Spezialist, der für eine komplizierte Operation vorgesehen ist, von der persönlichen Seite her sehr vom Idealbild, das der Patient vom Arzt hat, abweichen und trotzdem für diesen Eingriff die einzig richtige Wahl sein kann. Es handelt sich vom setting, von der Ausgangsposition her gesehen, um etwas ganz anderes als bei der Psychotherapie. Hier kommt (offen oder versteckt, zugegebenermaßen oder verleugnet) immer etwas wie Übertragung zustande, nicht nur die intellektuellen und bewußten Bereiche dieser beiden Menschen kommunizieren miteinander, sondern auch unbewußte Schichten, auf die wir bestenfalls indirekt und nur sehr wenig Einfluß nehmen können.

Bei einfachen Lernverfahren, die ja auch in den Rahmen der Behandlung mit seelischen Mitteln gehören, spielt die zwischenmenschliche Beziehung eine etwas geringere Rolle, aber schon bei der kurzen direktiven Beratung (machen Sie das so und so, verhalten Sie sich abweisend, zuwendend oder was immer) kommt es schon sehr darauf an, von wem man diesen Rat bekommt. Wenn der oder die Ratende zum Beispiel Ähnlichkeit im Aussehen und/oder in der Verhaltensweise mit einer in der Kindheit gehaßten Bezugsperson hat, wird der Rat häufig (wenn überhaupt eine) die gegenteilige Reaktion von der auslösen, die der Ratende auslösen will. Ist es umgekehrt, wird der Patient oder Klient an einen Menschen erinnert, der ihm zugetan war und mit dem er gute Erfahrungen hatte, führt er unter Umständen ungeprüft aus, was ihm empfohlen wird. Natürlich spielt auch die Wahl des Verfahrens eine große Rolle. Wenn der psychotherapeutisch geschulte Arzt den Patienten kennt, wird er zum Beispiel Patienten mit bestimmten Formen der Ängstlichkeit sicher nicht zu einer einfachen Hypnose schicken, weil er genau weiß, daß es Angstformen gibt, die wenigstens einen raschen Erfolg mit dieser Methode unmöglich machen. Ein Patient mit solchen Symptomen kann aus seiner Angst heraus sich gar nicht so fallen lassen, daß er auch nur andeutungsweise in ein Hypnoid, in ein Vorstadium der Hypnose, kommt.

Wenn man allein entscheiden muß

Was tut nun der arme «Laie», wenn er das Gefühl hat, er bräuchte die Hilfe eines Seelenarztes? Sicher sollte er seine Auswahl unter den fachlich Qualifizierten treffen, vor allem, wenn es sich um eine Störung handelt, der er selbst Krankheitswert zubilligt.

Exkurs: Ich will dem Leser hier einen kleinen Einblick in die Probleme der Psychotherapie und der medizinischen Information geben, damit er ein Gefühl dafür bekommt, wie kompliziert die Dinge in Wirklichkeit sind. Sie haben oben gerade den Satzteil: «... vor allem, wenn es sich um eine Störung handelt, der er selbst Krankheitswert zubilligt.» gelesen. Kaum hatte ich den Satz beendet, fiel mir die Tatsache ein, daß sehr viele Menschen, die für den Fachmann und den Laien ganz offensichtlich «krank» sind, in dem Sinne, daß sowohl ihre eigene Arbeits-und Lebensfähigkeit stark beeinträchtigt sind als auch ihre Umgebung heftig darunter leidet, immer wieder betonen, sie seien ja völlig «normal», aber ihr Mann, ihre Frau, Mutter usw. bräuchten dringend eine Therapie. Die anderen «spinnen», ist die mildeste Form der «Diagnose», die in diesem Fall der Abwehr der Erkenntnis der eigenen Störungen dient. Wenn ein solcher Mensch, der sich die Störung selbst nicht eingestehen kann, den Nebensatz mit dem «Krankheitswert zubilligen» liest, so wird er daraus sofort die Bestätigung ableiten, daß er ja gar nicht in Frage käme, denn er schlafe zwar schlecht, habe immer Magenweh und hätte eine natürliche Scheu vor dem Fliegen. Fliegen sei schlußendlich aber eben wirklich gefährlich – die letzten Abstürze beweisen dies ja – und Magenweh und Schlafstörungen haben nichts mit seiner «Seele» zu tun, sondern sind die natürliche Folge des Streß, dem er ausgesetzt ist. Seine Nerven sind wie Stahl: Man denke nur daran, wie ER letzthin den Wachmann auf der Straße durch kräftiges Anbrüllen bzw. wie SIE ihn durch schluchzendes Weinen eingeschüchtert habe. Natürlich kann der Mensch, der die seelische Ursache seiner Probleme nicht wahrzuhaben vermag, ein Er oder eine Sie sein!

Gerade diese Leserin, diesen Leser möchte ich aber nicht abhalten, doch vielleicht seelische Hilfe in Anspruch zu nehmen, gerade ihm/ihr wollen wir ja klar machen, daß aus einer Familie zuerst meist der seelisch Gesündere in Therapie geht, weil eine gewisse seelische Kraft dazu gehört, sich einzugestehen, daß da irgendwo im psychischen Bereich etwas nicht stimmt.

Andererseits gibt es natürlich Menschen, die sehr wohl die Einsicht haben, daß ihre Probleme für sie «Krankheitswert» besitzen, sie neigen aber dazu, Wundertäter der verschiedensten Prägungen aufzusuchen, statt den für sie richtigen Fachmann zu konsultieren. Wieder eine Art Verdrängung, da es sich letztlich doch um etwas handelt, wozu man einen Arzt braucht.

Kurz: Was immer man schreibt, kann natürlich auch in die Gegenrichtung wirksam werden, solange der Mensch, der Beschwerden hat (oder mit seiner Verhaltensweise anderen Beschwerden macht), versucht, seine Probleme vor sich selbst zu verstecken.

Damit sind wir am Ende des Exkurses. Zurück zum Laien, der seelische Hilfe suchen will: Wenn er sich durch Literatur, Vorträge usw. ein Bild verschafft hat, kann er sich durch die zuständigen Gremien (Ärztekammer, Ärzte-Psychologenvereinigungen, Universitätsinstitute, Psychotherapeuten-Vereinigungen) Adressen von entsprechend ausgebildeten Fachleuten geben lassen.

Nochmals: Krankenkassen

Freud hatte etwas beobachtet, was man auch heute manchmal sehen kann: Die Wirksamkeit der Therapie hängt nicht zum geringen Teil auch davon ab, ob der Patient eine «Gegenleistung» bringt. Man kann daraus aber wohl kein allgemein gültiges Gesetz zu machen, Psychotherapie, die der Patient «umsonst» erhält, sei schlechthin nichts wert. Das ist sicher auch nicht im Sinne Freuds.

Sicher ist der Beitrag, den der Patient zur Therapie leisten muß, vor allem vom psychoanalytischen Standpunkt aus wichtig. Bei der Diskussion über die Leistung wird aber immer wieder vergessen, daß der jeweilige Patient ja seine Kassenbeiträge zahlen mußte, um überhaupt die Anwartschaft auf eine wie immer geartete Therapie zu bekommen – er hat also seinen Teil ja schon geleistet, bevor er überhaupt in Therapie ging –, und er leistet seinen Beitrag auch weiter. Durch die Anonymität des Kassenapparates und den Einfluß der Politik entsteht oft der falsche Eindruck, der Hilfsbedürftige erhalte etwas gnadenweise, sozusagen als Geschenk. Leider – aber aus der Natur der Sache verständlich – verhält sich gelegentlich auch die Kassenbürokratie so, als hätte sie etwas zu vergeben, das eigentlich eine Gnade wäre. Wenn man an die Leistung des Patienten denkt, muß man sich – und ihm – auch vor Augen halten, das er selbst oft gar nicht das Gefühl hat, etwas für die Behandlung «bezahlt» zu haben, weil eine anonyme Instanz ihm anonym das Geld abzieht. Er oder sie bekommen ja nur den Nettobetrag ausbezahlt, andere zahlen von ihrem Geld, bevor sie es überhaupt sehen, an die Institutionen die entsprechenden Anteile. Das gilt natürlich für alle übrigen Leistungen wie Pension, Arbeitslosengeld usw. auch. Jedenfalls sollte man nicht vergessen, daß der soziale Faktor in der Psychotherapie immer eine Rolle spielt.

Checkliste für «Suchende»

Wer einen Therapeuten sucht, könnte nach folgender Checkliste vorgehen:
1. Welche Störungen, Beschwerden will ich behandeln lassen?
2. Welche Therapiemethode kommt nach meinem Wissen dafür in Frage?
3. Will ich das Ganze privat oder auf Kasse machen?
4. Wieviel Geld kann – will – ich investieren?
5. Wieviel Zeit kann ich aufwenden?
6. An welchen Adressen kann ich mich erkundigen, welcher Therapeut für mich in Frage kommt?

7. Kenne ich verläßliche Menschen, die etwa auf meiner Wellen-länge sind, die schon eine Therapie mitgemacht haben und mir jemanden empfehlen können?
8. Wie steht meine Familie, meine Umgebung zur Frage der Psycho-therapie?
9. Will ich selbst, unabhängig von dem, was man mir vorschlagen wird, eher eine Einzel- oder eine Gruppentherapie?

Mit der Checkliste und dem immer wirksamen Zufall wird der «Kan-didat» für eine Psychotherapie nun einmal einen ersten Therapeuten aufsuchen. Wie dieser sich verhält, hängt natürlich grundsätzlich auch von seiner Schule ab. Im allgemeinen wird aber jeder wohl zuerst so etwas wie die Erhebung einer Vorgeschichte machen, wird sich die Beschwerden anhören und dann einen Therapievorschlag erstellen. Einseitig nach einer Schule ausgerichtete Therapeuten werden vorwiegend die Frage stellen, ob der Patient für ihre Thera-pieform geeignet ist. Breiter Denkende werden sich überlegen, wel-che Methode nach ihrem Ermessen am besten geeignet sein könnte.

Aktiv und passiv

Jedenfalls sollte es zwischen dem Therapeuten und dem Patienten in irgendeiner Form zu einem zwischenmenschlichen Vertrag kommen, bei dem sich beide bemühen, ihr Bestes zu geben. Es hängt natürlich von der Lage des Falles, von der gewählten Therapie und vielen anderen Umständen ab, wie wichtig dieses Bündnis für das Ergebnis der Behandlung ist. Bei einer einfachen Hypnosetherapie wird es wichtiger sein, daß sich der Patient dem Geschehen hingeben kann, seine bewußte Mitarbeit wird eher passiv sein.

Erlebt er das Autogene Training in der klassischen Form, lernt er zwar auch, sich zu passivieren, die Initiative dazu geht aber in we-sentlich stärkerem Maß von ihm selbst aus, er muß sich immer wie-der entscheiden, zu üben, zu erleben und dann auch dem Therapeu-ten – meist in der Gruppe – zu berichten.

In der Psychoanalyse, in der analytischen Oberstufe des Autogenen Trainings und in vielen anderen analytisch orientierten Verfahren muß er dann vollends seine ganze Persönlichkeit einbringen und die sicher nicht leichte Arbeit leisten, die der Umgang mit dem Unbe-wußten, mit Übertragung und Widerstand (also mit Haß- und Lie-besgefühlen, die sich gegen den Therapeuten entwickeln) mit sich bringt.

Die Notwendigkeit, einen Therapeuten zu wählen, kann sich unter Umständen nochmals ergeben, wenn der Patient den Eindruck hat, mit der ersten Wahl nicht das Richtige getroffen zu haben. Hier werden die Dinge dann noch komplizierter. Denn das Verlassen einer Therapie kann sehr wohl auch ganz einfach ein Widerstand gegen das Aufkommen unbewußter Inhalte sein, eine Art Selbstschutz gegen – noch? – unerträgliche Erkenntnisse. Wir werden auf dieses Problem vor allem bei der Psychoanalyse zurückkommen. Jedenfalls sollte man es sich gut überlegen, bevor man eine einmal begonnene Therapie unterbricht, und sollte das Problem jedenfalls mit dem Therapeuten besprechen, bevor man seine Obhut verläßt. Freud hatte gutes Verständnis dafür, daß man nicht mit jedem Analytiker zu Rande kommt. In dem Vorwort zur Selbstanalyse des Engländers E. P. Farrow, auf die wir auf Seite 271 noch zurückkommen, schreibt er, daß dieser «infolge einer gewissen Eigenwilligkeit» mit den zwei Analytikern, mit denen er die Analyse versucht hatte, nicht zurechtkommen konnte. Und er billigt sein nun eigenständiges Vorgehen, um seinem Unbewußten näher zu kommen.

Therapeutin oder Therapeut?

Wie geht man mit einem so heiklen Thema möglichst objektiv um? Die Frage kann durchaus entscheidend für den Erfolg der Therapie sein, vor allem, wenn man sie aus tiefenpsychologischer Sicht betrachtet.

Es ist richtig, daß männliche und weibliche Psychotherapeuten im Laufe der Therapie sowohl in die Mutter- als auch in die Vaterrolle kommen. Das reale Geschlecht des Behandlers kann man aber deshalb sicher nicht vernachlässigen. Handelt es sich mehr um ein stützendes Verfahren, muß man sich fragen, was braucht dieser Mensch mehr, einen Vater oder eine Mutter. Für manche Therapeuten beantwortet sich diese Frage aus einer weiteren Fragestellung: was hat der Patient in seiner Kindheit mehr entbehrt: die väterliche oder die mütterliche Zuwendung?

Ich glaube, man sollte diese Entscheidung – wie letztlich jede in einer freien Psychotherapie, sofern sie nicht, wie so oft, ohnehin der Zufall trifft – dem Gefühl des Patienten überlassen. Sicher kann man nicht generell sagen, daß für eine Gruppe Frauen und für eine andere Männer besser geeignet wären. Man muß für jeden Einzelfall, schon weil jeder Mensch ein unwiederholbares Geschehen ist, eine neue Entscheidung treffen.

Wenn Kinder Psychotherapie brauchen

Kinderpsychotherapie ist natürlich ein ganz eigenes Kapitel, trotzdem gelten auch hier viele der allgemein gültigen Regeln. Grundsätzlich sollte und kann auch das Kind nicht zu einer Behandlung gezwungen werden. Es muß gelingen, ihm die Therapie schmackhaft zu machen. Man muß sich dabei eingestehen, daß Kinder häufig viel verständiger und zugänglicher sind als Erwachsene. Sie haben freilich auch nicht soviel vermeintliches Prestige zu verteidigen.

Beim Kind ist übrigens aus verständlichen Gründen auch die Grenze zwischen Erziehung und Therapie noch schwerer auszuloten als beim Erwachsenen. Eine Frage, die natürlich vorwiegend wissenschaftliches Interesse hat. Sie ist aber zum Beispiel im Hinblick auf den Erwachsenen (es gibt auch eine Erwachsenenerziehung etwa bei der Hypnosetherapie der Alkoholiker) auch praktisch und weltanschaulich wichtig. So gibt es für Kinder und Erwachsene die «ethisch» orientierte Hypnose, wie sie etwa Prof. Maria Sculz in Warschau beschrieben hat. Dabei werden Kindern wie Erwachsenen erziehungsgerechte Suggestionen, die sie zu einem ethisch-moralisch orientierteren Verhalten bringen sollten, vermittelt. Daß dies wirksam ist, konnte Sculz an Insassen des Gefängnisses von Warschau beweisen. Ob die Methode «weltanschaulich» vertretbar ist, muß jeder für sich entscheiden.

Teste zur «seelischen Durchleuchtung»

Ich bin der Meinung, daß wir alle Möglichkeiten, die uns in der Psychotherapie zur Verfügung stehen, auch nützen sollten. So arbeitet bei mir jeder, der die Absicht hat, sich mit sich selbst zu befassen, eine Testbatterie durch, die eigens für diesen Zweck zusammengestellt wurde und vom Computer ausgewertet wird. Das gilt für den Patienten, der kommt, um seine Beschwerden zu verlieren, ebenso wie für den Manager, der eine freiere Entscheidungsbildung und höhere Kreativität in eigens dafür ausgearbeiteten Seminaren erarbeiten will. Ich rate auch allen Kollegen, zumindest keinen Patienten auch nur zur Unterstufe des Autogenen Trainings anzunehmen, den man nicht entweder genau kennt oder von dem man nicht wenigstens eine Testbatterie hat. Nur so scheint mir gewährleistet zu sein, daß man Patienten, die während eines Kurses einer speziellen Betreuung bedürfen, auch rechtzeitig erkennt.

Fragebogen, Farben, Bilder

Etwa gegen Ende des vorigen Jahrhunderts begannen die Psychologen Methoden auszuarbeiten, mit denen man bestimmte Eigenschaften des Menschen möglichst genau «messen» können soll. Dabei verlangt man von einem solchen Test zum Beispiel, daß feststeht, was er eigentlich mißt. Das klingt einleuchtend, ist aber keineswegs so einfach, wie es klingt. Nehmen wir als Beispiel einen Fragebogentest, den heute schon fast jeder Mensch in irgend einer Form mitgemacht hat. Nun, dabei werden Fragen gestellt, etwa: «Sind Sie oft unruhig?» Nun kommt es wohl sehr darauf an, von welchem Gesichtspunkt der Mensch eine solche Frage beantwortet. Man kann bis zu einem hohen Maß annehmen, daß jemand, der sich nicht ständig selbst betrügt, beim Arzt oder beim Psychologen, bei dem er Rat sucht, das antworten wird, was er als Wahrheit ansieht. Er wird also «Ja» schreiben, wenn er ja meint. Aber wird er das auch tun, wenn er sich gerade um eine Stelle bewirbt? Womöglich in einem Beruf, bei dem man an sich ruhige und besonnene Menschen erwartet?

Natürlich hat man «Fallen» in die meisten solcher Tests eingebaut, die sogenannten «Lügenfragen». Aber abgesehen davon, daß sie von intelligenten Menschen leicht als solche erkennbar sind: manchmal ist die Antwort gar keine Lüge, sondern der Ausdruck der festen Überzeugung des Ausfüllenden. Trotzdem – ein hohes Maß bei den «Lügenfragen» oder bei Meßwerten, die etwas mit dem Lügen zu tun haben, ist sicher «verdächtig» für eine – bewußte oder unbewußte – Verschleierungstaktik des Probanden. Und das kann übrigens wieder eine Hilfe zur Diagnostik sein.

Neben den Fragebogentests gibt es auch die «projektiven» Verfahren. Sie beruhen darauf, daß der Mensch eigene Wünsche, Ideen usw in alles mögliche andere – in andere Menschen, in Tiere, Gegenstände usw. – hineindenkt. Und das natürlich eben als Ergebnis seiner Gedanken, seiner Wünsche, Zu- und Abneigungen. So wird ganz einfach jemand, der Hunger hat, in völlig nichtssagenden Bildern wie Tintenklecksen (wie beim Rorschach-Test) immer wieder Eßbares sehen. Der Rorschach-Test, entwickelt von dem Schweizer Psychiater Hermann Rorschach (* Zürich 1844 † Herisau 1922), verwendet «Klecksographien», in denen der Proband nach seiner Phantasie Figuren entdecken soll. Vom Schmetterling bis zum Kopf seiner Geliebten ist alles in den völlig nichtssagenden Zufallsprodukten enthalten. Die hineinfantasierten Gebilde werden für die Testauswertung verwendet. Heute ist der Rorschach-Test sogar schon computerisiert. Besondere Spezialisten erzielen mit ihm überrraschend

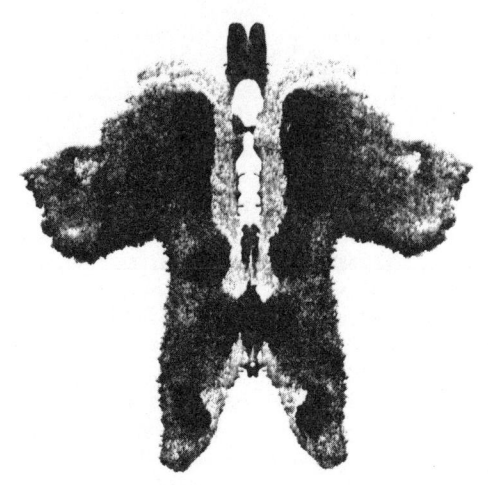

Abb. 8

aufschlußreiche Ergebnisse, bis hin zur Diagnose von Hirntumoren. Unsere Abbildung zeigt einen solchen «Klecks», wie er ähnlich beim Testen verwendet wird. Zwei hintereinander Befragte antworteten auf eben dieses Bild: «Die Strampelhose von meiner Kleinen» und «ein Astronautenanzug». Das eine war eben eine Mutter, das andere ein Junge, der gerne Weltraumpilot werden möchte.

Objektivität strebt auch Prof. Max Lüscher mit seinem Farbtest an, zu dem ich näheres in meinem Buch «Seele ohne Angst» geschrieben habe. Hier nur soviel, daß bei der Farbwahl sowohl psychologische als auch biologische Hintergründe maßgebend sind. Andere Farbteste stammen von Dr. Heinrich Frieling und Dr. Max Pfister (Farbpyramidentest), der den Farben teilweise andere Bedeutungen zuordnet als Lüscher. Natürlich gibt es noch eine Reihe anderer psychologischer Testverfahren, wie Messung der Intelligenz, der Berufswünsche und -fähigkeiten. Sie spielen aber für unser Anliegen keine große Rolle.

Georg Groddeck und die Psychosomatik

Der Leser erspart sich Apotheker, Papst und Doktor, wird selbst Arzt

Solche und ähnliche Sätze stammen von Georg Groddeck, dem eigenwilligen Begründer der Psychosomatik. Er war ein ergebener Schüler von Sigmund Freud, der ihn freilich nicht hindern konnte, sich auf äußerst schlüpfrigen Boden zu begeben. Vor allem wurde er berühmt durch seine «Briefe an eine Freundin»: Das Buch vom Es. Er versucht darin, die Leserin seiner Briefe in für seine Zeit ungewöhnlich offener Art und Weise für die Gedanken der Psychoanalyse aufgeschlossen zu machen. Psycho-somatik, also das Denken vom Leib-Seelischen hat im Wort selbst die Psyche an erster Stelle stehen. Dieser Vorherrschaft der Seele wollen viele Forscher ein gleichwertiges Nebeneinanderstehen von Seele und Körper gegenüberstellen. I. H. Schultz (Seite 176) hat versucht, dafür den Ausdruck organisch einzuführen, mußte aber wohl scheitern, weil man eben in unserer Kultur ganz offensichtlich auch die eher naturwissenschaftlich erklärte Seele nicht mit dem Körper gleichsetzen darf.

Nun, Groddeck hat die Zusammenhänge zwischen körperlichen Erkrankungen und seelischen Belastungen keinesfalls als erster entdeckt. Mit seiner reichen und vielfach ungezügelten Phantasie (die «Vater» Freud einiges Unbehagen bereitete) hat er sich aber sehr nachdrücklich für die psychosomatischen Zusammenhänge eingesetzt, zu einer Zeit, da niemand so recht an diese Thesen glauben wollte. Aus dieser Periode seines Schaffens stammt auch das Buch Nasamecu – die einfache Abkürzung für den Lehrsatz seines wichtigsten Lehrers Ernst Schweninger, Leibarzt des Fürsten Bismarck und späteren Professors für Hautleiden in Berlin: «Natura sanat, medicus curat.»*

Er hatte für sein Buch übrigens ein sehr einleuchtendes Motto: «Alle Menschen müssen Ärzte, alle Ärzte müssen Menschen sein.» Das war wohl auch der Grund, warum er sich nachdrücklich für eine Popularisierung des medizinischen Wissens (wir sprechen heute von der medizinischen Information und nicht mehr eher herablassend von der «Volksaufklärung») einsetzte. Für unser Anliegen ist er wichtig durch seinen Roman **Der Seelensucher**. Ein Buch, in dem der Held Thomas Weltlein «dem Sein, dem Werden und dem Fittich der Tat» begegnet.» Schon mancher hat, wenn er sich durch die oft etwas schwierige und überraschende Art dieses Buches durchgekämpft hat, so zu psychoanalytischem Denken gefunden.

* Die Natur heilt, der Arzt behandelt.

Aus der Idee der Psychosomatik hat sich eine eigene Disziplin entwikkelt, die psychosomatische Medizin, die freilich noch kein eigenes Fach der Heilkunde wurde, auch wenn es da und dort schon einige psychosomatische Abteilungen gibt. Wenn man aber bedenkt, daß je nach «Weltanschauung» die Mediziner heute meinen, daß zwischen 20 und 80 (!) Prozent der Patienten, die einen Arzt (sei es nun ein Allgemeinpraktiker, ein Gynäkologe oder was immer) aufsuchen, in Wirklichkeit psychosomatisch krank sind, so wird man sich der Bedeutung dieser zum Teil zweifellos noch in den Kinderschuhen steckenden Forschungsrichtung bewußt.

Krebs und Seele

Vor Jahren wäre es noch mit der wissenschaftlichen Reputation unvereinbar gewesen, irgendwelche Zusammenhänge zwischen Krebs und Seele zu behaupten, auch wenn es immer wieder Beobachtungen gab, die sicherheitshalber wie «merkwürdige Zufälle» eingestuft wurden. Daß Menschen, die sehr engagiert waren, auch mit Tochterabsiedlungen von Krebs (Metastasen) länger lebten, war offensichtlich. Etwa der Fall eines Schauspielers, der schon lange hätte tot sein müssen und, völlig abgezehrt, immer noch mit Begeisterung öffentliche Vorlesungen gab – ein Wunder, das aber offensichtlich eben eher ein Wunder an Überlebenswillen war. Er brach dann auch in einer Vorlesung tot zusammen.

Heute gibt es eine eigene Wissenschaft, die Psychoonkologie, die sich sowohl mit den Zusammenhängen zwischen Krebs und Seele als auch mit der Psychotherapie der Krebskranken befaßt. Erinnern wir uns: Psychotherapie heißt Behandlung mit seelischen Mitteln. Nun bildet sich sicher kein Arzt und kein Psychologe ein, etwa einen Brustkrebs mit Psychotherapie heilen zu wollen. Aus dem immer deutlicher werdenden untrennbaren Zusammenhang zwischen Körper und Seele geht aber eindeutig hervor, daß seelische Ausgeglichenheit und gesundes Selbstbewußtsein die Abwehrkräfte des Körpers nachdrücklich stärken können. Und die rein körperliche Medizin sieht heute den Krebs als eine Abwehrschwäche an – zwei Wissenschaften, die sich gegenseitig bisher nicht gerade unterstützt haben, haben zusammengefunden.

Man kann heute als gesichert annehmen:

Ungünstige, vor allem das Kind, aber auch die anderen Familienmitglieder seelisch belastende Familienstrukturen begünstigen beim einzelnen Menschen die Krebsentstehung durch Verminderung der Abwehrkräfte.

Wer in einer solchen Familie aufwächst, aber aus seinem Naturell oder durch außenstehende Bezugspersonen, die ihm helfen, trotzdem ein «positiv» denkender, freundlicher Mensch wurde, hat größere Chancen, trotz der Belastung in der Familie keinen Krebs zu bekommen.

Auch im späteren Leben macht der Druck der Umwelt (das, was man psychosozialen Streß nennt – etwa der Druck auf die Manager) anfälliger für Krebs.

Menschen mit schweren seelischen Belastungen in der Kindheit werden häufiger krebskrank als andere, in Geborgenheit aufgewachsene.

Schwere Lebens- und seelische Krisen können die (wahrscheinlich in jedem Menschen ständig vorhandene) Krebsanlage zum Wuchern bringen, also einen Krebs «manifest» werden lassen. Natürlich gehört dazu noch manches andere, zum Beispiel erbliche Komponenten.*

Eine Untersuchung von Prof. Hans Joachim Baltrusch von der Universität Hannover konnte gleichzeitig mit einer internationalen Untersuchung beweisen, daß Krebspatienten überdurchschnittlich häufig eine Kindheit ohne Wärme und Zuwendung – ich bin geneigt zu sagen: erlitten haben.

Natürlich heißt das nicht, daß jedes Kind, dem die Zuwendung aus irgend einem Grund fehlt, nun auch als Erwachsener Krebs bekommen muß – aber die Wahrscheinlichkeit ist größer. Prof. Baltrusch ist übrigens auch der Meinung, daß eine erzwungene Untätigkeit durch ungewollte Frühpensionierung ebenfalls Krebs auslösen kann.

Untersuchungen haben auch schon einiges über die Merkmale ergeben, die das ausmachen, was man im Fachjargon die «Krebspersönlichkeit» nennt:

Sie vernachlässigt die Gesundheit, kümmert sich nicht um ihren Körper, um ihr leibliches Wohl. Natürlich beachtet sie daher auch Warnsignale nicht (was an sich einem Selbstmordversuch gleichkommt).

Angst wird unterdrückt (oft unbewußt so stark, daß sie bewußt gar nicht mehr wahrgenommen wird).

---

* Ich kenne selbst eine Familie, in der jedesmal, wenn ein Familienmitglied einen schweren Schicksalsschlag erlitt, dieses spätestens drei Jahre danach an Krebs erkrankte. Meine Patientin war das letzte lebende Familienmitglied und bekam – zweieinhalb Jahre nach der Scheidung! – einen, Gott sei Dank durch ihre eigene Aufmerksamkeit rechtzeitig erkannten – Gebärmutterkrebs, der erfolgreich operiert werden konnte. Man kann annehmen, daß die begleitende Psychotherapie ihre Abwehrkräfte unterstützt hatte.

Solche Menschen passen sich ihrer Umgebung übermäßig an, sie sind mit allen höflich, können nie nein sagen.

Sie gelten als «aufopfernd», tun nichts für sich (auch nicht für ihre Gesundheit), aber alles für die anderen.

Sie sind unterwürfig, übermäßig gehorsam.

Aber es gibt, und das ist ja das wichtigste, auch eine positive Seite der Sache. Was bisher eher aus der Erfahrung heraus schon wahrscheinlich war, kann man heute zum Teil schon wissenschaftlich begründet aussagen:

Vor Krebs schützen kann uns:

Alles, was sich gut auf die Stimmung, auf die «innere Lage», auf Selbstwertgefühl und Ausgeglichenheit auswirkt. In diesem Sinne kann das Praktizieren von Autogenem Training und anderen Übungen auch eine Art Krebsvorbeugung sein. Da vor allem das original Autogene Training von I. H. Schultz der Selbstverwirklichung, der Verminderung der inneren Spannung dient, rate ich besonders zu diesem Verfahren.

Eine aktive Lebenseinstellung, das die Dinge selbst in die Hand nehmen.

Die Fähigkeit, den eigenen Standpunkt ruhig und sicher und in den gegebenen Grenzen erfolgreich zu vertreten – Selbständigkeit.

Sie sehen, daß wir in etwa wieder das «Menschenmodell» vor uns haben, wie wir es von Maslow her kennen (Seite 221). Krebs ist, das wird heute kaum mehr bezweifelt, eine Entartung an sich normaler Zellen, die dann die Möglichkeit haben, über die ihnen sonst gesetzten Grenzen hinaus ohne Rücksicht auf das Leben des Gesamtorganismus zu wuchern. Sie wieder in ihre Grenzen zu bringen – vom Körperlichen und vom Seelischen her – ist die Gesamtaufgabe des modernen Arztes, der sich psychologischen Gesetzen nicht mehr verschließt.

Vorstellen und Erleben

Die aktive Imagination von C. G. Jung

Der Schöpfer der analytischen Psychologie, unbotmäßiger und eigenständiger Schüler von Sigmund Freud, schuf eine der einfachsten Meditationsmethoden, die wir heute kennen. Sie heißt aktiv, weil man, im Gegensatz etwa zur Psychoanalyse und zur analytischen Oberstufe des Autogenen Trainings, eine Auswahl unter den Dingen, die aus dem Unbewußten aufsteigen, trifft. «Alltagsgedanken» werden verworfen und das Augenmerk auf Dinge gerichtet, die dem «Schauenden» wichtig erscheinen. Das hat nach Jung und seinen Nachfolgern den Vorteil, daß man sich nicht mit «Unwichtigem» befassen muß. Der Übende setzt sich in Ruhe in einen möglichst stillen Raum und läßt die Gedanken aus seinem Unbewußten aufsteigen. Nach Jung lernt man bald, das Wesentliche, das man eigentlich ansehen will, vom Unwesentlichen zu unterscheiden und kann dann allmählich den Weg zu den wesentlichen Problemen verfolgen. Natürlich kann dabei auch, wie bei allen Methoden, die sich an das Unbewußte richten, Angst aufsteigen. Das macht die Methode eher für den Gesunden oder für Patienten geeignet, die sich in einer Jungschen Analyse befinden. Sie können sich dann im Notfall immer an ihren Analytiker wenden. Eher freudianisch orientierte Psychotherapeuten werden zu bedenken geben, daß die «Auswahl», die hier empfohlen wird, einer Zensur entspricht, die verhindert, daß die «wesentlichen» Dinge an die Oberfläche kommen. Das ist für den allein Meditierenden sicher ein Vorteil. Er bekommt trotzdem auf viele Fragen, die er sich selbst stellt, Antwort und läuft nicht Gefahr, sich in einem Labyrinth zu verlieren, aus dem er selbst schwer wieder herausfindet. Es ist kein Zufall, daß das italienische Psychotherapeuten-Ehepaar G. Gastaldo und M. Gastaldo-Ottobre sein Buch über seine Abwandlung des Autogenen Trainings «Im Labyrinth mit dem Faden der Ariadne» getauft hat. Auch hier meditiert der Patient, der vorher das Autogene Training gelernt hat, aber der Therapeut sitzt neben ihm und gleichzeitig läuft ein Tonband, das das, was der Patient über seine Bilder berichtet, aufnimmt. Er bekommt das besprochene Band mit nach Hause und kann hier damit bis zur nächsten Sitzung arbeiten. Der Therapeut greift nur ganz selten ein, aber er ist eben jederzeit verfügbar.

Bei der Jungschen Imagination tritt der Patient, sein Ich, ganz bewußt in Kontakt mit seinem Unbewußten, also dem Es, wie es der Begründer der Psychosomatik K. Groddeck genannt hat, hält Zwiesprache mit ihm, tritt auch in Gegensatz zu den (oft «verbotenen») Wünschen des Es, und man darf hoffen, daß hier ein vernünftiger Kompromiß zustande kommt. Aus vielen Krankengeschichten und Selbstberichten von Patienten weiß man, wie tief trotz anfänglicher Angst dieser Versuch oft führen kann, und erlebt eindrucksvolle Selbsterkenntnisse.

Ähnliches findet man schon bei Goethe, der schreibt: «Ich hatte die Gabe, wenn ich die Augen schloß und mit niedergesenktem Haupte mir in der Mitte des Sehorgans eine Blume dachte (wir finden diese Methode beim Katathymen Bilderleben Seite 216 wieder), so verharrte sie nicht einen Augenblick in ihre ersten Gestalt, sondern sie legte sich auseinander, und aus ihrem Inneren entfalteten sich wieder neue Blumen aus farbigen, wohl auch grünen Blättern; es waren keine natürlichen Blumen, sondern phantastische, jedoch regelmäßig wie Rosetten der Bildhauer. Es war unmöglich, die hervorquellende Schöpfung zu fixieren, hingegen dauerte sie so lange, als mir beliebte, ermattete nicht und verstärkte sich nicht. Dasselbe konnt' ich hervorbringen, wenn ich mir den Zierat einer buntgemalten Scheibe dachte, welcher denn ebenfalls aus der Mitte gegen die Peripherie sich immerfort veränderte, völlig wie die in unseren Tagen erst erfundenen Kaleidoskope.»

Die analytische Oberstufe

Teil des Autogenen Trainings

Psychoanalyse und Autogenes Training sind zwei Verfahren, die ihre Wurzel in der Hypnose haben. Beiden ist gemeinsam, daß sie für den Gesunden zur Selbstschau, Selbstklärung oder wie immer man es nennen will, und für den Kranken als wirksame Behandlung in Frage kommen. Über das Treffen der beiden «Erfinder» habe ich in «Seele ohne Angst» berichtet. I. H. Schultz hat schon im ersten Satz seiner ersten Arbeit auf die erstaunlichen Möglichkeiten zur «Autoanalyse» hingewiesen, die schon bei den vorbeugenden Ruhehypnosen seines Lehrers, des bekannten deutschen Hirnforschers Oskar Vogt, zu beobachten waren. Bald nach der Veröffentlichung seiner Arbeit über die «Unterstufe» begann er mit den «gehobenen Aufgabenstellungen», und es entstand die Oberstufe des Autogenen Trainings. Grundsätzlich wird der Bewußtseinszustand schon in der Unter- oder wie man heute lieber sagt Grundstufe des Autogenen Trainings verändert, und diese Veränderung führt zu beobachtbaren Effekten im Trainierenden: Passive Konzentration und Entspannung bringen mit sich (und sollen diesen Effekt haben!), daß unser rationales Denken für eine Zeit vermindert wird, während man das freie Aufsteigen von Gedanken, Gefühlen und Ideen aus dem Unbewußten fördert. Im Alltag nennen wir vieles, was sich in Autogenem Training und Meditation abspielt, «irrational» und «unrealistisch». Psychoanalytisch gesehen werden «Defencen», seelische Verteidigungslinien, aufgeweicht; was bisher undenkbar (etwa weil zu peinlich) war, wird denkbar, unbewußte psychische Energie wird frei, und man kann etwa ganz einfach weinen, wo das bisher nicht möglich (etwa weil «unmännlich») schien.

In den gehobenen Aufgabenstufen, aus denen sich dann die Oberstufe entwickelte, nützte I. H. Schultz diese Phänomene, um dem Übenden mehr Einblick in seine eigene Psychodynamik zu verschaffen.

Die Oberstufe wurde später von verschiedenen Schülern weiterentwickelt. Aus meinem besonderen Interesse für das analytische Geschehen wurde, anfänglich noch mit Hilfe von I. H. Schultz, die analytische Oberstufe des Autogenen Trainings, bei der ganz bewußt psychoanalytische Techniken zur Bearbeitung des aufsteigenden Materials verwendet werden, wie dies später auch Prof. Hanscarl Leuner im Katathymen Bilderleben anwandte.

Auch eine Übergangstechnik, die ich schon Jahre vorher ausgearbeitet habe, läßt sich zur «Selbstschau» gut verwenden: Das

Gestalten vor und nach dem Autogenen Training

Die Technik ist einfach und kann auch im Zusammenhang mit jeder anderen «Übung» verwendet werden. Man braucht irgend etwas, mit dem man «Gestalten» kann: Buntstifte (am besten in den acht Lüscherfarben Blau, Grün, Rot, Gelb, Violett, Braun, Grau und Schwarz), einen Malkasten, Plastilin (das man ebenfalls in den acht Lüscherfarben erhält) oder ganz einfach irgend einen Bleistift.

Zur meditativen Übung bereitet man alles vor und gestaltet vor dem Üben und unmittelbar danach, was immer gerade die Hände gestalten wollen. Wichtig ist, daß man nicht irgend einen Plan hat, nicht etwas Bestimmtes formen will, sondern alles einfach «geschehen» läßt. Wobei jeder, der das Verfahren einmal versucht, vor allem bemerkt, daß es gar nicht so «einfach» ist, nichts gestalten zu wollen und die Hände tun zu lassen, was «Es» will.

Natürlich spielt auch der «künstlerische Wert» keine wie immer geartete Rolle – es geht ja um unbewußtes Material! Wer durch die Zeichen- oder Malstunde in der Schule nicht zu sehr abgeschreckt wurde, wird bald den Trick heraus haben. Für den, der mit seinem Zeichenlehrer nicht zurecht kam, ist es eine gute Möglichkeit, dieses «Trauma» zu bearbeiten.

Im allgemeinen ist es zu empfehlen, im Abstand von einer Woche solche Gestaltungsübungen zu machen, vor allem, wenn man mit Hilfe einer Übung ein «Aha-Erlebnis» hatte. Sonst ist die Versuchung, möglichst bald wieder ein solches Erlebnis zu haben, zu groß, man bemüht sich, und dann stockt natürlich alles.

Bei der statistischen Bearbeitung der vielen Zeichnungen, Malereien und Plastilinmodelle, die ich sammeln konnte, stellte sich heraus, daß nach einer entspannenden Übung die Formen nach dem Üben fast immer wesentlich weniger «scharf», weniger eckig, runder und gelöster sind als davor. Wer sich mit den Theorien von Lüscher oder anderen Farbtesten befaßt hat (zum Beispiel Frieling-Test), kann natürlich auch aus der Farbwahl einiges ableiten. Wobei man natürlich nie «Diagnosen» wie in der Medizin erstellen kann. All die Vorsicht, die man beim Ausloten der Ichgrenzen anwenden sollte, ist natürlich auch hier angebracht.

Dann aber können die Erkenntnisse sehr wertvoll sein. Verborgene Probleme tauchen auf (unter Umständen auch ihre Lösung!) und manche Selbsterkenntnis ist oft aus sehr einfachen und anfänglich scheinbar nichtssagenden Gebilden möglich.

Eckig und rund hat auch mit der Farbwahl etwas zu tun, was Lüscher in seinem Form-Farb-Test nützt.

Ein einfacher Kreis kann zum Heiligenschein werden, ein Pfeil ebenso ein religiöses Problem anreißen wie auch der Ausdruck von Aggression und Angst sein. Sicher kann man, wie in der Traumdeutung, aus der allgemeinen Symbolik so manches ableiten. Wichtiger sind meines Erachtens noch die ganz persönlichen und nur auf die eine Person zutreffenden Verbindungen, die ein Symbol, oder auch ein sonst kaum symbolbeladener Gegenstand usw. haben können. Ein einfacher Blumentopf (der an die Blumen, die die Mutter liebte, erinnert) kann die Präsenz der Mutter bedeuten, ein Fenster den Großvater, der gerne von dort noch in die Welt sah und gerade von diesem Ausguck seinem Enkelkind die schönsten Geschichten erzählen konnte. Eben dieser Großvater kann zum Symbol der selbstverständlichen und echten Autorität geworden sein, auch wenn zum Beispiel ein schwacher Vater das Kind an den meisten anderen Autoritäten verzweifeln ließ.

Wenn Sie selbst einen Versuch machen wollen – wobei Sie eine Yogaübung dazu ebenso nützen können wie das Verfahren nach Jacobson, die Unter- (oder Ober-) Stufe des Autogenen Trainings usw. – so nehmen Sie sich für die erste und zweite Zeichnung (oder andere Gestaltung) fünf bis zehn Minuten Zeit. Wenn die erste «Schöpfung» fertig ist, legen Sie sie so fort, daß Sie sie nach Beendigung der Übung *nicht sehen können* (damit Sie nicht davon beeinflußt werden). Beginnen Sie erst, nachdem das *zweite* Werk fertig ist, über das Ergebnis nachzudenken.

Natürlich kann man das Verfahren auch in einer übenden Gruppe anwenden und – nach Beendigung aller Schritte – in der Gruppe diskutieren.

Mit dem Gestalten und vielen anderen Verfahren, die die Ausdrucksform zum «Aufdecken» benützen, kommt man – wenigstens anfänglich – meist nur in Erlebnisbereiche, die nicht sehr weit in der Vergangenheit liegen. Oft sind es nicht «verarbeitete» Ängste, die an den Tag kommen und oft auch wirklich überwunden werden können. Für unsere Zeit typisch: Häufig Ängste, die im Straßenverkehr entstanden sind, etwa im Zusammenhang mit einem Unfall. Als Bild wird (ohne die eigentliche Bedeutung zu kennen) zum Beispiel eine Straße gemalt. Dann stellt es sich heraus, daß es gerade jener Teil eines bekannten Verkehrsweges ist, auf dem die Fahrerin gerade noch einem Kind, das eilig auf die andere Seite lief, ausweichen konnte.

Erst später, wenn man sich länger mit dem Unbewußten beschäftigt hat und «tragfähiger» geworden ist, kommt auch «tiefer» sitzendes Material aus der Kindheit. Ein hervorragendes Beispiel für «junges» Material ist das Erleben eines Arztes in einem Kurs für das Gestalten vor und nach dem Autogenen Training: Zuerst zeichnete er einen Rhombus mit innen ausgezackten Rändern. Nach dem Training zeichnete er einen Trauerzug, mit einer merkwürdig gestalteten Trauerfahne und einem Trauerzug dahinter, der auf einem Weg daherkam.

Einem Kollegen fiel die Ähnlichkeit der Zeichnung mit einer nach hinten geknickten Gebärmutter auf, und blitzartig war dem Zeichner alles klar. Seine Frau war im dritten Monat schwanger, der Kollege Frauenarzt hatte dem Paar gesagt, daß die Gebärmutter geknickt sei, und er hoffe, daß sie sich bald aufrichten werde. Sonst müßte man operieren, um das Kind am Leben zu erhalten.

Der Rhombus war leicht als Scheideneingang mit zerissenem Jungfernhäutchen deutbar, jetzt auch an den anatomischen Details zu erkennen. Und auch die Angst stieg wieder auf. Die Angst um Frau und Kind – und: letztlich religiöse Probleme. Der Zeitablauf der Beziehung zwischen den beiden stark glaubensmäßig gebundenen Partnern entsprach nicht ganz den Idealen der Unberührtheit vor der Ehe.

Die analytische Oberstufe

Man kann – das hat Prof. Walter Niesel in Bochum mit Studentengruppen bewiesen – die Oberstufe des Autogenen Trainings üben, ohne die Grundstufe erlernt zu haben. Das Experiment in Bochum war ein gezielter, gesteuerter und sehr genau überwachter Versuch, denn das Üben der Oberstufe ohne Grundstufe hat einen gewichtigen Nachteil: Kommt der Übende in einen «Horrortrip», vergleichbar mit einem Angsttraum, den man nicht unterbrechen kann, so hat er keine sichere Möglichkeit, aus dem Geschehen wieder «auszusteigen». Hat er die Grundstufe regelrecht erlernt, so kann er auch wieder gut in den normalen Wachzustand zurückschalten; das heißt er kann, wenn es nötig ist, den Versuch jederzeit prompt und sicher abbrechen.

Besonders gefährdet durch solche «Horrortrips» sind Menschen, die einmal Rauschgifte benützt haben (Haschisch, LSD usw.). Sie sind mit sicher erlernten Übungen in der Lage, den Zustand der «Bewußtseinserweiterung» auch ohne die gesundheitliche Gefährdung durch Drogen zu erleben: «Autogenes Training hält, was Hasch verspricht», war der Slogan, den ich vor vielen Jahren im Rahmen der Studentenbetreuung der Universität Wien geprägt habe. Er wird heute noch vielfach verwendet, um drogengefährdeten Menschen einen Weg aus ihrem Dilemma zu zeigen.

Während beim Gestalten vor und nach einer Übung fast immer ein brauchbares Resultat auftaucht – auch wenn etwa die Zeichnungen nur aus Kreisen und Rechtecken, Punkten bestehen – so kann bei allen Meditationen, bei denen man etwas zu sehen, zu hören oder zu fühlen versucht, sehr wohl alles erst einmal grau in grau bleiben. Häufig eben deshalb, weil man zu sehr versucht, etwas zu erreichen, und noch nicht gelernt hat, die Dinge geschehen, oder wie I. H. Schultz auch gesagt hat, «kommen» zu lassen.

Wir haben schon auf Seite 98 davon gesprochen, daß bei der Zen-Meditation die Bilder, die in vielen anderen Methoden, vor allem in der Psychotherapie, als «Material» verwendet werden, als Makyos – als Teufelchen, die ablenken wollen – zu verdrängen, zu verwerfen sind. Ganz anders macht man es bei den verschiedenen Versuchen durch Hypnose, Entspannungsübungen usw. in die «Tiefe» zu kommen. In der analytischen Oberstufe des Autogenen Trainings ist zum Beispiel alles, was geschieht, «Material»: also auch die Tatsache, daß «nichts» geschieht. Auch «Nichts» kann sehr wohl eine Antwort sein, wenn man eine Frage stellt.

Der Heidelberger Psychiater Karl Robert Rosa hat vor Jahren dafür den Satz «Alles was geschieht ist recht» geprägt.

Der Mensch ist ein «Augentier» und 80 % seiner Sinneseindrücke kommen über das Sehen. Wir arbeiten daher in der Oberstufe mit Bildern. Aber jede andere Wahrnehmung ist absolut gleichwertig. Etwa Antworten über den

Berührungssinn: Das Gefühl, man wird gestreichelt. Die Hand des Vaters liegt (schwer?) auf der Schulter

Eine Mutter fühlt ihr (inzwischen groß gewordenes) Kind an der Brust, die auch als «voll mit Milch» empfunden wird

Geruch: Man riecht den typischen Geruch der Wohnung der geliebten Großmutter oder

der Rauch des Brandes, dem der Übende als Kind gerade noch entkommen ist, steigt in die Nase und läßt die Augen tränen.

Gehör: Deutlich sagt die Stimme der Mutter: «Aber Hans, bitte tu das nicht!»

Musikalische Menschen erleben oft alle Stimmungen nur als Melodien.

Geschmack: Irgendeine Geschmacksqualität läßt sofort die Erinnerung an eine bestimmte Person oder Situation aufkommen.

Für viele streng erzogene Menschen ist es oft das erste wichtige Erlebnis, daß sie an sich spüren, wie sie irgendeine Wahrnehmung sofort verdrängen, sofort «zurückschicken», weil sie dem Übungstext nicht entspricht.

Die erste Übung der analytischen Oberstufe des Autogenen Trainings* beginnt mit der formelhaften Vorstellung:

»Vor meinem inneren Auge entwickelt sich eine Farbe»
Was ist nun dieses «innere Auge»? Die Vorstellung ist uralt, man findet schon bei den Hieroglyphen ein Zeichen für diesen inneren Bereich des Menschen, der heilige Augustinus kannte ihn und mit ihm wohl jeder, der in irgendeiner Form meditiert oder sich sonst mit sich beschäftigt hat. Wie ihn Goethe beschrieb, zitierten wir auf Seite 155.

An sich hat es mit dem direkten Sehen nur bei Menschen etwas zu tun, die «eidetisch» (in der Kunst des Sehens und Bilder vor sich erstehen zu lassen) sehr begabt sind. Aber auch bei ihnen weitet sich der Horizont, das «Bild» geht in ein sehr lebhaftes, traumartiges Erleben über. Auch merkwürdige «Seherlebnisse», die mit unserem wirklichen Sehen kaum mehr etwas zu tun haben, gehören sozusagen zum Alltag des Trainierenden: zum Beispiel der Eindruck, daß man ganz genau «sieht», daß jemand hinter einem steht.

Alle diese Erlebnisse kommen dem, der sie noch in keiner Weise hatte, eher merkwürdig (oder «verrückt») vor, sie gehören aber zur Realität jeder Meditation, wie sie auch in die «Realität» des Traumes gehören. Man spricht ja daher auch vom bewußten Tagträumen. Letztlich ist also das «Innere Auge» alles, was wir in diesem verän-

---

* Näheres über die Unterstufe und über die Oberstufe als Behandlungsmethode siehe meine Bücher SEELE OHNE ANGST im Albert Müller Verlag Rüschlikon und GESUND MIT AUTOGENEM TRAINING im Pinguin/Umschau Verlag

derten Bewußtseinszustand erleben – sei es nun optisch oder über irgend ein anderes Sinnesorgan zugänglich.

Ich habe schon betont, daß alles, was kommt, «richtig» ist, im Gegensatz zu manchen anderen Verfahren, bei denen nicht der «absolute Respekt vor dem Erleben des Übenden» (I. H. Schultz) im Vordergrund steht. Meines Erachtens ist gerade deshalb die analytische Oberstufe des Autogenen Trainings für die «Selbstverwirklichung» für die Persönlichkeitsentwicklung im Sinne eines freien Werdens besonders geeignet. Es geht darum, alles zuzulassen, was aus dem Unbewußten kommt – ähnlich wie in der Psychoanalyse. Nur versucht man in unserem Verfahren auch die Deutung der Bilder, Gefühle usw. dem Übenden, dem Meditierenden zu überlassen.

Ob man das Autogene Training an sich als «meditatives» Verfahren einstuft oder nicht, ist mehr eine Frage der Definition des Wortes Meditation – Prof. W. Luthe, der prominenteste Vertreter des Autogenen Trainings im englischen Sprachraum (* 1922 † 1985) sprach bei den «gehobenen Aufgabenstellungen» ebenfalls von «Meditative exercises». Im weiteren Sinn kann man sicher auch von der Autogenen Meditation sprechen.

Taucht eine Farbe immer wieder und unbestritten als wichtigste auf, so sprechen wir von der Eigenfarbe. Sie kann den Zustand repräsentieren, in dem jemand ist, sie kann aber auch einen mehr oder weniger bewußten Wunsch ausdrücken, in die Stimmung zu kommen, die diese Farbe für den Übenden bedeutet. Aber auch wenn die Farben häufig wechseln: sie dürften immer eine Nachricht aus dem Unbewußten enthalten.

Umgekehrt kann man bei der nächsten Übung, der «gezielten» Farbe, sich eine Farbe wählen, die den Übenden in eine von ihm gewünschte Stimmung bringen soll. So wirkt Rot meist anregend, mit Blau kann man sich eher im Sinne einer Beruhigung auf einen «Kurzurlaub» begeben usw.

Manchmal taucht eine Farbe immer wieder auf, gleichgültig ob man sie sich nun wünscht oder nicht. Sie läßt sich nicht verdrängen. Das spricht dafür, daß hier irgend etwas ausgedrückt werden soll, das dem Übenden im Augenblick noch nicht bewußt ist. Jeder muß das für sich selbst erleben, kein Erleben ist dem anderen gleich. Was ich hier aufzeichnen kann, sind nur Beispiele, damit der Leser in etwa die Richtung sieht, in der sich das Farberleben abspielen kann.

Ich kenne einen Priester, der große innere Kämpfe um seinen Glauben ausfocht, als er mit dem Training begann. Er konnte durch nichts die Farbe Violett verdrängen, die immer und immer wieder aus jeder anderen Farbe, meist aus einem tiefen Schwarz, auftauchte. Ihm war bis zu diesem Zeitpunkt nicht klar, daß die Leidensgeschichte Christi für ihn das eigentlich zentrale Problem seines Glaubens war. Ein Teil seiner Persönlichkeit war sehr bereit, in der «Nachfolge des Herren» Leid und Mühsal auf sich zu nehmen, ein anderer wollte leben wie andere Menschen auch. Vom Auftauchen des Violett in den ersten Übungen (und der ersten Erkenntnis der Zusammenhänge) bis zur «Lösung» des Problems, war ein weiter Weg, buchstäblich bis zur Arbeit mit der Formel «Ich sehe meinen Weg». Soweit man überhaupt von Lösungen sprechen kann, hier gab es eine: Sein Glaube hatte sich vertieft und er lernte es, sein Leben, so wie es war, zufrieden und sicher zu leben.

Natürlich finden nicht alle Menschen – auch nicht alle Priester – die sich und ihren Glauben in Frage stellen, zum Glauben. Manche wenden sich einer anderen Weltanschauung zu, manche werden (bleiben) Agnostiker. Jeder sollte ja seinen, ihm persönlich eigenen Weg finden.

Ich vertrete die Anschauung, daß ein Mensch, der sich selber finden will, der bereit ist, seinen Weg allein zu gehen, das Recht hat, diesen Weg auch selbst zu finden. Deshalb ist es, wie schon erwähnt, mein ständiges Bemühen, möglichst wenig der eigenen Weltanschauung in die Arbeit mit einem Meditierenden einfließen zu lassen. Ganz kann man dies sicher nie ausschalten, darüber dürften sich alle Fachleute der «Seelenkunde» einig sein. Aber man kann sich bemühen, «abstinent» zu bleiben. Wundern Sie sich daher nicht, wenn Sie mit einem Psychoanalytiker, mit einem Vertreter der analytischen Oberstufe usw. arbeiten, wenn er Ihnen keine Ratschläge (außer technischen Anweisungen) gibt und alles daran setzt, daß Sie mögliche Lösungen selbst finden. Zugegeben, ein langer, ein mühsamer Weg, an dessen Ende aber freilich – nach unserem Ermessen – mehr Selbständigkeit, mehr innere und äußere Freiheit und ein erweiterter Horizont stehen.

Von der Farbe wechselt man mit der Vorstellung eines tiefen, satten Blau, aus dem der Übende mit einer selbstgewählten Formel eine Zitrone aufsteigen lassen soll, zum Gegenständlichen, Körperlichen. Auch hier ist das Erleben oft dramatisch, zumal die Zitrone (in der Hälfte durchgeschnitten) sehr oft Vorbild für die weibliche Brust wird. Nähren, Ernähren, die «orale Phase» (die Zeit, in der das Kind die Welt noch mit dem Mund entdeckt – etwa das erste Lebensjahr) und natürlich die Sexualität werden hier angesprochen. Ein sehr eindrucksvolles Erlebnis war die Befreiung eines Mannes von seiner übermäßig starken Bindung an volle, üppige Brüste, die seine Beziehungen zu Frauen im wahrsten Sinn des Wortes behinderten. Ein Kindheitserlebnis, bei dem seine einzige Zuflucht die mächtige Brust einer Tante war, hatte ihn so «geprägt». Aus dem Zwang, sich an

Frauen mit ähnlichen «Formen» zu halten, wurde das Erleben der Frau als Mensch und Person – mehr oder weniger unabhängig von äußeren Merkmalen.

Farben aktiv einsetzen

Wir kennen von Hypnose und Autogenem Training den Begriff der «Ideoplasie». Er bezeichnet die Tatsache, daß eine genügend plastische Vorstellung dazu führt, daß sich der Körper so verhält «als ob». Das heißt, daß man die berühmte Brandblase bekommt, wenn man sich nur genügend stark eine glühende Münze auf der Haut vorstellt, oder – wenn man dazu neigt – einen Heuschnupfenanfall, wenn man sich gedanklich in eine blühende Wiese begibt.

Mit der selben Ideoplasie kann man in der analytischen Oberstufe des Autogenen Trainings Farben verwenden. Von physiologischen Versuchen her weiß man, daß die Einwirkung der Farben (Farbwellen) auf das System der Lebensnerven unter anderem zu Veränderungen von Puls, Atmung, der Temperaturempfindung und der Stimmung führen. Blau beruhigt, Rot regt an, «vitalisiert», Grün gibt Spannung usw. Ebenso wie man solche Effekte durch Farbbestrahlung, durch die Tönung von Wänden usw. erzielen kann, hat auch die gezielte Farbvorstellung in der Oberstufe ähnliche Wirkungen. Man kann zum Beispiel die Initiative – auch die Aggressivität! – oft recht drastisch dadurch anheizen, daß man sich ein leuchtendes, eben aggressiv empfundenes, Rot vorstellt oder die Vorstellung von Blau aktiv dafür einsetzen, ruhiger zu werden.

«Ich sehe einen Würfel, einen Kreis, ein Dreieck»

Mit diesen drei «Gegenständen» (und Symbolen) arbeitet man in der nächsten Übung. Der Würfel leitet über von der «körperlichen» Zitrone zum Kreis, der ein ebenso altes Menschheitssymbol ist wie das Dreieck. Die Welt eines Menschen, der äusserlich sehr gefestigt erscheint, bei dem aber bei der Würfelübung eine zerbrechende Mauer von Würfeln auftaucht, dürfte so fest nicht sein. Die Jugend verlief auch entsprechend dramatisch, mit einer schwachen Mutter und einem Vater, der, herrisch und grob, im fünften Lebensjahr der Kleinen überhaupt aus ihrem Gesichtsfeld verschwand. Die ängstliche Mutter glaubte, mit Strenge den Vater ersetzen zu müssen, und konnte dem Kind das nicht geben, was Kinder, wie wir wissen, am meisten brauchen: Geborgenheit. So baute das Kind buchstäblich eine Mauer von gut eingefahrenen Gewohnheiten um sich, war verläßlich und pünktlich und konnte damit die Angst gut verdrängen. Das ist einer freien Persönlichkeitsentwicklung freilich nicht gerade förderlich, und es war klar, woher ihre Zwänge und Ängste, ihre Scheu vor den Menschen kam. Sie konnte dann auch im Laufe der analytischen Oberstufe eine echte Befreiung erleben, nachdem sie sich mit der Mutter «auseinandergesetzt» hatte und eine andere innere Beziehung zu ihr aufbauen konnte.

Der Kreis erscheint oft als Sonne, als Mond, als Schlange, die sich in sich selber schließt. Einem meiner Übenden fiel ein ganzer Berg von Münzen vor die Füße. Auch hier kann man natürlich mit der allgemeinen Symbolik arbeiten, die individuelle scheint mir aber – wenigstens für den Anfang – wieder wichtiger. Unser Geldberg war ein deutliches (persönliches!) Symbol für die Abhängigkeit des Übenden von materiellen Werten. Erst als er sich davon in vernünftiger Weise freimachen konnte, war auch der Weg zur Persönlichkeitsentwicklung für ihn offen. Daß die Umgebung mit dieser Lösung nicht immer glücklich ist, läßt sich leicht verstehen. Welcher Vater, der seinen Sohn als Nachfolger in seinem Geschäft sieht, erfährt schon gerne, daß der Sohn sich entschieden hat, Kunstgeschichte zu studieren.

Mein Arbeiten mit der analytischen Oberstufe und dem Autogenen Training in manchen Teilen der Welt, in Amerika, England, Italien und im deutschsprachigen Raum hat mir deutlich gezeigt, wie groß die Unterschiede im Umgang mit der Meditation sind. Ein ausgezeichnetes Beispiel dafür ist die **Meeresübung.** Der Übende legt sich dabei – nach einer von ihm selbst zu findenden Formel – irgendwie auf das Meer. Hat er das Gefühl, sich in etwa auf dem Meer zu befinden, so läßt er sich absinken. Nach der Symbolik verkörpert das Meer die Mutter. Man kann – im Binnenland – mit ziemlicher Sicherheit auf die Beziehung zur Mutter (und auf das «Urvertrauen») schließen, je nachdem ob sich jemand ins Meer absinken lassen kann oder nicht. An der Küste – in Kalifornien wie an der Adria und an der Nordsee, stimmt das oft nicht: Die See ist für viele Küstenbewohner – und vor allem natürlich häufig für Berufsfischer – der Feind. Wenn jemand, der das Meer in seiner Realität so erlebt, sich nicht absinken lassen kann, ist das noch lange kein Hinweis auf seine Mutterbeziehung. Auch hier kann ich also vor Verallgemeinerungen nur warnen!

Die Meeresübung zeigt verhältnismäßig oft versteckte Ängste auf, die man, wenn sie einmal erkannt wurden, besser bearbeiten kann. Und: weniger Angst bedeutet ja immer auch mehr innere Freiheit, mehr Entwicklungsmöglichkeit. So kommen eben viele gar nicht auf das Meer, sie bleiben auf einem See, einem Teich oder gar nur auf einer Wasserlache. Was natürlich nicht heißt, daß hier nicht vieles geschieht. Ein kalter, dunkler Bergsee, aus dem ein Felsen ragt, auf den sich die Meditierende im Tagtraum mit weit ausgebreiteten Armen legt, um ihn, wie sie «weiß», zu wärmen, läßt ihre Kindheit aufsteigen. Die schwer zugängliche Mutter und der abweisende Vater, beide von dem Kind trotzdem sehr geliebt. Schon die kleinste Zuwendung des Vaters hatte – dank ihrer Seltenheit – größten Wert. Irgendwie spürte das Kind auch, wie die beiden Menschen, die ihr am nächsten standen, sich zwar liebten, aber beide nicht in der Lage waren, dieser Liebe auch Ausdruck zu geben. Und instinktiv erfaßte sie die tragische Situation, in der die menschliche Zuwendung, die menschliche Wärme keinen sichtbaren Platz hatte.

Wie im Katathymen Bilderleben (siehe Seite 216) kann man natürlich auch in der Oberstufe des Autogenen Trainings im Meer alle Arten von Freunden und Feinden treffen: Delphine, Haie, aber auch Menschen, Häuser und was die Phantasie sonst an Wundern bietet. Statt Meerjungfrauen trifft mancher sehr konkrete – und verführerische – Damen, mancher wandert durch Paläste und wundert sich, daß er unter Wasser atmen kann.

Die Atemfrage kann oft recht aufschlußreich sein: Vorsichtige tauchen (meist ohne bewußten Vorsatz) mit komplizierten Tauchgeräten, «mutigere» können sich vom Wasser aufnehmen lassen, wie von einem vertrauten Freund. Man sieht oft an der Art, wie jemand mit dem Meer umgeht, wie weit sich sein «Urvertrauen» kräftigt.

«Vater» Berg

Den Umgang mit dem Vater zeigt in vielen Fällen die Berg-Übung. Da findet so mancher eine «wunderbare» Lösung, er muß nie mühsam den Berg erklimmen. Vom ersten Augenblick der «Einstellung» auf den Berg an ist er weit über den Bergen, von einer hohen Warte oder einem Ballon aus: Nichts in ihm ist bereit, sich mit dem Vater auseinanderzusetzen! Er ist dem Vater (ganz wie der pubertierende Knabe das meist empfindet) stets überlegen und blickt auf den «Alten» mit all seinen längst überholten Ideen mehr oder weniger mitleidig herunter.

Andere kommen gar nicht bis zum ersten Felsen. Alles ist abweisend, rauh, hart, unzugänglich, unerbittlich. Es hängt wieder vom Charakter des einzelnen ab, ob er sich nun in der Übung müht und plagt, um doch noch wenigstens ein paar Schritte voranzukommen, oder ob er gleich resignierend aufgibt. Und auch hier kann wieder das Erleben in der Übung ein Maßstab dafür sein, wieweit ein Sohn oder eine Tochter sich mit der Vaterfigur auseinandergesetzt haben. Diese Möglichkeit, wenigstens bis zu einem gewissen Grad einen Maßstab zu haben, wie die Dinge laufen, ist einer der Gründe, warum ich persönlich die strukturierte Oberstufe analytischer Prägung dem völlig formelfreien Auftauchenlassen in der Oberstufe, wie sie der Analytiker Dr. H. Kraft vor allem mit Patienten durchführt, vorziehe. Das gleiche gilt für die – wie Krafts Form ebenfalls sehr brauchbare – Carte-Blanche-Methode von Prof. W. Luthe. Hier stellt man sich eine weiße Oberfläche vor, auf der man einfach Bilder auftauchen läßt. Kraft hingegen läßt einfach schauen, ohne irgend etwas vorzugeben. In beiden Fällen erhält man reichlich Material, mit dem man arbeiten kann, noch «autogener», noch weniger von irgendwelchen Vorgaben gestört. Wenn es das Ziel sein soll, daß der Mensch, der die Methode erlernt, vorwiegend allein arbeitet, dann scheint mir die strukturierte Form der analytischen Oberstufe aber eher angebracht.

Ich sehe den anderen

Bei den sogenannten formelhaften Vorsatzbildungen gibt es auch die Vorstellung: «Ich sehe den anderen». Sie ist eine Möglichkeit, zum Beispiel bei Unstimmigkeiten zwischen Vater und Sohn in der Geschäftsführung, beiden Partnern den Standpunkt des anderen leichter annehmbar oder wenigstens diskutierbar zu machen. Wenn ich nicht nur meinen Standpunkt sehe, sondern den anderen auch als Person, als Menschen, der mir nahe steht, der unter dem Konflikt – vielleicht unausgesprochen – womöglich mehr leidet als ich, fällt das Nachdenken über seine Vorschläge leichter. In der Oberstufe geht es darum, sich grundsätzlich mit dem anderen Menschen auseinanderzusetzen. Anfangs läßt man wie bei der freien Farbe irgend eine Person auftauchen, als zweiter Schritt lautet die Vorstellung dann: «Vor meinem inneren Auge entwickelt sich ein Bild, ich sehe...» und nun kommt die Person, die man sich gerade wünscht. Schon I. H. Schultz hat erkannt, daß es besser ist, sich anfangs nicht mit Problempersonen (Vater, Mutter, Geliebte usw.) auseinanderzusetzen, sofern sie nicht ohnehin schon als «freie Person» aufgetaucht sind. Allmählich kann die Übung zu einer wesentlich verbesserten Einstellung zum Mitmenschen überhaupt führen.

Der abstrakte Begriff

Alles Konkrete ist wichtig, Hunger läßt den Menschen viele abstrakte Sorgen vergessen. Sobald wir uns aber soweit zurechtgefunden haben, daß die unmittelbaren Probleme des Lebens gelöst sind, werden abstrakte Dinge wesentlich: Liebe, Haß, die Beziehung zum Jenseits, zum Tod, zu den Fragen der Religion, der besonderen Stellung des Menschen in der Welt, sein Woher und Wohin und vieles andere mehr.

Diesem Thema ist die nächste Übung der Oberstufe gewidmet: «Vor meinem inneren Auge entwickelt sich ein Bild, ich sehe . . .» und nun wählt der Übende selbst einen abstrakten Begriff, eben etwa die Liebe oder auch – wenn sie ein Problem ist, die Angst.

Wenn für viele auch anfänglich einige Hilfe notwendig ist, die meisten lernen bald mit den «Antworten» aus dem Unbewußten umzugehen, die mehr oder weniger verschlüsselten Nachrichten zu verstehen. Oder besser: ihren augenblicklichen Sinn zu verstehen. Denn die meisten Bilder bedeuten nicht nur auf einer Bewußtseinsebene etwas. So kann das Bild einer Gefahr – etwa ein einstürzendes Haus – sehr wohl eine augenblickliche Gefahr bedeuten (etwa das unbewußte Ahnen um den Verlust eines geliebten Menschen), gleichzeitig aber auch Hinweise darauf enthalten, wie wir in der Kindheit gelernt haben, mit einer Bedrohung umzugehen. Ein Mensch, dessen Mutter in allem und jedem eine Katastrophe sah und diese Haltung auch ihrem Kind mitgeben konnte, wird anders mit der Gefahr eines Verlustes umgehen als jemand, dem das Elternhaus ein gewisses Maß an Urvertrauen vermittelt hat.

Es kann aber auch ein Mensch, der gerne in den Wolken schwebt, durch die Antwort aus dem Unbewußten in die Realität zurückgerufen werden. Ich habe einen schwärmerisch veranlagten Menschen erlebt, der es mit seiner Vorliebe für ausgefallene Kunst- und Lebensformen seiner Umgebung nicht gerade leicht machte. Er stellte «ich sehe die Schönheit» ein. Seine Erwartungen waren hoch: Er werde sicher bei diesem ersten Versuch eine Kathedrale, ein besonderes Kunstwerk aus seinen geliebten Museen oder ähnliches sehen. Was kam, war ein Baum, der immer näher rückte, bis der Übende eine einzelne, einfache aber wunderschöne Blüte sah. Solche Schönheit war ihm bisher bestenfalls aufgefallen, wenn ein Kunstsachverständiger die besondere Art hervorhob, in der ein Maler oder Zeichner eine Blüte darstellte. Daß eine ganz natürliche Blüte, draußen in Gottes freier Natur, das Symbol der Schönheit sein konnte, wäre ihm, bei all seinem Sinn für «Kunst», nie in den Sinn gekommen.

168

Alles braucht Reifung, nichts geschieht von ungefähr

Natürlich muß diesem Geschehen ein Reifungsprozeß vorausgehen, damit das geschehen kann, was hier geschah: das Erkennen der Fähigkeit, die Schönheit auch im Natürlichen, im «Einfachen» zu sehen. Die Abkehr von der Flucht aus der Realität in die Übersteigerung und Überfeinerung. Ein einziges solches Bild kann durchaus der endgültige Auslöser für eine «Rückkehr ins volle Leben» sein, in dem Natur und Kunst den ihnen gebührenden Stellenwert haben und nichts übersteigert wird. Ähnlich wie es uns die Geschichten des Zen-Buddhismus nahelegen. Dem ist aber sicher eine geduldige und meist auch mühsame Arbeit vorausgegangen.

Und es geschieht auch nicht von ungefähr, wenn ein nüchterner Manager, bei dem bisher nur gegolten hat, was man in Zahlen ausdrücken kann, in der Oberstufe beim Begriff «Freiheit» sich selbst unversehens an einem Tau hängend, das an der Sonne befestigt ist, durch das Weltall fliegen sieht. Genau dem Traum seiner Kindheit entsprechend, wenn die Phantasie ihn mit wunderschönen Luftballons von Abenteuer zu Abenteuer trug.

In dieser mehr oder weniger betrüblichen Tatsache, daß nämlich nichts von ungefähr kommt, liegt auch der Unterschied zwischen den Methoden, die allgemein als seriös anerkannt werden, und Versprechungen, die dem Leser oder Zuhörer sofortigen Erfolg und mehr oder weniger augenblickliche Heilung versprechen (Sie brauchen «nur», dann . . .). Die Schöpfer und Weisen aller Lehren, von der Analyse bis zur Zenmeditation, haben immer wieder betont, daß man in dem von ihnen gesteckten Rahmen nichts erhält, um das man sich nicht bemüht hat. Bei den meisten religiösen und religionsartigen Lehren wird sogar der Leidensweg als unersetzliche Bedingung angesehen. Im Rahmen der psychotherapeutischen – psychohygienischen Verfahren wird zwar das Leiden weder angestrebt noch als unabdingbare Voraussetzung gefordert. Aber jeder Fachmann weiß, daß der Weg zur Erkenntnis – und für den Gestörten zur Gesundheit – mit viel Mühe und Belastung verbunden ist.

Freilich wissen wir auch aus Erfahrung, daß die Veränderung dann bleibend ist und man nicht nach anfänglicher Begeisterung wieder in die alte Störung – oder in eine neue – zurückfällt.

Einstellung auf das Eigenfühl

Eine sehr wichtige Übung, bei der der Trainierende mit einer eigenen Formel zuerst wieder ein beliebiges Gefühl kommen läßt und dann auf das von ihm ausgewählte bestimmte Gefühl einstellt. Da der Umgang mit Gefühlen vielleicht eines der heikelsten Probleme des Menschen überhaupt ist, sollte der Zeitpunkt für den Beginn dieser Übung sowohl in einem Kurs als auch in der Einzelarbeit sorgfältig ausgewählt werden. Wenn die «Tragfähigkeit» des Übenden für das Geschehen nicht ausreicht, kann es durchaus sein, daß natürliche (und begrüßenswerte!) Abwehrkräfte ihn dazu veranlassen, das Training abzubrechen. Andere werden für einige Zeit trainingsblind, sie erleben plötzlich keine Bilder mehr. Sehr verständlich, wenn man bedenkt, wie schmerzlich «besetzt» Gefühle wie Sehnsucht, Einsamkeit usw. sein können.

Ich sehe mich selbst

Selbsterkenntnis ist sicher die schwerste Form jeder Art von Erkenntnis. Offensichtlich hat hier die Natur Barrieren eingebaut, die gar nicht leicht zu überwinden sind. Jeder, der an sich arbeitet, erlebt die Wahrheit des Spruches vom Balken im eigenen Auge und erlebt, wie lange man braucht, bis man auch nur größere Splitter im eigenen Gesichtsfeld sehen kann. Die Dinge werden dann freilich auch besonders interessant und können zur Persönlichkeitsreifung wesentlich beitragen.

Die Frage an das Unbewußte

Wenn man diesen durchdachten Aufbau erarbeitet hat, ist der Weg zur freien Frage an das Unbewußte offen. Er ist, wie gesagt, durchaus auch schon in der Form der einfachen und einzigen Frage möglich: «Ich sehe», ohne jede Strukturierung. Wenn man aber den Übungsweg gegangen ist, so hat man nun ein Instrument in der Hand, das wie anderes Wissen abrufbar ist. Viele Menschen lernen aus eigener Kraft nun mit ihrem Unbewußten umzugehen und die Antworten auch in brauchbarer Weise zu deuten.
Ich habe vor etwa 20 Jahren dieses Instrument auch in die Arbeit mit den Managern eingebaut, die mit der Frage an das Unbewußte auch befähigt werden, originelle Lösungen von Problemen zu finden, die man mit der reinen Logik nicht finden kann. Im nachhinein stellt sich immer wieder heraus, daß sie auch den Maßstäben der Logik standhalten. Unser Unbewußtes ist eben fähig, viele Kombinationen zuzulassen, die dem Wachbewußtsein verschlossen bleiben. Das gleiche Prinzip wird etwa beim Brainstorming genutzt.

Außerordentlich wichtig scheint mir dabei zu sein, daß man weiß, daß hier keinerlei Wunder geschehen. Daß man daher auch ohne die nötigen Informationen zu keiner echten Lösung kommen kann. Nur die neuartige Kombination, das, was wir den kreativen Prozeß nennen, taucht in der Arbeit mit dem Unbewußten eher auf. Ich betone eher, denn niemand kann behaupten, daß derselbe Mensch nicht nach einiger Zeit auch ohne meditatives Verfahren zu dem gleichen Schluß gekommen wäre.

Halluzinationen

Sind das nun Halluzinationen, die wir haben, wenn wir in der Oberstufe des Autogenen Trainings, im katathymen Bilderleben, in der Meditation usw «Bilder» sehen? Wissenschaftlich gesprochen bezeichnet man diese Erscheinungen als «Pseudohalluzinationen», denn der Trainierende oder Meditierende ist sich ja der Tatsache, daß er Bilder sieht, fast immer bewußt. Manchmal läuft es auch wie ein Traum ab, der Übende ist mitten im Geschehen drinnen, ist sich im Augenblick nicht bewußt, daß er «Bilder» erlebt (oder es ist ihm gleichgültig), aber nach dem «Erwachen» ist ihm (unter Umständen wie nach einem Nachttraum nach einer kurzen Übergangsphase) voll bewußt, was Traum war und was Wirklichkeit. Wir können natürlich auch hier wieder einschränken: das, was wir für Wirklichkeit halten. Echte Halluzinationen können als Folge einer Vergiftung, als Folge eines Ausnahmszustandes (etwa nach durchwachten Nächten, nach Fastenzeiten) usw. entstehen. So glaubten die Hexen, die sich mit Tollkirschensalbe einrieben oder Tollkirschenzubereitungen einnahmen, wirklich, daß sie fliegen könnten, wie man im Autogenen Training oder in der Hypnose ebenfalls manchmal das «Levitationsgefühl», das Gefühl zu schweben oder zu fliegen, hat.

Bioenergetik

Das gefrorene Lächeln und die Lebensenergie

Wilhelm Reich war wahrscheinlich der eigenwilligste aller Freudschen Schüler. Er war wie Jung eine Zeit lang Liebling des Meisters, fiel aber dann in Ungnade, weil Freud offensichtlich nicht die Gabe hatte, eigenständige Schüler zu fördern und mit ihnen zu arbeiten, wenn sie in Fragen, die ihm wesentlich schienen, nicht seiner Meinung waren. Und so ging Reich aus dem Lager von Freud zum Marxismus und zum Kommunismus, wurde aber überall dort, wo er sich anschloß, als zu extrem für das Gedeihen der jeweiligen Idee ausgeschlossen. Er starb 1957 in Amerika im Gefängnis, verurteilt, weil er das Gericht, bzw. die Food and Drug Administration mißachtete, die seinen Orgon-Akkumulator, ein recht phantastisches Gerät, in Frage gestellt hatte. Ob er geisteskrank war oder nur eine geniale, extreme Persönlichkeit, das werden wohl erst weitere Forschungen ergeben. Zweifellos stimmt es nicht, was gelegentlich immer wieder behauptet wird: Freud hätte sich für ungezügelte Sexualität als Mittel zur menschlichen Gesundheit eingesetzt. Reich war hier viel radikaler, glaubte nicht an Sublimation, an Überleitung erotischer Kräfte in Kunst und andere menschliche Tätigkeiten, sondern meinte, daß nur der genitale Orgasmus für die Gesundheit des Menschen ausschlaggebend sei. Wobei er auch wieder nicht für Gruppensex oder ähnliches eintrat, sondern für – freilich auch nicht endlose – Einzelbeziehungen.

Wo Freud seelische Konflikte, die Spannung zwischen gegensätzlichen Wünschen, als Krankheitsursache sah, etwa den Wunsch «rein» zu bleiben und gleichzeitig eine leidenschaftliche Geliebte zu sein, war Reich davon überzeugt, daß die alles Sexuelle unterdrückende Gesellschaft die Menschen krank mache und sich diese Krankheit nicht nur in der Seele, sondern auch im Körperlichen ausdrückte. Das gefrorene Lächeln auf den Lippen, der Muskelpanzer als Folge von Abwehr und Verspannung. Und wie Freud die Libido als Lebenskraft hinter allem vermutete, Mesmer seinen Weltäther als universell Bewegendes sah, nannte Reich dieses vermutete Etwas Orgon. Orgon war das, was alles – die Sterne, die Wolken, die Milchstraßen und die einzelne Zelle des menschlichen Körpers bewegt. Er war der festen Überzeugung, daß man dieses Orgon mit seinem Orgon-Akkumulator aus dem Weltall einfangen und dem Menschen nützlich machen könne.

Nun, die Orgontheorie ist verlassen. Die Kraft, die man wie die Libido von Freud und Jung und wie den Weltäther nicht fassen konnte, wurde zur **Bioenergie**. Man wird ihrer zwar auch nicht habhaft, der Ausdruck entspricht aber eher den heute gültigen Wissenschaftstheorien. Denn, daß hinter dem «Leben» und hinter der Bewegung im All irgend etwas für uns Unfaßbares steht, das eben Leben und Bewegung ausmacht, können wir kaum übersehen. Und daß wir es als «Kraft» ansehen, entspricht dem materialistisch physikalischen Weltbild. So bleibt uns das Rätsel zwar erhalten, aber wir sprechen – vielleicht – etwas bescheidener darüber.

Erhalten blieb von Reich auch das, was einer seiner Schüler, Dr. Alexander Lowen, dann **Bioenergetik** nannte. Eine Psychotherapieform, die sich vorwiegend auf den körperlichen Ausdruck unseres Wohl- und nicht Wohlbefindens konzentriert, wenn Lowen auch betonte, daß er im angeblichen Gegensatz zu Reich nicht nur auf den Körper achte, sondern auch auf die psychotherapeutischen Probleme Wert lege. Der Bioenergetiker versucht gleich zu Beginn, was begabte Heiler aller Zeiten instinktiv getan haben: Aus dem Ausdruck, der Bewegung, der Stimme, dem Blick, kurz aus dem Gesamteindruck des Menschen, der bei ihm Hilfe sucht, vorerst einmal ein Bild von diesem Menschen zu bekommen. Und er spürt überall dort nach, wo es verkrampft, verspannt, «gepanzert» erscheint. Er befaßt sich auch – schließlich kam Reich aus der Schule Freuds – mit dem Zuhören.

Die Probleme werden nun – vorwiegend – über den Körper, über Atemübungen, über Loslassen und Geborgenheit-Suchen, über das Abführen von Wut und Schmerz in geballte Fäuste und haltloses Weinen, über Aufstampfen mit den Füßen und die Verbindung mit der Erde suchen und vielen anderen Übungen und Abfuhrmöglichkeiten angegangen. Ein wichtiger Bestandteil ist auch die Möglichkeit, die Übungen daheim zu machen und so, wie man das im Fachjargon nennt, Therapeutenzeit zu sparen.

Die Ziele der Bioenergetik sind von denen anderer Schulen nicht sehr weit entfernt. Freilich: War das Ziel bei Freud, vorwiegend den Menschen symptomfrei zu bekommen, ihn arbeits- und genußfähig zu machen, so werden hier weitere Ziele direkt angesprochen: Die Erhöhung des Selbstwertgefühls unter anderem durch das «Erden», die Kontaktaufnahme mit dem Boden, dem Platz, wo ich stehe, der mich trägt.

Das Abbauen von feindseligen Gefühlen gegen die Mitmenschen, die den vom Standpunkt des Bioenergetikers aus so wichtigen Kontakt zur Umwelt stören. Darin, daß das ein vernünftiges und erstrebenswertes Ziel ist, werden wohl alle Psychotherapeuten übereinstimmen – die strittige Frage ist, auf welchem Weg man es am besten erreicht. Auch die Erfüllung anderer Grundbedürfnisse soll im Rahmen der Bioenergetik gefördert werden: Der Wunsch, etwas zu gelten, wichtig zu sein, der Wunsch nach einer religiösen Erfüllung – also nach Transzendenz, auf die wir unter anderem auch bei Graf Dürckheim stoßen (Seite 109). Vor allem aber immer wieder der Bezug zum eigenen Leib, zur sinnlichen Erfüllung im Leben mit dem anderen Geschlecht, aber auch zum Nachwuchs, zur privaten und beruflichen Umgebung.

Es ist – es sei wieder einmal unterstrichen – letztlich immer wieder

der gleiche Ansatz: Was in der Kindheit und im späteren Erleben «erworben», «erlernt», im «Unbewußten verankert» wurde und fälschlicherweise von dem Menschen, der diesem Panzer nicht entkommen kann, immer wieder erwartet wird, soll abgebaut werden. Ohne Filter soll der «Klient» lernen, die Welt wenigstens in etwa so, wie sie ist, zu erkennen und dadurch nicht mehr gegen Windmühlen anzurennen, die nur mehr in seiner Vorstellung, in seiner Erinnerung vorhanden sind.

Biofeedback

Wir haben festgehalten, daß man allgemein unter Psychotherapie eine «Behandlung mit seelischen Mitteln» versteht. Biofeedback bedeutet aber, daß man biologische Werte mißt – also zum Beispiel Muskelspannung oder die Hirnströme – und sie der Versuchsperson «rückmeldet». Wenn diese nun etwa bestimmte Übungen macht, so kann sie selbst damit den Effekt dieser Übungen kontrollieren. Also vom Standpunkt einer gezielten Leistung einfach ideal. Denn man kann damit – das erhoffen sich wenigstens die Therapeuten, die mit Biofeedback arbeiten – die gewünschte Leistung ständig verbessern. Aber ist das noch «psychotherapeutisch»? Werden hier noch seelische Mittel eingesetzt oder verläßt man sich nur mehr auf die Technik? Ist das Meßgerät an die Stelle der Psychopharmaka oder, um es betonter zu sagen: der Happy Pills, getreten?
Nun, mancher Gegner des Biofeedback und der Verhaltensänderung durch Konditionieren (Verhaltenstherapie, Seite 308) argumentiert so. Ich glaube aber nicht, daß man es sich so einfach machen sollte. Erstens ist der Mensch eben ein Lebewesen und als solches – wie alle anderen auch – bis zu einem gewissen Maß konditionierbar, und zweitens arbeitet ja beim Biofeedback meist ein auch in anderen Methoden ausgebildeter Psychotherapeut mit dem Patienten oder Klienten. Er spricht mit ihm, er hilft ihm, er erklärt ihm und regt ihn vielleicht auch zum Nachdenken an: Er setzt «seelische» Mittel ein und will auch Verhaltensweisen ändern, die wir zweifellos dem seelischen Bereich zuordnen.
Grundlage des Biofeedbacks ist also ein Lebensvorgang, den wir schon beim Säugling beobachten können: Er kontrolliert – nach zahlreichen fruchtlosen Versuchen – immer besser mit allen Sinnesorganen seine Bewegungen und lernt so, durch die Rückmeldung seiner Sinnesorgane, die Bewegungen richtig auszuführen. Also etwa

das Milchfläschchen richtig in beide Händchen zu nehmen, um daraus trinken zu können.

Wir machen beim Biofeedback nichts anderes: Wir geben den Sinnesorganen der Versuchsperson eine Rückmeldung, zum Beispiel mit der Höhe eines Tones. Man kann das Gerät etwa so konstruieren, daß der Ton umso tiefer wird, je besser die Versuchsperson entspannt ist. Die Entspannung mißt man dabei meist entweder einfach mit dem Hautwiderstand oder etwas komplizierter mit der Kontrolle der Hirnströme. Oder man mißt mit einem «Myographen» die Spannung der (willkürlichen) Muskeln. So kann man zum Beispiel einem Stotterer deutlich machen, wann er seine Mundbodenmuskulatur verkrampft – ein Hinweis auf die Verkrampfung der Sprechmuskeln. Bei dieser Behandlung wird die Rückmeldung mit einem Lichtpunkt gegeben, der auf dem Schirm eine bestimmte Höhe nicht überschreiten darf. In dem Augenblick, wo er höher geht, lernt der Patient sich zu entspannen und erst weiterzusprechen, wenn er wieder locker ist. Das Erreichen der Spannung wird ihm nicht nur mit dem Lichtpunkt, sondern auch mit einem Ton angezeigt.

Es lag nahe, die Entspannung des Autogenen Trainings mit Biofeedbackmethoden zu kontrollieren, ja, eine ganze Reihe von Therapeuten hat eine «Autogene Feedback» Therapie entwickelt. Nun kontrolliert man auch beim Autogenen Training manchmal die Entspannung, denn Entspannung ist ja zweifellos eines der Ziele dieses Verfahrens. Gerade diese Versuche sind aber auch ein schönes Beispiel dafür, wie die einzelnen Schulen aneinander vorbeireden, wie groß der babylonische Turmbau der Psychotherapie geworden ist.

So finden wir in einem – ganz erstklassigen! – Buch über Biofeedback das Autogene Training als Methode beschrieben, bei dem die «Selbstkontrolle» durch sechs Übungen erreicht wird. Die Übungen werden folgendermaßen beschrieben:

1. Mein rechter Arm ist bleischwer
2. Mein rechter Arm ist strömend warm
3. Mein Herz schlägt ganz ruhig
4. Die Atmung hebt und senkt mich wie ein Schiff auf ruhiger See
   oder: es atmet mich
5. Das Sonnengeflecht ist strömend warm
6. Die Stirn ist angenehm kühl.

Was schreibt nun der, der das Autogene Training erfunden hat?

«Die erste Übungsformel lautet also: ‹Der rechte (linke) Arm ist (ganz) schwer›»,

dann: «...so wird über die Durchgangsformel ‹Arme, Beine (sind) schwer› die endgültige konzentrative Vergegenwärtigung ‹Körper schwer› oder nur ‹Schwere› gewählt.»

175

Für das Herz (für den Versuch «das Herz zu entdecken»): «Das Herz schlägt ganz ruhig» «Herz schlägt ganz ruhig und kräftig»

Für die Atmung: «‹(die) Atmung (ist) ganz ruhig›, wobei die innere Selbstständigkeit des Atemrhythmus durch die Formel ‹es atmet mich› später oft gefördert werden kann, die in gelungenem Training oft spontan gebracht wird. Allerdings darf diese Formel nie als ‹Aufgabe› gesetzt werden, sondern muß einer organischen Selbstentwicklung entfließen, die in sehr vielen Fällen...»

Die beiden letzten Formeln sind identisch.

Am auffallendsten ist die Änderung in der Atmungsformel. Nun lesen wir aber bei I. H. Schultz im Abschnitt über die Atmung aus Patientenberichten: «Sie geben etwa an: ‹mein Körper ist ganz schwer, ganz warm, das Herz arbeitet ganz ruhig, die Atmung hebt und senkt mich wie ein Schiff auf ruhiger See.› Hier wurde also der Bericht einer Patientin zur Formel. Viel wichtiger ist aber noch, daß eben diese Formel nach Schultz *nie als Aufgabe gesetzt werden darf*.

Es wird also offensichtlich das Prinzip des Autogenen Trainings mißverstanden: Die Konditionierung, die im Autogenen Training auch erreicht wird, ist nur eine der Vorraussetzungen für das Ziel des Autogenen Trainings, das letztlich zu «Selbstkritik und Selbstkontrolle durch Innenschau in der Versenkung» führen soll. Der erste Schritt einer sehr bewußt ganz der Körpersteuerung überlassenen Konditionierung auf Entspannung und innere Ruhe wird als Ziel des Autogenen Trainings verstanden.

Womit man sich wohl die Schwierigkeiten vorstellen kann, die schon bestehen, wenn zwei im Grundsätzlichen doch ähnliche Schulen miteinander sprechen. Wie schwer muß es erst sein, überhaupt eine Gesprächsbasis etwa für Psychoanalytiker und Verhaltenstherapeuten zu finden. Es hat zum Beispiel seine tiefenpsychologischen Gründe, wenn I. H. Schultz nicht «mein» Arm oder «mein» Herz sagt. Was er erreichen will, ist ein Stadium der «Entichung», der Distanz zur eigenen Person, die natürlich schwerer erreicht wird, wenn man «mein» Herz, «meine» Atmung usw. sagt.

Bionome Psychotherapie

Wesentliche Grundideen einer bionomen Psychotherapie hat der Erfinder des Autogenen Trainings I. H. Schultz schon in seinem Lehrbuch der Psychotherapie, das knapp nach dem ersten Weltkrieg erstmals erschienen ist, festgehalten. Erst 1951 erschien dann ein kleines

Buch mit dem Titel **Bionome Psychotherapie**. Auf den Begriff «Bionomie» ist Schultz 1940 bei der Lektüre von Arbeiten des Physiologen E. K. Rothschuh gestoßen. Rothschuh nennt die Bionomie eine der Ordnungsformen der Welt und schreibt: «Man wird uns nicht verurteilen, wenn wir, gestützt auf unsere bisherigen Beweise für die Eigenart und Eigengesetzlichkeit des Lebendigen, einen Namen suchen, der uns enthebt, das spezifisch Lebendige immer wieder neu zu charakterisieren.» Er überlegt dann zuerst, ob man von ‹Biokosmie› als Ordnungsform des Lebendigen sprechen sollte, meint aber dann: «Besser noch aber werden wir von B i o n o m i e = Lebensgesetzlichkeit bzw. b i o n o m = lebensgesetzlich reden, weil wir das Lebensgeschehen für notwendig, bestimmt, also unfrei und gesetzlich ansehen.»

Diesen Gesetzen sind wir also alle unterworfen, die Psychotherapeuten ebenso wie die Patienten, wobei der Unterschied: Hier Arzt, hier Kranker, gerade durch die Entdeckungen Freuds immer unschärfer wird.

Der Ausdruck Bionomie wurde übrigens von einem Soziologen, Lester Frank Ward (* 1841 † 1913), der zuerst Botaniker war (auch in der Pflanzenwelt gibt es so etwas wie eine Soziologie), in die Wissenschaft eingeführt.

Was sind nun diese Grundgesetze des Lebens, die auch für die Psychotherapie gelten sollen?

1. Die Selbstgestaltung. Sie wurde von Freud in den Mittelpunkt aller Psychotherapie gestellt. Alles Lebendige, Organische, hat die Fähigkeit der Gestaltung. Der Mensch kann dazu auch noch – begrenzt und innerhalb der Gesetze der Bionomie – willentlich etwas beitragen.

2. Wachstum und Vermehrung. Alles Lebendige wächst und kann sich – vom Einzeller angefangen – vermehren. Es reift, durchmißt verschiedene, vorgegebene Lebensphasen und stirbt. Den Reifungsprozess fördern, ja ihn oft auch nachholen, ist eine der wesentlichen Aufgaben der Psychotherapie: man spricht von Nachreifen.

3. Anpassung. Dieses Gesetz gilt nicht nur für das Lebendige, auch in der Physik kennen wir eine Art Anpassung, wenn sich Wasser immer den Gesetzen entsprechend in miteinander verbundenen Gefäßen verteilt, wenn wir wissen, daß sich Gase ganz ähnlich verhalten – ja selbst die Seifenblase ist dem Naturwissenschaftler eines der hervorragendsten Beispiele dafür, wie sich ein Gebilde einem Raum am besten, am «zweckmäßigsten», anpassen kann. In der Psychotherapie spricht Freud von der Leistungs- und Genußfähigkeit, ja wir finden schon in der gemeinsamen Arbeit von

Dr. Siegfried Breuer und Dr. Sigmund Freud «Studien über Hysterie» aus dem Jahre 1895 den Satz: «Er (der Arzt) wird zufrieden sein, wenn die Kranke wieder leistungsfähig geworden ist.» Wenn der Mensch an die Realität herangeführt wird, wenn er die Wirklichkeit besser (wer sieht sie schon wirklich!) erkennen lernt, lernt er auch damit besser umzugehen – also sich zweckmäßig anzupassen. Das hat mit einer Überanpassung, die das Wachsen der Persönlichkeit hemmt, sicher nichts zu tun.

Anpassung ist nötig für das soziale Verhalten des Menschen, für sein Leben in der Gemeinschaft, ohne die er offensichtlich nicht lebensfähig ist.

4. Selbststeuerung. Alles Lebendige hat sehr genau regulierte, sich der Umwelt anpassende Selbststeuerungsmechanismen, die unser Leben von der Zeugung bis zum Tod überwachen, uns die Lebenskraft, den «Biotonus» geben, wobei vielfache Sicherungen eingebaut sind, damit das Individuum überleben kann. Ich möchte hinzufügen, daß auch die Neurose ein solcher Sicherungsmechanismus ist, der uns davor schützt, Unerträgliches (meist in moralisch-ethischer Hinsicht), vom Es getrieben, doch tun zu müssen. Wenn ich etwas sehen möchte, aber nicht sehen ‹darf›, verschließt mir die Neurose die Augen: Der neurotisch bedingte Lidmuskelkrampf, oder sie macht mich blind: «hysterische Blindheit».

In alle vier Systeme greifen wir mit der Psychotherapie ein. Und daß dies wahrscheinlich wohl besser nach den Gesetzen des Lebens und nicht nach irgendwelchen Weltanschauungen geschieht, ist der Sinn der Suche nach Bionomie.

In den Rahmen solcher Arbeit paßt das Konditionieren (eine Form der «Übung» des Lebendigen) der Verhaltenstherapeuten ebenso wie das Aufklären des Patienten, ihm Wege zeigen, die es ihm letztlich ermöglichen, seinen eigenen Weg zu finden. Daß dies anfangs zwangsläufig in einer Art «Belehrung» geschehen muß und erst allmählich, Schritt für Schritt zur Selbständigkeit und zur freien Selbstverwirklichung führen kann, liegt in den von der Natur gesetzten Gegebenheiten. Auch der Psychoanalytiker kann erst «abstinent» werden, nachdem er mit dem Patienten einen Vertrag geschlossen hat. Wozu er ihn vorher aufklären muß, worum es eigentlich geht.

Die immer notwendige Frage: bewege ich mich noch im Rahmen des Lebensgesetzlichen oder ver-bilde ich den Menschen, sollte sich jeder Psychotherapeut immer wieder vorlegen. Jedenfalls ist das neurotische Verhalten des Menschen letzten Endes «a-bionom», weil es ihn hindert, seine Entwicklungsmöglichkeiten voll auszuschöpfen.

Im Rahmen der bionomen Psychotherapie hat I. H. Schultz sich auch über die Werte Gedanken gemacht, die das Leben lebenswert machen. Nach seinem Schema der Existentialwerte habe ich die folgende, etwas erweiterte Übersicht zusammengestellt:

Grundsätzliches Wohlbefinden und angenehmes Empfinden des eigenen Körpers	Gesund sein
Unbehindertes Sich-leisten-und-genießen-Können	Sich glücklich fühlen
Leben in der Gemeinschaft: Ich gelte etwas, ich habe etwas, ich bin in meiner Familie geborgen, mein Leben ist durch eine sinnvolle Tätigkeit (Beruf) erfüllt.	Sicher sein
Ich weiß um Leben und Sterben, weiß, daß ich verschiedene Lebensabschnitte zu durchleben habe und kann Altern und Vergänglichkeit annehmen.	Eine «Weltanschauung» haben
Ich weiß um mich Bescheid (soweit das möglich ist), habe meinen Platz im Leben gefunden (Selbstwertgefühl) und kann mich (nach meinem Gefühl) frei entscheiden.	Ich fühle mich selbständig und frei
Ich kann frei schaffen und schöpferisch (im weitesten Sinn) tätig sein. Zum Schöpferischen gehört es ebenso, eine gute Speise zuzubereiten als auch ein Kunstwerk zu vollenden.	Der Weg zur »Selbst-Verwirklichung» ist offen

Coué

**Es geht schon besser, geht schon besser – ich verkauf'
den Fiebermesser!**

In der Geschichte der Hypnose und der Selbsthypnose wurde ein Mann zu Unrecht fast vergessen: der Franzose Emile Coué (* Troyes 1857 † Nancy 1926). Sicher, Coué, Apotheker in Nancy, hatte kein wirklich wissenschaftliches Konzept, wenn er seinen Patienten erzählte, wie stark ihre Selbstheilungskraft sei. Wenn er, der sie in tiefe Hypnosen versetzte, immer wieder betonte, er bewirke ja gar nichts, nur die eigene Kraft seiner Anhänger wäre das, was ihnen wirklich helfen würde. Er mißverstand zum Teil auch das Prinzip der Ideoplasie von August Forel, dem berühmten Psychiater (Vorgänger von C. G. Jung), der gleichzeitig einer der besten Insektenkenner seiner Zeit und Erforscher der «Psychologie» der Ameisen war.

Das Prinzip der Ideoplasie besagt, daß ein Gedanke, eine Vorstellung, «stark» genug gedacht, Wirklichkeit werden könne. Die berühmte heiße Münze nur auf dem Handrücken «vorgestellt», führt zu einer Art Brandwunde (näheres siehe mein Buch SEELE OHNE ANGST). «Die Gedanken werden Gestaltung» sollte I. H. Schultz später schreiben, der von Coué die formelhafte Vorsatzbildung übernahm.

Coué hatte noch etwas anderes wieder erweckt, was man auch heute noch teilweise mit scheelen Augen ansieht, teilweise sehr produktiv einsetzt: Die «kollektive Behandlung», wie Stokvis-Wiesenhütter es nennen. Man arbeitet heute sehr viel in Gruppen, freilich in der wissenschaftlichen Psychotherapie fast nie mehr in der Couéschen Form der Massensuggestion. Das wird eher bei den verschiedenen Sekten und «Kirchen» weiter praktiziert. Der Apotheker, der offensichtlich nicht alles Heil von seinen Mixturen und Pulvern erwartete, hatte, angeregt durch die Hypnose-Schule von Nancy (zum Beispiel Bernheim, einen der Lehrer Freuds) entdeckt, daß man mit Suggestion oft viel mehr als mit Medikamenten erreichen, ja seelisch Berge versetzen kann, und ließ sich in seinem Missionsgeist, in seiner Überzeugung, daß seine Methode eben auch den Fiebermesser entbehrlich mache, nicht beirren. Er war nicht gegen Medikamente, er erkannte auch schon die suggestive Wirkung der Verordnung von Medikamenten, die dadurch über ihre tatsächliche Wirkkraft hinaus wirksam sind. Aber die erste und wichtigste Heilmethode war eben die Suggestion.

Das trug ihm natürlich die Kritik seiner Zeitgenossen und späterer Psychotherapeuten ein. Trotzdem hat er das Verdienst, sehr viel für die Verbreitung der Lehre von der Möglichkeit der Suggestion getan zu haben. Seine Bücher – oft als Propagandaschriften für den Autor abgetan – erreichten ungeahnte Auflagenziffern und werden auch heute noch gelesen, seine Ratschläge heute noch befolgt.

Es ging ihm wie vielen berühmten Männern, von den Berichten über seine Heilerfolge ermutigt, wollten die Menschen Unmögliches von ihm. Er schreibt: «Eine dritte sendet mir den folgenden Briefbefehl: ‹Monsieur, ich bin krank; heilen Sie mich!›», man will haben, daß er Lottozahlen zum Gewinnen bringt, den Hausmeister abhält, mehr Miete zu verlangen usw. Coué hat darauf folgende Antwort: «Nun, wenn einige unter Ihnen mir die Ehre antun, daß sie mich für fähig halten, solcherlei Dinge zu vollbringen, so bitte ich sie, diesen Glauben aufzugeben; denn er ist vollständig falsch. Ich bin weder ein Heilkünstler noch ein Wundertäter noch ein Hexenmeister. Ich verfüge nicht über jenes besondere Vermögen, womit Sie mich begabt wähnen. . . . Meine Rolle besteht nicht darin, daß ich die Leute heile, sondern lediglich darin, daß ich sie lehre, wie sie es anstellen müssen, um sich selber zu helfen, um durch sich selber Besserung und Genesung zu finden, falls diese überhaupt möglich ist.»

Man sieht, er ist vorsichtig, aber von dem Gedanken der Autosuggestion völlig eingenommen, übersieht er völlig, was er wirklich tut: Nämlich die Menschen mit massiver Suggestion auch zur Autosuggestion anzuhalten. So finden wir wieder in seinen Schriften: «Wenn Sie also an Blutarmut leiden, so werden Sie feststellen, wie sich mit jedem Tag dies Übel verringert. Ihr Blut wird immer reicher und reicher, immer röter und röter, immer besser und besser und gewinnt immer mehr und mehr die Eigenschaften eines gesunden Blutes zurück. So wird denn Ihre Blutarmut langsam verschwinden und mit ihr der ganze Schwarm von Sorgen und Beschwerden, den sie allzeit hinter sich herzieht.»

Er schreibt dann der Menstruation vor, wann sie zu kommen hat, nämlich genau alle 28 Tage («nicht alle 30 Tage, wie man es häufig für ordnungsgemäß hält»), und sie hat vier Tage zu dauern («nicht mehr und nicht weniger») und so fort mit suggestiver Begeisterung. Da nur wenige Frauen wirklich «pünktlich» in der Regel sind (was in der belebten Natur ist schon pünktlich?), kann es durch solche Angaben natürlich dazu kommen, daß viele Frauen, die völlig normal alle 24 oder auch alle 32 oder 33 Tage ihre Regel haben – oder wie immer ihr Intervall eben ist – sich sorgen, nicht «normal» zu sein. Es ist auch nicht einzusehen, warum die Regel ausgerechnet vier Tage dauern muß. Aber all das gehört eben zur Art der von ihrer Lehre so überzeugten Heiler, die bei Menschen, die darauf ansprechen, auch oft sehr gute Erfolge haben.

In der Schweiz (Zürich und viele andere Schweizer Orte), in der BRD (München, Wiesbaden) und in Österreich (Klagenfurt) gibt es heute noch Coué-Vereinigungen, die teilweise sehr aktiv sind.

Therapie in Gruppen

Verliert euren Verstand und kommt wieder zu Sinnen!

Wenn man in der berühmte Salpêtrière in Paris, wo auch Freud bei Charcot hypnotisieren lernte, eine Patientin behandelte, so waren unter Umständen andere Patientinnen, die als nächste drankommen sollten, anwesend. Oder das ganze geschah im Hörsaal, damit auch die Studenten davon profitieren konnten. Aber das waren noch keine «Gruppen». Auch wenn I. H. Schultz das Autogene Training in größeren oder kleineren Gruppen vermittelte, war das noch keine Gruppentherapie, denn das Ziel war ja das Erlernen einer Technik, mit der man dann daheim alleine weiterarbeiten konnte. In diesem Sinn träumten auch in Epidauros im alten Griechenland die Patienten in Gruppen heilende Träume, aber die Gruppe als solche hatte noch keine, oder wenigstens noch keine bekannte Funktion im Rahmen der Behandlung.

Der erste, der die Gruppe gezielt einsetzte, war wahrscheinlich der Erfinder des Psychodramas, Jakob Levy Moreno, der ebenfalls bei Freud Vorlesungen gehört hatte und wie Adler, mit dem er befreundet war, und Jung seine eigenen Ideen entwickelte. Er arbeitete zuerst in Wien und wanderte 1922 in die USA aus. Schon in Wien hatte er den Ansatz zum Psychodrama entwickelt, das Soziologische in das psychotherapeutische Denken eingeführt. Was Freud auf der Couch in innerer Dramatik ablaufen ließ, das wollte Moreno durch Handlung bearbeiten. Sein Ziel war wie bei Freud die Tiefe der Seele – aber ihre Probleme sollten sichtbar, in der Handlung fühlbar werden. So lange soll der Mensch die Rolle spielen, um die es gerade geht, bis er sich dabei vergißt und (fast) nur mehr aus seinen Tiefen agiert. Dabei soll er Konflikte erkennen, unbewußtes Material bewußt machen und im «Hier und Jetzt» (Fritz Perls, Seite 203) be- und wenn es geht verarbeiten. Und eben diese spontanen Schauspiele, dieses freie Spielen von Szenen, bei dem die Gruppe mitmacht, Rollen übernommen werden, ein Publikum da ist, das Kommentare abgibt, war wohl die erste geplante Gruppentherapie. Man sprach damals zwar vom Psychodrama – es hat sich heute zu einer anerkannten Psychotherapiemethode entwickelt – aber nur selten von der Gruppe, obwohl man schon etwa seit 1930 versuchte, verschiedene Therapien im Rahmen einer Gruppe anzuwenden.

Erst Fritz Perls, die Therapeutengruppe, die sich in Esalen um ihn scharte, und Carl Rogers brachten den Durchbruch, das weltweite Aufflammen der Gruppe als Heil- und Ausweg für Gesunde und Kranke. Zuerst in Amerika und dann über die ganze Welt. Ich war gerade am psychotherapeutischen Seminar der Wiener psychiatrischen Klinik, als die ersten Nachrichten von der Möglichkeit einer Therapie in Gruppen kamen. Und alle Kollegen waren einheitlich dagegen. Die Privatsphäre des Patienten müsse respektiert werden, man könne sich ja nicht um mehrere Patienten gleichzeitig kümmern, einer solchen «Massenabspeisung» werde man nicht zustimmen; es wurden allmählich immer mehr Argumente dagegen gefunden. Es vergingen keine zwei Jahre, und alle Teilnehmer des

Seminars hatten ihre eigenen Gruppen, und alle, die noch aktiv sind, arbeiten auch heute noch mit dieser Form der Psychotherapie. Freilich, der erste Überschwang des begeisterungsfähigen und höchst originellen Fritz Perls schoß wohl ein wenig übers Ziel hinaus.

Die Gruppe und die Weltanschauung

Wie sehr Gruppenarbeit von Weltanschauung und Umdenken in andere, bisher tabuisierte Richtungen geprägt ist, zeigt ein Brief, den Carl Rogers, einer der bedeutendsten Vertreter der T-Groups, in seinem auch deutsch erschienenen Buch «Encountergruppen» veröffentlicht. Es ist der Brief eines Teilnehmers einer, wie wir sagen würden, Managergruppe an Ellen, Leiterin eines kleinen technischen Unternehmens. Einer der Männer aus der Gruppe, der ihr zuvor völlig unbekannt war, schrieb ihr unter anderem (Zitat nach Rogers): «Als Dein Freund billige und bejahe ich alles, was Du bist, die Idee und den Kern Deiner Existenz, Dein Du-Sein und die Besonderheit Deiner einmaligen Existenz. ... Ich bin ganz für Dich da und immer bei Dir, auch wenn Kontinente uns trennen. Ich werde Dich nie verlassen, und nie wirst Du in irgendeiner Weise meine Liebe verdienen müssen. ...»
Rogers zitiert den Brief, weil er eine Gruppenerfahrung von Ellen darstellt und von ihr wie eine Kostbarkeit gehütet wurde. Rogers sagte zu Ellen beim Abschied: «In einem Monat ist der 4. Juli (amerikanische Unabhängigkeitsfeier); hoffentlich können Sie an diesem Tag Ihre Unabhängigkeit feiern.» Eine sehr direktive Äußerung des Erfinders der «nicht-direktiven» Beratung. Zwischen Rogers und Ellen entstand dann so etwas wie eine briefliche Beratung, vor allem über ihre innere Auseinandersetzung mit ihrer Mutter, vor der sie entsetzliche Angst hatte. (Es gibt also sehr wohl auch eine «Angst vor der Mutter» und nicht nur die vor dem Vater.) Rogers stützt sie dabei kräftig: «Ich beantwortete ihren Brief und schrieb, ich hoffte, sie würde den Mut aufbringen, der Mutter zu sagen, wo sie gestern gewesen war ...» (bei zwei Freunden, die die Mutter nicht ausstehen konnte).
Was hier stattfindet, ist bei beiden Personen, bei Rogers und bei Ellen, ein Einschwenken auf die Weltanschauung der modernen Psychotherapien (hier vertreten eben durch Rogers), die die Lösung (nicht die ewige Abhängigkeit) vom Elternhaus, die Respektierung der Einmaligkeit der Person, die auch von den Eltern im Hinblick auf ihre Kinder respektiert werden sollte, kurz das anstrebt, was man unter anderem mit dem Begriff «Selbstverwirklichung» umschreibt.

Und es zeigt auch, daß die «Meister» – wir sehen es schon bei Freud – sich dort, wo sie es für nötig halten, sehr wohl von Regeln ihrer verschiedenen Therapieformen entfernen und sich, auch wenn sie sonst Enthaltsamkeit von Ratschlägen predigen, stützend und beratend verhalten oder, wo sie streng darauf achten, nichts von den eigenen Gefühlen zu verraten – nur ein Spiegel für den Patienten zu sein – mit heftigen Gefühlsausbrüchen reagieren, wie Sigmund Freud bei Frau Doolittle: «Sie wollen mich nicht lieben, weil ich ein alter Mann bin!». Siehe Seite 270. Noch ein weiterer Faktor kommt in Rogers Buch gut heraus: Die bloße Existenz eines Beraters – Therapeuten oder/und auch ein Buch können, wenn die Weichen einmal gestellt sind, sehr hilfreich sein: «Ich bin sicher, daß ich die Hilfe des Therapeuten jetzt nicht mehr benötige. Ich glaube, ich schaffe es allein und mit Hilfe Ihres Buches...» Rogers kann mit Ellens Hilfe auch sehr gut zeigen, wie mühsam der Prozeß der Selbstentwicklung, der Befreiung von zu starken Bindungen an die Eltern und die Welt der Eltern, ist: «Ich bin physisch völlig fertig, todmüde und an nichts mehr interessiert. ...» In dem Brief, aus dem diese Stelle stammt, äußert sie sogar Selbstmordabsichten.

Man kann natürlich nachlesen, wie es in einer Encountergruppe zugeht. Man erfährt, daß der Gruppenleiter häufig sehr passiv ist, daß die Teilnehmer eine ganze Menge von Absichten in ihn hineininterpretieren, wenn er gar nichts redet oder sich einmal die Nase schneuzt: das hat er sicher getan, um uns zu zeigen, daß er auch nur ein Mensch ist! Das Lesen kann aber genausowenig wie bei der Psychoanalyse das eigene Erleben ersetzen.

Carl Rogers erwartet von den Encountergruppen als leidenschaftlicher «Humanist» (Das Gute im Menschen) von der Gruppe wie von seiner klientenzentrierten Gesprächstherapie das, was viele andere von ihrer Therapieform erwarten:

Befreiung des in verschiedenen Zwängen eingeklemmten Selbst,
Verwirklichung der Persönlichkeit, des Selbst,
Erhöhung der Kreativität und der Fähigkeit, spontan, aus dem Gefühl heraus, zu reagieren. Er erwartet aber auch gerade dadurch eine
Vertiefung und Verbesserung der zwischenmenschlichen Beziehungen.

Vor allem erwartet er aber von der Gruppe, daß sie selbst zum Therapeutikum wird: «Einer der faszinierendsten Aspekte jeder Intensivgruppe besteht darin, wie eine Anzahl von Gruppenmitgliedern eine natürliche und spontane Fähigkeit beweist, sich mit dem Schmerz und dem Leiden anderer hilfreich, fördernd und therapeutisch zu befassen.»

Das hat in der Gruppenbewegung dazu geführt, an jede therapeutische Gruppe den Anspruch zu stellen, hilfreich und heilend zu sein. Eine Zumutung, die natürlich weit übers Ziel hinausschießt. Kleine Sätze aus der Therapiebeschreibung von Rogers wie: «Es geschehen natürlich keine Wunder, aber...» werden von begeisterten Anhängern weniger ernst genommen als die Berichte über Erfolge. Mehr über die Grundeinstellung von Carl Rogers und der «Humanisten» auf Seite 221, 280.

Gerda Alexander

Die Eutonie

Eine Möglichkeit, ganz aus sich heraus die eigenen Fehler, Persönlichkeitszüge, Charakterhaltungen usw. zu entdecken, verspricht Gerda Alexander mit ihrer Eutonie. Sie hat mit der Psychoanalyse und der Denkweise vom I. H. Schultz in der Bionomen Psychotherapie vor allem die Idee der einmaligen Persönlichkeit und der – allmählich zu erlernenden – freien Wegsuche gemeinsam. Dabei sind sich alle darüber einig, daß die Grundgesetze für alle Menschen gelten, für die Therapeuten ebenso wie für die Patienten.
Alexander, die sehr viel mit Kindergartenkindern gearbeitet hat, ist freilich nicht der Meinung, daß der Mensch unserer Zeit a priori schon geeignet ist, den rechten (oder einen für ihn guten) Weg zu finden. Sie sieht den Fehler vorwiegend in der Kindererziehung, bei der man mit viel zuviel nicht erklärten Verboten und viel zu wenig auf die verständnisvolle Mitarbeit des Kindes vertrauend, arbeitet. Ein wichtiges Prinzip ist für sie: «dem anderen Raum zu geben, ihm seine eigene Ausdrucksmöglichkeit zu erlauben». Die Therapeuten überschwemmen nach ihrer Ansicht aus lauter gutem Willen zu helfen, den Patienten mit Ratschlägen und Anweisungen und nehmen ihm damit die eigene Initiative. Worte, die in jedem Lehrbuch des Autogenen Trainings und der Bionomen Psychotherapie ebenso stehen könnten.
Gerda Alexander nennt die von den Analytikern als «abstinent» bezeichnete Haltung «neutral». Aufgabe der Eutonie ist es, dem anderen zu helfen, seinen persönlichen Raum zu erweitern und ihn nicht mit eigenen Raumvorstellungen zu blockieren. Der von I. H. Schultz in vorwiegend seelischer Hinsicht geforderte «absolute Respekt» vor dem Erleben des anderen wird hier als klares Ziel über den Körper und Raum angestrebt.

Menschen, die zuviele Anordnungen bekommen, werden passiv und haben das Bedürfnis, es dem anderen möglichst recht zu machen. Von der Eutonie her ist dann mit ihnen nicht mehr viel anzufangen. Dieses Problem steht auch im Vordergrund der «bionomen» Überlegungen an der Basis des Autogenen Trainings oder besser noch des Autogenen Prinzips. Man muß leider feststellen, daß vom Großteil der mehr oder weniger professionellen Vermittler des Autogenen Trainings, auf das «Geschehen-Lassen», auf das «Kommen-Lassen», was immer da komme, auf die freie Entwicklung, nur sehr selten Bedacht genommen wird. Damit kommt man dem Menschen unserer Zeit, der von Erziehung und Schule her gewohnt ist, Aufträge mehr oder weniger widerspruchslos anzunehmen, sehr entgegen.

Und wie beim Autogenen Training in seiner ursprünglichen Form muß auch in der Eutonie der Patient seinen Raum selbst suchen, an der Grenzerweiterung mit Hilfe des Therapeuten arbeiten – aber niemand zeigt ihm, im Idealfall, diese Grenzen. Das führt da wie dort oft zu einer Enttäuschung, und es gehört zur Kunst des Therapeuten, seinen Schutzbefohlenen vorsichtig auf dieses Stadium vorzubereiten und ihm bei seiner Selbstsuche abstinent-neutral zu helfen.

Gerda Alexander konnte die Richtigkeit der (auch von ihr) vertretenen Thesen besonders schön bei der Behandlung von Querschnittgelähmten zeigen. Bei diesen doch offensichtlich so gehandikapten Menschen werden Mitleid und Hilfstrieb der Helfer häufig so stark, daß sie eine Eigenentwicklung – die oft bei entsprechender Geduld in erstaunlichem Maße möglich ist – unbewußt, aber äußerst wirksam, verhindern. Haltung, Atmung, Verspannung bestimmter Muskelgruppen drücken Gefühle aus . Gerda Alexander meint nun, daß über das Bewußtwerden solcher Veränderungen im Hinblick auf den Normalzustand sich auch Gefühle und Stimmungen verändern. Diese Wechselwirkung wird von vielen behauptet, sie ist auch einsehbar. Wirklich exakte Untersuchungen über die Frage, was denn nun bei der einen oder anderen Methode wirksam war, fehlen. War es die bewußte Veränderung der Atmung, die Lösung einer Muskelspannung (aktiv zum Beispiel bei Alexander und bei Jacobson, passiv im Autogenen Training oder in Hypnose), oder war es das Gespräch mit dem Therapeuten, die Übertragung, seine «Ausstrahlung» oder was immer sonst noch wirksam sein mag.

Die Erfinderin der Eutonie arbeitet auch mit einer der Grundlagen der Hypnose, der Ideoplasie: Eine Vorstellung wird im Körper zur Wirklichkeit. Wer zum Beispiel wenig Selbstwertgefühl und die Vorstellung klein zu sein hat, wird auch bei beachtlicher Körpergröße klein auf seine Umwelt wirken. Wer sich eine gefährliche, angstmachende Situation vorstellt, dessen Muskeln spannen sich an, sein Herz schlägt schneller, kurz die Vorstellung beeinflußt – in diesem Fall leicht nachweisbar – die Körperfunktionen vom Herzen bis zu den sogenannten willkürlichen Muskeln, die sich ganz unwillkürlich und meist auch unbewußt anspannen. Die Erfinderin der Eutonie glaubt, ihre Behauptungen aus Erfahrungen mit Kindergartenkindern – also mit kaum sechsjährigen – beweisen zu können. Es geht ihr weniger um die Vorstellung des Locker-Seins, sondern mehr um das tatsächliche Spüren des Körpers, um das Leben im Körper, das Kontaktaufnehmen mit den Gegenständen um uns usw.

Sie berichtet unter anderem von einer Art «Wunderheilung», wie wir sie praktisch auch von allen anderen Methoden her kennen: «Frau E., jetzt 58jährig, kam vor dreißig Jahren mit schwerem Herzasthma, das in den Wintermonaten den Aufenthalt im Sauerstoffzelt notwendig gemacht hatte, zur Behandlung. Nach einigen Monaten war sie imstande, ihre umfangreiche Tätigkeit als Leiterin des weiblichen Bereitschaftsdienstes wieder aufzunehmen. Noch heute ist sie ehrenamtlich auf den verschiedensten Gebieten tätig, radelt auch zu den pflegebedürftigen Freunden und Familienmitgliedern bei jeglichem Wetter, kommt zum Unterricht und ist im Schulsekretariat eine große Hilfe. Neben der Haus- und Gartenarbeit und vielen Gästen malt sie auch Decken und Wände selber und scheut sich nicht vor Reparaturen außen am Haus. Dabei kam es vor, daß sie von der hohen Leiter fiel. Der Arzt stellte jedoch fest, daß ihr nichts geschehen war, da ihre Knochen noch so elastisch waren wie die einer Zwanzigjährigen.»

Familientherapie

Die Familie ist krank!

Hat Freud den Einfluß des Verhaltens von Mutter und Vater, die Zuwendung und Abwendung, die geheimen Wünsche des Kindes gegen die Eltern und ähnliche Probleme in den Vordergrund gestellt und in der Vergangenheit «gewühlt», so gehen die meisten Formen der Familientherapie vom Hier und Jetzt der Familie und – was für den Verlauf der Therapie vielleicht besonders wichtig ist – auch auf die Rolle, die Stimmungen und die Probleme, die der Therapeut oder das Therapeutenteam mit der Familie haben, ein. Während man sich in der Psychoanalyse mit der Übertragung und Gegenübertragung des einzelnen beschäftigt, bearbeiten die Familientherapeuten in ihrer Ausbildung vorwiegend ihre Probleme mit der Familie, aus der sie selbst stammen.

Es gibt wenigstens 22 verschiedene Modelle bzw. Schulen im Rahmen der Familientherapie. Im wesentlichen kann man drei große Gruppen unterscheiden:

Die Heilung durch Begegnung

Die zentrale Aufgabe der Therapie ist es, den Dialog zwischen den Familienmitgliedern in Gang zu bringen: «Versuchen Sie, soweit es Ihnen möglich ist, miteinander über Dinge zu sprechen, über die Sie bisher nicht sprechen konnten». Damit soll Vertrauen und sollen Gespräche ermöglicht werden, die die Beziehung der einzelnen untereinander vertiefen.

Heilung durch Systemänderung

Dieses, auch Mailänder Modell genannte Konzept (nach S. Palazzoli), das auf Arbeiten von G. Bateson (siehe Seite 189) und Paul Watzlawick zurückgeht, arbeitet unter anderem mit einer speziellen Fragetechnik. Der Therapeut erstellt zuerst ein «Modell» des Familiensystems und versucht dann, durch diese Interview-Methode zu prüfen, wie weit sein Modell richtig ist.

Heilung durch Umstrukturierung

Die Erfinder diese Methode glauben zu wissen, wie eine gesunde Familie zu funktionieren hat, und versuchen nun, zuerst einmal zu erfassen, wo die Familie, die behandelt werden soll, von diesem Modell abweicht. Es entstand die Technik des Joinings : Nach einem Vertreter dieser Schule bedeutet Joining, sich dem Spiel, dem Tanzrhythmus, in dem sich die Familie bewegt, anzuschließen. Der Therapeut versucht, in diesem Tanz, diesem Spiel Schritt zu fassen und – im Gegensatz zum «abstinenten» Therapeuten – diesen, seiner Ansicht nach schädlichen und krankmachenden Schritt zu verändern, zu verbessern. Das bedeutet natürlich, daß man der Meinung sein muß, der Therapeut wüßte besser, welcher Schritt für eben diesen Familienreigen der richtige ist. (Beim abstinenten Therapeuten: Er versucht zu helfen, dem Menschen, der Familie ihren für sie richtigen, gesunden Takt zu finden, der sich einstellt, wenn die krankmachenden Hindernisse weggeräumt oder wenigstens teilweise beseitigt sind.) Dem Joining liegt auch die Idee zugrunde, daß die Familie nur unter dem Schutz des Therapeuten andere Verhaltensweisen versuchen kann, weil sonst das Abweichen vom Schema zu viel Angst erzeugen würde.

In der Literatur der Familientherapie findet man immer wieder Situationen beschrieben, bei denen Therapeut, Co-Therapeut und einzelne Familienmitglieder – seltener die ganze Familie – sich in die Haare geraten, der Therapeut oder die Therapeutin sich entschließt, nun «Ordnung zu machen», weil in der Behandlung nichts weitergeht usw.

Nach der Theorie der Familientherapie, oder besser gesagt, nach einer der Theorien, wird das Problem des Familienmitgliedes zum Problem des Therapeuten mit dem «Klienten». Man hat, um die Situationen besser schildern zu können, Symbole erfunden, ähnlich wie man sie für den Verlauf eines Computerprogrammes verwendet.

So bedeutet etwa ein Kreis ◯ eine weibliche, ein Rechteck ▢ eine männliche Person.

Stehen sich die beiden im offenen Konflikt gegenüber, wird das so angedeutet ⊣ ⊢ . Ist der Konflikt verdeckt, bekommt das Symbol noch einen Kreis dazu,

der die beiden «Puffer» einschließt. ⊣◯⊢ .

Ist ein zweiter Therapeut dabei, so stehen sich zwei geschlossene «Systeme» gegenüber: Das System Familie und das System Therapeuten. In beiden Bereichen kann es offene oder verdeckte Konflikte geben. Je mehr es gelingt, sie zu bearbeiten, umso mehr Aussicht auf Erfolg hat die Therapie.

Wenn das Ganze im Anfang auch ein wenig kompliziert aussieht, bei der Familientherapie ist es noch wichtiger, Ordnung in die Beziehungen zu bringen, als in jeder anderen Psychotherapie.

Wir haben oben schon gesagt, daß Freud sich natürlich schon mit dem Einfluß der Familie auf den Patienten befaßt hat, es war aber erst Gregory Bateson, der, vorerst mit seiner Theorie des Double-bind (der Doppelbindung, man spricht auch von der Beziehungsfalle) die Dinge ins Rollen brachte. Er fand, daß seelische Störungen (Neurosen) und sogar Geisteskrankheiten (Psychosen) dadurch entständen, daß der Mensch im Laufe seiner Entwicklung ständig doppeldeutige, ja einander widersprechende Botschaften bekommt. Dem Kranken, der in seiner Familie so hin und hergerissen, ständig zwiespältig informiert wird, bleibt gar nichts anderes übrig, als in die Neurose oder Psychose auszuweichen. Das System ist krank, dem Kind müssen die verschieden gerichteten Anweisungen paradox vorkommen. Bateson – und in seinem Sinn auch Milton H. Erickson, der berühmte Hypnotiseur (siehe Seite 210), versuchen nun mit neugeschaffenen Paradoxen, die der Patient in der Situation der Behandlung erkennen lernt, ihn zu neuen Verhaltensweisen anzuregen. Aus der Erkenntnis, wie er in die neue paradoxe Verhaltensweise kam, sollen dann neue Wege für «richtigeres» Verhalten gefunden und teilweise auch die neuen Reaktionen gefestigt werden.

Wesentlich ist aber nun, daß das System falsch funktioniert. Hier berufen sich Bateson und sein Kreis auf Gedanken des berühmten Naturwissenschaftlers Ludwig von Bertalanffy, auf den sich praktisch alle Schulen, die um wissenschaftliche Anerkennung kämpfen, berufen, ebenso wie auf den Philosophen Karl Popper und auf Aristoteles, und es war folgerichtig, daß aus diesem Denken auch das Bemühen geboren wurde, die ganze Familie, also das Mikrosystem unserer Gesellschaft, zu behandeln.

Man geht freilich noch weiter in allgemeine und politische Weltanschauungen, in Rezepte, die Welt zu retten. Der Mensch als solcher wird dann im Extrem als Krebsgeschwür unseres Planeten bezeichnet. Diese Versuche, die vorwiegend von Esalen (Seite 196) und Palo Alto in Kalifornien (humanistische Psychologie, Seite 221) ausgingen und denen sich auch Viktor Frankl (Seite 219) anschloß, mögen durchaus ihre Berechtigung haben und gute Ansätze bieten. Wer sich näher für diese weltanschaulichen Hintergründe interessiert, findet reichlich Denkanregungen in den Büchern von Gregory Bateson, von Paul Watzlawick, dem Psychologen, Psychotherapeuten und Bestsellerautor, bei Fritjof Capra, dem Physiker, der sich mehr der Philosophie, der Psychotherapie und der östlichen Weisheit zugewandt hat und auch Bestseller-Autor wurde, und in der Literatur der Schule der humanistischen Psychologie.

Zurück zur Familientherapie. Sie hat einige klare Lehrgebäude, die sich auf System, Kommunikation und «Struktur» beziehen. Für vieles andere werden – ganz berechtigte – Anleihen bei den verschiedensten Schulen, bei der Psychoanalyse ebenso wie bei der Verhaltenstherapie, bei den Vertretern des «Gestalt»-Gedankens usw. gemacht. Das Denken im System hört nicht beim «System» Einzelmensch auf. Während der Arzt als solcher von dem Gedanken ausgeht, für seinen , den einzelnen Patienten da zu sein, ihn vor Krankheit, aber auch vor der Umwelt zu schützen (ärztliche Schweigepflicht!), sieht der «System-Denker» nicht Ursache und Wirkung im Einzelnen, sondern immer den Zusammenhang, die Regelkreise (wir leben im Zeitalter des Computers und der Kybernetik), das Zusammenwirken der verschiedensten Kräfte. Systemisches Denken ist schon im alten chinesischen Spruch enthalten: Wenn sich ein Blatt bewegt, kann auch der Baum erzittern.

Das wichtigste Mittel, dem menschlichen Leben Sinn zu geben, ist die Kommunikation. Wenn der Arzt dem Patienten die Wirkungsweise eines Medikamentes erklärt, so ist das Information und wird erst zur Kommunikation, wenn der Patient spürt, daß der Arzt interessiert daran ist, daß der Mensch, der sich ihm anvertraut, durch diesen Stoff geheilt wird. Nicht nur der Patient ist auf den Arzt angewiesen, auch der Arzt lebt seelisch davon, daß der Patient mit ihm kommuniziert.

Und kommunizieren und sich selbst in der Kommunikation beobachten, muß der Familientherapeut vor allem lernen. Er muß an sich arbeiten, also selbst das Therapiert-Werden kennen (zum Beispiel eine Psychoanalyse haben oder Ausbildung in Verhaltenstherapie), er muß lernen, seine eigenen Gefühle ernst zu nehmen und überdenken zu können, er muß seine eigene Position in der Welt seiner Systeme kennen (in seiner Partnerbeziehung, in seiner beruflichen Umwelt), er muß (wir denken an die psychotherapeutischen Verfahren, die die Arbeit mit dem Körper in den Vordergrund stellen) – die Sprache des eigenen und der fremden Körper verstehen. Er soll die Formen des Miteinander-Umgehens (wir denken zum Beispiel an die Transaktionale Analyse) durchschauen können. Wahrhaftig ein weiter Rahmen, der dadurch etwas beschränkt wird, daß sich die verschiedenen familientherapeutischen Schulen auf bestimmte Schwerpunkte konzentrieren. Etwa auf die Forderung der Schule von Rogers (Seite 280) nach «Kongruenz» des Therapeuten – also nach dem Übereinstimmen dessen, was dieser Therapeut theoretisch denkt, aussagt, fordert und was er in Wirklichkeit tut. Nichts da mit der Schopenhauerschen Frage, seit wann denn der Wegweiser auch dorthin gehe, wohin er zeigt.

Virginia Satir, eine bekannte amerikanische Therapeutin, hat das sehr freimütig so ausgedrückt: «Ich gebrauche alles, was paßt, und erfinde etwas Neues, soweit es mir eben möglich ist. So bin ich nicht an irgendeine Art von Technik gebunden.»

Einige weitere Techniken der Familientherapie seien noch herausgegriffen:

Stockwerksarbeit

Diese Technik ist sehr wichtig, nicht nur, damit der Therapeut (oder das Therapeuten-Duo) möglichst viele Informationen erhält, sondern auch die Familie in ihrem Rahmen lernt, Informationen auszutauschen und vor allem anzunehmen. Man muß also in allen «Stockwerken», in allen «Ebenen» arbeiten. Niemand darf dabei vernachlässigt werden, es ist nicht nur wichtig, wie die Mutter, die mit dem Sohn gerade streitet, zum Sohn und er zu ihr steht, sondern es ist ebenso bedeutsam, was nun der Vater mit diesem Konflikt anfängt, wie die Tochter den Vater, den Bruder, den Therapeuten in dieser Situation erlebt usw.

Eine andere Ebene ist die Beobachtung und Besprechung ganz einfacher Dinge, zum Beispiel: wie begrüßen sich die einzelnen Familienmitglieder. Schon hier kann es sehr feine oder auch leicht greifbare Unterschiede geben, die auf die verschiedenen Beziehungen oft viel deutlicher hinweisen als irgendwelche Berichte. Wie in der Gruppentherapie steht dem Familientherapeuten das Ziel vor Augen, daß es unter allen Teilnehmern des Geschehens – also allen Mitgliedern der Familie und dem (sozusagen in die Familie eingetretenen) Therapeuten (+ Cotherapeuten) zu einer völlig gleichmäßigen, niemanden ausschließenden Kommunikation kommt. Daß dies nur ein Idealziel ist, leuchtet ein.

Reframing

Als Einzeltherapie besprechen wir diese Methode auf Seite 232. Das «Den-Dingen-einen-neuen-Rahmen-Schaffen» wird auch in der Familientherapie angewendet. Paul Watzlawick schreibt in **Möglichkeit des Andersseins**: «Wir haben es nie mit der Wirklichkeit schlechthin zu tun, sondern immer nur mit Bildern der Wirklichkeit, also mit Deutungen. Die Zahl der jeweils möglichen Deutungen ist groß, subjektiv aber durch das Weltbild der Betreffenden meist auf eine einzige, scheinbar mögliche, vernünftige und erlaubte begrenzt.» Reframing soll in der Familientherapie den einzelnen Familienmitgliedern die Möglichkeit geben, die verschiedenen Blickwinkel, aus denen man ein Problem betrachten kann (also die verschiedenen «Rahmen», durch sie man sie ansieht), zugänglich zu machen. Wenn der Therapeut und später vielleicht auch ein Familienmitglied einen neuen Rahmen vorstellt, der auch möglich scheint, so bemerkt der Mensch plötzlich, daß man die Welt ja auch anders sehen könnte. Seine Kenntnis und Erkenntnis der Wirklichkeit – das sollte er dabei lernen – ist *möglicherweise* richtig, es gibt aber sicher auch andere Betrachtungsweisen, auch innerhalb der eigenen Familie. Diese werden freilich oft nicht ausgesprochen, geschweige denn diskutiert, um das empfindliche Gleichgewicht des häuslichen Kreises bewußt oder unbewußt nicht zu stören.

So kann es zum Beispiel einen Streit darüber geben, daß die Tochter «schon» mit 16 Jahren auf einen Ball gehen will. Der Vater ist strikt dagegen, die Mutter verhält sich still. Der Therapeut greift ein. Er ist der Meinung, daß Mädchen mit 16 Jahren durchaus schon auf einen Ball gehen können, drückt das aber nicht direkt aus, sondern dadurch, daß er den beiden sagt: «Ich finde es sehr gut, daß ihr darüber so eine heftige Diskussion haben könnt. Früher hätte der Vater sicher nur einmal Nein gesagt, und dabei wäre es geblieben.» Damit gab er in diesem Fall der Mutter – die solchen Widerspruch gegen ihren Mann, einen strengen Oberlehrer, sonst nie gewagt hätte – die Möglichkeit, auch ihre Meinung vorsichtig in den Raum zu stellen und gleichzeitig ihr eigenes Erleben: «Ja, genauso wäre das bei mir gewesen, und ich kann mich erinnern, wie unglücklich ich war, nicht gehen zu dürfen. Der Junge, der mich eingeladen hatte, war einfach ein Traum.» Nun kann sich die Tochter vorerst einmal der Mutter zuwenden, und den «Rahmen», durch den der Vater das Bild vielleicht sieht, verändern: «Da kann ich nur neidisch sein. Ich habe keinen solchen Traumboy – wir gehen mit der Klasse und wollen uns einmal so richtig austanzen.» Dadurch wurde in diesem Fall der Rahmen des Vaters, der seine Tochter schon mit einem Kind heimkommen sah, etwas verändert. Offensichtlich konnte er sich «harmloses» Ausgehen gar nicht vorstellen.

Paradoxe Intervention

Dieses letzte Beispiel verwendet einen uralten Trick, der in der Medizin schon von einem Urologen angewendet wurde, der seinem potenzgestörten männlichen Patienten den Coitus für längere Zeit häufig mit dem bestem Erfolg verbot: Alles in dem Mann lehnte sich auf, und nach einigen Tagen war sein Unbewußtes soweit, daß er dem Doktor zeigte, daß er sich nichts verbieten lasse. Viktor Frankl hat den Gedanken in seiner paradoxen Intention wieder aufgenommen, und nun verwendet ihn auch die Familientherapie. Der Therapeut gibt Anweisungen, die dazu dienen sollen, den Widerstand der Familie auf den Plan zu rufen: Nein, das machen wir sicher nicht. Und die Familie ist sich – vielleicht seit vielen Jahren das erste Mal – über diese Entscheidung völlig einig.

Genug der Beispiele. Die Familientherapie ist ein wichtiger Beitrag zum Gesamtgebäude der Psychotherapie, ja, idealistisch könnte man sagen, es sollte immer wenigstens teilweise die Familie in die Therapie eingebunden werden. Nur: In der Wirklichkeit geht das eben schon ganz einfach deshalb nicht, weil sehr häufig wenigstens ein Familienmitglied (meist das Kränkste) bei der Sache nicht mitmacht. Von «ich habe das nicht nötig, ihr spinnt ja» bis «völlig ausgeschlossen, bei meiner beruflichen Belastung kann ich nicht auch noch einige Stunden meiner kostbaren Zeit mit einem Seelenklemperer vergeuden» gibt es alle Varianten der Ausflüchte. Es wäre zu hoffen, daß durch entsprechende Aufklärung die Menschen verstehen lernen, daß bei dieser Arbeit sicher am wenigsten der Vorwurf der Zeitverschwendung gerechtfertigt ist. Freilich hoffen wir auch, daß die Familientherapie «wertneutral» bleibt und sie nicht von ideologisch-politischen Strömungen für ihre Zwecke mißbraucht wird.

Feldenkrais

Die Grenzen mit dem Körper erspüren und erweitern

Wir können, ja wir müssen die Grenzen unseres Körpergefühls oft weit über die natürliche Grenze, die durch die Haut gegeben ist, verlagern. Das klingt im ersten Augenblick merkwürdig, wird aber sofort verständlich, wenn man an das Autofahren denkt. Die Ich-Grenzen des Lenkers sind weit über seine Körperoberfläche hinaus erweitert worden, er würde ja sonst an jeder engen Stelle mit dem Wagen anstoßen. Denn die Reaktion, mit der wir den Wagen knapp an einem anderen vorbeibringen, die uns eine Einfahrt ohne Schaden für den Lack und die Türe der Garage passieren läßt, bedingt eine ebenso exakte automatische Verhaltensweise, wie wir sie als Kleinkind erlernt haben, wenn wir endlich ungeschoren bei einer Tischkante vorbeikommen.

Tastet sich der Sportler an die Grenzen seiner Leistungsfähigkeit vor, so lotet er damit auch seelische und nicht nur körperliche Grenzen aus. Ganz ähnlich ist es, wenn bei den verschiedensten Meditationsformen mit aktiver körperlicher Beteiligung eigentlich ein seelisches Ziel erreicht werden soll. Im Yoga, wenn der Adept allen Schmerzen zum Trotz in einer unnatürlichen Haltung verharrt, im Za Zen, wenn der Schüler auch nur im einfachen Suwarisitz verharrt und sich bei gelegentlich auftauchender Müdigkeit vom Meister einen Schlag mit der Pritsche geben läßt. Immer geht es um «Erleuchtung», um das Erlebnis des Rausches, wenn ein Bergbegeisterter wie Hillary zu den Grenzen der Höhe vordringt, und wir erleben es auch in fast allen Berichten der «Gipfelstürmer», daß sie auch an seelische Grenzen vorgedrungen sind und mit dem Erreichen des Gipfels sich auch ihr Weltbild verändert hat.

Die eigenen Grenzen ausloten kann man aber auch mit Übungen der modernen Psychotherapie, die ganz bewußt Atmung, Körper und Raumerleben in ihre Arbeit miteinbeziehen. Die Methoden, die dabei verwendet werden, sind, so unterschiedlich sie sich oft geben, im Grunde gar nicht soweit voneinander entfernt. Die meisten von ihnen geben als Ziel ein besseres Bewußtsein seiner selbst, Entspannung und Erweiterung des Horizonts an.

Ich will als Beispiel Moshé Feldenkrais herausgreifen, der, wie Sebastian Kneipp, wie der Fasten- (und Marine-)arzt Otto Buchinger, wie Gerda Alexander und wie soviele andere zuerst einmal sein eigenes Heil suchte. Kneipp und Buchinger waren sterbenskrank, als sie nach ihrer Kur suchten. Moshé Feldenkrais war in seiner Beweglichkeit durch eine Verletzung beim Fußballspielen stark behindert. Nun, mit einem bunt zusammengewürfelten Fachwissen und einem Charakter, der nicht nachzugeben bereit war, würde er den Ärzten zeigen, daß seine Chancen, wieder beweglich zu werden, gar nicht so schlecht waren, wie die Spezialisten ihm versicherten.

Was er mitbrachte? Das wissenschaftlich geschulte Denken eines Physikers, der mit Joliot Curie die erste Kernspaltung in Frankreich durchführte. Das körperliche Training eines Menschen, der es mit Ausdauer und Fleiß zum schwarzen Gürtel der Judokämpfer gebracht hatte. Wobei Judo im engeren Sinn ja keineswegs (nur) ein Sport ist, sondern auch eine Art, die Welt anzuschauen, und aus einem (asiatischen) Blickwinkel her besser zu verstehen. Nicht die grobe Gewalt siegt, sondern vielmehr die Kunst, und vor allem die Kunst, sich in den anderen einzufühlen, seine Manöver vorauszuahnen.

Feldenkrais begann als Naturwissenschaftler, als Physiker, das Verhalten der Muskeln und Gelenke, ihrer Nervenversorgung, nicht zuletzt aber auch die Einstellung des Menschen zu seinem Körper, zu seinen Bewegungen zu studieren, und fand über diesen Weg vieles, was seine Vorgänger von der Psychologie und Psychotherapie auf anderen Wegen auch entdeckt hatten.

Der Handelnde ist bewußtlos, sagte I. H. Schultz, und meinte damit, daß wir im Ablauf einer Handlung uns weder der Muskelarbeit noch anderer biologischer Hintergründe unseres Tuns bewußt sind. Wir laufen, etwa von dem Wunsch getrieben, den Zug noch zu erreichen, schnell atmend und vielleicht mit schmerzenden Muskeln unserem Ziel, der Waggontüre, zu. Niemand ist sich dabei bewußt, was alles in seinem Körper zu diesem Zweck abläuft. Wenn wir es sehr eilig haben, vergessen wir die ganze Welt um uns und sind nur auf das eine konzentriert: Anzukommen, bevor die Waggontüre zuschlägt.

Durch die Beschwerden nach seiner Verletzung wurde sich Feldenkrais, der sich mit dem bequemen: «das geht eben nicht», nicht zufrieden geben wollte, seines Körpers sehr wohl bewußt und lenkte – um den Unterschied zwischen «bei Bewußtsein sein» und «sich seiner bewußt sein» zu klären – die Aufmerksamkeit auf die völlig andere Bedeutung der beiden Begriffe *Bewußtsein* und *Bewußtheit*.

Durch Bewegungstherapie in der Gruppe versuchen seine Schüler, den Menschen sich selber näher zu bringen. Sie heißen Feldenkraispractitioner, um sie von den Psychotherapeuten zu unterscheiden.

Wie verhalten Sie sich etwa, wenn Sie Kaffee trinken oder sich zu Tisch setzen? Welche Bewegungen führen Sie dabei aus? Welche Muskeln sind ge-, welche entspannt, und überhaupt, wie fühlen Sie sich dabei? Ein Feldenkraislehrer in Esalen* ließ uns einfach von dem Stuhl, auf dem wir saßen, aufstehen. «Krümmen Sie sich dabei immer so?» fragte er eine Teilnehmerin. «Ja, genau besehen schon», war die Antwort. «Ich habe es freilich noch nie als Krümmen empfunden, sondern als eine dezente Art mich zu erheben. Meine Mutter hätte es nicht geduldet, wenn ich so unbeherrscht aufgesprungen wäre wie mein Nachbar!» Für uns andere hatte sich der Nachbar recht unbekümmert erhoben, während bei Mary, wie ich sie nennen will, die meisten den Eindruck hatten, sie erhebe sich ehrfürchtig und vorsichtig wie aus einer engen Kirchenbank.

Das hat sie nun nach Feldenkrais eben so «erlernt» (Sie sehen die Beziehung zum Behaviorismus), und hätte nun die Freiheit, eine andere Form des Aufstehens zu entwickeln. Damit würde sie, nach der Feldenkraistheorie, die durchaus etwas für sich hat, auch generell lernen, nicht nur sich etwas freier zu bewegen, sondern auch innerlich freier zu werden.

Wir finden wieder Parallelen, sei es zur konzentrativen Bewegungstherapie, sei es zu den Überlegungen von I. H. Schultz, daß die äußere Haltung sich ebenso sehr auf das Innere des Menschen auswirke, wie das Befinden der Seele sich in der äußeren Haltung zeigt. Ein Musterbeispiel ist der stramme, in den Muskeln harte und starre Berufssoldat, der oft nicht nur die Hacken zusammenschlägt, sondern auch Augen und Ohren vor Zweifeln über die Sinnhaftigkeit seines Tuns ebenso fest und nachdrücklich verschließt. Daß es diesen Menschentyp in allen Berufssparten gibt, sei am Rande vermerkt. Beim Soldaten gehörte (und gehört es!) zur Berufstugend, Befehle auszuführen und pünktlich zu sein.

Wie bei Rogers – der ja von einem ganz anderem Ende her an das Problem herangeht – lernt der Feldenkraisschüler nun mit Hilfe der Beobachtung seiner Bewegungen, über das Hineinspüren in seinen Körper auch etwas über sein Selbstbild kennen. Damit ist aber eine wichtige Voraussetzung erfüllt, die Feldenkrais mit vielen anderen zur Forderung erhoben hat: Nur wer sich dessen, was er tut, bewußt ist, bekommt auch die Fähigkeit, an Veränderungen zu denken und diese herbeizuführen!

Wir befinden uns wieder einmal auf dem Weg zur «Selbstverwirklichung». Unter den Feldenkraisschen Ideen finden wir eine, die beim originalen Autogenen Training ebenfalls eine große Rolle spielt. Es gibt im wesentlichen kein «Falsch» oder «Richtig». Alles, was kommt ist, wie Karl Robert Rosa es ausgedrückt hat, «recht». Denn

---

* Psychotherapeutisches Institut in Kaliforrnien (nahe von Henry Millers Big Sur), wo Bateson, Perls und viele andere arbeiteten.

was immer bei einer Übung auch geschieht, man kann daraus «lernen». So hatte ich eine ältere, sehr streng erzogene Kollegin einmal in einer ersten Stunde der analytischen Oberstufe. Die Meditationsanweisung ging darum, es dem Unbewußten völlig frei zu stellen, irgend eine Farbe vor dem «inneren Auge» auftauchen zu lassen. Am Ende der Übung berichtete die Ärztin, daß sie eigentlich nichts gesehen hätte. Immer wieder sei eine dunkelhäutige Tänzerin in einem roten Rock aufgetaucht, die sie natürlich sofort wieder verbannt habe, da die Aufgabe ja lautete, eine Farbe zu sehen. Und vollends böse wurde sie mit sich, als dann noch ein fescher Gärtnerbursche, in einem strahlend weißen Hemd und einer braunen Lederhose auftauchte – das waren doch wieder keine Farben, was war sie doch für eine unzulängliche Versuchsperson!

Nun, es war nicht so sehr die Tatsache, daß sie ja Farberlebnisse hatte (die dunkle Haut, der rote Rock, das weiße Hemd, die braune Lederhose), sondern das Erleben, daß sie eine nicht buchstabengetreue Ausführung der «Anweisung» einfach als völligen Mißerfolg von sich wies – wie Mary aus Esalen, die es höchst undezent gefunden hatte, anders, als sie es tat, aufzustehen.

Nimmt man aber – bei Feldenkrais, bei Rogers, im Katathymen Bilderleben oder wo immer, das was kommt an, dann wird alles zum «Material». Alles fördert die Chance, neue Wege zu gehen und sich selbst besser kennenzulernen.

Die funktionelle Entspannung

Mit der Psychotherapie ist es eine eigene Sache. Nahezu immer, wenn jemand etwas neues erfindet oder eine Variante zu einem Verfahren schafft, spielen sehr persönliche Erfahrungen eine wesentliche Rolle. Dabei ist fast immer die Tatsache, daß eine Beschwerde, ein Symptom, mit den bisher gültigen Maßnahmen – meist der «Schulmedizin» – in diesem Fall nicht oder nicht ausreichend wirksam waren. Man kann daraus noch nicht schließen, daß die bisher angewandten Methoden unwirksam und die neue nun «besser» sei. In manchen Situationen mag das tatsächlich zutreffen. Niemand aber kann sagen, was gewesen wäre, wenn die «andere» Methode auch ein anderer Therapeut oder der gleiche Therapeut in einer anderen Lebenssituation des sonst gleichen Patienten versucht hätte!

In Wirklichkeit spielen so viele Faktoren zusammen, daß man über die Wirksamkeit eines einzelnen Verfahrens in «Konkurrenz» zu anderen immer nur Vermutungen anstellen kann.

Die Geschichte der funktionellen Entspannung von Marianne Fuchs, der weithin anerkannten und geschätzten Erfinderin der «F. E.», ist ein Musterbeispiel dafür, wie eigene Erlebnisse zu neuen Entdeckungen führen, und auch für einige andere Gesetzmäßigkeiten, die scheinbar im Rahmen der Entstehung von Psycho- und anderen Therapien immer eine Rolle spielen.

Eigene Erfahrungen werden zum allgemeinen Maßstab

Es beginnt damit, daß die Autorin oder der Autor ihr eigenes Erleben in die neue Behandlungsmethode einbringen. Das tat der Todeskandidat Sebastian Kneipp, der, da ja ohnehin alles verloren war, die kalte Donau – und damit das kalte Wasser – als Heilmittel wiederentdeckte, das gilt – vielleicht mit Einschränkungen – auch für I. H. Schultz, der bekanntlich an Lungenasthma litt und es überwinden konnte, und gilt eben auch für Marianne Fuchs, deren einjähriges Kind an spastischer Bronchitis, also einer asthmaartigen Erkrankung, litt.
Sie führte die Behandlung des Kleinen selbst durch. Im Bericht über die Entwicklung des Verfahrens schreibt sie, daß es ihr mit der Methode gelungen war, im Entstehen begriffene asthmatische Anfälle im Keim zu verhüten oder ihnen gar vorzubeugen. Sie schreibt: «Der (inzwischen zweijährige) Junge hatte gelernt, sofort zu reagieren, wenn er seine zunehmende Bedrängnis spürte, indem er mich rief: ‹Mama, Puh-machen!›. Meine Zuwendung bestand vor allem darin, daß ich meine mitfühlende Hand auf seinen Brustkorb legte und seine Körperempfindungen – vor allem in Richtung des Nachgebens und des (Luft-)Hergebens – unterstützte.»
Es ist sehr verständlich, daß dem Kind dieser Kontakt (ein zwischenmenschlicher Grundvollzug, unter Ausschaltung verstandesmäßiger Anteile!) sichtlich und spürbar wohl tat. Auch ohne Beschwerden kommunizierte das Kind mit der Mutter in dieser Weise. Sie wurde zum «normalen Kontakt zwischen Mutter und Kind». Es kam ganz offensichtlich zu dem, was Pawlow konditionieren genannt hatte (»die ständigen Wiederholungen führten allmählich dazu, daß ...») und wie bei einer Konditionierung in Hypnose konnte sich das Kind auch dann helfen, wenn die Mutter nicht sofort da war: «Anfangs gelang dem Kind das Loslassen nur ganz kurz. Ich durfte nichts erzwingen und begleitete deshalb sein Nachgeben äußerst einfühlend, immer wieder ein Stückchen weiter, bis er offensichtlich zunehmend Mut zum mehr Hergeben von Luft bekam. Mein deutliches ‹Puh-Sagen› im Verlauf seines Ausatmens, übte eine unterstüt-

zende Wirkung aus, schon in der Zeit, in der er noch nicht mitstöhnen und mitbrummen konnte, weil er zu klein war. Später lernte er das leicht, ohne daß er erneut Luft zurückhielt und staute. Das Empfinden des Loslassens und Nachgebens war inwzischen fest eingeprägt.»

All das ist äußerst erfreulich und hat dem Kind und der um das Kind besorgten Mutter geholfen. Sie mußte ja nicht untätig zusehen, bis eventuell irgend ein «Helfer» kam, sie konnte – erfolgreich! – etwas tun.

Deutungen und Erklärungen

Nun können sicher Psychoanalytiker, Verhaltenstherapeuten usw. reichlich Deutungen zu dem ganzen Geschehen bringen, von der Kind-Mutter-Beziehung über die Ursachen der «spastischen Bronchitis» und vieles andere mehr. Frau Fuchs hatte gelernt, daß das »Lufthergeben», ja das Lockerlassen und das Hergeben als solches, heilenden Effekt haben. Und sie übertrug diese Erkenntnisse allmählich auf ihre Methode und hatte auch damit Erfolg.

Was noch wichtiger ist: Nicht nur sie hatte Erfolg, auch ihre Schüler konnten diese Erfolge nachvollziehen. Denn viele Psychotherapien leben ja von der Person ihres Erfinders und verschwinden rasch wieder, wenn es eben diese Person nicht mehr gibt. Der Wert einer Therapie als Methode (also als nicht unmittelbar personenabhängiges Verfahren) erweist sich durch den Prüfstein Zeit: was sich nicht durch die ersten Jahrzehnte nach dem Tod des Erfinders hält, hat wenig Aussicht auf Dauerhaftigkeit.

Immerhin zeigt uns auch das Beispiel der Funktionellen Entspannung den hohen Anteil an eigenem Erleben, dessen Gültigkeit auf die gesamte Therapie übertragen wird. Auch das Distanznehmen zu anderen Verfahren wird deutlich, wenn diese Distanz gerade im aufgezeigten Bereich vielleicht auch gar nicht so groß ist. Gleich am Beginn des Lehrbuches von Marianne Fuchs (das man vielleicht einmal als Meilenstein moderner Psychotherapie bezeichnen wird) finden wir die Stelle: «Die F.E. erstrebt keine Autohypnose, aber insofern eine ‹Selbstregulation›» (hier wird auf das Autogene Training von I.H. Schultz hingewiesen), als es einer Entspannung, die den unbewußten Atem rhythmisiert, gelingt, das Wechselspiel zwischen Entspannung und Anspannung an der Basis zu verbessern, zu harmonisieren... In der F.E. wird *nicht direkt und bewußt* das Atmen angegangen, verändert oder zu harmonisieren versucht, sondern indirekt über mehr ‹mehr Nachgeben›, ‹mehr Loslassen›...»

Was sagt I. H. Schultz im Hinblick auf das Autogene Training: er spricht von der «passivierenden Einwilligung», vom «Geschehen-Lassen», vom «Nicht-Wollen» und hat als Ziel der Atemübung, bei der der Atem nie bewußt verändert, sondern erlebt werden soll, das «Es atmet mich», das vollständige Überlassen der Atemregulation an die Zentren, die unsere Atmung steuern. Die Atmung ist ja grundsätzlich eine Lebensfunktion, die nur teilweise bewußt beeinflußbar werden kann. Wer im Original nachliest, findet noch mehr zum Thema: «nicht wie oder im Gegensatz zu dieser oder jener Therapie».

In Wirklichkeit ziehen beide – I. H. Schultz und Marianne Fuchs – offensichtlich am gleichen Strang, wollen auf zwei verschiedenen Wegen das Gleiche erreichen – und beide Wege haben etwas für sich, der eine wird mehr für die eine Patientengruppe, der andere für eine andere gangbar sein.

Dazu ein drittes Problem, das meiner Ansicht nach für den Menschen, der sich nun der einen oder anderen Weg aussuchen soll, wichtig ist (die Qual der Wahl bleibt ohnehin weder dem Gesunden noch dem Patienten erspart): Es ist häufig gar nicht so sehr die Frage, ob das Verfahren für den Menschen, der damit ein Ziel erreichen will, geeignet ist: die Wahl der Psychotherapie- (Meditations- usw.) Methode hat natürlich sehr viel mit der Persönlichkeit des Gurus, Therapeuten, Psychopäden, Psychagogen, oder wie immer wir den Vermittler einer Methode nennen wollen, zu tun.

Und man findet nicht selten solche «Seelenärzte» im weitesten Sinn des Wortes, die den ihnen Anvertrauten mehrere solche Verfahren – jedes in seinem Sinn – mit Erfolg vermitteln. Oft hat gerade diese Form der Kombination die besten Effekte für «Gesunde» und «Kranke».

Das Wesentliche an der Funktionellen Entspannung und an ähnlichen Methoden, wie der von Prof. Helmuth Stolze weiterentwickelten Konzentrativen Bewegungstherapie von E. Gindler, ist, daß man auch hier sehr viel tiefenpsychologische Arbeit leisten kann. Vielen Therapeuten ist das sehr bewußt und sie können damit wirksam helfen, manche fühlen sich in einer eher gefährlichen Begeisterung zu Seelenspaziergängen veranlaßt, die dem Patienten – und dem Gesunden ! – nicht immer sehr zuträglich sind.

Die Funktionelle Entspannung geht vom Hier und Jetzt aus und versucht aus der «Realität des Leibes», aus der Körpersprache und aus den Beschwerden des Patienten zu finden, wo er «funktionell entgleist» ist. Und wieder über den Leib versucht der Therapeut mit dem Patienten Wege zu finden, die die Funktionen in Ordnung bringen sollen. Daß das nicht ohne Wissen um die Seele geht und nicht ohne eigene seelische Erfahrung der oder des Therapierenden, ist einsehbar.

Frau Fuchs will vor allem *freilassen*, dem Menschen zeigen, wie er *loslassen* kann, wie er ins AUS förmlich entweichen kann, seine Fehlhaltungen und Fehlfunktionen hinter sich lassend. Der Königsweg dazu ist für sie die Atmung, vor allem das Ausatmen: «Alles im Aus!» Wie sie es an ihrem Kind erlebt hatte, das nicht in der Lage war, Atem (Luft) herzugeben und das allmählich mit dem «Puh-Sagen» lernte, lernt auch der Patient zu entdecken, wo er blockiert ist. Er lernt seine «Innenräume» zu entdecken, seine ganze Gestalt, die er im «Aus» Schritt für Schritt zu spüren beginnt.

Die «F. E.» richtet sich nach einem Menschenbild, das die Eigenständigkeit des Menschen anerkennt. Sie will pädagogisch wirken und berücksichtigt dabei auch tiefenpsychologische Aspekte. Das heißt, es wird nichts erzwungen, nichts gefordert, sondern der Mensch lernt zu lösen, wo er mit Hilfe des Therapeuten Verkrampfungen an sich entdecken kann. Das Ziel ist nicht nur Gesundheit, sondern auch Entwicklung des Menschen zu sich selbst und zu einem «dynamischen Lebensgefühl». Dabei wird nicht nur Körperliches «aufgedeckt», sondern es kommt auch zu seelischen Erkenntnissen, die sich im Sinne der Psychosomatik natürlich auch wieder körperlich auswirken. Das «Es atmet mich» des Autogenen Trainings als Grundidee (siehe Seite 175) spielt dabei eine große Rolle. Im Gegensatz zum Autogenen Training wird Ruhe nicht durch Körperentspannung über die Vorstellung von Schwere und Wärme erreicht, sondern durch vorsichtiges Lösen von körperlichen Verspannungen, die das freie Schwingen des Körpers behindern. Wird beim Autogenen Training die Entspannung «passiv» durch «Annehmen» erreicht, die Lockerung vorwiegend durch das innere «Gelassen-Werden», soll in der «Funktionellen Entspannung» das nur zeitlich begrenzte Entspannen des Zwerchfells bei der Atmung ein «Absinken in hypnotische Zustände» verhindern. Neben den «Gegensätzen» gibt es natürlich auch viele Hinweise auf Gemeinsames, vor allem auch zur Psychoanalyse. Der therapeutische Prozeß wird vom Behandler «verstehend – aufdeckend» begleitet, Träume werden angeregt, die der Geschulte mit dem Patienten bearbeiten kann, der «Dialog» mit dem Patienten, der «funktionell entspannt» wird, ist von großer Bedeutung. Dabei wird die «Übertragung» der Psychoanalyse (die natürlich auch bei jedem anderen Verfahren eine Rolle spielt), die «Bindung an den Therapeuten», möglichst begrenzt. Wobei die Begrenzung dieser Bindung grundsätzlich natürlich nicht nur vom Therapeuten und der Methode, sondern auch von den Fähigkeiten und Bedürfnissen des Patienten geprägt wird. Zum Abschluß nochmals Frau Fuchs: «Die Funktionelle Entspannung ist eine Körpertherapie, die weder zu den ‹übenden Verfahren› noch zu den ‹nonverbalen Therapien› gerechnet werden kann. Die Klagen des Patienten werden leibhaft, sinnlich in ihrer Ausdruckskraft und Bedeutung vom Therapeuten gehört und geahnt, aber nicht beredet, sondern es werden leibhafte Veränderungen gesucht. Der Patient erfährt Selbstkritik, Selbstannahme, seine gesunden Anteile im Körper-Sein. Die Empfindsamkeit für das eigene Bewegt-Werden vertieft – indirekt – den Atemrhythmus bis in seine autonome Funktion.»*

Kombination von Verfahren

Es gibt eine Reihe erfahrener Therapeuten, die «körperliche» Verfahren wie die konzentrative Bewegungstherapie, die Feldenkraismethode usw. und «seelische», wie das Autogene Training, insofern kombinieren, als sie den Patienten beide erlernen lassen. Beide – das heißt nicht, daß sie eine Kombination von zwei Verfahren vermitteln, sondern – etwa wie man zwei Sprachen erlernen kann – jede einzelne Methode als solche exakt lehren. Daß dabei – wie bei den Sprachen – auch Querverbindungen bewußt werden, ist sicher ein Vorteil.

Daß es kein rein «körperliches» Verfahren gibt, genausowenig wie ein rein «seelisches», ist heute allen Vertretern der psychosomatischen Medizin bekannt, war aber wohl auch schon Hippokrates und den alten chinesischen Ärzten eine Selbstverständlichkeit.

Es ist zu hoffen, daß es uns immer mehr gelingt, Psychotherapeuten auszubilden, die der Forderung des Wiener Psychoanalytikers Prof. Hans Strotzka nachkommen: Sie sollen fähig sein, dem Patienten verschiedene Verfahren «anzubieten».

---

* Zusammenfassung einer Arbeit in der Zeitschrift «Praxis der Psychotherapie und Psychosomatik (1988 – S. 120–129). Die «autonome Funktion der Atmung» ist übrigens wieder das, was zum Beispiel im Autogenen Training mit der Vorstellung «Es atmet mich» gemeint ist.

Fritz Perls

Gestalttherapie

Am Anfang der Gestalttherapie steht, wie bei so vielen Nachfolge-
therapien der Psychoanalyse, der Vatermord. Fritz Perls, Schüler
von Freud, wandte sich von ihm ab und erklärte, wiederum wie so
viele andere, anfangs die Freudschen Theorien als korrekturbedürf-
tig, später kurzweg als falsch. Häufig um das, was Freud sagte, mit
anderen Worten zu wiederholen. Ein Beispiel: Fritz Perls über die
Verdrängung bei Freud 1944: «Wir wissen immer noch nichts über
die Dynamik der Aggression, obwohl schon Freud darauf hingewiesen hat, daß verdrängte Energien nicht nur nicht verschwinden, sondern sogar gefährlicher und wirksamer werden können, wenn man
sie in den Untergrund treibt.»
Perls 1969.
«Ich glaube nicht an das Verdrängte. Die ganze Verdrängungstheo-
rie ist falsch. Wir können ein Bedürfnis nicht verdrängen. Wir haben
nur bestimmte Äußerungsweisen dieser Bedürfnisse verdrängt. Wir
haben die eine Seite abgeblockt, und dann kommt die Selbstäuße-
rung anderswo heraus, in unseren Bewegungen, in unserer Haltung
und vor allem in unserer Stimme. Ein guter Therapeut hört nicht auf
den Inhalt von dem Geschwätz, das der Patient hervorbringt, sondern auf den Klang, die Musik, das Zögern.»
Diese «Technik», mit dem «Vater» umzugehen, findet man bei vielen Schülern, Mitarbeitern, Nachfolgern des Meisters, wobei sich
manche noch dazu bemühen, die Vatermordtheorie von Freud
ebenfalls als völlig falsch hinzustellen. Ich möchte bei dieser Feststellung nicht mißverstanden werden: Freud hat das eben zitierte
Geschehen als psychologisches Naturgesetz erkannt, und dieses gilt
eben auch für seine oft außerordentlich fruchtbaren, hochintelligen-
ten und auch mit ihren Patienten erfolgreichen Epigonen. Daraus,
daß sie die Theorie des Vaters für tot erklären und sie dann in
einem neuen Gewand wieder herausbringen, kann man nicht ableiten, daß ihre neue Technik und/oder Theorie nicht brauchbar wäre.
Sie gehorchen in ihrem Verhalten nur eben jenen Gesetzen, denen
die Menschen wenigstens unserer Kultur gehorchen. Ich betone unserer Kultur, weil wir ja zum Beispiel nicht wissen, wie diese Dinge
in einer Muttergesellschaft ablaufen. Und wenn Fritz Perls – der
sicher eine faszinierende, originelle und geniale Persönlichkeit war
und viel zur Auflockerung der Psychotherapie beigetragen hat –
davon spricht, daß Freud auf die Emotion keine oder zuwenig

Rücksicht nahm, so will er eben die entsprechenden Stellen bei
Freud – die schon bei der ersten gemeinsamen Arbeit mit Breuer zu
finden sind, nicht wahrhaben. Das ändert nichts an der Faszination,
die Fritz Perls ausstrahlte und noch heute in seinen Büchern aus-
strahlt, das ändert nichts an den Erfolgen der Gestalttherapie, die
freilich in der schulmedizinischen Psychotherapie nur selten verwendet wird.
Fritz Perls geht einmal von der – insgesamt sehr komplizierten –
Gestaltpsychologie aus, die einige einfach verständliche Grundlagen
hat. Gestalt meint u. a., daß das Ganze verschiedener Einzelheiten
mehr ist als einfach die Summe. Für einen Chinesen ist – falls er
unsere Buchstaben lesen, aber die Sprache nicht verstehen kann –
ein Wort eine bestimmte Anzahl von Buchstaben, wobei einige der
Zeichen vielleicht mehrmals wiederkehren. Für jemanden, der die
Sprache kennt, ist «Haus» oder «Liebe» oder «Tod» viel mehr als
eine bloße Buchstabenaneinanderreihung.
Oder: Ein Zeichen ändert seine Bedeutung wesentlich nach dem
Zusammenhang, nach der «Gestalt», in der es auftritt.

O1234   **1**
T   **OTTO**
T   **3**
O   **4**

Liest man die erste Reihe der linken Zeichenkette von oben nach
unten, so ist das Zeichen O der erste Buchstabe eines Wortes. Liest
man sie waagrecht, ein Symbol aus der Zahlenreihe: die Null. Sinn-
gemäßes gilt für die rechte Zahlen-Buchstaben-Figur. Dabei lesen
wir, wie Sie bemerken werden, immer das, was wir erwarten. Niemand wird etwa Nulltto lesen, es sei denn, er versteht die Bedeutung
der Buchstabenreihe Otto nicht, dann hängt es eher vom Zufall ab,
ob er das Zeichen O für ein O oder eine Null hält.
Ein bekanntes Beispiel ist auch die Reihe

     12   13   14

Was lesen Sie, wenn Sie umblättern?

Einmal erwarten wir die Zahl, das andere Mal den Buchstaben, und das erwartete Zeichen lesen wir dann auch so.

Daß man nach dem handelt, was man erwartet, hat auch zu vielen Verkehrsunfällen geführt, bis es verboten wurde, eine Ampel, deren Schaltung in der Abfolge Rot = Stop, Gelb = Achtung, Grün = Fahren erwartet wurde, ohne Vorwarnung von Rot – Gelb wieder zurück auf Rot zu schalten. Bis der Verkehrsteilnehmer merkt, daß nicht das erwartete Grün, sondern wieder das Zeichen Rot für Halt! kam, ist er schon einige Meter gefahren.

Die Gestalttheorie ist aber nur eine Grundlage für Perls Therapie. Vielleicht sein wichtigster – wenn auch im Ansatz wohl übertriebener – Einfall war das Hier und Jetzt. Nicht, was Freud aus den Tiefen des Unbewußten an altem, «verstaubtem» Material herausholte, ist für ihn wichtig, sondern das Empfinden, die Muskelspannung, der Ärger, die Wut, die ich jetzt empfinde und womöglich auch auslassen soll. Und um auszulassen, auszuagieren, wie man in einem technischen Ausdruck sagen würde, hat Perls erhebliche Anleihen beim Psychodrama von Moreno (Seite 182) gemacht. Er läßt zwar nicht mehrere Personen spielen, sondern jeweils den Patienten mit einem seiner Ichs oder einem seiner Kontrahenten (Vater, Mutter, Vorgesetzter), der durch einen Sessel repräsentiert wird. Da kann man sich dann auch immer wieder umsetzen und mit dem anderen Ich streiten. Perls, bzw. seine Nachfolger führen dabei oft recht deutlich Regie. Er mißt der Freudschen Übertragung keine wesentliche Bedeutung bei. Trotzdem spielt sie aber natürlich eine große Rolle, wie wir das ja auch bei der klientenzentrierten Therapie von Rogers (Seite 280) finden.

Das größte Verdienst Perls war meines Erachtens, daß er offen und mit Leidenschaft für die Integration der psychotherapeutischen Methoden eintrat und nichts von der Heiligkeit der Elfenbeintürme der einzelnen Schulen, die sich ja auch heute meist noch heftig bekämpfen, wissen wollte.

Er schrieb 1944: «Heute gibt es viele Psychologien und jede Schule hat recht, zumindest teilweise. Aber leider ist auch jede Schule selbstgerecht. Der tolerante Psychologieprofessor nimmt meistens die verschiedenen Schulen aus ihren Schubladen heraus, diskutiert sie, zeigt seine Vorliebe für die eine oder andere – aber wie wenig tut er für ihre Integration! Ich habe versucht zu zeigen, daß man etwas derartiges tun kann, wenn man die trennenden Abgründe überbrückt, ...»

Aus der Praxis

Wer Gestaltworkshops mitmacht, wird von einem lebhaften Therapeuten geführt, vielleicht nicht immer so lebhaft wie der quicklebendige Fritz Perls (der für seine Patienten immer der «Fritz» war), aber anordnend, ordnend, eingreifend, wann immer der Mitspielende etwas tut, was nicht ins Schema der Perlsschen Therapie paßt. Wenn also zum Beispiel der Grundsatz, daß eine an der Vergangenheit orientierte Therapie (wie die Psychoanalyse von Perls' Lehrer Freud) unwirksam sei, verletzt zu werden droht und der Patient einen Ausflug in die Vergangenheit zu machen versucht, dann heißt es rasch: hiergeblieben! Wir arbeiten im Hier und Jetzt. Die Gestalttherapie ist übrigens eine sehr aufregende und oft verblüffende Methode.

Und sie ist eindrucksvoll, wenn zum Beispiel die Patientin einer Nervenheilanstalt von Perls aufgefordert wird, sie möge den Satz «Ich will nicht weinen» gemäß einer seiner Techniken mehrmals wiederholen. Sie tut es, tonlos, ausdruckslos, stumpf. Aber ihr Arm schlägt dabei immer wieder gegen die Hüfte. Auf die Frage, warum das so ablaufe, bricht es aus ihr heraus: «Es ist wie eine Mutter, die ihr Kind schlägt... meine Mutter kann nichts als für mich beten.» «Können Sie für sich beten?» frägt Perls, und sie beginnt apathisch zu beten, bis sie plötzlich flehend ausruft: «Gott, gib mir Gesundheit!» und in Tränen ausbricht. Perls hat sie zum ersten Mal dazu gebracht, ein Gefühl zu zeigen, ein Bedürfnis zu äußern, und hat damit ein Tor aufgemacht, das sehr wohl zur Heilung und Besserung führen kann.

Wer es selbst einmal versuchen will

Was Sie brauchen:
    einen ruhigen Raum
    zwei Stühle
    ein bißchen Mut
    ein bißchen Phantasie

Nun nehmen Sie eines Ihrer Probleme – sagen wir Ihre Sorge um die berufliche Entwicklung oder Ihre Beziehung zu einer Ihnen wichtigen Person. Setzen Sie Ihre Sorge oder Maria, Ihre Problembeziehung, auf den Stuhl vis-à-vis und beginnen Sie sich zu unterhalten. Sagen wir als Maria: «Warum bist du immer so kalt mit mir, nachdem wir einmal ein paar schöne Stunden hatten?» Und nun warten Sie, was die Maria am vorher leeren Stuhl – Sie haben SIE ja jetzt hingesetzt – antwortet. Wenn Sie Ihre Phantasie ein wenig spielen lassen, kann ein sehr nützlicher Dialog mit der fiktiven Maria daraus werden, in dem Sie sich und sie besser kennenlernen.

Hugging

Umarmen, Umarmen, Umarmen

Kathleen Keating R.N., M.A.,* war Direktorin der Abteilung für berufsbegleitende Fortbildung des Woodview-Calabasas-Krankenhauses in Calabasas, Californien und ließ sich unter anderem in Biofeedback und Gestalttherapie ausbilden.

Ihr Lebensanliegen ist es, «die verschiedensten Dimensionen der Liebe zu fühlen, um sie zu wissen und sie zu lehren; den Mut sich einzusetzen; ausreichend verwundbar zu sein, um geben und nehmen zu können; Empfindsamkeit für Mitgefühl und die Kraft des Zornes zu haben; offen zu sein für die Freuden des Spieles und das tiefe, tiefe Vergnügen einer warmherzigen Umarmung.»

Sie war auch in Esalen, dessen eigentümliche Atmosphäre ich ebenfalls erleben konnte, und ich glaube, man sollte sie, wenn die Sache anfangs auch mehr wie ein Scherz oder ein Gesellschaftsspiel aussieht, ernst nehmen. Sie geht von der – weitgehend wissenschaftlich untermauerten Theorie – aus, daß wir Berührung brauchen. Wir, das heißt wenigstens alle Säugetiere. Wer je im Film oder in der Wirklichkeit gesehen hat, zu welch emotionaler Verkümmerung ein Äffchen kommt, wenn man ihm statt der Mutterbrust ein Stahlgestell mit einer Flasche anbietet, hat schon einen Schritt zur Erkenntnis der Ursachen menschlicher Neurosen gemacht.

Was man früher bestenfalls heimlich und mit einem schlechten Ge-

---

* (R.N. = «Registered Nurse», anerkannte Krankenschwester, M.A. = «Master of Arts», ein englisch-amerikanischer akademischer Grad)

wissen machte (eine Ausnahme waren vielleicht Sterbende), wagt man in Amerika heute offiziell in manchen Kliniken als anerkannte Methode: den Touch, also das Berühren und Streicheln als Mittel gegen Depressionen, gegen Schmerzen, um den Lebenswillen des Patienten zu stärken, und vieles andere mehr. So segensreich ein Brutkasten für das Überleben eines Babys ist, wenn es aus dem Käfig herauskommt, hat es einen hohen Nachholbedarf an Streicheleinheiten.

Unter all den möglichen Berührungen hat sich Kathleen Keating die Umarmung als ihre spezielle Therapieform herausgesucht. «Embrace» ist englisch die ernste Umarmung, so unverbindlich, wie sich der amerikanische Präsident und der russische Parteisekretär scheinbar liebevoll umfangen, so distanziert, wie ein Rektor eine Umarmung andeutet, wenn er einen ihm unbekannten Kandidaten zum Meister der schönen Künste oder zum Doktor der Medizin macht. «To hug» heißt etwas anderes, es schließt das Gefühl mit ein, die liebende Zuwendung, das Trösten, Beruhigen – eine Art der Zuwendung, die lange Zeit tabuisiert war, obwohl sich auch Freud nicht scheute, gelegentlich eine Patientin tröstend zu umarmen.

Wer davon sexuelle Abenteuer erwartet, wird als Patient ebenso enttäuscht sein wie als Therapeut. Natürlich handelt es sich letztlich bei jeder Therapie um etwas, das dem ärztlichen Eros verbunden ist. Wo aber die Sexualität anfängt, hört die Therapie auf. Man muß dazu gar keine besonderen ethischen Dimensionen heranziehen, die für jede Behandlung ebenso wichtig sind, in verschiedenen Kulturen aber unter Umständen verschieden aufgefaßt werden. Eine biologisch-psychologische Feststellung genügt: Es gibt wohl kaum Sexualität ohne gegenseitige Abhängigkeit! Deshalb waren zwar mit Apparaten die wichtigen Forschungen von Masters und Johnson möglich, aber eben deshalb mußte auch die Liebestherapie des amerikanischen Psychoanalytikers Martin Shepard scheitern. Sie wäre auch gescheitert, wenn man ihn nicht von Standes wegen verdammt hätte. Denn seine Idee, mit unmittelbarer sexueller «Liebe» das Selbstbewußtsein der Patienten zu heben, wobei er (und seine Schüler) als Partner(-ersatz) fungierten, bedingt doch wohl eine Art der zwischenmenschlichen Beziehung, die entweder zwischen Therapeut und Patient nicht da ist oder, wenn sie da ist, eine gegenseitige Abhängigkeit erzeugt, die jede therapeutische «Neutralität» unmöglich macht.

Die Voraussetzungen, ein Hugging-Patient oder -Therapeut zu werden, bezeichnet Kathleen Keating als ganz einfach. Sie schreibt bewußt oder unbewußt naiv, man müsse nur einfach S E I N – just BEING. Sie verlangt damit aber wohl das Schwerste im Leben überhaupt. Wir kennen die Forderung zum Beispiel von den Zen-Meistern. Freilich ließen und lassen diese Weisen den Menschen viele Jahre üben und meditieren, um dieses JUST BEING – wenn man es ernst nimmt – allmählich zu erlernen.

Aber trotzdem, Kathleen Keating hat schon recht, man kann es durchaus versuchen und kann vielleicht auch besser (das hängt wohl von der Person ab) statt mit Za Zen-Sitzen, mit Hugging (also immer mit wenigstens einem Partner) zum letzten Ziel des Lebens gelangen: ein wenig leichter zu leben, ein wenig mehr zu lieben und ein wenig mehr Freude zu bereiten und zu empfinden.

Es gibt einige Regeln, die der Hug-Adept einhalten muß.

1. Hug-Therapie ist immer asexuell – so sollen auch alle Umarmungen sein.
2. Man darf nicht unvorhergesehen «hugg»en. Versichern Sie sich vorher der verbalen oder nonverbalen Einwilligung des Hug-Partners oder des Therapeuten (denn diese sind auch schreckhaft, wie wir es von Freud wissen und neuerdings auch im Kino und Fernsehen gezeigt bekommen).
3. Wer eine Umarmung will, sollte vorher ausdrücken, was er braucht.

Es gibt die verschiedensten Arten des Hugging, man sollte sie, wie der Mediziner sagen würde, den jeweiligen Indikationen anpassen. So kann ein Großer bei einem Kleinen mit der Bärenumarmung Angst und das Gefühl des Erstickens auslösen, er kann ihm aber auch unendlich viel Geborgenheit geben. Ich glaube, Sie sehen schon, wo es hinausgeht. Wenn Sie ernsthaft Hugging lernen wollen, sollten Sie sich das Büchlein THE HUG THERAPY besorgen. Ich hoffe, es wird auch bald eine deutsche Ausgabe geben. Und zum Abschluß des Kapitels sollte – und möchte – ich Ihnen sagen: Seien Sie herzlich umarmt dafür, daß Sie bis hierher ausgehalten und mitgelesen haben.

Hypnose

Was wir seit 200 Jahren Hypnose nennen, ist sicher das älteste der psychotherapeutischen Verfahren. Rudimente davon findet man schon in der Tierwelt. Ein malerisches Beispiel ist die Blauwalmutter, die ihr Baby «singend» in den Schlaf wiegt. Eine Form der Autohypnose kann man bei Tieren sehen, die sich im Käfig stundenlang von vorne nach hinten und zurück oder von rechts nach links und zurück wiegen und dabei in einen richtigen Trancezustand kommen.

Schmerzausschaltung, Traum- und Visionserzeugung in Trance und ähnliche Phänomene gehören zum Wissen praktisch aller Schamanen, Medizinmänner und Zauberpriester.

Franz Anton Mesmer – der Wiener Arzt und weltberühmte Heiler, den wir schon auf Seite 75 kennengelernt haben und dessen Tage elend im Krankenhaus von Meersburg endeten, machte eine Wissenschaft daraus. Über seine Theorie, es handle sich um einen tierischen «Magnetismus», die dem Denken seiner Zeit entgegenkam, habe ich dort schon berichtet.

Ehrlicherweise müssen wir heute bekennen, daß wir das Phänomen zwar besser kennen, daß wir besser damit umzugehen gelernt haben, daß wir aber seiner Theorie auch keine allgemeingültige Annahme gegenüberstellen können.

Trotzdem: die Hypnose gehört heute zum Lehrprogramm der Hochschulen und wird – meines Erachtens viel zu wenig – im wissenschaftlichen Rahmen angewendet. Das hat zum Teil sicher damit zu tun, daß wir bei Medikamenten mit größerer Sicherheit voraussagen können, was geschehen wird, wenn wir sie anwenden, und der Wert des Einsparens von Präparaten auch heute – allen «grünen» Bemühungen zum Trotz – noch nicht voll anerkannt ist. Auch leuchtet es dem noch immer sehr technikorientierten Menschen immer noch mehr ein, wenn man ihn an ein elektrisches «Schlafgerät» anschließt, als wenn man eine lange Zeit von vielen Geheimnissen umgebene und fast ebensolang von zünftigen Freudschülern in der Nachfolge des Meisters abgelehnte und angefeindete Methode anwenden will.

Der Wundertäter aus Arizona

Wenn man Bücher oder andere Berichte über den Hypnotiseur Milton H. Erickson liest, so stößt man immer wieder auf das Wort Wunder, auf «unglaubliche» Heilungen vor allem bei Patienten, bei denen vorher alle Therapeuten versagt hatten. Ich glaube, man tut dem lange an den Rollstuhl gefesselten, zeit seines Lebens nie ganz gesunden «Wundermann» aus Arizona unrecht. Auf Grund seiner eigenen Krankheiten hatte er sicher ein unglaublich gutes Einfühlungsvermögen, wenn man ihm aber zusah oder die Originalberichte über seine Arbeit studiert, so tat er nichts ohne vorherige Überlegung, nichts, so würde ich glauben, ohne einen guten und vernünftigen Hintergrund. Er arbeitete auch viel mit Geisteskranken. Die Idee, sich in den Wahn «einzubauen», etwa einen Patienten, der sich für Jesus hält und nichts arbeiten will, als Zimmermann einzusetzen, ist, wenn auch leider viel zu wenig verwendet, nicht neu, aber gut und logisch.

Das Wesentlichste an seiner hypnotischen Arbeit war meines Erachtens die Tatsache, daß er ständig mit dem Hypnotisierten in Kontakt blieb und auf seine Wünsche einging. Er hat auch eine alte indische Hypnosetechnik wiederbelebt: Den Menschen, den man hypnotisieren' will, durch etwas Verblüffendes überraschend an sich zu fesseln. Warf der indische Meister ein paar kostbare Edelsteine in eine Ecke und begann danach den faszinierten Besucher mit ruhiger Stimme zu hypnotisieren, stellte Erickson überraschende, scheinbar sinnlose Fragen, benützte die Verwirrtechnik oder gab der Versuchsperson einfach die Hand, die er nicht mehr ausließ, ihr in die Augen sah, hörbar ausatmete und sie so allmählich in den Trancezustand führte.

Vieles, was Erickson anwandte, stammt aus seinem eigenen Erleben mit der Krankheit. Nachdem er als 17jähriger zuhören mußte, wie ein mehr oder weniger einfühlsamer Arzt seiner Mutter sachlich mitteilte, ihr Junge werde die Nacht nicht überleben, rief das extreme Widerstands- und Überlebenskräfte in ihm wach, die wahrscheinlich ganz wesentlich dazu beitrugen, daß er am nächsten Morgen wider alle ärztliche Vorhersage ganz bewußt den Sonnenaufgang erlebte und seine Mutter nicht verließ. Aber er war schwerstbehindert, mußte erst allmählich, Stück für Stück wieder sprechen und sich bewegen lernen. Das Beispiel des schlechten Arztes und der Widerspruch – die «Inkongruenz» – zwischen dem, was sein Pflegepersonal sagte und was er an ihrem Ausdruck und Verhalten erkennen konnte, trug wesentlich zum Aufbau seiner späteren Theorien bei. Für ihn waren die Kindheits- und Jugenderlebnisse offensichtlich noch prägender als für C. G. Jung.

Erickson hat im Laufe seines Lebens vielen Geisteskranken, seelisch Gestörten, Ehepaaren und sogenannten «Gesunden» bei Problemen geholfen, hat auch einige wissenschaftliche Arbeiten geschrieben – das Zusammentragen seines Werkes überließ er aber Schülern und Freunden. Der Erickson-Boom kam erst nach seinem Tod 1980. Jedenfalls hat er mit seinem – sehr oft verblüffenden und unorthodoxen – Wirken vielen Hypnotherapeuten geholfen, vom ausgeleierten Pfad der Hypnose mit glänzenden Spitzen, beruhigenden und ermunternden Suggestionen usw. wegzukommen und eigene Wege zu suchen. Meines Erachtens das Wichtigste: er förderte die Kommunikation zwischen Hypnotiseur und Hypnotisierten und lehrte seine Schüler, auf jeden Menschen auf Grund seiner einmaligen, unwiederholbaren Persönlichkeit und nicht auf Grund irgendwelcher

Theorien einzugehen. Dem Leser dieses Buches wird dazu der «absolute Respekt vor dem Erleben des Patienten» einfallen.

Wozu kann man die Hypnose nun verwenden?

Ein Hauptgebiet wäre das Ausschalten oder Lindern von Schmerzen ohne Medikamente. Es ist ganz unbestritten, daß man in Hypnose schmerzfrei operieren, Zähneziehen, Entbinden usw. kann, und es ist auch unbestritten, daß man damit bei Krebskranken Schmerzen erfolgreich bekämpft. Dort, wo es funktioniert, funktioniert es auch regelmäßig und sicher. Trotzdem sind die Widerstände so groß, daß man nach wie vor schwere schmerzstillende Mittel vorzieht. Sie haben noch dazu den Nachteil, daß sie immer weniger wirken, während die Hypnose – wie die meisten anderen suggestiven Maßnahmen – umso stärker wirkt, je länger man sie anwendet.

Der Rahmen, in dem man die Hypnose anwenden kann und auch anwendet, ist aber noch viel breiter: vom Aufdecken vergessener oder verdrängter Episoden bis zur – oft sehr raschen – Heilung des Scheidenkrampfes und der Impotenz (die beide schon so manche Ehe in Frage gestellt haben) ist die Liste der Indikationen lang, sie umfaßt unter anderem:

Asthma (im Anfall und zur Vorbeugung)
Augenlidkrämpfe
Darmerkrankungen (zum Beispiel Colitis und Zwölffingerdarmgeschwür)
Gelenkerkrankungen (Beweglichmachen in Hypnose)
Heuschnupfen
Herzrhythmusstörungen
Hoher und niedriger Blutdruck
Impotenz
Magenleiden
Menstruationsstörungen
Migräne
Kopfschmerzen verschiedener Art
«Peitschenschlagsyndrom» (vor allem nach Verkehrsunfällen)
Schmerzbekämpfung (Krebs!)
Schwangerschaftserbrechen
Sexuelle Probleme (vorzeitiger Samenerguß, «Frigidität»)
Stuhlverstopfung
Übergewicht
(seelisch bedingte) Unfruchtbarkeit
Vorsteherdrüsenerkrankungen (zur Entspannung und Beruhigung)

Zur Hypnose ist der Hypnotiseur nötig. Im Idealfall ist es ein darin gut ausgebildeter Arzt. Für Spezialaufgaben (zum Beispiel zur Schmerzbekämpfung) bildet man – unter anderem in Amerika – Krankenschwestern aus. Darüber hinaus gibt es in Amerika und in Europa Hypnotherapeuten, die eine gründliche Ausbildung (zum Teil an Instituten, die mit Universitäten zusammenarbeiten) absolviert haben.

Wo Heilpraktiker ein Bestandteil des Gesundheitswesens sind, (BRD, Schweiz), befassen sich natürlich auch diese mit Hypnose und müssen für ihre Standesorganisationen meist eine mehr oder weniger gründliche Ausbildung nachweisen.

Manche Anwendung der Hypnose, die ja ein allgemeines Naturphänomen ist, bewegt sich im Niemandsland der Gesetze. Wie gut oder wie schlecht das ist, müssen Politiker und Gesetzgeber beurteilen. Daß wir Ärzte häufig damit nicht glücklich sind, liegt in der Natur der Sache. Aber es gibt natürlich auch graduierte Mediziner, die von sich aus ihre Patienten zu Wundertätern schicken.

Dazu noch eine Überlegung: wenn einer meiner Patienten mich fragt, ob ich damit einverstanden bin, daß er zu einem «Wundermann» oder einer Wunderfrau geht, bespreche ich mit ihm das Für und Wider (vor allem **sein** Für und Wider) und lasse ihn, wenn er will, durchaus mit meiner Einwilligung zur «Konkurrenz» gehen. Das Vertrauen zum Arzt sollte nicht durch Geheimnisse, die man vor ihm haben muß, damit er nicht gekränkt ist, getrübt werden.

Wenn freilich jemand zum Beispiel Krebs hat und die Operation dadurch auch nur um Stunden oder Tage hinausgezögert werden könnte, versuche ich ihm oder ihr deutlich zu machen, welches Risiko er oder sie damit eingehen. Wo Suggestion ein Heilfaktor sein kann oder wo die Medizin nicht mehr helfen kann, ist der Wundermann oft mächtiger als der durch seine Wissenschaft – und die damit verbundenen Zweifel an seiner Allmacht – behinderte gut ausgebildete Arzt. Fanatische Eiferer wirken ja leider auch sonst häufig überzeugender als sachlich argumentierende Fachleute. Warum sollte man hier diese kaum zu leugnende Tatsache nicht nützen, solange wir keinen Weg finden, die Kraft der Suggestion eines bedingungslos an sich glaubenden Heilers durch eine wissenschaftlich verwertbare Technik zu ersetzen.

Andere Hypnosemittel

Man kann den Trancezustand der Hypnose auch ohne Worte, ohne direkte Suggestion erreichen, zum Beispiel mit einem Tonband, das nichts anderes hören läßt als das Rauschen eines Baches, des Regens oder eines Wasserfalles. Hier ergibt sich unter Umständen die Gefahr des nicht ausreichenden Aufweckens, die man auf besprochenen Tonbändern mit deutlichen Wecksuggestionen, die sicherheitshalber entsprechend oft wiederholt werden, ausschalten kann. Handelt es sich um ein «Rauschband» (es kann auch ein «weißes» Rauschen aus einem Rauschgenerator sein, also ein Wasserfall aus der elektronischen Trickkiste), so schläft der Ruhesuchende dabei sanft ein und erwacht nach einiger Zeit, spätestens am nächsten Morgen. Fälle, bei denen jemand aus einem solchen Zustand – sagen wir vielleicht Teilhypnose – nicht wieder erwachte, sind meines Wissens bisher in der medizinischen Literatur noch nicht beschrieben. Bekannt ist das Einschlafen mit Hilfe des Fernsehens von BBC-Sendungen, die eigens dazu geschaffen wurden. Die Zuseher, die ja einschlafen wollen, entschlummern zu einem hohen Prozentsatz noch während der Sendung, ein Teil erst, nachdem sie das Gerät abgeschaltet haben.

An die Stelle des Hypnotiseurs kann auch das Tonband oder ein anderer Tonträger treten. Das wird heute schon reichlich genützt. Wie weit diese Methode nützlich ist, wenn es vorher keinen persönlichen Kontakt zum Behandler gibt, darüber fehlen im Augenblick noch ausreichende Untersuchungen. Da wir schon beim Tonband sind, eine andere Methode mit diesem Tonträger ist das

Tapecounseling

Behandlung via Tonband

Anfangs aus der Not der Umstände vor etwa 10 Jahren entwickelt, hat sich dieses Verfahren in der letzten Zeit immer mehr bewährt. Es ging darum, eine Möglichkeit zu schaffen, Patienten, die in eine Weltgegend verschlagen wurden, in der sie keine Psychotherapie finden konnten (etwa weil der nächste Psychotherapeut 3000 km weit entfernt arbeitete), die Fortführung einer schon begonnenen Arbeit in diesem Sinne möglich zu machen.

Die Technik ist einfach und die anfängliche Scheu vor dem elektronischen Teufelswerk bald überwunden. Man benötigt auf der Patientenseite ein Tonbandgerät mit Aufnahmemöglichkeit und beim Therapeuten zwei Geräte, eines davon wieder mit Mikrophon. Der Patient spricht nun auf das Tonband, was er bisher direkt dem Arzt an Problemen, freien Einfällen usw. von der Couch oder dem Stuhl aus mitgeteilt hat, und sendet das Band dem Arzt. Gegen ein unbefugtes Abhören des Bandes durch einen Dritten kann man Sicherungen einbauen.

Der Therapeut hört das Band ab und läßt dabei gleichzeitig ein Aufnahmegerät laufen. Wann immer er eine Bemerkung machen will, unterbricht er das Band des Patienten, sagt, was er zu sagen hat, und schaltet dann das andere Band wieder ein. Dadurch werden beide Stimmen registriert und der Patient erhält nun das Band mit seiner Stimme und den Kommentaren, Ratschlägen, Anregungen usw. des Arztes. Am nächsten Band kann er, wenn ihm zu dem vorigen etwas einfällt, wieder dazu Stellung nehmen.

Nach längerer Arbeit hat sich herausgestellt, daß man in Notfällen mit dieser Methode eine Therapie auch ganz neu beginnen kann. Und solche Notfälle gibt es immer wieder. Wenn jemand aus einer entlegenen Gegend zur Diagnose und Untersuchung in «die Stadt» fährt, wenn sich herausstellt, daß er zwar Hilfe durch einen Psychotherapeuten bräuchte, ein solcher für ihn aber unerreichbar ist.

Wir kennen aber auch einige Fälle, wo einfach der oder die Kranke aufgrund ihrer schweren Neurose gar nicht in der Lage sind, aus dem Haus zu gehen oder eine fremde Person zu sich in den Raum kommen zu lassen. Man kann manchmal bei solchen Fällen den Patienten mit Hilfe der modernen Psychopharmaka «therapiefähig» machen, manchmal geht aber aus verschiedenen Gründen auch das nicht, und hier bietet sich das Tapecounseling ebenfalls als Ausweg an, bis ein persönlicher Kontakt möglich wird.

Ob die immer noch kostspielige Erweiterung der Methode auf Videotechnik wesentliche Vorteile hat, kann ich noch nicht beurteilen. Wenn Arzt oder Patient etwas zeigen wollen, wäre hier eine weitere Möglichkeit gegeben.

Tapecounseling ist im Augenblick auch die einzige Möglichkeit, ohne direkten Kontakt das Autogene Training nach I. H. Schultz – das man ja bekanntlich weder nach einem Buch noch nach einer Schallplatte oder einem Band erlernen kann – wenigstens einigermaßen kunstgerecht zu vermitteln. Es fehlt zwar immer noch der Effekt der Gruppe, aber es gibt wenigstens eine eingeschränkte Möglichkeit des persönlichen Geschehens – der Übertragung und Gegenübertragung – ohne die man zwar zum Beispiel ohne weiteres Selbsthypnose lernen kann, aber eben nicht das klassische Autogene Training. Natürlich kann man diese Therapie ebenfalls mit der von mir immer wieder geforderten Absicherung durch Tests bzw. durch eine Test-batterie in regelmäßigen Abständen kombinieren.

Katathymes Bilderleben

Die Erlebnisse des Menschen, der phantasiert, träumt, Vorstellun-gen hat, halluziniert oder «Pseudohalluzinationen» erlebt (siehe Seite 171), wie in der Oberstufe des Autogenen Trainings, sind im-mer mit einem etwas veränderten Bewußtseinszustand verbunden. Man unterscheidet nun nach Karl Jaspers zwischen der Vorstellung und dem katathymen Bild, jenem Geschehen, von dem auch Freud spricht, wenn er vom Traumbild sagt: «Wir heißen es Regression, wenn sich im Traum die Vorstellung in das sinnliche Bild rückver-wandelt, aus dem es irgendeinmal hervorgegangen ist.»
Katathyme Bilder haben «bestimmte Zeichnung und stehen mit al-len Details vor uns.» Sie werden «wie erlebt» empfunden und sind meist farbig. Manchmal ist der Erlebende überhaupt ganz in das Bild eingebunden. Sie können nur indirekt willentlich hervorgerufen wer-den (eben durch Übungen, Meditation usw.), kommen aber, wenig beeinflußbar, nach ihren eigenen Gesetzen. Sie sind dauerhaft und müssen nicht, ja können gar nicht willentlich beeinflußt werden. Meist sind sie fort, wenn man versucht, sie festzuhalten.
Vorstellungen haben «unbestimmte Zeichnung, stehen unbestimmt und nur in einzelnen Details vor uns.» Sie sind meist grau in grau und nur einzelne Teile sind oft wirklich und «leibhaftig». Sie unter-stehen dem Willen, bleiben aber nicht konstant, sondern müssen immer wieder «gerufen» werden. Man kann sie willentlich deutlicher machen.
Prof. Leuner hat nun in den fünfziger Jahren begonnen, eine Me-thode, die der Internist Happich und vor ihm schon der französische «Laienanalytiker» Roger Désoille entwickelt haben, weiter auszuge-stalten. Désoille führte in seinen «gelenkten Tagträumen» (rêves éveillés dirigés) die Patienten auf Bergspitzen, an den Meeresstrand und auf den Meeresboden, «in» den Berg, in den Wald, in eine Kapelle usw. Désoille hat sich später vom analytischen Denken abge-wandt und sich mehr den Pawlowschen Ideen verschrieben, mit denen er alles, was in seiner Therapiemethode vorkam, erklären wollte.
Leuner machte seinerseits nun die Beobachtung, daß die «wissen-schaftlich-klinische» Verwertbarkeit der Methoden – wie etwa der Oberstufe des Autogenen Trainings – von der «Folgerichtigkeit und

216

Straffheit des methodischen Vorgehens abhängt». Und es ist ihm auch gelungen, im katathymen Bilderleben ein Verfahren zu entwikkeln, das außerordentlich gut durchstrukturiert ist. So gelingt ihm – im Gegensatz zur Psychoanalyse, wo man mit dem «freien Einfall» und dem, ebenfalls nicht gesteuerten, Traum arbeitet oder zur Analytischen Oberstufe des Autogenen Trainings mit ihrem «absoluten Respekt vor dem Erleben des Übenden» – eine «kontrollierte Regression» unter dem Schutz des Therapeuten.

Der Patient übt unter Anweisung, erzählt von dem, was er sieht und bekommt vom Therapeuten Hinweise, was er im gegebenen Fall tun könnte: zum Beispiel ein Ungeheuer, das aufgetaucht ist, füttern, um es zu besänftigen.

Leuner hat selbst den wesentlichen Unterschied etwa zur analytischen Oberstufe des Autogenen Trainings bei der Besprechung der Übertragungssituation im Katathymen Bilderleben klar beschrieben: «Wie bei Tauchunternehmungen nach der alten Technik steigt der Patient von der Oberfläche des Wassers, d. h. von einem Schiff, in die Tiefe. Alle Beziehungen zur Außenwelt werden vom Leiter der Expedition von Bord des Schiffes geregelt: Versorgung mit Sauerstoff durch den Schlauch, mit Werkzeugen zur Erfüllung der Aufgaben in der Tiefe, mit Anleitung und Erteilung von Ratschlägen durchs Telefon... Alle seine Realitäts – und Außenbeziehungen, d. h. die Teile seines maturen (reifen) Ich, sind dabei an das Ich des Therapeuten delegiert.»

Im Gegensatz dazu ist, wie ich schon dargestellt habe, der Übende in der analytischen Oberstufe des Autogenen Trainings in den Tiefen seines Unbewußten bzw. in seiner Psychodynamik völlig allein unterwegs, häufig nicht einmal mit einer Tauchermaske, und alle Werkzeuge, die er unterwegs eventuell brauchen könnte, muß er sich selbst «erarbeiten», bzw. es seinem Unbewußten überlassen, was es ihm zur Verfügung stellt.

Leuners Methode kommt dem heutigen Trend nach mehr «Führung», nach strafferer Organisation also sehr entgegen. Aus dem katathymen Bilderleben wurde ein weitverbreitetes Psychotherapieverfahren, das sowohl «oberflächlich» psychologisch als auch tiefenpsychologisch fest fundiert ist. Die Bildbereiche sind klar umrissen und strukturiert, auch der Therapeut ist also in ein – auch ihn stützendes – Gerüst mit einbezogen.

Es gibt eine Grundstufe (Wiese, Bach, Berg, Haus, Waldrand), eine Mittelstufe (u. a. Rosenbusch, Autostoppen – Beziehungen zur Sexualität, Löwe – Aggression) und eine Oberstufe, in der Bilder von einem Sumpfloch, von einem Vulkan und vom Lesen in einem alten Folianten verwendet werden.

Der Kreis der Heilanzeigen des Katathymen Bilderlebens entspricht in etwa dem der meisten eher aktiven Psychotherapiemethoden, die analytische Oberstufe des Autogenen Trainings mit eingeschlossen, die wie gesagt ein selbständigeres Arbeiten des Patienten erfordert:

Psychosomatische Erkrankungen – bis zur Colitis Ulcerosa (also zur seelisch ausgelösten Darmentzündung mit Blutungen usw.)

Die sogenannte «vegetative Dystonie» – eine Verlegenheitsdiagnose, wenn der Patient gestört ist, aber keine wirklich faßbaren Krankheitszeichen vorhanden sind.

Begleitende Behandlung bei internistischer Therapie

Angst und phobische Zustände (Platzangst, Angst vor Enge, vor Giften usw.)

Neurosen, mit Ausnahme von Zwangsneurosen, die mit der Analytischen Oberstufe des Autogenen Trainings sehr wohl, wenn auch (was grundsätzlich gilt) sehr schwierig zu behandeln sind.

Psychoneurosen (siehe die Neurosenbeschreibung auf Seite 126) bei Kindern

Anpassungsstörungen in der Pubertät und grundsätzlich bei Jugendlichen.

Die Konzentrative Bewegungstherapie (Gindler-Stolze)

Auch an der Wiege dieser Psychotherapieform steht eine «Gymnastik»-Pädagogin aus den 20er Jahren: Elsa Gindler. Den Ausbau zu einem psychotherapeutischen Instrument verdankt das Verfahren Prof. Helmuth Stolze, dem langjährigen Leiter der Lindauer Psychotherapiewochen. Es handelt sich wie bei der Eutonie und vielen anderen Methoden «über den Körper» im wesentlichen darum, Erfahrungen beim Spüren des Körpers mit seelischen Haltungen und Erfahrungen zu verbinden und im folgenden therapeutischen Gespräch Problematiken zu entdecken und aufzulösen. Dabei kann so manches wieder «kathartisch», also einfach reinigend und ohne, daß etwas bewußt wird, wirksam werden.

Es gibt im wesentlichen keine vorgeschriebenen Übungen und keine «richtige» oder «falsche» Haltung, sondern, ähnlich wie in der passiven Annahme des Geschehens im Autogenen Training (die «passivierende Einwilligung) um ein Geschehen-Lassen und das Bearbeiten des Geschehenen allein oder gemeinsam mit dem Therapeuten.

Sie können es jederzeit selbst versuchen:
Man kann sich zum Beispiel ganz einfach einmal auf den Boden legen, Arme und Beine von sich strecken und beobachten, w i e man das macht und was man dabei empfindet. Der harte, flache Boden wird dabei von manchem unangenehm, von anderen wieder als Hilfe für die Übung empfunden. Eine Person wird vielleicht die Beine nicht weit öffnen können, sondern das Bedürfnis haben, sie – wie sich das gehört! – zu überkreuzen. Eine andere wird besonders ihre Rückenmuskulatur spüren und dabei – wie einer meiner Patienten – plötzlich das Gefühl haben, daß es Probleme mit dem «Rückgrat» anderen Menschen gegenüber gibt: «Genau besehen, zeige ich viel zuwenig Rückgrat und lasse mir viel zu viel gefallen!» Daß sich daraus eine Arbeit am eigenen Verhalten, an den Ursachen des «gebrochenen» Rückgrates usw. ergeben, ist ganz offensichtlich.
Offensichtlich ist aber auch, daß dieser Weg eben von vielen Therapien beschritten wird, daß sich viele Therapeutinnen und Therapeuten dabei sehr zurückhaltend, «analytisch», sehr «abstinent» verhalten und damit vieles erreichen, was auch bei orthodox analytischem Vorgehen an Selbsterkenntnis und Veränderung erreichbar ist.

Logotherapie

Viktor Frankl: Die Suche nach dem Sinn des Lebens

Entgegen der biologischen These von Freud, daß das Individuum nach Lusterfüllung strebe – oder nach Macht (Adler) – stellt Frankl, basierend auf der Existenzphilosophie von Heidegger, die Lust als Folge an das Ende der Kette: ich will, ich kann meinen Willen erfüllen, und das macht mir Lust. Das Ziel ist aber eben nicht die Lust, sondern der Sinn, der hinter der Willenserfüllung steht. Er stellt der Tiefen-Psychologie der anderen Schulen seine Höhen-Psychologie gegenüber und fragt (wie Rogers und Maslow) nach den Werten des Lebens, vor allem wohl, weil die Festsetzung der Werte durch die Religionen in weiten Bereichen der menschlichen Kultur viel an Bedeutung verloren hat.
Im Vordergrund steht also bei Frankl die Suche nach dem Sinn. Das ausgesprochene Ziel seiner Therapie ist es, dem Menschen wieder einen Sinn des Lebens zu geben, den so viele verloren haben.
Nun wissen wir aber aus der Erfahrung, daß eines der Zentralsymptome der Depression das Gefühl ist, das Leben habe keinen Sinn

mehr, sei an sich sinnlos. Damit geht auch der Verlust eines Zieles einher. Und ein Mensch ohne Gefühl für den Sinn seines Lebens und ohne ein Ziel hat das traurige Gefühl, eigentlich gar keine Existenzberechtigung mehr zu haben. Und ebenso lehrt die Erfahrung, daß wenigstens bei vielen dieser Patienten das Gefühl, das Leben habe einen Sinn, und die Freude an neuen Zielen wiederkommen, wenn sie das richtige Antidepressivum bekommen. Ja, es gibt Kranke, die morgens verzweifelt und depressiv das Leben traurig und sinnlos finden und dieses Gefühl verlieren, wenn man mit einem Medikament oder auch nur mit einer Tasse Tee oder Kaffee ihren Blutdruck hebt. Diese Depressivität bei niederem Blutdruck (wobei man wieder darüber streiten kann, was zuerst war, der «niedere» Druck oder die Verstimmung) kennt jeder Psychiater oder Psychotherapeut. Es ist verständlich, daß rein organisch ausgerichtete Behandler daraus nun ableiten, man müsse nicht psychotherapieren, sondern eben das richtige Medikament geben. Diese Hoffnung hatte ja auch Freud, der seine Jünger zur Eile in der analytischen Forschung antrieb, da ja in absehbarerer Zeit die Chemie ohnehin Stoffe finden würde, mit denen man alle seelischen Probleme werde lösen können.

Daß gerade Freud diese Idee haben konnte, zeigt, wie stark in den Menschen unserer Kultur die Hoffnung auf das «Alles ist machbar» verwurzelt ist. Denn man kann gerade die Erkenntnisse der Psychoanalyse wohl auch als einen bedeutenden Hinweis dafür ansehen, daß die Gesetze, die unser Seelenleben steuern, auch etwas mit dem Geistigen zu tun haben. Und wenn es dieses Geistige gibt, kann man das Seelenleben – aus der Natur der Sache heraus – nicht einfach mit Lernen oder mit Chemie beherrschen.

Was ist das «Geistige»?

Wenn etwa die strengen Behavioristen jeder «Weltanschauung» den Kampf ansagen und nur das gelten lassen wollen, was meß- und wägbar ist, so sagt Viktor Frankl klipp und klar, daß eine Psychotherapie ohne (bewußt oder unbewußt vertretene) Weltanschauung gar nicht möglich ist. Und man kommt kaum umhin festzustellen, daß das Verlangen nach strenger «Wissenschaftlichkeit» letztlich auch nichts anderes ist als eine Weltanschauung. Es ist nicht anzunehmen, daß auch extreme Vertreter dieser Richtung im Menschen wirklich nichts anderes als eine Maschine sehen (moderner: einen Computer = hirn-gesteuerten Apparat), denn ganz offensichtlich hat der Mensch irgendeine, bisher von den Meßverfahren nicht erfaßbare, aber doch zu beobachtende Reihe von Eigenschaften, die wir das «Geistige» nennen, das Wesen seiner Persönlichkeit oder was immer man für unvollkommene Ausdrücke dafür einsetzen will. Es ist wie beim Begriff ICH. Jeder weiß, was damit gemeint ist, und doch gibt es keine anerkannte, sondern nur unzählige, mehr oder weniger einleuchtende, Theorien dafür, was dieses ICH nun denn wirklich sei.

Frankl – und mit ihm viele Psychotherapeuten, wie etwa auch Maslow, Schultz usw. – stehen nun auf dem Standpunkt, daß in jedem Menschen eben jener «geistige Kern» ist. Dieser Kern aber kann nach Frankl nicht erkranken. Wenn es gelingt, zu ihm vorzustoßen oder zurückzukehren, müßte der Mensch auch «geheilt» sein.

Humanismus in der Psychotherapie

Maslow – die dritte Kraft

Begeistert war der amerikanische Psychologe Abraham Maslow von der Verhaltenstherapie, bis sein erstes Kind zur Welt kam. Seine Doktorarbeit befaßt sich mit der Geschlechts- und Rangordnung der Affen. Alles schien «Verhalten», alles «lernbar» und damit eben auch erklärbar. «Unser erstes Kind», so schrieb er in einem Musikerziehungsjournal, änderte mich als Psychologen. Es machte den Behaviorismus,* von dem ich mich hatte so begeistern lassen, so töricht, daß ich ihn nicht mehr verdauen konnte. Es war unmöglich.

Bei der Begeisterungsfähigkeit (und Einseitigkeit), die aus dem Zitat zu erkennen ist, ist es kein Wunder, daß Maslow – zu alt für den amerikanischen Militärdienst gegen Hitler – beschloß, eine «Psychologie für die Friedenskonferenz» zu schaffen. Er traute dem Menschen mehr zu als Haß, Vorurteil und Problemlösung durch Gewalt und war entschlossen, auch jene Dinge in die Wissenschaft einzuführen, die bisher streng ausgeschlossen blieben: Dichtung, Kunst, Glaube, menschliche Werte.

Dann hatte er die Möglichkeit, die Schwarzfußindianer wissenschaftlich zu beobachten, und fand seine These drastisch bestätigt: Der Mensch muß nicht aggressiv sein. Was der bekannte Kinderarzt Professor Hans Czermak (Wien) immer wieder leidenschaftlich fordert: eine Kindererziehung ohne körperliche Strafen, hier fand er es weitgehend verwirklicht. Er konnte praktisch keine Züchtigung beob-

* Siehe Seite 222

achten und fand, daß es in den letzten 15 Jahren unter den 800 Stammesmitgliedern sage und schreibe fünf registrierte Raufereien gab. Feindschaften mußte er in der kleinen Sozietät mit der analytischen und anthropologischen Lupe suchen. Und so wurde Maslow einer der Väter der humanistischen Psychologie, unter deren Aushängeschild heute freilich sicher manches geschieht, was nicht Maslows Zustimmung finden würde. Aber das ging schließlich allen Gründern so.

Maslow ist mit seinen Ideen für die Entwicklung der Psychologie als «Wissenschaft von der Seele» wahrscheinlich außerordentlich wichtig, weil er eine ganze Reihe von Tabus wie vor ihm Freud – gebrochen hatte. Er war gegen die Einseitigkeit, gegen die Überschätzung der Technik, die man nach ihm eben dem Menschen anpassen sollte und nicht diesen dem zweifelhaften «Fortschritt».

Selbstverwirklichung

Von Maslow stammt der Begriff der Selbstverwirklichung, die heute ganz allgemein als Ziel einer Psychotherapie gilt, die mehr will, als die Patienten «nur» von ihren Symptomen befreien. Lassen Sie mich hier einen Augenblick innehalten: Mehr als nur von den Symptomen befreien? Ist nicht die Befreiung von Krankheitszeichen genug, um dem Menschen ein freies, seiner selbst würdiges und erfülltes Leben zu führen? Die Gruppe der Verhaltenswissenschaftler, der Behavioristen, ist durchaus dieser Meinung. Es ist nicht zu leugnen, daß sie mit ihrer Arbeit nicht nur beachtliche Erfolge erzielen, sondern auch die anderen Schulen gezwungen haben, mehr «Messen und Wägen», mehr exakt wissenschaftliche Überlegungen in ihre Methoden der Beobachtung einzuführen. Das hat etwa dem Bereich der Psychoanalyse sicher sehr gut getan. Denn man konnte letztlich auch statistisch vieles von dem beweisen, was bisher eher durch Einzelbeobachtungen erhärtet war.

Aber damit ist es – nach Ansicht der tiefenpsychologisch orientierten Forscher – nicht getan. Die Beseitigung eines Symptoms ändert nichts oder bestenfalls nur wenig an den Quellen dieser Störung im Menschen: also im unbewußten Bereich, den manche Behavioristen freilich völlig leugnen. Der nur «symptomatisch» Behandelte hat zwar zum Beispiel keine Kopfschmerzen mehr. Aber seine innere Freiheit, sein vielleicht unerfülltes Bedürfnis nach Geborgenheit, nach Zuwendung, all das bleibt unbeeinflußt.

Bei der Entwicklung seiner neuen Wissenschaft, die die alte nicht zerstören, sondern erweitern sollte, hatte Maslow natürlich manche

Schwierigkeit. Denn wenn die einen die Forderung nach «Seelenlosigkeit», «Exaktheit», nach «Messen und Wägen» übertreiben, so ufern die anderen in völlig mißverstandenen Lehren östlicher Weiser zu unhaltbaren Spekulationen aus. Das hat mit der notwendigen Arbeit, mit der Geduld und dem Fleiß, dem Ertragen der vielen Enttäuschungen durch Irrwege usw., nichts mehr gemeinsam und erhofft sich alles Heil von «Eingebungen». So notwendig die «Eingebung», das Kreative, für den Wissenschaftler ist, so genau muß der, der Neues und Brauchbares schaffen will, den Mittelweg zwischen Fleiß und Re-Creation (wieder erschaffen!) einhalten.

Maslows Dilemma war groß: Er fand, daß die üblichen Verfahren der normalen Naturwissenschaft praktisch nutzlos sind, wenn man den Menschen nicht nur im technischen Sinn kennenlernen, sondern ihn auch verstehen will. Man muß, wenn man einmal die notwendigen äußeren Befunde erhoben hat – etwa um bestehende Krankheiten feststellen zu können – den Intellekt weglassen und mit dem «inneren Ohr» hinhören, mit dem «inneren Auge» hinsehen. Erst dann kann man die Dinge, um die es geht, erfassen oder wenigstens erahnen, und kann sich mit dem Menschen als einmaliges, unwiederholbares Wesen beschäftigen.

Wenn die Zen-Lehrer fordern, der Mensch solle sich die Naivität, die Unvoreingenommenheit des Beginners erhalten, um sich weiter entwickeln zu können (und wenn ihr nicht werdet wie die Kinder!), fordert Maslow: Wie ein Kind die Welt offen, unkritisch aufnimmt und beobachtet und gar nicht verlangt, daß alles anders sei, so beobachtet auch die Person, die die Fähigkeit zur Selbstverwirklichung hat, die eigene und die fremde menschliche Natur. Die Welt sehen und annehmen, wie sie ist, als ersten Schritt, sich wirklich in ihr zurecht zu finden, ohne eine rosarote oder sonstwie gefärbte Brille nötig zu haben.

Wenn uns hier auch im wesentlichen das Seelische und seine Grenzen interessieren: Maslow hat seine Theorien auf Wirtschaft und Politik ausgedehnt, und ich kann aus den über zwei Jahrzehnten Erfahrung in der Arbeit mit Managern vieles, was er schrieb, nur bestätigen. Der Manager, die Managerin, die es gelernt haben, die Welt so zu sehen, wie sie ist, und nicht so, wie sie sein sollte, die sich über eine Blume ebenso freuen können wie über Milliardenumsätze (gleichgültig in welcher Währung), sind nicht nur gesünder, haben nicht nur eine längere Lebenserwartung, sie sind auf die Dauer auch erfolgreicher.

Morita-Therapie

Die Kyushu Universität in Fukuoka (auf der Insel Kyushu, Japan) hat ein eigenes Oskar-Vogt-Institut, benannt nach einem der bekanntesten deutschen Hirnforscher Oskar Vogt, der auch einer der Lehrer von I. H. Schultz war. Dort werden auch Zusammenhänge zwischen den östlichen Therapietheorien und dem Autogenen Training untersucht. Eine der Behandlungsmethoden, die ähnliche Ziele wie das Autogene Training haben, wurde von Prof. Shōma Morita (* 1874 † 1938) begründet.

Sie heißt nach ihrem Schöpfer Morita-Therapie. In Japan wird sie in vielen Krankenhäusern (zum Teil eigene «Moritist Hospitals») angewendet und faßt auch in Amerika langsam Fuß. Sie ist direkt an verschiedene Formen der Neurose gerichtet, vor allem gegen die in Japan so häufig vorkommenden Symptome des übertriebenen Scheu-Seins, der Überempfindlichkeit und der Minderwertigkeitsgefühle. Wir alle haben Tendenzen, Bedrohungen zu vermeiden und persönliche Sicherheit zu suchen. Wir wollen befriedigende Beziehungen zu anderen Menschen und ein anstrebenswertes Ziel vor Augen haben. Die ganze Lebenskraft ist nach der Theorie von Morita auf dieses Ziel ausgerichtet: «sei no yokubo», die Tendenz des Menschen, sich zu verwirklichen, hat körperliche, physiologische und soziale Komponenten. Morita versucht nun keine besonders komplizierten Erklärungen, sondern nimmt als gegeben hin, daß die Menschen eben unterschiedlich sind und je nach Persönlichkeit auch verschieden stark in der Tendenz zur Selbstverwirklichung. Und in der Stärke oder Schwäche der Kraft, sich selbst zu verwirklichen, liegt auch die Antwort auf die Frage: gesund oder neurotisch. Das Problem ist die Neigung, sich mit einem Problem, mit einer Sorge zu intensiv zu beschäftigen, von ihr «besessen» zu sein und dadurch in Spannung zu geraten. Gerade in den gegenteiligen Zustand, den man etwa im Taoismus oder im Buddhismus sucht: «die freie, frei fließende Aufmerksamkeit» der Welt gegenüber. Es geht dem Menschen wie einer ängstlichen Mutter, die schon vom kleinsten Hustengeräusch ihres Kindes geweckt wird.

Aber die «Moritisten» predigen keineswegs Passivität, obwohl der Buddhismus sicher eine der Grundlagen der Therapie ist. Sie sagen: «Wenn es regnet und du hast einen Regenschirm, dann wirst du ihn auch gebrauchen.» Einen weiteren Satz der Morita-Therapie sollte man jedem westlichen Menschen ins Stammbuch schreiben: «Jemandem zu sagen, er möge sich nicht sorgen, wenn er sich gerade sorgt und sich dagegen nicht wehren kann, ist Unsinn.»

Nach Moritas Theorie steht der freien Sicht der Welt beim Neurotiker zuviel «Selbst» gegenüber. Wenn uns die Sorge um uns selbst
erfüllt, so können wir mit dem Leben nur mehr schwer umgehen.
Man sollte – wir werden an Peseschkian erinnert – «positiv» denken.
Der Neurotiker teilt mit dem Nichtneurotiker den Wunsch nach einem voll erfüllten Leben, ja sein Streben danach ist vielleicht noch
stärker als das des Gesunden. Er hat daher auch die Chance, unter
Umständen mehr als der «Normale» aus seinem Leben zu machen.
Seine Sorgen, sein Bewußtsein der Probleme befähigt ihn auch, besser seine schwachen Stellen zu finden, die man, wenn man sie findet,
auch besser korrigieren kann.
Eine Besonderheit der Morita-Therapie ist es auch, daß sie auch
brieflich erfolgen kann. Manche Patienten haben eine sehr ausge-
dehnte «Korrespondenz-Therapie», die oft recht gute Erfolge hat.
Wo und wie immer die Therapie durchgeführt wird: eine wesentliche
Forderung ist es, daß zwischen Arzt und Patient eine mehr oder
weniger familiäre, vom Vertrauen getragene Atmosphäre entsteht,
die dem Ursprung der Therapie entspricht: Morita hatte die ersten
Patienten in seine Familie aufgenommen, er besprach mit seinen
Patienten ihre Probleme bei Spaziergängen im Garten (ähnliche
«Analysen» hat auch Freud gemacht) oder bei Tisch, beim Essen. Im
Krankenhaus läßt der Arzt seine Patienten nicht in sein Arbeitszimmer kommen, sondern bespricht ihre Probleme mit ihnen lieber,
wenn sie im Garten arbeiten, ihre Wäsche waschen, das Bad aufhei-
zen oder ihre Mahlzeit vorbereiten.
Der Patient hat nun nichts anderes zu tun, als den nötigsten Verrich-
tungen nachzugehen, sich zu ernähren, sich zu waschen, (zweimal
wöchentlich) zu baden und sonst in aller (meist Bett-)Ruhe seine
Gedanken einfach kommen zu lassen. Die Anweisung würde (nach
dem amerikanischen Moritisten Dr. David K. Reynolds) in etwa so
lauten:
> Sie können denken, was immer Sie denken wollen. Sie können
> Ihre Gedanken wiederkäuen, so oft Sie wollen. Je mehr Sie das
> tun, umso besser.
> Wenn Sie sich über Ihre Beschwerden Sorgen machen, tun Sie
> das! Lassen Sie sich nicht aufhalten. Wenn Sie darunter leiden –
> leiden Sie zur Zufriedenheit Ihres Herzens!
> Während der Kur, wenn Sie im Bett liegen, wird Ihnen das viel-
> leicht allmählich verleidet sein und Sie werden um jeden Preis
> aufstehen wollen. Vielleicht erscheint Ihnen diese Therapie, ein-
> fach nichts zu tun, unerträglich, ja lächerlich. Vielleicht nehmen
> Sie sogar an, daß es ja gar nicht möglich ist, nur durch das Liegen
> im Bett geheilt zu werden. Sie werden vielleicht gar nichts anderes

mehr wollen, als das Krankenhaus zu verlassen. Welche Stimmung immer Sie gerade erfaßt – bleiben Sie im Bett, wie es Ihnen gesagt wurde, und nehmen Sie es als eine Pflicht auf sich, die Sie zu erfüllen haben.

Das geht so weit, daß die Patienten klagen, daß sie ja gar nichts mehr hätten, über das sie nachdenken könnten. Sie verfallen in eine Art Gleichgültigkeit und sind gar nicht mehr daran interessiert, was mit ihnen passiert.

Jedenfalls lernt der Patient, seine Empfindungen und Gefühle, wie immer sie auch sein mögen, anzunehmen – ganz ähnlich wie in der Psychoanalyse und im Autogenen Training.

Nach einiger Zeit dürfen die Patienten dann aufstehen und fühlen sich dabei meist euphorisch: «es ist wundervoll zu spüren, wie sich mein Körper bewegt, ich gehe herum wie im Traum...» Hier kann der Moritist wieder ansetzen: Der Patient erlebt, daß seine trüben Gedanken ebenso «vergänglich» sind wie sein Wohlbefinden. Er soll lernen, seinem Leben eine festere Basis zu geben als die ständig wechselnden Gefühle.

Nun beginnt eine Art Erziehung des Kranken. Zuerst darf er leichte Arbeit, dann muß er schwere machen, und alles, was er macht, muß er mit großer Sorgfalt und Aufmerksamkeit machen. Wir sind mitten im Zen-Buddhismus, wo das Kehren des Weges, das Bereiten des Essens, das Aufwaschen des Bodens und das Meditieren oder Gelehrte-Gespräche-Halten mit der gleichen Sorgfalt auszuführen sind und auch den gleichen Stellenwert haben. Es geht weniger darum, daß der Mensch lernt, das zu tun, was er braucht, als zu tun, was getan werden muß. Erinnern Sie sich an die Geschichte mit der Sichel auf Seite 101. Man soll die Dinge nicht tun, weil sie einen interessieren, sondern weil sie getan werden müssen. Arbeit – welch westliche Ansicht (Arbeit = Mühe!) – dient nicht dem Vergnügen. Wenn die Zeit der Bettruhe vorbei ist, wird der Patient angehalten, jeden Abend Tagebuch zu schreiben. Er soll sein Verhalten beschreiben, erzählen, was er im Lauf des Tages sah und tat, aber er darf nichts über seine Symptome oder seine persönlichen Gefühle festhalten. Vor allem auch die Briefe, die Moritisten an ihre Patienten senden, zeigen deutlich, daß es sich um eine Form der Erziehung handelt, deren Quelle im Buddhismus zu suchen ist. Morita selbst wollte solche Beziehungen nicht oder nur teilweise wahrhaben. Vielleicht weil er fürchtete, die Mediziner würden seine Therapie dann als nicht wissenschaftlich einschätzen. Die Verbindungen sind aber schon nach dem bisher Beschriebenen recht offensichtlich, ja, sie werden noch enger. 1927 hat ein ehemaliger Zen-Mönch Genyu Usa im Klosterbezirk des Sansei Krankenhauses in Tokyo eine Morita-

Abteilung eingerichtet. Das wesentlich Gemeinsame von Morita-Therapie und Zen ist vor allem wohl darin zu sehen, daß die Menschen angehalten werden, spontan zu leben, ganz einfach aus der Notwendigkeit des Tages heraus.

Im Laufe der Jahre – Morita starb 1938 – haben sich viele Formen der Morita-Therapie entwickelt und man hat, vor allem auch in Amerika, sowohl psychoanalytische als auch verhaltenstherapeutische Elemente eingefügt. Ein bekannter japanischer Moritist, Dr. A. Kondo hat bei Karen Horney (Seite 271) studiert. Er war es vor allem, der sich mit den Möglichkeiten und Grenzen der Morita-Therapie auch für den westlichen Menschen auseinandersetzte.

Alles in allem: Ich glaube, diese Skizze einer sehr typisch japanischen Form der Behandlung, die notgedrungen unvollständig sein muß, zeigt deutlich, wie vieles dem Menschen in Ost und West grundsätzlich gemeinsam ist. Dr. Reynolds beendet sein (erstes) Buch über die Morita-Therapie mit den Worten: «Zum Abschluß: Morita-Psychotherapie ist mehr als eine Technik zur Änderung des Verhaltens durch Umlenken (oder besser Zurücklenken) der Aufmerksamkeit. Sie ist eine Lebensphilosophie, eine Weltanschauung, eine Ideologie, die die Änderung des Verhaltens sinnvoll macht.» Ich kenne viele Bücher über westlich orientierte Psychotherapiemethoden, in denen wohl der gleiche Schlußsatz stehen könnte.

Nackttherapie

Der in vieler Hinsicht tatsächliche Zusammenbruch aller Werte, zuerst in Europa und dann in Amerika, hat dazu geführt, daß man um jeden Preis versucht hat, neue Wege zu finden. Die ziellos gewordenen Menschen brauchten offensichtlich dringend irgend eine Form der seelischen Hilfe – eine «Therapie», und die alten Methoden mit dem Einzelgespräch und den Jahren auf der Couch waren offensichtlich der Masse der Hilfesuchenden gegenüber zuwenig brauchbar. Dazu kam – und es ist wohl auch heute noch so – daß die allgemeine Entfremdung, der Verlust der Mitte, des Gefühles, etwas Sinnvolles zu tun, gebraucht zu werden, nicht nur die an sich Gestörten kränker machte, sondern auch dem sogenannten Normalen, dem, der sich nicht gestört fühlt, ein Gefühl der Enttäuschung, der Sinnlosigkeit, psychotherapeutisch gesprochen: ein depressiv gefärbtes Lebensgefühl, brachte.

Als erstes kam bei uns das Autogene Training dem Trend, mehr

Menschen psychohygienisch-psychotherapeutisch zu betreuen, entgegen. Es wurde schon in den Anfängen auch in Gruppen und bald zum größten Teil in Gruppen vermittelt. Da es – zu Recht – den Anspruch erhob, in der Oberstufe «erstaunliche Tiefen einer Autoanalyse» möglich zu machen, war es offensichtlich eine Möglichkeit, den Menschen, der da suchte, etwas zu lehren, mit dem er dann bis zu einem gewissen Grad selbst mit seiner Psychodynamik zu Rande kam.

Das reichte freilich nicht aus und verlangte vor allem von dem, der da in seine Tiefe hinabtauchen sollte, sehr viel eigene Initiative und Arbeit. In Amerika, wo das Autogene Training nie eine wirklich wesentliche Verbreitung fand (jetzt gibt es Ansätze dazu) begann die Gruppenbewegung, entstanden in den dreißiger Jahren, vor allem durch die Arbeiten von Moreno. Und man schien tatsächlich das Heil gefunden zu haben. Die vom Versagen der Glückstechnologie schwer enttäuschte Menschheit, einsam und ohne rechtes Ziel, konnte in der Gruppe lachen und weinen, ihr Leid herausschreien, Aggressionen, die bisher in der Tiefe versteckt werden mußten, loslassen. Und ihre Teilnehmer durften, ja mußten über Tabuisiertes reden. Freilich, auch hier kam wieder das Erwachen. Denn es zeigte sich, daß, wenigstens für die meisten, die oft erzielten Anfangserfolge, die sich in Glücksgefühl, Erleichterung und dem Gefühl der Befreiung zeigten, nicht anhielten. Oft schon eine Woche nach einem solchen Erlösungserlebnis ist alles wieder beim alten.

Es zeigte sich auch hier: Ohne intensive Arbeit kein echter Erfolg! Das rief die Vertreter der «seriösen» und weniger begeisterungsfähigen Schulen auf den Plan. So entstand zum Beispiel die psychoanalytisch orientierte Gruppentherapie.

Deutlich zeigte sich dabei eines: selbst durch extreme Maßnahmen, durch noch lauteres Schreien, durch noch längeres Üben, durch noch mehr die «Wahrheit» sagen, kommt man nicht schneller (eher langsamer) zu einem echten und brauchbaren Ziel. Als Beispiel, wie etwas sicher gut Gemeintes über das Ziel hinausschießen kann (abgesehen vom dem Versuch des Amerikaners Shepard, Sexualität mit dem Therapeuten als «Heilmittel» in die Psychotherapie einzuführen) kann die Anfangsentwicklung der Nacktgruppen gelten. Die Idee besticht im ersten Augenblick: wenn eine Gruppe ganz ohne Hüllen, «nackt wie Gott sie schuf», miteinander arbeitet, dann müßte man doch auch leichter an diese Menschen herankommen, müßten sie eher bereit sein, ihre «Grenzen» zu öffnen. Was gibt es noch zu verbergen, wenn man ohne Hüllen ist?

Die Realität hat etwas anderes gezeigt: Kaum in einer anderen Form der Gruppentherapie sind Spannung und Abwehr so groß. Es hilft offensichtlich auch nichts, wenn jeweils ein Gruppenmitglied sich auf ein Podest stellen und sich von allen Seiten betrachten lassen muß, und dazu zu erzählen hat, was ihm an sich am besten und am wenigsten gut gefällt. Also etwa: «Meine Brust ist mir zu klein, ich bin aber froh, daß ich hinten herum so wohlgeformt bin.» Dann folgt die «Bewertung» durch die Gruppenmitglieder, die ihrerseits nun sagen müssen, was ihnen am zur Schau gestellten Gruppenmitglied gefällt und was nicht. Hier können sich zwar Höflichkeit und Aggression austoben, werden wahre Orgien an Scham und an Freude am Exhibitionismus gezeigt – ich habe aber nie vorher und nie nachher (bei über 25 Jahren Arbeit mit Gruppen) so verkrampfte und verspannte Gruppenmitglieder gesehen, die, wenn sie «bedeckt» in der Gruppe nach anderen Methoden arbeiteten, sehr wohl in tiefere Schichten der Persönlichkeit und zu echten Problemen vordringen konnten.

Mir scheint dieses Beispiel besonders gut geeignet zu sein, aufzuzeigen, daß man die «Grenzen der Seele» nicht mit Gewalt sprengen kann, eine Tatsache, über die sich die philosophischen und religiösen Schulen aller Zeit einig waren. Auch der religiösen «Erleuchtung» – sofern es sie wirklich gibt – muß offensichtlich ein langer «Läuterungsprozeß», der durchaus auch in einem mühsamen Leben bestehen kann, vorangehen.

Neurolinguistisches Programmieren

Die Verwirrung um das Problem Hypnose wird immer größer. Es hat immer wieder Leute gegeben, die die Existenz der Hypnose überhaupt leugneten. Der Wiener Psychiater Pötzl fragte, wer denn nun wen foppe, der Hypnotiseur den Hypnotisierten oder der Hypnotisierte den Hypnotiseur. In der Nachfolge von Milton H. Erickson, dem «Zauberer» unter den Hypnosespezialisten, entstand das Neurolinguistische Programmieren, eine Therapiemethode, die vor allem von Prinzipien der Kommunikation ausgeht. Ihre wesentlichen Vertreter, John Grinder und Richard Bandler, beide Schüler von Erickson, machen mit ihren Seminarteilnehmern und Lesern, was sie von ihrem Meister gelernt haben: Sie verwirren sie. Sie verwirren sie schon am Beginn der gemeinsamen Arbeit, wenn der eine sagt, daß jede Art der Kommunikation Hypnose sei und der andere ihm sofort widerspricht: das könne ja gar nicht sein, denn so etwas wie Hypnose gäbe es ja gar nicht!

Nun muß bei diesen widersprechenden Aussagen der Zuhörer keineswegs verzweifeln, denn die Wortspiele, die hier betrieben werden, sind so alt wie die Diskussion über die Hypnose. Und es ist sicher richtig: Die Hypnose gibt es sicher nicht, ebensowenig wie es das Autogene Training gibt. Jeder, der in irgend einen beliebigen Bewußtseinszustand kommt, kann in eben diesen besonderen Zustand nur ein einziges Mal kommen, denn die Umstände, in denen sich eine einzelne Hypnose, ein einzelnes Training, abspielt, lassen sich nicht wiederholen. Wie beim Autogenen Training spielt auch bei der Hypnose stets die Ausgangslage sowohl der Versuchsperson als auch des Versuchsleiters eine große Rolle. Außeneinflüsse wie das Wetter können den Vorgang fördern oder bremsen, Erlebnisse, die man knapp zuvor hatte, sich hemmend oder antreibend auswirken.

Erickson, von vielen Schülern und Patienten immer wieder gefragt, warum er zwei Patienten, die unter den gleichen Störungen litten, völlig verschieden behandle, antwortete immer wieder: Da müsse man sich eben auf sein Unbewußtes verlassen.

Wir haben nun die verschiedensten Aussagen: Auf der einen Seite steht die gewichtige Stimme des bedeutenden deutschen Hirnforschers Oskar Vogt, der – nach langjährigen Forschungen – die Hypnose als Mikroskop der Seele bezeichnete. Dagegen stehen orthodoxe Behavioristen, für die es eine Hypnose gar nicht gibt.

Meines Erachtens handelt es sich um einen Krieg um des Kaisers Bart. Um das Bedürfnis vieler Wissenschaftler, und vielleicht der Ärzte und Psychotherapeuten im besonderen, immer wieder Neues zu entdecken. Auf diesem Wege sind natürlich auch schon bedeutende Entdeckungen gemacht worden. Oft wird aber aus diesem scheinbaren Kreißen von gewaltigen Bergen ein Streit um die vielen kleinen Mäuse verschiedenartiger Bezeichnungen ein und der selben Sache – oder, wenn es hoch kommt, die mehr oder weniger nützlichen Abänderungen verschiedener Details eines großen Forschungsbereiches. Es sind oft sehr nützliche Facetten, die aber sicher keine Erklärung für den Gesamtbereich geben. (Sie sehen, die Diskussion über die Psychologie des «Nichts als» reißt nicht ab.)

Wenn nun im Neurolinguistischen Programmieren Grinder und Bandler die Hypnose mit Kommunikation gleichsetzen und somit behaupten, «alles» sei Hypnose oder eben nichts, so berufen sie sich vor allem darauf, daß der geniale Erickson seine Patienten gerne dadurch faszinierte, daß er ihnen – meist verwirrende – Geschichten erzählte. Er befolgte damit eine von ihm erfundene Technik der Hypnoseeinleitung (deren es unzählige gibt), und er entführte damit tatsächlich die Versuchsperson in den Trancezustand, von dem wir eben die verschiedensten Tiefen kennen.

Es ist ein guter Gag, wenn Grinder und Bandler Faszination mit Hypnose gleichsetzen und fragen, ob Ehepaare künftig in Californien – wo man das Hypnotisieren an eine Lizenz binden will – vor der Hochzeit eine solche Erlaubnis zu hypnotisieren erwerben müßten. Sie beweisen damit aber nur, daß sie – neben dem Bon Mot – dem Begriff der Faszination im üblichen Sinn eine erweiterte Bedeutung gegeben haben. Wer könnte bestreiten, daß wenigstens bei einem frisch verheirateten Paar die Partner voneinander «fasziniert» sind. Im Sprachgebrauch kennen wir ja auch die Feststellung: Er war von ihr wie hypnotisiert. Weder Erickson noch Vogt hätten diesen Zustand aber als Hypnose bezeichnet.

Grinder und Bandler sind sich der Grenzen durchaus bewußt, wenn sie ihre Methode nicht als Psychotherapie, sondern als Verhaltenstechnologie oder Psychotechnik bezeichnen, wobei sie sich – im Gegensatz zu Erickson – kaum um das Unbewußte im Freudschen Sinn kümmern, das uns, wenn wir die Grenzen der Seele suchen, sehr wohl wichtig ist. Im Neurolinguistischen Programmieren ordnet man dem unbewußten Bereich eher die Sammlung unserer Eindrücke, ein mehr oder weniger abrufbares Gedächtnis, vergleichbar einem Computerspeicher, zu und gibt ihm keine Eigenständigkeit, kein eigenes, oft vom Bewußten sehr weit entferntes Leben.

Um die Computeridee geht es auch (wie man früher Maschinen und elektrische Phänome zum Vergleich heranzog), wenn Bandler, Psychologe und Computerspezialist und Grinder, Sprachwissenschaftler, versuchen, das menschliche Verhalten, das begabte Therapeuten wie Erickson und der ebenso berühmte Fritz Perls so eindrucksvoll verändern konnten, in die Denkweise der Programmierer zu übersetzen. Sie haben dabei nicht unbeachtliche Erfolge.

Dem Computerdenken zufolge versuchen sie die Reize, die wir durch unsere Sinnespforten aufnehmen, zu ordnen und anschließend miteinander zu verbinden. Wenn man von einer Rose hört, so kann es durchaus geschehen, daß man sie nicht nur plastisch vor sich sieht – vielleicht eine rote, weil man gerade diese besonders liebt oder im Augenblick verliebt ist – sondern auch noch ihren verführerischen Duft riecht, ohne daß irgend jemand von rot oder duftend gesprochen hätte. Erinnerungen und Bilder werden in uns mobilisiert, wirken zusammen und beeinflussen uns.

Nun geschieht beim Neurolinguistischen Programmieren etwas ähnliches wie bei der Psychoanalyse oder anderen analytisch orientierten Therapien. Nehmen wir an, ein Teilnehmer einer Sitzung in Neurolinguistischem Programmieren bekommt den Auftrag, sich einen Schaukelstuhl vorzustellen. Sofort verbindet er – aus seinem «Langzeitgedächtnis» – damit ein unangenehmes Erlebnis aus der Kindheit. Großvaters Schaukelstuhl hatte eine immense Anziehungs-kraft, aber leider, dem Kind war das Schaukeln damit streng verbo-ten. Und gerade dieses Schwingen, mit dem man sich so gut vorstel-len konnte, ein Seeräuberkapitän zu sein, der mit seinem Segler – hoch am Mast die Totenkopfflagge – im Dienste Ihrer Britischen Majestät die aufgewühlte See durchpflügte, wurde zum unauslöschli-chen Erlebnis. Wie es so kommt, einmal war niemand zum Aufpas-sen da, die See ging hoch, letztlich zu hoch, das stolze Schaukelstuhl-schiff fiel um und unser kleiner Held in einen Glaskasten. Nicht nur Scherben waren zu beklagen, auch die Strafe durch die geschockten Eltern fiel nicht gerade mild aus.

In der Psychoanalyse nennt man so etwas «negative Besetzung» ei-nes Begriffes und «arbeitet» das Problem in psychoanalytischer Weise (etwa auch in der analytischen Oberstufe des Autogenen Trai-nings) «durch». Im Neurolinguistischen Programmieren wird nicht in der Vergangenheit gegraben, nicht die Psychodynamik bewußt gemacht, sondern man «rahmt das Bild neu»: Reframing. Es wird umgedeutet, neu gefaßt, und, wie in den anderen Verfahren, hat man auch hier häufig gute Erfolge. Oft kommen, wie in der Psychoana-lyse, ganz verwickelte Zusammenhänge zutage. Etwa das Schwan-ken zwischen Haß und Bewunderung dem bewußten Großvater ge-genüber, der einerseits vielleicht ein Kriegsheld und Despot war, andererseits aber eindrucksvolle Geschichten (zum Beispiel von Seeräubern) erzählen konnte. Die Ohrfeigen, die der kleine Held von ihm bekam, stachelten seinen ohnmächtigen Zorn an, die Ge-schichten erlaubten es ihm, sich selbst in die Heldenrolle zu träumen. Gelingt das «Reframing», so werden die störenden Bedeutungen «gelöscht», und alles bekommt einen neuen, der Situation angepaß-teren, «vernünftigeren» Sinn. Und damit wollen die Anhänger des Neurolinguistischen Programmierens ebenfalls eine Erweiterung der Grenzen des Ich, größere Handlungsbreite, «freieres Schwingen» – wie wir es von vielen anderen Verfahren her kennen, möglich ma-chen.

Das «Material» für die Befreiung wird im Neurolinguistischen Pro-grammieren aus dem Unbewußten gewonnen. Also ganz ähnlich wie in der Psychoanalyse durch «freie Assoziation» oder in der analyti-schen Oberstufe des Autogenen Trainings bzw. im Katathymen Bild-erleben durch die Wahrnehmungen, Bilder, die den Menschen wie ein traumartiges Erleben in frühere Lebensabschnitte, plastisch und hautnah, wie das eben nur der Traum und traumähnliche Zustände können, zurückführen.

Auf der Couch beim Philosophen

Vom Elfenbeinturm in die Alltagsberatung

Man ist versucht, sich ins alte Griechenland zu versetzen, wenn man erfährt, daß schon 1981 der deutsche Philosoph Gerd Achenbach die erste philosophische Praxis unserer Zeit aufgemacht hat. Sokrates und Plato, später auch Paracelsus, um nur einige zu nennen, kann man durchaus auch als philosophierende Lebensberater sehen. In der modernen Psychologie und schon gar in der medizinischen Psychologie wird es als unwissenschaftlich und standeswidrig angesehen, wenn der Therapeut plötzlich zu philosophieren beginnt. Wie ich das übrigens in einem späteren Teil des Buches auch tun werde.

Nun, Achenbach fand Nachahmer, unter anderem einen Holländer, Ad. Hoogendijk. Dieser neue Konkurrent unter den Lebensberatern studierte in Amsterdam und wurde dort graduiert. Als «Halbtagsbeschäftigung» stellt er gegen 100 Gulden dem Ratsuchenden die für Psychotherapiestunden unübliche Zeit von 75 Minuten zur Verfügung. Da kommt ein Mann zu ihm, der nicht damit fertig werden kann, daß er seine Lebensarbeit beenden muß, der fürchtet, plötzlich leer und mit dem Gefühl der Nutzlosigkeit dazustehen. Der Philosoph (mir ist – noch – keine praktizierende Philosophin bekannt) bespricht mit seinem Gast zuerst sicher einmal das aktuelle Problem: etwa, was dem Menschen als solchem Arbeit und Aufhören-Müssen bedeutet. Dann kann aber die Konversation durchaus auf die Sozietät als solche, auf das menschliche Denken und damit zum Beispiel auf das Problem der Logik kommen. Der Gast wird übrigens nie Patient genannt, wie ihn die Ärzte ansprechen, oder Klient, wie das die Psychologen tun, sondern er ist immer der Besucher. Eine Technik, die sicher viel zur Entspannung der Atmosphäre beiträgt.

Obwohl natürlich bei allen eingehenderen Gesprächen mit dem Patienten dieser Sinn und Zweck der gewählten Therapie nicht nur in Frage stellen kann, sondern auch soll, schreibt der Philosoph am Beratungstisch, daß «im Gegensatz zu den meisten Psychotherapieformen sein Besucher frei ist, nicht nur die Methode, sondern auch Ansichten des Philosophen in Frage zu stellen.» Den Analytiker in Frage zu stellen ist zum Beispiel eine der wichtigsten Phasen in der Analyse, und natürlich wird auch am System kräftig gerüttelt, was der Entwicklung des Patienten nur gut tun kann.

Trotz dieser falschen Einschätzung der Psychotherapie, die unter den praktizierenden Philosophen nicht selten ist und auf eine Konkurrenzhaltung schließen läßt, kann die Entwicklung solcher Beratungen mit dem Philosophen durchaus gute Früchte tragen, und man kann ihr eine blühende Zukunft voraussagen. Wir haben ähnliches beim Autogenen Training erlebt. Die Angst vor der psychischen Erkrankung war vor einigen Jahrzehnten noch viel größer als heute. Da kam das Autogene Training als Mittel auch für Gesunde, für Spitzensportler, zur Erzielung von Goldmedaillen und Rennsiegen gerade recht. Was ein Weltmeister im Skispringen machen kann, das kann mir nur recht sein, sagten sich einfache Menschen ebenso wie Topmanager, die einen Psychiater oder Psychotherapeuten nicht einmal aus der Ferne gern sahen. Eben durch die Verwendbarkeit beim Gesunden war die Arbeit mit dem Training oft sehr wohl eine Leitschiene zu einer Therapie. Etwa gegen die immer wiederkehrenden Magengeschwüre des Werkmeisters und des Generaldirektors, die beide durch ihren Beruf anfällig für psychosomatische Krankheiten sind.

Zum Abschluß noch ein kurzer Blick auf den Werdegang von Hoogendijk: er war ursprünglich Zimmermann, belegte dann im Alter von 22 Jahren einen Vorbereitungskurs für die Universität und wurde 27, bevor er sich mit Philosophie zu befassen begann. Für seine psychotherapeuten-ähnliche Laufbahn spricht auch, daß er einen zweijährigen Kurs in Pastoraltheologie absolvierte, für Kandidaten, die später als Priester in Gefängnissen und Krankenhäusern arbeiten wollten. Und nicht zuletzt nennt er sein Buch über die Methode: Spreekuur bij Een Filosoof.

Die Positive Psychotherapie

Das Gegebene suchen

Aus dem Zusammentreffen von Orient und Okzident, dem Studium bei vielen Psychotherapeuten unserer Zeit, wie I. H. Schultz, Viktor Frankl, dem Psychiater Heinrich Meng, dem Schöpfer der Psychohygiene, dem Begründer des Psychodramas J. L. Moreno und der Zugehörigkeit zur Bahai-Religion entstand die positive Psychotherapie des Psychiaters Nossrat Peseschkian. 1933 in Persien geboren, studierte er im deutschen Sprachraum und entwickelte hier seine Form der Psychotherapie, in der es um Heilung und Lebenshilfe für Patienten und Gesunde geht.

Für unsere Zeit besonders originell ist der Mut Peseschkians, im Rahmen seiner Psychotherapie immer wieder mit Geschichten und

Lebensweisheiten zu arbeiten, die oft den Sinn einer Aussage viel besser wiedergeben, als es ein nüchterner wissenschaftlicher Satz je kann. Natürlich werden die Geschichten nicht blind drauflos erzählt, sondern in einem fünfstufigen Therapieplan passend und gezielt eingesetzt.

In vieler Hinsicht ist die Positive Psychotherapie auch Erziehung und Hilfe zur Ordnung. So wird im Rahmen einer Familientherapie ein 11jähriger Junge angehalten, sich selbst einen Tagesplan zu erstellen. Es ist gar nicht die Frage, ob er lernen soll, er kann aber bestimmen, wann er lernen will.

Ein orientalischer Spruch besagt: Gibst du jemandem einen Fisch, nährt er sich nur einmal. Lehrst du ihn aber das Fischen, nährt er sich für immer.

In der Positiven Psychotherapie findet man eine ganze Reihe von Elementen der Gruppentherapie, der Familientherapie, der Interaktionsanalyse, natürlich auch Ideen von Freud, dazu aber zum Beispiel auch Zitate von Mohammed: «Glaube an Gott und binde dein Kamel fest!» ebenso wie von Aristoteles: «Wer recht erkennen will, muß zuvor in richtiger Weise gezweifelt haben.»

Ein Grundzug aber ist das Positive. N. Peseschkian berücksichtigt neben den gestörten Bereichen die dem Individuum und der Familie innewohnenden Fähigkeiten. Positiv wird hier in seiner ursprünglichen Bedeutung verwendet: (lateinisch: positum = das Gesetzte, Gegebene). Es gilt das Tatsächliche, das Vorgegebene zu sehen und seine Bedeutung zu erkennen. Tatsächlich und vorgegeben sind nicht nur notwendigerweise die Konflikte und Störungen, sondern auch die Fähigkeiten, die jeder Mensch mitbringt.

Die Positive Psychotherapie ruht nach Peseschkian auf drei Säulen:

I. Der positive Ansatz: Jeder Mensch verfügt über eine Anzahl von Fähigkeiten und Möglichkeiten. Peseschkian geht davon aus, daß sich das Verhalten zum gesunden und kranken Menschen in den verschiedenen Kulturen unterscheidet. Er fragt danach, wie die gleiche Störung oder Krankheit von anderen Kulturen wahrgenommen und bewertet wird. Wie andere Menschen der eigenen Kultur und der Familie damit umgehen und welche spezielle Bedeutung die Konflikte für einen selber haben, und auf welche Inhalte sie sich beziehen.

Jede Störung und Krankheit erfüllt für den Betroffenen und seine soziale Umgebung bestimmte Funktionen, das heißt: sie besitzen positive Züge. Dabei ist es zunächst unwesentlich, ob es sich um eine seelische Krankheit, um eine psychosomatische, eine Geisteskrankheit oder um ein körperliches Leiden handelt.

Praktisch sieht das so aus: Welche positiven Aspekte hat das Erröten? Welche Vorteile bringen Hemmungen mit sich? Welche Funktionen erfüllen Schlafstörungen? Was bedeutet für mich die Tatsache, daß ich Angst und Depressionen habe?

Auch Krankheitsbilder werden positiv gedeutet:

Magersucht: Die Fähigkeit, mit wenig Mitteln auszukommen. Die Fähigkeit, an dem Hunger der Welt teilzuhaben.

Depression: Die Fähigkeit, mit tiefster Gefühlsbereitschaft auf Konflikte zu reagieren.

Angst vor Einsamkeit: Das Bedürfnis, mit anderen Menschen zusammenzusein.

Frigidität: Die Fähigkeit, mit dem Körper nein zu sagen.

Vorzeitiger Samenerguß: Die Fähigkeit, schnell zum Ziel zu kommen. Positive Beziehung zum Partner, betonte Ausprägung von Fleiß/Leistung/Zeit. Ausbaufähig: Zeit, Geduld, Pünktlichkeit und Vertrauen.

Hemmungen: Die Fähigkeit, sich zurückzuhalten und das Aufgenommene in sich wirken zu lassen: Wenn ich mich nicht in Gefahr begebe, brauche ich auch keine Angst zu haben, verletzt zu werden.

Faulenzen: Die Fähigkeit, Leistungsanforderungen aus dem Wege zu gehen. Ausbaufähig: Zeit (wann und wo man faul ist), Differenzierung und Bewußtwerdung der eigenen Fähigkeiten.

Es entspricht dieser Weltanschauung – die sicher für viele Menschen hilfreich ist – daß herkömmliche Bedeutungen umgedeutet werden. Die positive Umdeutung der Symptome und der Ansatz, den Patienten als Therapeuten seiner Situation zu sehen, verbessert seine familiäre Stellung. Andere Angehörige erhalten Gelegenheit, sich ihrerseits als Patienten einzubringen. Auf diesem Wege können die familiären Mechanismen der «Krankheitsverteilung» aufgedeckt werden. Wer also zum Beispiel in der Familie die Aufgabe des Symptomträgers erhielt und wann das geschah.

II. Das inhaltliche Vorgehen: Peseschkian konnte in verschiedenen Kulturen beobachten, daß alle Menschen – trotz der sozialen und kulturellen Unterschiede – auf vier Formen der Konfliktverarbeitung zurückgreifen.

Dieses «Viergespann» ähnelt einer Waage, die immer ein ausgewogenes Verhältnis von je etwa 25 Prozent haben muß, um ein seelisches Gleichgewicht zu garantieren. Ausschlaggebend für ein ausgewogenes Seelenleben ist die Fähigkeit, positiv und kreativ zu denken. Eine Eigenschaft, die den westlichen Menschen nahezu abhanden gekommen, aber durchaus wieder erlernbar ist. Wenn diese «Waage» in der Lebenspraxis durch Flucht in die Krankheit (Körper), Flucht in die Arbeit (Leistung), Flucht in die Geselligkeit oder

1. *Körper* (Mittel der Sinne);
2. *Leistung* (Mittel des Verstandes);
3. *Kontakt* (Mittel der Tradition);
4. *Phantasie* (Mittel der Intuition).

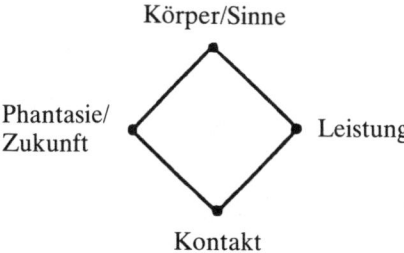

Körper/Sinne

Phantasie/
Zukunft   Leistung

Kontakt

Abb. 9

auch Einsamkeit (Kontakt), aber auch durch Flucht in Träume (Phantasie) aus dem Gleichgewicht gerät, reagiert der Mensch mit physischen oder psychischen Erkrankungen.

Peseschkian fragt daher nach den Beziehungen eines Menschen zu den vier Kategorien. Beispiel: Der Vater reagiert durch Flucht in die Arbeit (Leistung), die Mutter reagiert durch Rückzug, Meidung sozialer Kontakte (Kontakt), das Kind reagiert durch körperliche Beschwerden (Körper). Diese unterschiedlichen Reaktionsschwierigkeiten können ihrerseits zu Kommunikationsschwierigkeiten führen.

III. Das fünfstufige Vorgehen: Peseschkian benützt in der positiven Psychotherapie auch ein fünfstufiges Rahmenmodell, das sowohl der Therapie als auch der Selbsthilfe dient.

1. Stufe der Beobachtung und Distanzierung: Symptomatik, positive Symptomdeutung, beschwerdeauslösende Momente, erstmaliger Symptombeginn, transkultureller Ansatz, Sprachbilder.
2. Stufe der Inventarisierung: Probleme in den letzten fünf Jahren, wie wurden Probleme verarbeitet? Konfliktreaktionsmechanismen: Welchen Einfluß hat die Symptomatik auf das allgemeine Wohlbefinden, den Berufspartner, auf die Familie und auf andere zwischenmenschliche Beziehungen. Zukunftsperspektiven? Welche Bedeutung haben Körper und Gesundheit, Beruf und Arbeit, soziale Kontakte, gesellschaftliche Ereignisse, Sinnfragen und Zukunftsperspektiven für den Patienten und seine Familie?

Aktualfähigkeiten: welche wirken mikrotraumatisch? Werden Fähigkeiten in ihrer Entwicklung gehemmt, vernachlässigt oder nur einseitig ausgeformt? Welche Auswirkungen zeigt dies unter psychodynamischen, familiendynamischen und sozialen Aspekten?

Vorbilddimensionen: «Reise in die Vergangenheit» oder: die Wurzeln der Konflikte: Beziehung zu Vater, Mutter, Geschwistern und anderen Erziehungspersonen in der Kindheit: Zeit, Geduld, Vorbild der Eltern, Ehe der Eltern. Außenkontakte. «Lebensphilosophie» der Eltern, Familienmotto, Konzepte.

3. Stufe der situativen Ermutigung: Positive (konfliktarme) Anteile beim Patienten und seiner Familie werden herausgeholt und kontinuierlich ermutigt: Welche positiven Ergebnisse haben diese Ereignisse bei Ihnen und Ihrer Umgebung gehabt?

4. Stufe der Verbalisierung: Probleme und nicht erlebte Bereiche werden konkretisiert und verbalisiert; Familiengruppe, Partnergruppe, Berufsgruppe.

5. Stufe der Zielerweiterung: Ziele in den nächsten fünf Jahren werden anhand der vier Bereiche der Konfliktgruppe, Partnergruppe, Berufsgruppe erarbeitet.

Therapeutische Ansätze anderer Richtungen werden hier, abhängig von der jeweiligen Notwendigkeit und der Ausbildung des Therapeuten, einbezogen.

Ein Grundzug aber ist jedenfalls das Positive, auch im Sinne des «Guten», des Erwünschten. Aus Peseschkians Buch: Auf der Suche nach Sinn: Er: «Ich fühle mich schrecklich deprimiert.», Sie: «Ja, alles ist sinnlos und grau.», Er: «Völlig hoffnungslos !», Sie: «Ach Liebling, ich bin ja so glücklich! Immer fühlen wir das Gleiche!»

Psychoanalyse

Werden wir von unseren Trieben regiert?

Man hat Freud oft vorgeworfen, er sehe den Menschen nur als ein willenloses Bündel Fleisch unter der Herrschaft des allmächtigen Sexualtriebes, der die alleinige Ursache für alle unsere Handlungen ist. Man muß nur ein paar Zeilen des Schöpfers der Psychoanalyse lesen, um zu wissen, daß solche Verallgemeinerungen schlicht und einfach nicht zutreffen. Vielleicht sollte man noch ein wenig weitergehen: sie dürften der – sehr verständlichen – Angst entspringen und zu Freuds Zeiten entsprungen sein, durch die subtile Art, mit der Freud die Hintergründe unseres Verhaltens zu untersuchen und zu entzaubern begann, das Bild der heilen Welt zu verlieren. Lesen wir nach, was Freud in den Vorlesungen zur Einführung in die Psychoanalyse über die Triebe sagte: «Wir können in unserer Arbeit keinen Augenblick von ihnen absehen, und wir sind dabei nie sicher, sie scharf zu sehen. Sie wissen, wie sich das populäre Denken mit den Trieben auseinandersetzt. Man nimmt so viele und verschiedenartige Triebe an, als man eben braucht, einen Geltungs-, Nachahmungs-, Spiel-, Geselligkeitstrieb und viele dergleichen mehr. Man nimmt sie gleichsam auf, läßt jeden eine besondere Arbeit tun und entläßt sie dann wieder. Uns hat immer die Ahnung gerührt, daß hinter diesen vielen, kleinen ausgeliehenen Trieben sich etwas Ernsthaftes und Gewaltiges verbirgt, dem wir uns vorsichtig annähern wollen.»*

Ein weiteres Zitat soll die Vorsicht, mit der Freud an seine Arbeit heranging, noch verdeutlichen: «Die Biologie ist fürwahr das Reich der unbeschränkten Möglichkeiten; wir haben von ihr die überraschendsten Enthüllungen zu erwarten, und wir können nicht ahnen, welche Antworten sie uns in einigen Jahrzehnten geben wird auf Fragen, die wir an sie gerichtet haben. Vielleicht sind sie dergestalt, daß sie das ganze kunstvolle Gebäude der Hypothese umstürzen werden.»**

An einer anderen Stelle ermahnt er seine Schüler zur Eile, die Arbeit mit der Psychoanalyse voranzutreiben, weil sie durch den Fortschritt der realistischen Wissenschaften, von deren überragender Bedeutung er als Kind seiner Zeit überzeugt war, überflüssig werden könnte. Ein Gedanke, der weniger logisch ist als ein Zeugnis für Freuds Liebe für seine Entdeckung. Denn wenn ein Forscher wirklich davon überzeugt ist, daß ein anderer Weg den seinen überflüssig machen werde, wäre es ja vernünftiger, gleich die andere Straße, die so vielversprechend ist, zu benützen. Wir sind heute nicht mehr so vollkommen von der alleinseligmachenden Bedeutung der einseitig naturwissenschaftlich aufgefaßten Forschung überzeugt, und sicher hat sie bisher die Psychoanalyse noch nicht überflüssig gemacht.

Freud hat die Existenz wesentlicher Triebe nie bestritten: Hunger, Durst, das Bedürfnis zu schlafen und zu atmen, sind primäre Notwendigkeiten, die wir – wie den Sexualtrieb – mit vielen Tiergattungen teilen. Seine anfängliche Triebtheorie stellte dem Sexualtrieb, im weitesten Sinn dem Wunsch nach sinnlicher Befriedigung (konkretisieren wir: Befriedigung der Sinne – nicht eines Sinnes) die Ich-

* Aus: Neue Folge der Vorlesungen zur Einführung in die Psychoanalyse.
** Aus Jenseits des Lustprinzips

triebe, den Trieb nach Selbsterhaltung gegenüber. Die Ich- oder Selbsterhaltungstriebe dienen dazu, die Person davor zu bewahren, durch unbeherrschte Befriedigung der Triebe Schaden zu erleiden. Freud dazu wörtlich: «In der vollen Ratlosigkeit der Anfänge gab mir der Satz des Dichterphilosophen (und Kollegen, H. W.) Friedrich Schiller den ersten Anhalt, daß ‹Hunger und Liebe› das Getriebe der Welt zusammenhalten. Der Hunger konnte als Vertreter jener Triebe gelten, die das Einzelwesen erhalten wollen, die Liebe strebt nach Objekten; ihre Hauptfunktion, von der Natur in jeder Weise begünstigt, ist die Erhaltung der Art.»*

Dann wurde aus dem Trieb nach Selbsterhaltung der Lebenstrieb bzw. die Lebenstriebe, die sowohl die sexuellen Bedürfnisse als auch das Bestreben nach Selbsterhaltung umfassen. Ihnen stellte er die Todestriebe (Thanatos = Tod) gegenüber, von denen er sich nie mehr ganz lösen konnte.

Neben diesen Haupttrieben fand Freud noch eine Anzahl weniger wichtiger Partialtriebe, die er zwar beschrieb, ihnen aber nicht viel Aufmerksamkeit zuwandte.

Der Todestrieb

Im Rahmen der Theorie des Todestriebes erklärt Freud auch das Entstehen der Aggression. An sich dient der Todestrieb dazu, endlich einmal wirklich Ruhe zu haben. Eine Art Nirwana ist zu erwarten, wenn es ein Ende aller Reize gibt. Das bedeutet auch einen Wunsch nach Selbstzerstörung, um Ruhe zu finden. Solange der Mensch jung ist, wird ein Teil der Energie, die aus dem Todestrieb stammt (der also Aggression gegen sich selbst bedeutet) von der eigenen Person weg und gegen andere umgeleitet. Was ist eigentlich ein Trieb?

Letztlich geht es uns in der Biologie mit den Trieben so wie den «technischeren» Naturwissenschaften mit der Elektrizität. Man kann sehr gut erklären, warum eine Glühbirne brennt: elektrischer Strom fließt durch den Glühdraht, der wird erhitzt und leuchtet. Was aber ist Elektrizität? Diese Frage hat noch kein Physiker wirklich beantworten können. Ähnlich ist es mit den Trieben. Sie sind vorhanden, sind ein angeborener Bestandteil unseres Lebens, des Verhaltens, sind der Ursprung des Fühlens und Wollens, die letzte Ursache des Handelns. Es baut sich, wie man gut beobachten kann, etwa durch Abgabe eines Hormones aus einer Drüse der Wunsch nach sexueller

* Aus: Das Unbehagen in der Kultur.

Betätigung auf, eine seelisch-körperliche Spannung entsteht, die durch den Liebesakt, durch einen lebhaften sexuellen Traum und durch Selbst-«Befriedigung» abgebaut werden kann, bis die Spannung nach einiger Zeit wieder ansteigt.

Der Zwang, Unangenehmes zu wiederholen

Freud nimmt nun grundsätzlich eine «Erregungskraft» an, eine im Seelenleben vorhandene bestimmte Menge an Erregung, die grundsätzlich keine Richtung hat. Unlust vermehrt sie, Lust baut sie (vorübergehend) ab. Später erklärt Freud – wobei ihm nicht alle Psychoanalytiker folgen wollten – den Trieb als einen allem Belebten innewohnenden Drang zur Wiederherstellung eines früheren Zustandes, den der Organismus sozusagen widerwillig – von äußeren Reizen dazu gezwungen – aufgeben mußte.

Er war der besten Hoffnung, daß sich seine Theorie irgendeinmal nicht nur psychologisch, sondern physiologisch und chemisch beweisen lassen werde. Bis dahin mußte eine Beobachtung als Beweis herhalten, die man immer wieder machen kann. Der Wiederholungszwang, das unabweisbare Bedürfnis, unangenehme Situationen immer wieder herbeizuführen, läßt sich immer wieder beim Menschen nachweisen. Daß dieses Geschehen existiert, wird kaum von jemandem bestritten. Für viele Forscher ist aber der Wiederholungszwang kein überzeugender Beweis für die «Wiederherstellungstheorie».

Immerhin, es gab – viele Jahre, nachdem Freud erstmals von diesem Zwang schrieb – einen psychologischen Beweis, gleichzeitig eine der wenigen direkten Kinderbeobachtungen, die wir bei Freud finden.[*]
Er hatte ein Kind beobachten können, das sehr brav war. Es hatte nur eine unangenehme Eigenschaft: wann immer es konnte, warf es «alle kleinen Gegenstände, deren es habhaft wurde, weit weg von sich in eine Zimmerecke, unter ein Bett usw.». Dabei «sagte» es mit einem sehr interessierten Ausdruck «o – o – o – o – o». Die Mutter wußte, daß es damit «fort» meinte. Und eines Tages fand Freud seine Theorie bestätigt: Er konnte das Kind beobachten, wie es mit einer kleinen Holzspule spielte, die mit einem Bindfaden umwickelt war. Das Kind zog nun die Spule keineswegs, wie Kinder das sonst tun, am Faden hinter sich her. Man konnte bei einem merkwürdigen Spiel zusehen: Es warf die Spule geschickt in sein verhängtes Bettchen, so daß sie ganz verschwand. Dazu kam das schon bekannte

---

[*] Aus: Jenseits des Lustprinzips.

– o – o – o!». Dann zog es die Spule wieder heraus und begrüßte sie mit einem begeisterten «Da!». Es schien richtiggehend unter einem Zwang zu stehen, das Verschwinden und Wiederkommen zu wiederholen, wobei das Wiederkommen mit offensichtlich größerer Freude verbunden war. Das «brave» Kind, das das Weggehen der Mutter «ohne Sträuben» hingenommen hatte, fand einen Ausweg: Es spielte das Weggehen und Wiederkommen mit Hilfe eines «Ersatzgegenstandes». Es gibt also geliebte Dinge, die zu einem zurückkehren, wenn man will: ein Mittel, um die aufsteigende Angst zu besiegen. Freud machte dazu später noch eine höchst interessante Anmerkung: Eines Tages war die Mutter viele Stunden fort. Als sie zurück kam, begrüßte das Kind die Mutter mit: «Bebi o – o – o – o – o!», was diese zuerst nicht verstand. Doch dann entdeckte sie, was geschehen war: Das Kind hatte gelernt, sich selbst verschwinden und wieder kommen zu lassen! Es hatte einen Standspiegel gefunden, in dem es sich gut sah. Beim Hinkauern jedoch war diesmal «Bebi» selbst «fort» und war danach auch wieder in der Lage, sich beliebig oft wiederkommen lassen. Das war offensichtlich sehr angenehm, denn das Kind mußte jetzt sogar bei einer Person nicht mehr – sicherlich mit Unlustgefühlen – warten, bis sie wiederkam. Es konnte den Vorgang – mit sich selbst als Ersatz – von sich aus steuern.

Um einen kleinen Einblick zu geben, was man alles aus der Beobachtung des Kindes mit der Holzspule ableiten kann, eine Überlegung der bekannten Analytikerin Annelise Heigl-Evers: Das Kind, das hier Verlassenwerden und Wiederkommen spielt, kann als Erwachsener mit folgenden Situationen konfrontiert werden: Vorerst einmal: Ich werde verlassen. Es geht um die alltägliche Situation, bei der etwa ein Ehepartner dem anderen, ohne irgend einen Einwand auch nur anzuhören, erklärt, er wolle nicht mehr und ziehe heute noch aus.

Die zweite Situation ist die des Verlassenden, der sozusagen die Rolle der Mutter des Kindes verkörpert und eben dabei ist, den Partner zu verlassen.

Der, der verlassen wird, hat nun die Möglichkeit, das Verlassenwerden zu ertragen, zuzulassen, sich nicht zu wehren und etwa die Ankündigung des Auszugs in Ruhe hinzunehmen.

Er oder sie kann aber – wir sind beim vierten Punkt – gegen das Verlassenwerden etwas tun, es aktiv aufheben. Das ist unter Umständen möglich, indem man dem oder der Verlassenden nachgeht, ihn oder sie aufhält.

Das Verlassenwerden kann aber auch aktiv aufgehoben werden, indem man sich einen anderen Partner, vielleicht sogar in einem ganz

neuen Rahmen, etwa in einer neuen Stadt sucht. Das kann die unangenehmen Folgen des Verlassen-Worden-Seins, die dieses Geschick in
der näheren Umgebung oft mit sich bringt, ebenfalls aktiv beeinflussen. Man muß nicht fürchten, daß die Menschen hinter dem Rücken der
Verlassenen von «der armen Frau» sprechen und rätseln, was sie denn
nun wohl machen werde. Oder die boshaften Zungen über den Mann
Witze machen, dem seine Frau wohl davongelaufen ist, weil es mit
seiner Männlichkeit . . .

Das Zulassen des Verlassenwerdens kann sozusagen noch eine Steigerung erfahren: »Ich willige in das Verlassenwerden ein.» Die Folge ist
oft eine sehr gute, ja oft bessere Beziehung zwischen zwei Menschen,
die es in der Ehe nicht schafften, miteinander auszukommen.

Ein wichtiges Ziel jeder Therapie – wenn eine solche in der Situation
notwendig wird (Not-wendig = die Not der Verlassenen soll gewendet
werden!), ist es, daß sich der oder die Verlassene als solche annimmt
und bereit ist, sich auch in der Situation etwa der verlassenen Ehefrau
anzunehmen. Das ist für Frauen, die dazu erzogen wurden oder sich
selbst dazu entwickelt haben, ihr Lebensziel darin zu sehen, immer für
jemanden da zu sein, und ihr Selbstwertgefühl daraus zu beziehen,
besonders schwer.

Aus der Überlegung aller sechs Punkte ergibt sich aber auch praktisch
für jeden, der in irgend einer Form verlassen wurde, sozusagen ein
Fragenkatalog, der es erleichtern kann, mit der schockierenden Tatsache, daß einem der Partner davongelaufen ist, fertig zu werden.
Selbstverständlich gilt das auch dann, wenn der Verlassende am Verlassen völlig unschuldig ist, zum Beispiel etwa, weil sein Leben einfach
zu Ende ist. Kinder, die durch den Tod eines Elternteils von diesem früh
verlassen wurden, nehmen das im Unbewußten oft sehr übel, bauen
gegen den Toten starke Aggressionen auf, die ihrerseits aber vom
Gewissen her wieder starke (bewußte oder unbewußte) Schuldgefühle
machen.

In der täglichen Praxis der Psychotherapie kann man den Wiederholungszwang immer wieder beobachten. Da bringt sich eine junge Frau
regelmäßig durch einander sehr ähnliche Verhaltensweisen in die
Situation, daß sie von einem kürzlich «eroberten» Mann plötzlich
wieder verlassen wird. Und erst in der Psychotherapie wird ihr bewußt,
daß ihr «Komm her – Geh weg» Spiel, mit dem sie sofort beginnt, für
die Männer einfach nicht auszuhalten ist. Sie flirtet und wirbt, verspricht mit den Augen und dem Körper. Kaum geht der Mann darauf
ein, verletzt sie ihn mit einer Bemerkung an seiner jeweils empfindlich-
sten Stelle. Die schwachen Punkte des anderen finden und treffen,
können übrigens seelisch Gestörte (oft wechselseitig) besonders gut.
Freud hat übrigens auch die einfache Theorie: Unlust = Spannungs-

aufbau, Lust = Abbau der Spannung, später weiter ausgebaut und ging von der sehr rationalen, einfachen Theorie von Spannungs*mengen* auf eine sehr verfeinerte Theorie der «Qualität» über. Jedem Interessierten kann ich nur empfehlen, diese Dinge bei Freud selbst – etwa in seinem Aufsatz: *Triebe und Triebschicksale* nachzulesen.*

Berühmt, berüchtigt: Der Libidobegriff

Hier scheiden sich oft die Geister, hier wird oft mit Kanonen auf Spatzen geschossen, hier hat Freud offensichtlich am deutlichsten die schwache Stelle unserer Sozietät, unserer Kultur getroffen, fast buchstäblich in ein Wespennest gegriffen und eine scheinbar heile Welt in eine Aufregung versetzt, die bis heute nicht vergangen ist. Das beginnt schon damit, wenn man verschiedene Lehrbücher nach dem Begriff der Libido durchforstet. Da steht in einem kurz und bündig, Libido: Bezeichnung für den Sexualtrieb. In einem anderen: «FREUD nahm nun an, daß jeder Mensch mit einem großen Betrag an frei verfügbarer Energie geboren wird, einem Energiereservoir, das an *keine bestimmte Funktion* gebunden ist. Diese enorme Energiemenge bezeichnete Freud als Libido». Der Ursprung der Libido liegt zweifellos im Sexuellen, nur meint Freud ganz offensichtlich mit Sexualität nicht das, was man im allgemeinen darunter versteht: den einfachen Wunsch nach sexueller Betätigung, letztlich nach dem Koitus, sondern eine universelle Kraft, die mit dem Gegensatzpaar ‹Hunger und Liebe› viel mehr zu tun hat als mit dem – auch dazugehörenden – Sexualakt. Er betont die Wichtigkeit der sexuellen Probleme bei der Entstehung der ‹Psychoneurosen›: ‹ich will ausdrücklich behaupten, daß dieser Anteil der einzig konstante und die wichtigste Energiequelle [also nicht die einzige!] der Neurose ist...› und die Bedeutung des Konfliktes zwischen dem Wunsch und dem Einspruch des Ichs. Aber er überträgt den Libidobegriff auf das ganze Naturgeschehen in der Zelle: ‹Somit könnte man den Versuch machen, die in der Psychoanalyse gewonnene Libidotheorie auf das Verhältnis der Zellen zueinander zu übertragen...›, er meint, daß: ‹die Libido unserer Sexualtriebe mit dem Eros der Dichter und Philosophen zusammenfallen› und schreibt letztlich in ‹Massenpsychologie und Ich-Analyse›: ‹Der ‹Eros› des Philosophen Plato zeigt in seiner Herkunft, Leistung und Beziehung zur Geschlechtsliebe eine vollkommene Deckung mit der Liebeskraft, der Libido der Psychoanalyse...›*

* Aus: Triebe und Triebschicksale.

ICH bin!

Wir haben von den Selbsterhaltungs- oder Ichtrieben gesprochen, von Freud über den «Einspruch des Ichs» gelesen. Was ist nun dieses Ich? Auf Anhieb wird der erwachsene Mensch verwundert sagen, na eben ich. Ich weiß ja wer ich bin, ich kenne mich: Ich bin ich. Bei näherem Hinsehen ist es so, wie mit vielem anderem Selbstverständlichen: Wir wissen, daß es vorhanden ist, wir wissen (in groben Zügen) auch, was damit gemeint ist, wenn man davon spricht. Beginnt man es aber zu hinterfragen, so muß man beim Begriff Ich vorerst einmal feststellen, daß es für das Kind und für den «primitiven Menschen» eine feste Grenze zwischen Ich und Umwelt gar nicht gibt, ja, daß sich das Ich beim Kind überhaupt erst entwickeln muß und keineswegs angeboren ist. Zuerst sucht das Kind nach einem Gegenstand, den es haben will, mit den Lippen, dann mit dem Händchen, und wenn es zu sprechen anfängt und auch schon seinen Namen kennt, dann heißt es nicht: «ich will das haben», sondern «Toni haben». Wobei mit Toni eben das Kind namens Toni, das da gerade einen Wunsch äußert, gemeint ist. Nach der Geburt, so sind sich heute die meisten Forscher einig, kann das Kind noch gar nicht zwischen seinem eigenen Körper und dem der Mutter, von dem es ja neun Monate lang ein Teil war, unterscheiden. Es muß erst langsam seine Grenzen erkennen und auch den Schock überstehen, daß es plötzlich von der Wärme und auch von der Nahrungsquelle, die ihm scheinbar automatisch alles gibt, getrennt ist. Irgendwie muß es auch erkennen, daß die Trennung (wenigstens anfangs) nur vorübergehend ist, und daß die Mutter, wenn es nur kräftig schreit, auch wiederkommt. Der «Stoff», aus dem das Ich entsteht, ist also dem Es entnommen, das Ich spaltet sich allmählich von dieser allgemeinen Muttersubstanz unseres weltlichen Seelenlebens ab. Und erst später entwickelt sich dann auch noch eine Instanz, die dem Ich hilft, sich zurecht zu finden: das Überich.

Fertigwerden mit der Realität

Das Lustprinzip, der Drang, die Triebe zu erfüllen, ihnen nachzugeben, ist der älteste Teil der Regulation unseres Verhaltens. Diesem ältesten Prinzip unseres «seelischen Apparates», das zeitlebens Motor des Lebendigen bleibt, steht allmählich ein zweites gegenüber, das wir mehr oder weniger schmerzlich erlernen müssen: Das Realitätsprinzip. Beide Prinzipien sind miteinander wirksam. Die Erfassung der Realität läßt Lustbefriedigung wenigstens insofern zu, als wir bei entsprechendem Verhalten (als Kind: wenn wir «brav» sind) das Lustziel oder wenigstens einen Ersatz dafür erreichen können. Ich will baden gehen, weil es so heiß ist. Dazu darf ich aber nicht nackt über die Straße laufen. Denn dann lande ich nicht im kühlen Bad, sondern auf der noch heißeren Polizeiwache, wo man mich zwingt, wieder Kleider anzuziehen.

Erst die Funktionen des sich langsam heranbildenden Ich: Wahrnehmen, Merkfähigkeit, Denken und Handeln, ermöglichen es dem allmählich «erwachsen» werdenden Menschen, seine Ziele ohne (oder mit erträglichen) Konflikten mit der Umwelt zu erreichen und damit die Spannung der aus dem Unbewußten drängenden Triebe abzubauen.

Das Ich ist also jener Teil unserer Persönlichkeit, der die Bedürfnisse des «Es», jenem Sammelbecken unserer Triebe, Wünsche, Verdrängungen usw. in eine Form bringt, die auch «realistisch» erfüllbar ist. Das Ich ist eine Kontrollinstanz der Person, die die Entscheidung zu treffen hat, welche Wünsche des Es mit den Normen, die im Überich, im Gewissen, verankert sind, übereinstimmen und welche nicht. Nach dieser Entscheidung muß es dann noch die weitere treffen, ob «ich» mich an die Normen halten will oder nicht. Wobei es natürlich von der Konstruktion des jeweiligen Ich abhängt, wieviel Risiko die Person eingehen will und kann.

Und so sprechen wir eben auch von einem stark entwickelten Ich, von einer «eigenwilligen» Persönlichkeit und von Menschen mit schwachem Ich, deren Selbstbewußtsein nur sehr bescheiden ausgeprägt ist.

Das Es oder das Unbewußte

Freud nahm also an, daß im Kind vorerst nur ein Bereich da ist, den er, nach einem Vorschlag seines Schülers Karl Groddeck, «Es» nannte. Er ist das Sammelbecken für alle Triebe und Energien, die dem Menschen (seinem «animalischen» Teil) schon bei der Geburt mitgegeben sind. Aus ihm entwickelt sich erst allmählich das Ich, in etwa wie ich es oben zu beschreiben versucht habe, und in diesen Bereich «versinken» auch die Erlebnisse, Wünsche und Gedanken, die von den Ich- und Überichinstanzen nicht zugelassen werden. Das Bewußtsein grenzt sich mit der Ichbildung vom Es erst allmählich ab, wobei das Reservoir an «verbotenen» und eventuell auch nur nicht genützten Möglichkeiten sicher viel größer bleibt. Das, was uns augenblicklich bewußt ist – also Ihnen, lieber Leser zum Beispiel die Tatsache, daß Sie jetzt lesen – und der Teil dessen, der

Ihnen bewußt blieb von dem, was Sie gerade gelesen haben –, ist ein winziger Teil des gesamten Materials, das wir uns allein schon willentlich bewußt machen können. Freud nennt diesen Bereich das Vorbewußte. Wir wären ja gar nicht fähig, einen Gedanken zu fassen, wenn uns stets ein größerer Teil dessen bewußt wäre, was wir erinnern können. Stellen Sie sich vor, Sie wollen etwas sagen, und es fallen Ihnen alle Worte ein, die Sie je gelernt und in Ihrem Gehirn gespeichert haben.

Was zuviel ist, wird verdrängt

In diesem Unbewußten mit seinen Trieben und Kräften schlummern nun völlig unzensuriert und praktisch unbrauchbar alle möglichen Wünsche, Begierden und Strebungen, die ja von Haus aus keinem sozialen Zwang unterworfen sind. Wenn die Wünsche nicht zu Handlungen werden, so stören sie nicht unsere Umwelt. Wenn unser Ich funktioniert, so läßt es nach dem Realitätsprinzip auch nur jene Wünsche Wirklichkeit werden, die mit den «Regeln» der Umwelt vereinbar sind. Was aber, wenn wir einen Wunsch drängend und praktisch unabweisbar haben, der trotzdem nicht oder nur unter Zerstörung der eigenen Person oder des eigenen Schicksals ausgeführt werden kann? Dann treten die unbewußten Abwehrfunktionen des Ich in Aktion, vor allem die Verdrängung. Sie ist grundsätzlich ein notwendiger Vorgang, jeder Mensch muß sicher verdrängen, um überhaupt in einer Sozietät leben zu können. In diesem Sinne heißt Verdrängen ja Wünsche, von denen schon der unbewußte Ichanteil weiß, daß sie nicht ausführbar sind, gar nicht ins Bewußtsein kommen zu lassen. So meine ich persönlich wenigstens, daß sehr wohl ein durchaus gesundes Maß an Verdrängungsmechanismen existiert. Nach der Freudschen Theorie schränkt aber die Abwehr von Trieben das Ich in seiner Freiheit ein. Denn die Kräfte, die da im Verborgenen wirksam sind, drängen weiter, auch wenn sie immer wieder abgewehrt werden, und können nun zu Störungen führen, die wir, wenigstens wenn sie die Lebensqualität beeinträchtigen, Neurosen nennen.
Überhöflichkeit aus (unbewußter) Angst vor der eigenen Aggression, Impotenz aus unbewußten Bestrafungswünschen gegen sich selbst oder gegen die Frau schlechthin wären solche Beispiele. Auch der Manager, der weder seinem Chef noch seinen Untergebenen die Zähne zeigen kann – nicht vielleicht, weil er das gar nicht will, sondern weil sein Unbewußtes solche Regungen gar nicht ins Bewußtsein aufsteigen läßt. Die Folge kann freilich sein, daß er daheim

– ebenfalls ohne zu wissen warum – den Haustyrannen spielt. Auch im Rausch durch Alkohol oder andere Drogen kann man die sonst bestehende Verdrängung gut beobachten. Frauen von Alkoholikern erzählen von Wutausbrüchen und waghalsigen Abenteuern von einem Partner, der, wenn er nichts trinkt, «der beste und bescheidenste und ein sehr vorsichtiger Mensch» ist.

Mit der Entdeckung der Verdrängung mußte Freud auch sein therapeutisches Konzept ändern, ja, es entstand damit erst die «Psychoanalyse», deren Aufgabe es war und ist, (drängendes) Verdrängtes aufzudecken und dem Ich die Möglichkeit zu geben, sich mehr oder weniger frei ein Urteil zu bilden, was denn nun zweckmäßig sei, und danach dann entscheiden zu können und nicht mehr getrieben zu sein.

Wie sich das Ich verteidigt

Durch alle Erziehungsformen, mögen sie streng oder milde, liebevoll oder neurotisch hart sein, lernt das Kind allmählich, daß bestimmte Handlungen von den mächtigen Erwachsenen positiv beantwortet werden, andere hingegen, die genauso aus dem Handlungsreservoir des Es kommen, negativ. Mit Bestrafung durch Nicht-beachtet-Werden, Zufügen von Schmerz, Entziehen sehr erwünschter Zuwendungen oder Dinge wird dem heranwachsenden Menschen klar gemacht, daß er etwas «nicht darf». Er lernt auch, daß manche Wünsche nicht gleich zu befriedigen sind, sondern daß man warten muß, und das Nicht-Warten wieder unangenehme Folgen hat. Die Furcht vor den peinlichen Folgen, wenn man ein Bonbon zur unrechten Zeit ißt, führt allmählich dazu, daß das Kind lernt, die Erfüllung von Triebwünschen hinauszuschieben. Manche dürfen aber gar nicht erfüllt werden, und wir brauchen Methoden, um unser Ich gegen das drängende Leben zu verteidigen.

Dabei kommt es, nachdem sich auch das Über-Ich entwickelt hat, zu einem Konflikt zwischen Ich und Überich, denn das Ich wäre ja an sich gar nicht abgeneigt, «mir» das Bonbon, die Lust durch die Selbstbefriedigung oder was immer es sei, auch zuzugestehen. Aber das Überich mahnt: Deine Mutter wird traurig sein, wenn sie bemerkt, daß ein Bonbon fehlt, obwohl es noch keinen Mittagstisch gab, der Vater wird dich ernst ermahnen, es sei eine schwere Sünde, wenn man mit seinem Glied spielt. Und das Ich wird nun von zwei Seiten bedrängt: vom Es, doch endlich dem Wunsch nach dem Süßen oder dem sexuellen Impuls nachzugeben, vom Überich, diese «bösen» Triebe (die ja inzwischen auch angstbesetzt sind) abzuwehren.

Und Abwehrmechanismen hat Freud auch die Verteidigungsmaßnahmen des Ich gegen die (drängenden) Wünsche aus der «Tiefe» genannt. Der Trieb stellt eine Energie dar, die in irgendeiner Form entladen werden muß – wenn, wie Freud annahm und auch die modernen Analytiker annehmen, das Gesetz von der Erhaltung der Energie auch im Seelischen gilt. Die Kraft eines Impulses, eines Triebes, kann nicht einfach verschwinden, irgendwie muß sie ausgelebt werden.

Dabei kann man beim Trieb drei Dinge unterscheiden:
    seine Quelle
    die Zielrichtung und
    das Zielobjekt.

Die Quelle ist von der Natur gegeben und nicht veränderbar. (Wenn man Gruselgedanken nachgehen will: in Zukunft vielleicht durch Genmanipulation?) Es ist aber sehr wohl denkbar und nach der Freudschen Theorie auch möglich, Zielrichtung und Objekt zu verändern.

Die Abwehrmaßnahmen, mit denen sich besonders Freuds Tochter Anna Freud (die kurze Zeit vor ihrem Tod zum Ehrendoktor der Medizin der Universität Wien promoviert wurde) befaßte, entwikkeln sich mit der Entwicklung des Menschen. Das Kind hat andere Methoden als der Erwachsene, sofern die Entwicklung ohne Störungen verlief. Waren aber die Belastungen in der Kindheit zu groß, so kann es geschehen, daß der Erwachsene Abwehrmaßnahmen, die für die Kindheit durchaus zweckmäßig waren, auch in die spätere Zeit mitgenommen hat: Er verhält sich «neurotisch». Wenn das Kind noch die Möglichkeit hat, sich unsichtbar zu glauben, indem es die Händchen vor das Gesicht hält und sich dabei in der selbstgeschaffenen Dunkelheit wohl und sicher fühlt (wenn die Erwachsenen mitspielen), so bringt es dem Erwachsenen kaum etwas, wenn er eine vorhandene Situation einfach als nicht existent erklärt, «verleugnet».

Welche Methoden stehen nun dem Ich bei der offensichtlich mühsamen Arbeit der Verdrängung unerwünschter Impulse zur Verfügung?

Die Verkehrung ins Gegenteil

Eine Frau traf bei einer Party einen Mann, der ihr vom ersten Augenblick an unsympathisch war. Sie schilderte später ein körperlich spürbares Unbehagen in seiner Nähe. Bei ihm lief alles anders ab: Vom ersten Augenblick an war er fasziniert von ihr (vielleicht weil er es nicht ertrug, daß sie ihn ablehnte) und machte ihr den Hof, wo er nur konnte. Und bei ihr fand, verhältnismäßig rasch, eine klassische Verkehrung ins Gegenteil statt. Der anfangs so unsympathische Mann konnte sie rasch erobern und sie wurden bald danach ein – anfangs glückliches – Paar. Dann aber begannen die Schwierigkeiten, und schließlich kam sie, wegen zahlreicher Beschwerden, in Therapie. In längerer Arbeit stellte sich heraus, daß ihr Mann, was sie vorher nie bemerkt, Eigenschaften hatte, die sie bei ihrem (bewußt sehr geliebten) Vater abgrundtief verabscheute. Vor allem das sexuelle Verhalten des bei den Damen sehr beliebten Vaters war ihr ein Greuel, zumal ihre Mutter sie in dieser Hinsicht sehr streng erzogen hatte. Und auch der Vater, wie die meisten Männer, die starke polygame Wünsche haben, blies in das gleiche Horn. Da sie den Vater aber liebte, blieb ihr sozusagen gar nichts anderes übrig, als die ursprüngliche Abneigung gegen ihren Mann in anfangs überquellende Liebe zu verkehren.

Der Abwehr eigener sexueller Wünsche dient auch die überbetonte Sittlichkeit und die extreme Entrüstung über jede Unsittlichkeit so mancher Moralapostel.

Die Projektion

Jede Mutter erlebt das einmal: Das Kind hat irgend etwas angestellt, erzählt aber eifrig und wie es hofft, auch überzeugend, der Teddybär habe das Glas zerschlagen oder ins Bettchen gemacht. Es ist durchaus denkbar, daß das Kind, wenigstens anfangs, von dem, was es erzählt, auch überzeugt ist. Der neurotische Erwachsene ist sich dann später ganz sicher, daß nicht er die Frau NN haßt (denn zu Haßgefühlen ist er ja gar nicht fähig), sondern sie schwere Haßgefühle gegen ihn hat, wobei er ihr zum Beispiel völlig gleichgültig oder auch sympathisch sein kann. Im Laufe einer Analyse projiziert der Analysand mit schöner Regelmäßigkeit Gefühle, die er selbst hat, immer wieder einmal in den Analytiker: «Sie waren gestern aber sehr böse auf mich» oder «ich weiß ja, daß Sie mich lieben, aber Sie dürfen es nicht zugeben, weil Sie Analytiker sind.»

Identifikation oder Introjektion

Es muß nicht immer ein Abwehrmechanismus sein, daß sich jemand mit einem Vorbild identifiziert. Wir alle übernehmen fremde Anschauungen und Ziele als unsere eigenen und wissen häufig gar nicht mehr, woher wir sie bezogen haben. So identifiziert sich das Kind mit dem Vater und wähnt sich nicht nur im Besitz seiner Macht, sondern übernimmt auch seine Wertvorstellungen. Jetzt kommt das Verbot, «Böses» zu tun, nicht mehr nur von außen, sondern von der sich langsam entwickelnden Instanz des Überich.

Isolierung, Verdrängung von Affekten

Wenn wir etwas erlebt haben und später daran denken, so tauchen damit auch die Gefühle wieder auf, die wir damals hatten: Das Gefühl der Zuneigung, wenn wir an eine Szene mit einem geliebten Menschen denken, die Wut, wenn wir uns ungerecht behandelt fühlten und nichts dagegen tun konnten. Nun können diese Emotionen so stark sein, daß sie unerträglich wären und daher verdrängt werden müssen. Das Ereignis wird von den damit verbundenen Gefühlen isoliert. Das führt dann dazu, daß vor allem zwangsneurotische Menschen von aufwühlenden Ereignissen berichten und dabei völlig emotionslos bleiben, als würde sie das Ganze nicht berühren. Es berührt sie auch bewußt nicht, und man muß oft lange therapieren, um zum Beispiel solche in der Tiefe schlummernden Wutgefühle vorsichtig und langsam an die Oberfläche zu bringen, um den Patienten von der negativen Wirkung, die sie vom Unbewußten her auf ihn ausüben, zu befreien.

Sublimieren

Sublimieren, also Verfeinern, Veredeln, bedeutet, daß man von der Sozietät verworfene Triebe, Energieformen, Kräfte in solche verwandelt, die von der Gemeinschaft angenommen werden. Welche das sind, hängt natürlich stark von der jeweiligen Gemeinschaft ab. So kann in einer kriegerischen Umgebung sublimieren sehr wohl bedeuten, anstelle des eigenen Vaters möglichst viele Feinde des Nachbarstaates umzubringen und dafür mit den höchsten Orden ausgezeichnet zu werden. Freundlicher und weniger kriegerisch: die verpönte Sexualität wird in Kunst, in Farben, Musik, Tanz umgewandelt und das Publikum rast vor Begeisterung.

Verschieben, Ersetzen

Mittel der Sublimierung sind offensichtlich das Ersetzen einer Trieb-richtung oder eines Objektes mit einem anderen Ziel oder Objekt. Die Aggression gegen den Lehrer wird gegen den Mitschüler gerichtet, der völlig unvermutet einen Schlag bekommt, die Liebe zu einer unerreichbaren Frau wird auf ein Hobby umgeleitet (oder auf die «Menschheit»), und der Depressive richtet den Haß, den er gegen jemanden aus seiner Umgebung hat, gegen sich. Er macht sich das Leben schwer, obwohl die Aggression eigentlich einem anderen zugedacht ist.

Rationalisieren

Am besten trifft diese Methode das Sprichwort vom Fuchs, dem die Trauben zu sauer sind. Wenn er daran glaubt, so ist ihm eine perfekte Rationalisierung gelungen: er fand zwar nicht den richtigen aber einen verstandesmäßig durchaus akzeptablen Grund, warum Trauben für ihn nicht in Frage kommen. Oft kommen verschiedene Mechanismen zusammen. So kann jemand aus Wut über seinen Vorgesetzten, die er nicht ausleben kann, sein Kind bestrafen. Er rationalisiert aber, daß dies nur zum besten des Kindes und deshalb geschieht, weil das Kind etwa «so unbeherrscht» war. Wobei er unter Umständen vielleicht noch auch vor sich selber argumentiert, daß sein eigenes unbeherrschtes Zuschlagen das Kind vor Unbeherrschtheit schützen soll.

Konvertieren

Daß man ein seelisches Problem ins Körperliche verschieben kann, war eine der ersten Entdeckungen der Tiefenpsychologie. Einer der ersten bekannten Fälle ist die hysterische Blindheit der Maria Theresia Paradis, Mesmers berühmter Fall, von der wir annehmen können, daß sie (Es in ihr) ihren gewalttätigen Vater nicht sehen wollte. Die Konversion kann sich in Lähmungen (die sündige Hand kann nicht mehr bewegt werden), Erbrechen, Schmerzen, Migräne usw. manifestieren.

Verleugnen

Freud hat mit «Realitätsleugnung» die Tatsache beschrieben, daß es Menschen gibt, deren Ich ein unerwünschtes Stück der Wirklichkeit einfach nicht zur Kenntnis nimmt. Es bleibt von der Wahrnehmung (an sich auch eine Form der Blindheit) ausgeschlossen. An die Stelle der Realität treten dabei oft sehr angenehme Tagträume und Phantasien, die eine Scheinwirklichkeit vorgaukeln.

Die Regression

Als Abwehrmechanismus bedeutet Regression das – unzweckmäßige – Zurückfallen auf eine frühere Entwicklungsstufe. In der Therapie versucht man ganz gezielt, den Patienten in frühere Stufen zurückkehren zu lassen. Regression bedeutet es zum Beispiel, wenn ein Kind, das schon sauber ist, wieder ins Bett zu machen beginnt, weil die Mutter ins Krankenhaus kam oder ihm ein nächstes Kind den Platz streitig macht. Es kann aber durchaus auch eine Regression sein, wenn ein Mann, der sich den Wechseljahren nähert, plötzlich wieder der Don Juan zu sein versucht, der er als junger Mensch war.

Das Gewissen oder Über-Ich

In unserem Überich sind, nach der Entwicklung, die wir beschrieben haben, in etwa folgende Funktionen verankert:
Das Wissen, was die Umgebung von uns in sozialer Hinsicht verlangt.
Die Möglichkeit, Verhaltensweisen, die mit der Moral nicht vereinbar sind, als solche zu erkennen und sie vom Ich annehmen oder ablehnen zu lassen. Die Fähigkeit, sich selbst bis zu einem gewissen Grad zu beobachten und das Beobachtete nach eigenen und fremden Wertmaßstäben zu beurteilen.
Die – mit Entspannung verbundene – Fähigkeit, sich selbst für eine «unrechte» Handlung zu bestrafen und damit das «Bereute» wieder gut zu machen.
Sich selbst für «gute» Handlungen zu belohnen.
Die verantwortliche Weitergabe der moralischen und religiösen Werte («Hauptinhalte des höheren Menschen» nach Freud) der eigenen Gesellschaft an die Nachkommen und die Umgebung.
Es stellt insgesamt also eine sehr zweckmäßige Einrichtung zur Le-

benshilfe dar, die viel von dem, was wir beim Tier Instinkt nennen, ersetzt. Dort «muß» getan werden, hier können wir bis zu einem gewissen Grad selbst entscheiden. Wie in allen andern Bereichen der Seele auch, führt es zur Neurose, zur Störung, wenn das Überich zu stark ausgeprägt ist und ihm zum Beispiel ein schwaches Ich gegenübersteht.

Königsweg zum Unbewußten: Der Traum

In einem kurzen Lehrbuch über Psychoanalyse zitiert der aus dem Iran stammende Psychotherapeut Dr. Farroch Fanai den Philosophen Plato: «Während das, was an der Seele vernünftig, mild und gegenüber den anderen überwiegend ist, im Schlummer liegt, bäumt sich das Tierische und Wilde, mit Speisen oder Getränken gesättigt, auf und bricht, den Schlaf abschüttelnd, los, um die Befriedigung seiner eigenen Lüste zu finden.» Wenn man damit die weiter oben beschriebenen Ansichten von Freud vergleicht – welche Ähnlichkeit!

Freud hatte also mit der Hypnose Schiffbruch erlitten. Sie war für ihn zwar wie für Oskar Vogt ein Mikroskop für die Seele, mit dem man einigen Rätseln näher kam, aber als Therapie und zur weiteren Erforschung der Zusammenhänge schien sie ihm, im Gegensatz zu manchen modernen Hypnoseforschern, nicht geeignet. Er fand im Traum – anfangs wesentlich in der Deutung seiner eigenen Träume – einen Weg, der ihn sozusagen zielsicher an das unbewußte Material heranbrachte. Seine Traumdeutung – das leugnen auch seine Gegner kaum – hat die geistige Welt wenigstens so erschüttert wie die «neue Schöpfungsgeschichte» von Charles Darwin. Der Traum, der bisher vorwiegend ein Tummelplatz magischer Bücher war, wurde zum Gegenstand wissenschaftlicher Erforschung und ist es bis heute geblieben. Denn Freud war natürlich weit davon entfernt, alle Rätsel des Traumes zu lösen. Er hat aber immerhin einige Prinzipien aufgestellt, die zum Großteil auch heute noch gültig sind. Übrigens hat er im Laufe seiner Lebensarbeit natürlich auch die Traumtheorie – wie alle seine Theorien – einer ständigen Korrektur unterworfen.*

Letzter Ursprung für jeden Traum ist nach Freud ein «Traumerreger aus jenen Erlebnissen, über die ‹man noch keine Nacht geschlafen hat›».

Es gibt für Freud keine Träume ohne tieferen Sinn, auch keine «harmlosen» Träume. Erst wenn etwas im Wachzustand nicht aus-

---

* Siehe auch das Kapitel Hypnose in meinem Buch SEELE OHNE ANGST

reichend erledigt, «bearbeitet» werden konnte, taucht es im Traum auf. Er schrieb: «Wie Sie hören werden, haben wir uns genötigt gesehen, im Seelenleben eine besondere kritisierende und verbietende Instanz anzunehmen, die wir das Über-Ich heißen. Indem wir nun auch die Traumzensur als eine Leistung dieser Instanz erkannten, wurden wir angeleitet, den Anteil des Über-Ichs an der Traumbildung sorgfältiger zu beachten.»

Zu diesen Reizen aus dem Alltag kommt aber Material aus der frühen Kindheit, das dem Gedächtnis im Wachen nicht zur Verfügung steht, oder, wie Freud vorsichtig meint, es erscheinen im Traum «... Eindrücke aus den frühesten Lebensaltern ... über welche das Gedächtnis im Wachen nicht zu verfügen scheint».

In jedem Traum steckt nach Freud eine Wunscherfüllung. Man trifft etwa eine geliebte Person, die tatsächlich verreist ist, oder versöhnt sich mit jemandem, mit dem das in der Wirklichkeit praktisch ausgeschlossen ist. Oder: Man träumt, daß man noch sein Abitur – seine Matura – machen muß, erwacht und freut sich, daß man sie schon hat. Er beschrieb beim Traum

die **körperlichen Reize,** die an der Entstehung eines Traumes teilhaben können (ohne ihnen besondere Bedeutung beizumessen),

die Tagesreste, zu denen sich der Träumer bekennen kann oder nicht, und war der Meinung, daß dem Traum auch eine wichtige Funktion als

Wächter des Schlafes zukommt. Ein Phänomen, das praktisch jeder Mensch gelegentlich an sich beobachten kann. So wird etwa das Läuten des Weckers in einen Traum eingebaut, man eilt im Traum zum Telefon, spricht mit jemandem und erlebt eine ganze Geschichte, um nur ja nicht aufzuwachen. Er kannte den

Angsttraum, entstanden aus den Konflikten um «moralische» Instanzen, wobei die Angst ein Zeichen dafür ist, «daß der verdrängte Wunsch sich stärker gezeigt hat als die Zensur». Weiterhin den

Straftraum, der sich wider Erwarten auch in die Theorie der Wunscherfüllung einbauen läßt: Der kritischen, zensurierenden Instanz des Über-Ich wird der Wunsch nach Bestrafung (und damit nach schuldaufhebender Sühne!) gewährt.

Am wesentlichsten für seine Theorie ist aber die Unterscheidung **manifester** Traum und **latente Traumgedanken.**

Der manifeste, also der deutlich faßbare Traum ist eine bewußt gewordene, aber noch verschlüsselte Botschaft des Unbewußten, versteckt in Bildern und Symbolen. Das muß nicht immer so sein. Kinder träumen oft recht unmißverständlich, und wenn wesentliche Lebensbedürfnisse nicht oder zu wenig erfüllt werden, so taucht im

Traum ihre Erfüllung auch ziemlich oder ganz unverhüllt auf. Wer Hunger hat, träumt eben oft vom Essen. Wenn aber die Grundbedürfnisse erfüllt sind, kann man rechnen, daß mit großer Sicherheit zwischen dem, was offenbar im Traum geschieht, und dem dahinter steckenden Wunsch die Traumarbeit steckt. Sie dient dazu, das allzu offene Geschehen in auch «moralisch» mehr oder weniger erträgliche Bilder umzuwandeln, damit das Ich nicht bedroht und der Schlaf nicht gestört wird. Das sehr empfindliche seelische Gleichgewicht wird dadurch auch im Traum erhalten.

In der Therapie geht man nun den latenten Traumgedanken, dem latenten Trauminhalt nach und kann damit Zugang zu den seelischen Kräften, den Wünschen und Trieben finden, die den persönlichen Problemen zugrunde liegen. Für Freud war also der offenbare Trauminhalt weniger wichtig als das, was hinter ihm verborgen ist, was man durch den Vorgang der Psychoanalyse zu enträtseln versucht. Er wies seine Schüler an vielen Stellen seiner Schriften direkt an, weiter «dahinter» zu schauen. Zum Beispiel: «Was tun wir zunächst? Wir beschließen, uns um das, was wir gehört haben, den manifesten Traum, möglichst wenig zu kümmern.»*

Ob Freud hier recht hat, was manche in Frage stellen, wäre wieder einmal ein Streit um des Kaisers Bart. Er sagt ja auch vorsichtig «zunächst» und sagt dann, einen Satz weiter: «Natürlich zeigt dieser manifeste Traum allerlei Charaktere, die uns nicht gleichgültig sind.»

In der Arbeit mit aufsteigenden Bildern und Symbolen aus dem Unbewußten – etwa im Katathymen Bilderleben, in der analytischen Oberstufe des Autogenen Trainings usw. nimmt man an, daß das Bilderdenken, das Denken in Symbolen, früherer Besitz des Menschen als eine logische Denkfähigkeit ist und daher durchaus von zentraler Bedeutung für seine Probleme sein kann. Eine Mutterbrust ist nicht nur das Symbol für Nahrung, vielleicht auch für Sexualität, sie kann aber auch den Wunsch nach Wärme, nach Geborgenheit, nach Schutz und Angenommenwerden ausdrücken. Und man tritt diesem doch eher manifesten Traum, bzw. Bildinhalt, zuerst einmal mit freien Assoziationen näher. Dann kann man aber auch durchaus der Ansicht Freuds huldigen und überdies noch im Bild etwa einer Mutterbrust ein weiteres, enträtselbares, mehr oder weniger aktuelles Problem suchen.

Sie sehen wieder einmal: je mehr man die Theorien über die Begriffe Ich, Selbst, Person, bewußt – unbewußt usw. möglichst neutral durchforstet, umsomehr bekommt man den Eindruck, daß jeweils beide recht haben, auch wenn die Theorien auf Anhieb völlig unver-

---

* Aus: Neue Folge der Vorlesungen zur Einführung in die Psychoanalyse.

einbar scheinen. Freud etwa sieht in der Fähigkeit des Menschen, in Symbolen zu träumen, eher einen «Trick», damit wir unsere Seelenruhe erhalten, Carl Gustav Jung, sein vielleicht originellster, aber abtrünniger Schüler, sieht in eben dieser Fähigkeit ein Geschenk der Natur, die uns damit erlaubt, gedanklich Unerfaßbares doch noch zu Bewußtsein zu bringen. Für ihn – und praktisch für alle, die mit Symbolen arbeiten – ist das also ein Gewinn, eine Erweiterung unserer Möglichkeiten. Wobei freilich C. G. Jung und die meisten anderen Therapeuten, die mit Symbolen arbeiten, auch nach den latenten Traumgedanken suchen. Aber eben nur *auch*.

Noch ein Wort zum Symbol: Man kann unter Symbol einfach die Tatsache verstehen, daß etwas durch ein Bild, ein Zeichen symbolisiert wird: Eine durchgestrichene Zigarette symbolisiert in diesem Sinn «Rauchverbot!». Wenn jemand durch Erbrechen andeutet, daß es ihm zum Speien ist, dann gehört das ebenso in diese Symbolik wie der Kopfschmerz, den eine Patientin von Freud als junges Mädchen bekam, nachdem ihre Großmutter sie mißtrauisch und durchdringend angesehen hatte.

Das Symbol kann aber auch – wie eben bei Freud – etwas sein, was angeboren in uns schon vorhanden ist, etwas, das allen Menschen eigen ist. Er nahm damit nicht nur das kollektive Unbewußte von C. G. Jung vorweg, sondern forderte auch die frühe Kritik einiger Schüler heraus, die im Symbol nur etwas erst vom heranwachsenden Menschen Erworbenes sehen wollten. Und vor allem sicher nichts, was über den realen Sinngehalt noch eine mehr oder weniger transzendentale Bedeutung haben könnte (der auch Freud nicht zugestimmt hätte).

Die freie Assoziation

Nicht alle Menschen können sich an ihre Träume erinnern. Sie bieten dann kein «Material», das «bearbeitet» – also nach seinem tieferen Sinn untersucht – werden kann. Freud fand im freien Assoziieren einen weiteren Weg zum Unbewußten, der sowohl für die Untersuchung der theoretischen Zusammenhänge als auch für die Behandlung wichtig wurde.

Carl Gustav Jung: Der Herr der Unterwelt

Sigmund Freud hatte zwei Schüler, die es zu Weltruhm brachten und deren Lehren auch das Denken der Zeit beeinflußte. Nicht so allgemein und erdrutschartig wie Freuds großer Wurf, aber doch überall bemerkbar: den Schweizer Pastorensohn Carl Gustav Jung und den Wiener Alfred Adler. Und wie bei vielen anderen seiner Schüler bewiesen auch diese beiden, daß Freud mit seiner Ödipustheorie wieder einmal recht hatte: Beide lösten sich von ihm, gründeten ihre eigenen Schulen und versuchten mit vielen Mitteln zu beweisen, daß der «Vater» Freud im Unrecht war. Auch wenn der Schöpfer der Psychoanalyse vielleicht in den ersten Jahren seiner Entdeckung mit Sexualität einen eher engen Begriff meinte, im Laufe der Entwicklung der neuen Psychologie waren es vor allem die anderen, die Freud immer wieder eine Art «unzüchtige Gedanken» vorwarfen. Liest man wirklich bei Freud und nicht in der Folgeliteratur nach, so sieht man, daß der Begriff der Libido immer mehr zur «Lebensenergie» als solcher wird, der er ja den Todestrieb, die Sehnsucht nach Ruhe entgegenstellte. Seine Nachfolger mußten den Begriff der Sexualität bei Freud einengen, sonst hätten sie ja kaum dagegen ankämpfen können. Auch die Annahme, daß für Freud der Mensch nichts als ein Bündel von Trieben wäre, dem er hilflos ausgeliefert sei, läßt sich wohl nur als Konstruktion verstehen, um gegen Freud anstürmen zu können. Denn sein ganzes Bestreben war es ja, das Ich zu stärken, ihm mehr Möglichkeiten der Wahl und Entscheidung zu verschaffen – und er war es ja nicht, der die Triebe des Unbewußten einschließlich der sexuellen Wünsche verteufelt, «schlecht» gemacht hat. Es war Freud, der Religion, Moral und soziales Empfinden «Hauptinhalte des höheren Menschen» nannte.

Das vorweg, bevor wir auf den viel mystischeren, allem Okkulten viel mehr verbundenen C. G. Jung eingehen, den der englische Sachbuchautor Colin Wilson*, ein offensichtlich begeisterter Okkultist, «Lord of the Underworld» nannte. Auch wenn Colins Theorien naturwissenschaftlich teilweise einfach auf Mißverständnissen beruhen, zeigt er doch in seinem Buch eine Seite Jungs, die für ihn recht prägend war. Der Naturwissenschaftler, der Arzt und Psychiater aus dem Burghölzli, brauchte schon in der frühen Kindheit Hilfe aus einer magischen Welt, wie er es in seinen Lebenserinnerungen, die sich spannend wie kaum eine andere Autobiographie lesen, beschreibt.

Wenn man kurz zusammenzufassen versucht, was C. G. Jung von Freud abgrenzt, so suchte Freud vorwiegend nach den Mechanismen, die den Menschen hindern, frei zu leben. Mechanismen, die ihm Neurosen und andere Störungen bereiten, und er versuchte dem

* Colin Wilson: Herr der Unterwelt. C. G. Jung und das zwanzigste Jahrhundert.

Patienten durch seine «Kur» möglichst viel davon bewußt zu machen. Dieses Bewußtmachen – wo Es war soll Ich werden – diente der Entwicklung eines stärkeren Ich, das mit den Anforderungen des Lebens, nicht mehr getrieben von den dunklen Kräften des Es, diese willentlich beherrschen und in freier Entscheidung steuern konnte. Bei aller Hinwendung zu den biologischen Fakten war er sich der Einmaligkeit jedes einzelnen Menschen deutlich bewußt und meinte auch, daß jedem eben erbmäßig verschiedene Möglichkeiten, mit der Welt fertigzuwerden, mitgegeben sind. Wir wollen auch noch einen Satz von Freud bedenken, der all den Behauptungen von seiner Einseitigkeit entgegensteht: «Die Trieblehre ist sozusagen unsere Mythologie. Die Triebe sind mythische Wesen, großartig in ihrer Unbestimmtheit...»*

C. G. Jung sieht, wo Freud nur letzte Ursachen sucht, im Geistigen ein gleichwertiges (und sozusagen kampfbereites) Gegenstück zu den Trieben. Er stellt das Geistige voran, gibt ihm die letzte Bedeutung – eine Auffassung, die meines Erachtens bei Freud schon allein durch seine ganze Lebensgestaltung ebenfalls gegeben ist. Wenn C.G. Jung in seiner Darstellung der psychoanalytischen Theorie schreibt: «Libido soll der Name sein für die Energie, die sich im Lebensprozeß manifestiert und die subjektiv als Streben und Begehren wahrgenommen wird...» und weiter «Wir sehen die Libido im Stadium der Kindheit zunächst ganz in der Form des Ernährungstriebes, der den Aufbau des Körpers versorgt. Mit der Entwicklung eröffnen sich sukzessive neue Anwendungsgebiete der Libido. Ein definitives und bedeutungsvolles Anwendungsgebiet ist die Sexualität...», so muß man sich schon bemühen, hier wirklich einen großen Unterschied gegenüber dem Freudschen Begriff des «Lebenstriebes» zu finden. Auffallend scheint mir zu sein, daß C. G. Jung die Bedürfnisse des Kindes hier auf die Nahrung einschränkt: Zweifellos ist dem Kind auch die Wärme und Geborgenheit an der Mutterbrust ein Grundbedürfnis. Wenn es weint, weil es aus irgendeinem Grund aufwacht, ist es oft nicht das Stillen oder Füttern, das das Kind beruhigt, sondern das Wiegen und das Wärmen am Busen der Mutter. «Busen» ist ja bekanntlich genau genommen nicht die Brust, sondern die Bucht zwischen den beiden Brüsten, in die das Kind oft behütend und zärtlich gelegt wird und wo es die Wärme der Mutter rein durch die anatomische Lage besonders gut spüren kann.

Aber C. G. Jung hat das immer wieder als Unterschied betont: Hier Freuds mechanistische, materialistische Auffassung, dort die Suche

---

* Neue Folge der Vorlesungen zur Einführung in die Psychoanalyse

nach dem geistigen Hintergrund, nach dem Ziel – nach dem Sinn des Menschen, den wir bei Viktor Frankl wiederfinden werden.

Man kann auch sagen: Freud fragt «warum?», C. G. Jung «wozu?».

C. G. Jung wollte sich offensichtlich unter allen Umständen vom Vater abgrenzen, und er fand neben den theoretischen «Widersprüchen» einen außerordentlich fruchtbaren Weg weg vom Materialistischen bei Freud zum Geistigen, zum Mythologischen, zur Religion. Für Freud, soweit das durch die Psychoanalyse untersuchbar war und ist, kann Religion als eine Folge biologischer Entwicklung und psychischer Notwendigkeiten angesehen werden. Als Suche nach Schutz vor den unerklärlichen und unberechenbaren Mächten, nach einem verläßlichen Vater, Erklärung des Unverständlichen usw. C. G. Jung sah in seinem Ablösungsprozeß die Religion als etwas ursprünglich Existierendes, als etwas an, das dem Menschen mitgegeben und nicht erst von ihm erschaffen wird. Es war weniger eine theoretische als eine weltanschauliche Abgrenzung. Ein Hinter-die-mystischen-Quellen-des-Menschen-blicken-Wollen, ein Unterfangen, das Freud für sich selbst nicht zuließ. Wir wissen freilich, daß er später sich sehr wohl auch mit dem Okkulten befaßte. In «Traum und Okkultismus» schreibt er: «Unter diesen Vermutungen die wahrscheinlichste ist wohl die, daß es sich beim Okkulten um einen realen Kern von noch nicht erkannten Tatsachen handelt, den Trug und Phantasiewirkung mit einer schwer durchdringbaren Hülle umsponnen haben.»

Daß Freud dennoch stets sehr skeptisch blieb und sich auf das, was vernünftigerweise zu verstehen ist, beschränkte, ist klar, sonst wäre er wohl kaum der Entdecker der Psychoanalyse geworden. Aber immerhin, in einem Brief (den er später abzuschwächen versuchte, der aber existiert) schrieb er 1921: «If I had my life to live over again I should devote myself to psychical research rather than to psychoanalysis.»*

Die an sich unergründlichen Begriffe Raum, Zeit und eine allgemeine seelische Energie (C. G. Jungs Libido im Gegensatz zur handfesteren Lebensenergie von Freud) liegen auf einer Ebene, letztlich eben unergründbar, dem Menschen zwingend und in jeweils einer bestimmten Menge vorgegeben. Trotz dem ist der neue Weg des Carl Gustav Jung fort aus dem Schatten des großen Freud schon in seinen frühen Werken zu spüren.

Wenn man von diesem sehr deutlichen Gegensatz absieht, so war sich C. G. Jung offenbar der Wesentlichkeit der Gegensätze nicht ganz so sicher. Denn er schreibt in einem Aufsatz, Der Gegensatz

---

* «Wenn ich mein Leben noch einmal zu leben hätte, würde ich mich eher der Parapsychologie (psychical research ist englisch Parapsychologie) als der Psychoanalyse widmen.»

Freud und Jung: «Die Einsicht in den subjektiven Charakter jeder Psychologie, die von einem einzelnen erzeugt ist, dürfte das Merkmal sein, welches mich von Freud am strengsten sondert.» Abgesehen davon, daß C. G. Jung seine Typenlehre durchaus als eine allgemein gültige Psychologie ansieht: Wie oft hat Freud bei allen seinen Bemühungen nach objektiv gültigen biologischen Gesetzen, die Subjektivität seiner Untersuchungen betont. Ein Zitat aus «Totem und Tabu»: «Von der Psychoanalyse, welche zuerst die regelmäßige Überdeterminierung psychischer Akte und Bildungen aufgedeckt hat, braucht man nicht zu besorgen, daß sie versucht sein werde, etwas so Kompliziertes wie die Religion aus einem einzigen Ursprung abzuleiten. Wenn sie in notgedrungener, eigentlich pflichtgemäßer Einseitigkeit eine einzige der Quellen dieser Institution zur Anerkennung bringen will, so beansprucht sie zunächst für dieselbe die Ausschließlichkeit so wenig wie den ersten Rang unter den zusammenwirkenden Momenten.»[*]

Männlich – Weiblich und die Orientierung nach innen oder außen

C. G. Jung unterscheidet die Menschen in zwei grundsätzliche Typen: die

extravertierten oder objektiven und die
introvertierten oder subjektiven.

Extravertiert ist ein Mensch, wenn er an der Umwelt interessiert, für Reize (die von außen kommen!) offen, kommunizierend ist, vom eigenen Inneren aber mehr oder weniger abgeschlossen.
Introvertiert ist jemand, der sich von der Umwelt eher abschließt, sich vor Reizen aus der Umgebung schützt (indem er sie zum Beispiel einfach nicht wahrnimmt) und für Reize aus seinem Inneren aufgeschlossen ist. Er wendet sich mehr sich selbst zu und bleibt mit seinem inneren Erleben beschäftigt.
Dazu kommen Eigenschaften, die C. G. Jung als typisch männlich und typisch weiblich ansieht, denen er im seelischen Bereich den Namen Animus und Anima gab. Beide sind natürlich in jedem Menschen vorhanden, und nur ihre verschieden starke Ausprägung bestimmt seine Persönlichkeit, seine Einmaligkeit, das Individuum, das Unteilbare.
Zu Wahrnehmen, Denken und Fühlen kommt bei C. G. Jung noch die Intuition, die – ohne entsprechende äußere Reize – merkwürdige Vorahnungen, plötzliche und unvermutete Einfälle und ähnliches auslöst.

[*] Aus: Totem und Tabu

Damit ein mehr männliches oder mehr weibliches «Individuum» entsteht, mehr extra- oder mehr introvertiert, müssen die jeweils gegensätzlichen Eigenschaften bis zu einem (oft hohen) Maß unterdrückt werden.

Zwei Beispiele:

Der extravertierte Denktyp ist in seiner stark ausgeprägten Form der alles beherrschende Familientyrann, der jede Regung unterdrückt und nur den Verstand regieren läßt.

Der introvertierte Fühltyp ist zurückhaltend, still, in der starken Ausprägung kühl und abweisend. Es handelt sich eher um eine Frau, deren auch vorhandenes Bedürfnis zu herrschen nicht oder nur gegenüber ihren Kindern deutlich wird, und hier herrscht sie auch nicht mit Gewalt, sondern mit übersteigerter, erdrückender Milde und Güte.

Man kann sich die weiteren möglichen Kombinationen aus männlich-logisch, weiblich einfühlsam, nach außen oder innen orientiert, leicht selbst zusammenstellen. C. G. Jung hat sie in seinem Buch «Psychologische Typen» hervorragend dargestellt.

Individualpsychologie

Alfred Adler, der sich als praktischer Arzt 1899 in Wien niederließ, gehörte zu den ersten Verteidigern Freuds. Dieser hatte um die Jahrhundertwende im Kreise von Kollegen einen Vortrag gehalten, der auf allgemeine Ablehnung stieß. Die Art, wie man mit Freud umging, soll Adler so empört haben, daß er einen geharnischten Artikel schrieb, man möge sich über Freud nicht mockieren, sondern seinen Ideen endlich die ihnen gebührende Aufmerksamkeit schenken. Freud soll nicht nur erfreut gewesen sein, er soll auch Adlers Artikel als den besten, der bisher über seine Ideen erschienen sei, bezeichnet haben. Nach dem Biographen Freuds, dem Analytiker Ernest Jones konnte dieser Artikel trotz aller Mühe nicht gefunden werden. Jedenfalls lud Freud zwei Jahre später Adler zu den berühmten Mittwoch-Abend-Zusammenkünften ein, deren Protokolle heute eine Fundgrube für jeden an der Psychoanalyse Interessierten sind.

1898 hatte der – auch sozial interessierte – Adler bereits etwas veröffentlicht: Das Gesundheitsbuch für das Schneidergewerbe. Er geht darin mit der Medizin seiner Zeit nicht gerade sanft um und wirft ihr vor, sich um die katastrophalen Gesundheitszustände zum

Beispiel im Schneidergewerbe gar nicht zu kümmern, und fordert ein neues Gewerbegesetz. Es gab in der k.u.k.-Monarchie 200 000 – meist arme – Schneider. Auch andere Arbeiten von ihm, über Erziehung, über Sexualität usw. erschienen in den Jahren, bevor er sich mit der Psychoanalyse auseinanderzusetzen begann.

Dieser selbständige und originell denkende Mensch traf also auf Freud, der gerade bekannt zu werden begann, und seine Ideen faszinierten ihn. Er wurde – mit Wilhelm Stekel – Schriftleiter des Zentralblattes für Psychoanalyse, wogegen Freud allerdings schon von Anfang an Bedenken hatte. Das Ende dieser Zusammenarbeit fand seinen Niederschlag dann auch in einer Erklärung Adlers an die Leser im Heft 10/11 im Jahre 1911: «Hiermit bringe ich den Lesern dieser Zeitschrift zur Kenntnis, daß ich mit dem heutigen Tag aus der Redaktion dieser Zeitschrift ausscheide. Der Herausgeber der Zeitschrift, Herr Professor Freud, war der Ansicht, daß zwischen ihm und mir derartige wissenschaftliche Gegensätze bestehen, die eine gemeinsame Herausgabe dieser Zeitschrift in seinen Augen inopportun erscheinen ließen. Ich habe mich deshalb entschlossen, freiwillig aus der Redaktion der Zeitschrift auszutreten.» Ein Hinauswurf, der wohl auf gegenseitigen Kränkungen, auf einer Rivalität Freuds mit dem selbständigen Denker Adler, der nie wirklich Schüler, sondern immer Mitarbeiter sein wollte, und anderen, tiefenpsychologisch erklärlichen menschlichen Unzulänglichkeiten beruht.

Freud schreibt 1914 (in «Zur Geschichte der psychoanalytischen Vereinigung») über Adler: «Ich hatte viele Jahre hindurch Gelegenheit, Dr. Adler zu studieren, und habe ihm das Zeugnis eines bedeutenden, insbesondere spekulativ veranlagten Kopfes nie versagt.» Weiter heißt es dann: «. . . seine wertvollen Studien über die Organminderwertigkeit . . .». Dann freilich kommt die Feststellung, «. . . sein Werk fiel so aus, als ob es – um in seinem eigenen Jargon zu reden – für den Nachweis bestimmt wäre, daß die Psychoanalyse in allem Unrecht habe, und die Bedeutung der sexuellen Triebkräfte nur infolge ihrer Leichtgläubigkeit gegen die Darstellung der Neurotiker vertreten hätte.» Und dann kommt die persönliche Abrechnung: «Über das persönliche Motiv seiner Arbeit darf man auch vor der Öffentlichkeit sprechen, da er es selbst in Gegenwart eines kleinen Kreises von Mitgliedern der Wiener Gruppe geoffenbart hat. ‹Glauben Sie denn, daß es ein so großes Vergnügen für mich ist, mein ganzes Leben lang in Ihrem Schatten zu stehen?›»

Freud findet es nun nicht so verwerflich, daß sich ein junger Mann in den Schatten eines erfahrenen stellt, spricht dann von «fairem» Verhalten, um anschließend seiner Kränkung Ausdruck zu geben: «Wie wenig dies Adler gelungen ist (das Fairsein) zeigt die Fülle von kleinlichen Bosheiten, die seine Arbeiten entstellen, und die Züge von unbändiger Prioritätssucht, die sich in ihnen verraten.»

Die Organminderwertigkeit

Ein Kind, das mit einem oder mehreren geschädigten Organen zurechtkommen muß, also in dieser Form aufwächst, kann dadurch Schaden erleiden, es kann aber sehr wohl auch Kraft aus diesem Umstand gewinnen, vor allem, wenn seine Wettbewerbsfähigkeit nicht durch Mitleid und Überfürsorge vermindert wird. Wenn es lernt, mit seinem Problem umzugehen, so kann das sein ganzes Leben positiv prägen. Andererseits müssen sich sehr gute Voraussetzungen – also Schönheit des Kindes, gesunde, gerade Glieder usw. – keineswegs immer als ein ausreichendes Startkapital für ein glückliches Leben erweisen. Organminderwertigkeit kann auch vorgetäuscht werden, wenn man in der Entwicklung des Kindes den Organen Leistungen zumutet, die sie noch gar nicht erbringen können. Diese Überforderung kann das Kind in seiner persönlichen und sozialen Entwicklung stören.

Minderwertigkeitsgefühl

«Menschsein heißt: sich minderwertig fühlen!» schreibt Adler und «Das Minderwertigkeitsgefühl beherrscht das Seelenleben und läßt sich leicht aus dem Gefühl der Unvollkommenheit, der Unvollendung und aus dem ununterbrochenen Streben der Menschen und der Menschheit verstehen.» Wenn Adler in seiner späteren Zeit auch davon abgegangen ist, die meisten Störungen aus einer Art angeborenem Minderwertigkeitsgefühl heraus zu erklären, hielt er doch an der grundlegenden Bedeutung dieser menschlichen Eigenschaft fest. Zu den «normalen» Minderwertigkeitsgefühlen gesellen sich die krankmachenden, die dadurch entstehen, daß man das Kind überfordert. Das Kind soll früh an die Realität angepaßt werden. Es ist ebenso schädlich, in ihm ein Gefühl größerer Fähigkeiten, als es tatsächlich hat, zu entwickeln, wie es ständig zu überfordern.
So kann, wie Adler in einer Krankengeschichte berichtet, es durchaus durch die zu frühe und zu heftige Forderung des Vaters, der Junge möge ein berühmter Mann und ein blendender Redner werden, dazu kommen, daß dieser – als Schutz vor der Überforderung – zu stottern beginnt.

Individuum und Gemeinschaft

Adler hatte schon sehr früh eine Entdeckung gemacht, die sicher mit seinem politisch orientierten Denken etwas zu tun hat: Den Menschen gibt es nicht als Einzelindividuum, sondern immer nur in der Gemeinschaft. Und die Gemeinschaft ist es auch, die ihn prägt. In geringem Maße beeinflußt natürlich auch er die Gemeinschaft. Am Rande: So gering ist das gar nicht. Untersuchungen mit Videoaufnahmen in Familien (natürlich mit deren Einwilligung) haben gezeigt, wie ein fünf oder sechs Wochen alter Säugling eine ganze Gemeinschaft tyrannisieren kann!

Streben nach Macht und Überlegenheit

Der Erklärung der Neurosenentstehung (und vieler anderer Handlungen des Menschen) durch Fehlsteuerungen des Sexualtriebes durch Freud setzte Adler die Erklärung entgegen, es sei mehr ein fehlgeleitetes Macht- und Überlegenheitsstreben, das am Fehlverhalten schuld wäre. Zum Ausgleich des Minderwertigkeitsgefühls gäbe es eben das Streben nach Macht und Überlegenheit.

Finalität und Kausalität

Die schicksalhaft verursachten (Kausalität) Gefühle der Minderwertigkeit, der Unsicherheit und Unzulänglichkeit erzwingen eine Zielsetzung im Leben (Finalität), die mithilft, das Leben auszugestalten. Aber der Weg kann nicht gegangen werden ohne Rücksicht auf die Gesellschaft. Adler: «Mitbestimmt wird die Setzung des Zieles der Überlegenheit durch die Größe des Gemeinschaftsgefühles. Wir können kein Kind, keinen Erwachsenen beurteilen, wenn wir nicht einen Vergleich ziehen zwischen dem in ihm vorhandenen Gemeinschaftsgefühl und dem Beitrag seines Strebens nach Macht und Überlegenheit über die anderen.» Es ist wahrscheinlich auch historisch zu verstehen, daß die modernen Adlerianer heute nicht mehr gerne von Macht und Machtstreben, sondern eben lieber von Zielen, von der Finalität sprechen. Aber das Gefühl der Potenz und der Impotenz spielt auch heute in der individualpsychologischen Therapie noch eine große Rolle.
Adler hat mit seinen Ideen viele weitere analytische Schulen und andere psychotherapeutische Richtungen beeinflußt, zum Teil sicher auch Freud selbst. Viktor Frankl war Adlers Schüler, Maslow und

andere aus der «Humanistischen Psychologie» bekennen sich zu seinen Ideen. Einer der bekanntesten Wiener Pädagogen Oskar Spiel bildete als einer der ersten Gesprächsgruppen mit Schülern, seine Ideen wurden für die moderne Betreuung Körperbehinderter grundlegend. Übrigens versteht sich die Individualpsychologie als Behandlungsmethode als ein Ganzheitssystem – der Mensch als Ganzes (das ganze Individuum) soll behandelt werden. Jede Stärkung des Ich, das ja dieses Ganze zusammenhält, bedeutet daher auch eine Stärkung der ganzen Person, die es zu verstehen gilt und deren Einheit wieder herzustellen ist.

Verlauf einer Psychoanalyse

Im Verlauf jeder Psychotherapie, vor allem aber in der Psychoanalyse, wird eine zwischenmenschliche Beziehung aufgebaut, an der das Unbewußte des Patienten und des Therapeuten beteiligt sind.

In der ursprünglichen – also der Freudschen – Psychoanalyse geht es vor allem um das seelische Geschehen der Übertragung und des Widerstandes. Freud, großzügiger als seine Nachfolger, schrieb an Karl Groddeck, als der ihn fragte, wann er mit dem Analysieren beginnen könne: Wenn Sie verstanden haben, was Widerstand und Übertragung ist. Und bis heute blieb es das Hauptanliegen der orthodoxen Psychoanalyse, den Patienten diese beiden Phänomene erleben zu lassen.

Übertragung bedeutet, daß der Analysand im Laufe der Analyse positive und negative Gefühle, die er in der Kindheit gegenüber verschiedenen Bezugspersonen erworben hat, nun auf den Analytiker (die Analytikerin) überträgt. Lassen wir Freud selbst sprechen (1904): «Was sind Übertragungen? Es sind Neuauflagen, Nachbildungen von den Regungen und Phantasien, die während des Vordringens der Analyse erweckt und bewußt gemacht werden sollen, ... Ersetzung einer früheren Person durch die Person des Arztes. Um es anders zu sagen: Eine ganze Reihe früherer psychischer Erlebnisse wird nicht als vergangene, sondern als aktuelle Beziehung zu der Person des Arztes wieder lebendig.»

Wut und Liebe gelten in diesem Fall also nicht eigentlich dem Therapeuten, sondern dem Vater, der Mutter oder einem anderen für das Kind wichtigen Menschen.

Gegenübertragung ist dann der Vorgang, der sich im Analytiker abspielt: Alte Zuneigungen und alter Widerwille können sich auch bei ihm auf den Analysanden «übertragen». Man darf aber annehmen, daß der Therapeut das bemerkt und damit umgehen kann. Auch der Patient lernt das Umgehen mit seiner Übertragung, vor allem eben den Vorgang der Übertragung erkennen.

C. G. Jung war zuerst der Meinung Freuds , daß das Zustandekommen der Übertragung (vor allem eben des «Verliebens» in den/die Therapeuten/in) für den Erfolg der Therapie notwendig sei. Allmählich begann er daran zu zweifeln, und meinte, «daß auch die Wichtigkeit relativ ist». Er schreibt dann einen recht interessanten Satz, der auf eine gewisse Scheu vor dem Geschehen in der Übertragung hinweist: «Ich persönlich bin jedesmal froh, wenn die Übertragung milde verläuft oder praktisch sich nicht bemerkbar macht. Man ist dann viel weniger persönlich in Anspruch genommen...». Man könnte vermuten, daß Jung als Abwehr gegen dieses Phänomen, das ihm offenbar Schwierigkeiten bereitete, das Aufkommen der Übertragung wenigstens manchmal unbewußt verhindert hat. Wie ja der Patient in der Psychotherapie überhaupt nur soviel Angst erleben kann, als der Therapeut verträgt. Übersteigt die Angst des Patienten die Tragfähigkeit des Therapeuten, so beginnt dieser – meist unbewußt – zu «agieren». Er greift ein, tröstet, stellt Fragen usw.

Es wird oft vergessen, daß Freud sehr realistisch und weitgehend tolerant, vor allem menschlich war. So schreibt er über die zweite Grundregel der Psychoanalyse, die Regel der Abstinenz: «Die analytische Kur soll, soweit es möglich ist, in der Entbehrung – Abstinenz – durchgeführt werden.» Er schreibt dann weiter: «Unter Abstinenz ist aber nicht die Entbehrung einer jeglichen Befriedigung zu verstehen – das wäre natürlich undurchführbar – ...». Und: «Sie erinnern sich daran, daß es eine Versagung war, die den Patienten krankgemacht hat, daß seine Symptome ihm den Dienst von Ersatzbefriedigung leisten.» Er meint dann, daß man auf den Leidensdruck, der den Patienten ja zur «Kur» führe, nicht verzichten könne und ihn daher – so grausam das klingt – aufrecht erhalten müsse. «Der Kranke sucht vor allem die Ersatzbefriedigung in der Kur selbst im Übertragungsverhältnis zum Arzt und kann sogar danach streben, sich auf diesem Wege für allen ihm sonst auferlegten Verzicht zu entschädigen. Einiges muß man ihm wohl gewähren, mehr oder weniger, je nach Natur des Falles und der Eigenart des Kranken. Aber es ist nicht gut, wenn es zuviel wird... Der Kranke soll, was sein Verhältnis zum Arzt betrifft, unerfüllte Wünsche reichlich übrig behalten.»

An diesen Grundregeln Freuds hat sich bis heute nichts geändert. Wenn der Patient oder die Patientin zum Therapeuten kommen und in irgend einer Form ein analytischer Prozeß beginnt, so suchen sie ihn auf, um «geheilt» zu werden, was für den Patienten (nicht immer für den Arzt) gleichbedeutend ist mit dem Verlust der Symptome. Der Kranke will vom Therapeuten angehört werden (was er oft von anderen Ärzten nicht wird), er will sein Mitgefühl, er will von ihm angenommen, später auch von ihm geliebt werden. Er «regrediert» dabei auf Verhaltensweisen, die er aus der Kindheit kennt, und phantasiert häufig in den Behandler eine Allmacht, die dieser natürlich nicht hat. Letztlich kann er nur eine Art Geburtshelfer für die Entwicklung des Menschen sein, ihm einen Weg erleichtern, den dieser selbst gehen muß.

Dabei muß der Therapeut freilich den Zeitpunkt, wann er den oder die Patienten/in zu einer Erkenntnis führt, richtig wählen. Auch hier gilt unverändert Freuds Erkenntis, daß man den Patienten nicht eher mit der «Mitteilung aus dem Unbewußten» konfrontieren solle, bis nicht zwei Bedingungen erfüllt sind: Der Patient oder die Patientin müßen schon selbst nahe daran sein, die Zusammenhänge zu erkennen, und schon so stark an den Therapeuten gebunden sein, daß sie ihn wegen der damit verbundenen Problematik nicht mehr verlassen, daß sie also nicht vor der Erkenntnis fliehen.

Das zweite Phänomen, das in der Psychoanalyse «gedeutet» wird (der Analytiker versucht, das Geschehen dem Analysanden bewußt zu machen) ist der

Widerstand. Widerstandsanalyse bedeutet, dem Analysanden die Mechanismen klar zu machen, die verhindern, daß er wesentliche psychodynamische Vorgänge erkennt. Die «Instanzen» des Ich, die «Peinliches» in das Unbewußte verdrängt haben, sind nun am Werk, um zu verhindern, daß sie nun doch bewußt – also bearbeitbar! – werden. Aber es gibt auch unbewußte Widerstände, und man muß die Problematik immer wieder «durcharbeiten», damit man sie wirklich auflösen kann. Vor allem der Wiederholungszwang, von dem wir auf Seite 241 gesprochen haben, spielt hier eine Rolle zur Unterstützung des Widerstandes. Freud sagt an einer Stelle: «Was immer die Fortsetzung der Arbeit stört, ist ein Widerstand.»

Ganz allgemein wird auch die generelle Abwehr gegen die Psychoanalyse an sich, die Freud vorwiegend mit der Kränkung erklärt, die dem Menschen mit der Aufdeckung der nicht immer sehr edlen Hintergründe seines Tuns angetan wird, auf den Widerstand zurückgeführt. Übertrieben wird dann manchmal alles, was gegen die Psychoanalyse ins Treffen zu führen ist, als Widerstand abgetan, was die Diskussion der Schulen untereinander nicht gerade fördert. Wobei natürlich anzumerken ist, daß Toleranz und Intoleranz auf allen Seiten zu finden sind.

Den Verlauf einer Psychoanalyse kann man in etwa so schildern: Zuerst schließen Analytiker und Patient einen Vertrag, der beide in mancher Hinsicht festlegt. Der Patient versucht etwa, regelmäßig und pünktlich zu kommen, im Laufe der «Kur» alles zu erzählen, was ihm gerade einfällt, auch wenn es noch so peinlich ist. Der Arzt verspricht, für den Kranken da zu sein, ihn anzunehmen und sich an die Regeln der Psychoanalyse zu halten. Beide haben sich verbündet, miteinander gegen die Störung zu arbeiten.

Aufgrund dieses Vertrages hat der Patient die Möglichkeit, sich in der Geborgenheit der analytischen Situation in frühere Verhaltensweisen zurückfallen zu lassen. Er kann sich in die Regression begeben und Erfahrungen, die er in der Kindheit machte, nochmals erleben und unter Umständen daraus entstandene Verhaltensweisen korrigieren.

Haben die Freudschen Analysen oft nur wenige Stunden gedauert, so spricht man heute von einer Analyse nur dann, wenn über einen Zeitraum von mehreren Jahren gearbeitet wurde. Das gilt sowohl für die orthodoxe Analyse als auch die Analysen nach anderen Schulen, wie von Carl Gustav Jung, Alfred Adler, Harald Schultz Hencke, Igor Caruso (Wiener Arbeitskreis für Tiefenpsychologie).

Wenn Übertragung und Widerstand einigermaßen analysiert wurden und die «Kur» die erwünschten Effekte zeigt, so muß die Analyse – um nicht zur «unendlichen Analyse» zu werden, einmal ein Ende finden. Auch für dieses Ablösen gibt es in der Psychoanalyse entsprechende Techniken. Viele Impulse kommen dabei vom Analysanden selbst.

Die Beendigung der Kur bedeutet natürlich nicht, daß das analytische Geschehen, das bei diesem Menschen in Gang gesetzt wurde, nun abrupt aufhört. Er hat sich schließlich daran gewöhnt, vieles, was ihm geschieht, zu hinterfragen und wird diese Gewohnheit im großen und ganzen ein Leben lang beibehalten. Ähnliches gilt natürlich für Menschen, die mit der analytischen Oberstufe des Autogenen Trainings begonnen haben – der Prozeß hört nicht auf, wenn man die Therapie beendet.

Analyse bei Freud

Wir wissen um einige Analysen, die Freud durchgeführt hat, auch durch Erinnerungen der Patienten bzw. Schüler Bescheid. So beschrieb der amerikanische Analytiker Smiley Blanton seine Analyse bei Freud und schildert zum Beispiel auch die Widerstände. Dabei kommt ein eher autoritärer Freud zutage, der dem Analysanden sehr genau vorschreibt, was er erzählen darf und was nicht.

5. September 1929: «Heute zeigte ich viel Widerstand, indem ich nur über Nebensächliches sprach... Ich kritisierte mich selbst... Freud sagte: ›Sie wissen doch, wie der Widerstand sich unter anderem äußert?... In Selbstanschuldigung und in Selbstkritik.› ...». Freud: «Träumen Sie?». Blanton: «Ja, häufig, letzte Nacht hatte ich einen Traum.» Freud: «Warum haben Sie darüber nicht gesprochen?» Blanton: «Ich wollte warten, bis ich ihn bei meinem Aufwachen niederschreiben könnte.» Freud: « Das sollten Sie nicht tun... Nein, schreiben Sie den Traum nicht auf. Wenn der Widerstand ihn mit sich nimmt, so soll er es tun.» Blanton: «Ich begann, ihm einen vor längerer Zeit geträumten Traum zu erzählen, doch er unterbrach mich.» Freud: «Wir brauchen rezente Träume, solche, die Sie in der vorausgehenden Nacht geträumt haben.» Blanton wollte Freud dann noch rasch den letzten Traum skizzieren, doch der beendete die Sitzung mit der Bemerkung, daß es jetzt dafür zu spät sei. Übrigens ein wichtiges Erleben für den Analysanden, wenn er mit der Zeit konfrontiert wird und ihm weitere Minuten versagt werden, eben weil die Stunde zu Ende ist. Freud begründete dann noch sein Verbot, Träume niederzuschreiben: Als Patient dürfe man das nicht tun, bei der Selbstanalyse des Analytikers sei es durchaus zu empfehlen. Bei Patienten aber hatte er bemerkt, «daß es das Vernünftigste ist, es bleiben zu lassen.»

Eine Analysandin von Freud, Hilda Doolittle, beschreibt in ihrem Buch «Tribute to Freud», deutsch: «Huldigung an Freud» eine Episode, die wir schon an anderer Stelle erwähnt haben und in der Freud sich recht «vorschriftswidrig» aber sehr menschlich benahm: «Ich wußte nicht, was ihn plötzlich in Wut brachte. Ich schnellte herum, weg von der Couch...» Freud hatte, aus irgendeinem, ihr bis dahin nicht bekannten Grund, wütend mit der Faust auf das «altmodische Pferdehaarsofa» geschlagen. Noch im Herumschnellen fragte sie sich, ob er damit wohl mehr analytisches Material provozieren wolle. Freud aber sagte: «Das Schlimme ist – ich bin ein alter Mann –, Sie halten es nicht der Mühe wert, mich zu lieben.» In einer späteren Therapiestunde kam er wieder darauf zurück: «Ich dachte über Ihre Bemerkung nach, daß es nicht der Mühe wert sei, einen alten Mann von 77 zu lieben.» Hilda Doolittle hatte freilich nur einmal gesagt, sie hätte *Angst* davor, sich zu verlieben, Freud aber sagte: «In der Analyse ist man* tot, wenn die Analyse vorbei ist.» Irgendwie scheint er die Kränkung, die damit verbunden ist, daß Patient oder Patientin nichts mehr mit dem Psychotherapeuten zu tun haben wollen, wenn die Therapie vorbei ist, nie ganz überwunden zu haben.

* (gemeint ist der Analytiker)

Wir finden schon 1892 in der wissenschaftlichen Arbeit «Ein Fall von hypnotischer Heilung», veröffentlicht in der *Zeitschrift für Hypnotismus, Suggestionstheapie, Suggestionslehre und verwandte psychologische Forschungen*, die damals mit ihrem ersten Jahrgang erschien, eine entsprechende Stelle: «Ich hatte nichts mehr dabei zu tun.* Die Frau nährte das Kind acht Monate lang, und ich hatte häufig Gelegenheit, mich freundschaftlich von dem Wohlbefinden beider Personen zu überzeugen. *Nur fand ich es unverständlich und verdrießlich, daß von jener merkwürdigen Leistung niemals zwischen uns die Rede war.»***

Selbstanalyse: Möglich? Sinnvoll?

Es ist kaum zu bestreiten, daß die Geschichte der Psychoanalyse mit einer Selbstanalyse, nämlich der von Sigmund Freud, begonnen hat. Es gibt nur wenige Zeugnisse anderer erfolgreicher Selbstanalysen, eine davon, die des Engländers Ernest Pickworth Farrow, hat Freud mit einem kurzen Vorwort ausgezeichnet. Auffallend scheint mir, daß eine Analytikerin, die ein eigenes Buch über die Selbstanalyse schrieb, die Deutsch-Amerikanerin Karen Horney, in ihrem Buch behauptet, daß Freud «in seiner gesamten Philosophie die Möglichkeit der Selbstanalyse verneinte». Das stimmt nun ganz und gar nicht. Ein Beweis dafür ist eben das genannte Vorwort, in dem Freud schreibt: «Er wandte sich dann zur konsequenten Anwendung des Verfahrens der Selbstanalyse, dessen ich mich seinerzeit zur Analyse meiner eigenen Träume bedient habe.»

Freud spricht auch nicht nur indirekt von seiner eigenen Analyse: «Meine Selbstanalyse, deren Notwendigkeit mir bald einleuchtete, habe ich mit Hilfe einer Serie von eigenen Träumen durchgeführt, die mich durch alle Begebenheiten meiner Kinderjahre führten, und ich bin noch heute der Meinung, daß bei einem guten Träumer und nicht allzu abnormen Menschen diese Art der Analyse genügen kann.» Dies schreibt er 1914 in *Zur Geschichte der psychoanalytischen Bewegung*.

Ist nun eine Selbstanalyse überhaupt möglich und für wen kommt sie in Frage? Zweifellos wird man sich mit einer Selbstanalyse nur in den seltensten Fällen von einer Krankheit befreien können. Dem

---

* (nachdem die Frau aufgrund seiner Hypnosen ihr Kind stillen konnte)
** Hervorhebung von mir.

stehen alle Abwehrmechanismen, die der Mensch nun einmal hat, entgegen. Sie sind sicher auch ein Schutz vor Erkenntnissen, die man allein unter Umständen gar nicht ertragen kann.

Wer eine Selbstanalyse versucht, sollte also möglichst «gesund» oder wenigstens nicht schwer gestört sein. Dann kann man sowohl nach der sehr psychoanalytisch orientierten Methode von Karen Horney vorgehen oder nach der Methode von DDr. Klaus Thomas, einem der erfahrensten Schüler von I. H. Schultz. Thomas ist nicht nur Arzt, sondern auch Seelsorger. Nach Karen Horney soll der Mensch, der eine Selbstanalyse machen will, zuerst lernen, sich frei und unbekümmert auszudrücken. In einem zweiten Schritt kann er daran gehen, unbewußte Regungen, Antriebe und ihren Einfluß auf sein Leben zu erkennen. Hat er diese beiden Dinge erlernt, kann er auch beginnen, Fehlhaltungen und Störungen nach ihrer Ursache zu durchforschen und gelegentlich auch zu bessern oder gar zum Verschwinden zu bringen.

Klaus Thomas hat eine präzisere Anleitung zur Selbstanalyse ausgearbeitet, mit fragebogenartigen Abschnitten. Er legt großen Wert auf das Niederschreiben der Erfahrungen, des «Lebensromanes», und hat dabei zwei Arten der Arbeit im Sinn: «Schreiben Sie, was Sie schreiben wollen!», aber auch das – vielleicht noch Wichtigere: «Schreiben Sie, was Sie nicht schreiben wollen.» Wie in der Psychoanalyse soll alles vorkommen, auch das, was scheinbar völlig sinnlos ist. Für den «Patienten» empfiehlt Klaus Thomas übrigens nur die ärztlich kontrollierte Selbstanalyse und kann sich dabei auf viele seiner Schutzbefohlenen berufen, denen er einen solchen Weg zu einer – begrenzten – Selbstbehandlung gewiesen hat.

Der Hauptzeuge für die Selbstanalyse, unser schon erwähnte E. P. Farrow, war in seinen Anweisungen recht streng: «Eine Selbstanalyse sollte täglich zu ganz bestimmter Stunde und am besten abends durchgeführt werden, wenn alles still ist und Störungen nicht zu befürchten sind. Diese Zeiten sind streng einzuhalten und so zu behandeln, als zahlte man einem Berufsanalytiker ein hohes Stundenhonorar dafür.»

Farrow verfällt hier in eine Verhaltensweise, die man immer wieder erlebt (siehe auch Seite 198): Er empfiehlt das, was für ihn gut war, zur allgemeinen Anwendung. Und das noch dazu mit aller Strenge. Es ist nicht einzusehen, warum man sich der Selbstanalyse nicht morgens hingeben sollte oder – wenn es zum Beispiel der Beruf erfordert – irgendeinmal am Tag. Wir dürfen beim Nachdenken über Farrow auch nicht vergessen, daß es eines der Motive zu seiner Selbstanalyse war, es den Analytikern, mit denen er keine guten Erfahrungen hatte, einmal zu zeigen; sie würden schon sehen, daß er es besser machen könne als sie. Natürlich ist eine Selbstanalyse nicht für Gestörte, durch ihre Symptome Behinderte sinnvoll. Sie ist sicher auch für jeden Menschen interessant, der sich eben mit sich und seinem Unbewußten befassen will. Er wird gut daran tun, sich zuerst mit dem Gedankengut der Psychoanalyse vertraut zu machen. Persönlich empfehle ich zu diesem Zweck immer das Studium der Originalliteratur, vor allem also der wichtigsten Werke Freuds. Neben der Traumdeutung kommt hier vor allem auch *Zur Psychopathologie des Alltagslebens* in Frage.

Gerade im Alltag können einem, wenn man etwas aufmerksam ist, Dinge auffallen, die den Weg zu einer Analyse weisen. Wenn man sich fragt: «Warum habe ich mich jetzt versprochen, habe jemanden zum Beispiel mit ‹Auf Wiedersehen› begrüßt, den ich soeben getroffen habe?». Sie meinen, das kann Ihnen nicht passieren? Wenn Sie etwas aufmerksam sind, werden Sie erleben, wie oft solche mehr oder weniger wichtige Kleinigkeiten, die im Getriebe des Tages untergehen, vorkommen.

Eine Möglichkeit einer gewissen Selbsthilfe bietet auch die Positive Psychotherapie von Nossrat Peseschkian. Siehe Seite 234

Laienbehandlung

Seit den Anfängen der Psychoanalyse gab es medizinische «Laien», die die Psychoanalyse durchführten, einschließlich Freuds eigener Tochter Anna Freud, die eben «so alt wie die Psychoanalyse» war, eine der bekanntesten Analytikerinnen wurde und das Erbe des Vaters bis zu ihrem Tod getreu verwaltete. Und letztlich wurde sie auch Ehrendoktor der Medizin der Universität Wien. Es ist also kaum etwas einzuwenden dagegen, wenn ein «Laie», der in Sachen Psychoanalyse gut ausgebildet ist, nun seinerseits Analysen macht. Das geht wahrscheinlich so lange gut – und das gilt für viele andere Psychotherapieformen auch – wenn beide Partner ihre Kompetenz behalten: Der Analytiker eben die Analyse durchführt, der Arzt – sofern nicht beide Funktionen in einer Person vereinigt sind – die Diagnose stellt.

Denn hier liegt die Gefahr: Daß, um ein drastisches Beispiel zu nennen, ein Magenkrebs psychoanalytisch behandelt wird. Im Abschnitt Krebs und Seele haben wir auf die möglichen Zusammenhänge hingewiesen. Ist der Krebs aber einmal ausgebrochen, dann heißen die einzig lebensrettenden Therapien eben Stahl (das Messer des Chirurgen), Strahl (Röntgen, Radium und heute auch Laser) und Chemie.

Psychosynthese

Zusammenbauen, nicht zerlegen!

Wenig bekannt ist im deutschen und auch im angelsächsischen Sprachraum die Methode eines italienischen Psychotherapeuten, der auf die italienische Psychotherapie außerordentlich großen Einfluß hatte: Roberto Assagioli, * 1888 in Venedig, † 1974 in Capolona bei Arezzo in der Toscana, nicht weit von Florenz, wo er sein 1938 von den Faschisten geschlossenes Institut nach dem Krieg wieder eröffnen konnte. Assagioli begann als Psychoanalytiker.

Schon in seiner Dissertation, die er zum Teil im berühmten Schweizer Burghölzli vorbereitete, bemängelte er an der Freudschen Psychoanalyse, daß dem Unbewußten kein Überbewußtes gegenüberstehe. Er nähert sich dabei den Ideen von Viktor Frankl, der von einer *Höhenpsychologie* sprach (Seite 219).

Sein Überbewußtsein ist ein Teil des Unbewußten (in der Psychoanalyse spricht man gelegentlich von unbewußten Überichanteilen) und hat nichts gemeinsam mit dem spirituellen Begriff des Überbewußtseins, das in die Transzendenz hinüber reicht und ein eher religiöser Begriff ist. Wie das Unbewußte plötzlich in das Bewußtsein einbrechen kann, kann auch das Überbewußte sich durch solche Einbrüche bemerkbar machen. Assagioli kommt dann auch noch auf den Begriff des *Unter*-bewußten (er kommt also auf eine Art Rangordnung, Oben: bewußt, Unten: unbewußt), wodurch die Sache freilich etwas verwirrend wird. «Unterbewußt» bedeutet im allgemeinen: gerade nicht bewußt aber – im Gegensatz zum nur schwer und teilweise gar nicht zugänglichen Un-bewußten – jederzeit abrufbar.

Was I. H. Schultz in seiner bionomen Psychotherapie, deren breiter Rahmen auf Seite 176 besprochen wird, in streng wissenschaftlichem Sinn versuchte, dem wollte Assagioli – zum Teil in Anlehnung an C. G. Jung und andere – auch einen teilweise philosophischen Hintergrund geben. Er nahm eine gesunde seelische Grundstruktur des Menschen an, die man, wenn sie gestört ist, durch die Mittel der Psychotherapie wieder in Ordnung bringen konnte. Wo das nicht möglich ist, soll man wenigstens versuchen, das innere Gleichgewicht zu verbessern. Übrigens lauter Theorien, die kaum im Widerspruch zu den anderen Schulen stehen.

Die Psychosynthese ist grundsätzlich kein eigenständiges psychotherapeutisches Verfahren, sondern benützt praktisch alle bekannten Methoden, um dem Patienten zu helfen. Die «Übersicht über die in der Psychosynthese eingesetzten diagnostischen Methoden und

Techniken» von Assagioli nennt über 70 einzelne Punkte. Die Liste der Psychotherapien hat große Ähnlichkeit mit dem Inhaltsverzeichnis dieses Buches, ergänzt etwa um den Einsatz des Humors (von dem manche Psychotherapie mehr brauchen könnte, als sie hat), der Farben- und der Graphotherapie: Dabei läßt man den Patienten etwa an eine Person, auf die er zornig ist, einen Brief schreiben, ihr darin alles sagen, was er oder sie an Aggressionen abladen will, und den Brief dann verbrennen.

Es gibt übrigens eine andere, sehr nützliche Form der Graphotherapie, die auch bei Kindern erfolgreich angewendet wird: eine meditative Form des Schönschreibens, die auf viele Menschen sehr beruhigend wirkt. Das Erlernen der Kunst des Schönschreibens in den alten Schulen diente also wahrscheinlich nicht nur dem Lernen, sondern hatte auch eine beruhigende Wirkung, wenn das Schönschreiben nicht mit dem berühmten Stäbchen des Lehrers erzwungen wurde. Der Umgang mit der Schrift zu beruhigenden und meditativen Zwecken ist nicht neu. Sie ist schon aus dem alten China bekannt, wo die Kalligraphie der chinesischen Charaktere Kunst und Meditation war, und sie war auch ein Anliegen der christlichen Mönche, die Gott in schreibender Meditation dienten.

Am Beginn der Psychosynthese steht eine Reihe von psychologischen Untersuchungen, wie sie auf Seite 148 beschrieben sind. Auch Tagebücher des Patienten werden herangezogen – kurz, man bemüht sich, den ganzen Menschen zu erfassen.

Wenn Träume gedeutet werden – Assagioli lehnt Freud nicht grundsätzlich ab, wie das so manche andere tun, die trotzdem seine Ideen verwerten –, so wird versucht, das im Sinne der Gestalttherapie im «Hier und Jetzt» zu machen. Das heißt, der Traum wird als gegenwärtiges Erlebnis erzählt und auch so behandelt, als geschähe er gerade jetzt. Auch als Ansatz für gelenkte Tagträume (Désoille, Leuner, Seite 216), werden sie, wie zum Beispiel auch in der Analytischen Oberstufe des Autogenen Trainings benützt.

In (leichteren!) Fällen lassen sich im Rahmen der Psychosynthese oft erstaunlich rasch und einfach Erfolge erzielen. So beschreibt Assagioli den 16jährigen Sohn eines Bankdirektors. Er hatte zwei unangenehme Eigenschaften. Bei plötzlichen Wutanfällen zerschlug er daheim die Möbel. Auf der anderen Seite war er sehr ängstlich und entwickelte eine richtige Phobie gegen das Aus-der-Wohnung-Gehen überhaupt und das Alleinausgehen im besonderen. Nachdem er gesagt habe, er könne manchmal seine Wutanfälle zu Beginn noch einbremsen, nur wenn sie voll ausgebrochen seien, wäre er total machtlos, forderte Assagioli ihn auf, sich schon vorher Gegenstände zurechtzulegen, an denen er seine Aggression gegebenenfalls ausleben könnte. Er bereitete sich einige alte Telefonbücher vor, die er im Anfall dann auch in Stücke zu reißen begann. Die Muskelanstrengung war groß (Abreaktion!), und er begann plötzlich auch die humorvolle Seite seines Tuns zu spüren. Bei den nächsten Wutanfällen verhielt er sich gleich, und die Wutanfälle nahmen allmählich ab. Gegen Ende der Anfälle mußte er immer wieder herzlich lachen. Gleichzeitig ließ die Angst auszugehen langsam nach und verschwand später völlig. Also keine «Tiefenanalyse», kein Aufdecken des Konfliktes mit dem offensichtlich autoritären Vater, wenn auch die Eltern über die Hintergründe des Verhaltens von Assagioli aufgeklärt wurden.

Assagioli hat noch etwas bemerkt, das man auch in der «Autogenen Therapie» beobachten kann: Nicht immer ist der Patient tragfähig genug, um das aus dem Unbewußten aufsteigende Material zu verkraften. In der Psychosynthese wird dann das Aufdecken auf einen späteren Zeitpunkt verschoben. In der Bionomen Psychotherapie kann man damit rechnen, daß der Patient durch das Autogene Training ausreichend tragfähig wird, um mit dem Material umgehen zu können. Wolfgang Luthe hat sogar die Theorie aufgestellt, daß im Training nichts aufkommt, was der Mensch nicht ertragen kann. Es gibt Schutzmechanismen, die Unerträgliches solange zurückhalten, bis die Zeit «reif» ist. Eine Annahme, die mir grundsätzlich gültig zu sein scheint, für depressive Patienten aber wahrscheinlich nicht immer gilt.

Die Psychosynthese arbeitet auch mit der kritischen Analyse. Sie wird vor allem bei Patienten verwendet, die Schwierigkeiten mit ihren überströmenden Gemütsbewegungen und unerwünschten Impulsen haben. Es ist durchaus einsehbar: Unüberlegte Handlungen, die aus einem plötzlichen Impuls, aus einem heftigen Gefühl heraus entstehen, werden nachträglich oft bereut. Der Sinn der Therapie ist, daß der Patient lernt, zwischen Impuls und Handlung einen Moment der Überlegung einzuschalten. In dieser Zeitspanne soll er die Herkunft des Wunsches und die Folgen der Ausführung abschätzen lernen. Nun kann er frei entscheiden, ob er dem Impuls nachgeben oder die damit verbundene Energie anders verwenden will. Der Impuls wird also nicht unterdrückt, sondern kontrolliert und gegebenenfalls umgeleitet. Assagioli nennt das Kontrolle ohne Unterdrückkung.

Die Therapie verläuft in vier Stadien:

1. Der Patient lernt, sich seine Impulse, Gefühle, Empfindungen bewußt zu machen. Eine Technik, die gerade in unserer Zeit, wo der Mensch mit ständigen Suggestionen aus den Massenmedien überflutet und auch zu «unüberlegten» Handlungen (das mildeste

Beispiel: unüberlegte Käufe) ganz gezielt verleitet wird, sehr wertvoll sein kann.

2. Die dabei auftretenden psychischen Energien werden kontrolliert und gegebenenfalls für eine «bessere Gelegenheit» gespeichert.
3. Allmählich lernt man in der kritischen Analyse, die Impulse auf «Vernünftigeres» zu verändern und zu sublimieren (siehe Seite 251) womit das Ziel angestrebt wird,
4. die Energie der Impulse sinn- und wirkungsvoll einzusetzen, wo vorher die innere Kraft oft mit mehr oder weniger sinnlosen Handlungen vergeudet wurde.

Assagioli sagt auch, bei wem man diese Technik nicht einsetzen sollte: zum Beispiel bei Menschen, die an sich schon zu übermäßiger Kritik neigen oder die ihre Kritik gerne dazu verwenden, anderen gegenüber aggressiv zu sein. Auch Menschen mit dem Drang, immer alles perfekt zu machen, sind für die kritische Analyse kaum geeignet.

Willensschulung

In der modernen Psychoanalyse sagt man über den «freien Willen» vorsichtigerweise nicht mehr aus, als daß es sich um das Gefühl handle, sich frei entscheiden zu können. Assagioli meinte, daß man auch bei Anerkennung der Theorien der unbewußten Motivation, also aller jener Bereiche, die unserem freien Willen, wenn überhaupt, nur sehr bedingt zugänglich sind, den Willen in hohem Maß schulen könne. Jeder Mensch hat ein bestimmtes Maß an Willenskraft, auch wenn der Wille nur sehr schwach entwickelt ist. Und hier muß man beginnen, aufzubauen. Niemand kann von sich sagen, daß er völlig willenlos sei. Immer ist soviel Wille vorhanden, daß man einen Anfang machen kann. Auch hier hat Assagioli ein mehrstufiges Programm:

1. In entspannter Haltung soll sich der Übende vorstellen, welch unangenehme Folgen seine unzureichende Willenskraft für ihn hat. Er soll seine Beschämung über dieses Verhalten, seine Unzufriedenheit deutlich zulassen und sich den Wunsch möglichst plastisch vorstellen, diesen Zustand zu ändern. Es wird ihm auch empfohlen, optimistische, anregende Literatur zum Thema der Willensstärkung zu lesen.
2. Der Patient erlernt «nutzlose Übungen» nach William James und E. Boyd Barret. Sie dienen nur dazu, den Willen, etwas zu tun, zu stärken – womit sie freilich nicht mehr nutzlos sind! Täglich solche freiwilligen Übungen, die nur um ihrer Schwierigkeit willen

gemacht werden, sind wie eine Versicherung gegen Zeiten, in denen man einen starken Willen und rasche, sichere Reaktionen braucht.

3. Schulung des Willens im täglichen Leben. So kann für manche Menschen schon die Übung, sich zu zwingen, jeden Tag zu einer bestimmten Zeit aufzustehen, obwohl das real gar nicht nötig, eine sehr gute Willensübung sein kann. Dazu gehört es dann, allmählich zu lernen, wie man «langsam eilen» kann. Also sich einzubremsen und dadurch gezielt effektiver und tatsächlich rascher zu sein lernt.

4. Auch Sport und Gymnastik (zu denen man ja auch manchen inneren Widerstand überwinden muß) zählen zu den Übungen zur Schulung des Willens.

Da ist ein Regenbogen hinter jeder dunklen Wolke

In Amerika erschien 1987 das Buch: Ich wählte das Leben. Es wurde gemeinsam geschrieben von Patricia A. Norris, einer Psychotherapeutin, die mit Psychosynthese arbeitet, und ihrem Patienten Garrett Porter, bei dem man mit neun Jahren einen Hirntumor (ein «Astrozytom») feststellte. Garrett erfuhr die Diagnose und verstand intuitiv, daß er die Möglichkeit hätte, die Verantwortung für sich selbst zu übernehmen. Er begriff, daß man ihm mitgeteilt hatte, er werde nicht mehr lange leben, und stemmte sich dagegen: Eines Nachts lag er im Bett und dachte über sich nach. Eine Stimme in ihm sagte: «Garrett, du mußt wählen – entweder du machst so weiter und wirst sterben oder du kämpfst und – vielleicht, vielleicht kannst du gewinnen. Es war eine Chance – ein Schein am Horizont...» «Ich wählte das Leben», berichtet er dann weiter und wurde mit Visualisationstechniken aus der Psychosynthese, mit sehr viel Zuwendung, Biofeedback (siehe Seite 174) usw. behandelt. Er wurde angehalten, die Bilder, die er sah (sie ähneln oft den Bildern aus Computerspielen), aufzuzeichnen. Die Familie wurde in die Therapie eingebunden, neue Freunde wurden gefunden, er lernte, sich mit Biofeedback selbst zu steuern, lernte zum Beispiel seine Hände stark zu erwärmen, wenn er nur an die Wärme der Hände dachte usw.

Im Laufe seiner Therapie lernte er auch Jerry Jampolsky, den Leiter einer Therapiestation in Tiburon (Kalifornien) kennen. Er begann mit ihm eine Art Telefontherapie. Der heiße Draht zu Jerry und das Buch, das ihm Jerry schenkte: «Hinter jeder dunklen Wolke, da ist ein Regenbogen», geschrieben von Kindern der Station, wurden eine große Hilfe. Was immer die tatsächliche Ursache der Heilung

Garretts auch sein mag: die gesamte Psychotherapie, vor allem wohl auch die Zuwendung, die er allgemein bekam (er wurde sogar zum Fernsehstar, ein «Held»), halfen ihm sicher, die Konfrontation mit dem Gehirntumor und dem drohenden Tod besser zu überstehen. Garrett ist eine Ermunterung für die Versuche, Krebskranken – wie immer der Fall nun ausgehen mag! – auch psychotherapeutisch zu helfen. Mehr darüber Seite 152 im Kapitel «Krebs und Seele».

Ein anderes Beispiel jugendlicher Willenskraft gab ein berühmter Psychotherapeut: Carl Gustav Jung. Als zwölfjähriger Schuljunge in Basel wurde er von einem anderen so niedergestoßen, daß er bewußtlos am Pflaster liegen blieb. Als er wieder zu sich kam, stellte er sich noch weiter «tot», um den Angreifer noch mehr zu erschrecken, als es der ohnehin schon war. Er hoffte damit auch, längere Zeit nicht zur Schule gehen zu müssen. Das gelang ihm auch hervorragend, er konnte ganze sechs Monate feiern. Die Ärzte wußten nichts Rechtes mit ihm anzufangen, schließlich galt er als ein Fall von Epilepsie, was seinen Vater, den Pfarrer Jung, recht verzweifelt machte. Nun hatte der Junge, wie er in seinen Erinnerungen schreibt, einmal Gelegenheit, den Vater bei einem Gespräch über ihn zu belauschen, der fürchtete, Carl Gustav sei unheilbar und werde wohl ein Pflegefall bleiben. Das regte nicht nur das Mitleid mit dem armen Vater an, sondern auch seinen Ehrgeiz. Unmittelbar, nachdem er das Gespräch gehört hatte, ging er in sein Arbeitszimmer und begann zu büffeln. Sein Körper machte ihm einen Strich durch die Rechnung: er fiel ohnmächtig vom Stuhl. Aber er gab nicht nach und siehe da, nach einigen weiteren Anfällen begann er sich besser zu fühlen und blieb von dem Augenblick an sein ganzes Leben anfallsfrei. Immerhin ein beachtlicher Willensakt eines Zwöfjährigen, wenn man auch annehmen darf, daß er eben keine Epilepsie hatte und mit den Anfällen nur seine Problematik mit Eltern und Umwelt unbewußt ausdrückte.

Wille gegen Geisteskrankheit

Der berühmter Schweizer Psychiater Eugen Bleuler, einer der Lehrer von C. G. Jung, war übrigens auch der Meinung, daß selbst die Geisteskrankheit viel mit dem Problem des Willens zu tun habe. Was man in der modernen Psychiatrie routinemäßig tut, hat Bleuler schon um die Jahrhundertwende getan. Er versuchte, den Willen des Kranken zu stärken, und entließ so manchen Anstaltspatienten, wenn dies einigermaßen gelungen war, zu seiner Familie, um ihm ein Leben in der häuslichen Umgebung zu ermöglichen.

Rogers «klientenzentrierte» Therapie

Die volle Zuwendung geben

Man nennt heute Menschen, die man früher ohne Zögern zu den Patienten zählte, gerne «Klienten». Zum Teil ist das einfach eine Art Schönfärberei, denn viele sind eben ganz einfach Patienten. Sie leiden unter Symptomen, die ihnen zu schaffen machen, und sie wollen sie los werden. Dabei ist es vielen egal, wie man sie bezeichnet und wie die Therapie heißt, mit der man sie behandelt. Sie wollen einfach gesund werden. Für sie gilt der alte Satz: Wer heilt hat recht!

Es gibt aber natürlich viele Menschen, die zwar sehr wohl bereit sind, anzunehmen, daß sie körperlich krank sind – ein gebrochenes Bein macht niemanden verdächtig – die aber für jeden Hinweis darauf, daß im seelischen Bereich etwas gestört sein könnte, absolut taub sind. Zum Teil taub sein müssen. Denken wir nur an die Politiker hüben und drüben des Ozeans. Wie leicht kann ein Kandidat durch seine Gegner unglaubwürdig, verdächtig gemacht werden, wenn man erfährt, daß es eine psychiatrische Krankengeschichte von ihm gibt.

Wir können wieder Freud zitieren, freilich in einer Arbeit, die man vergeblich in den gesammelten Werken suchen wird. Sie erschien deutsch erst 1971. Es handelt sich um die Einleitung zu dem Buch von S. Freud und W. C. Bullit über den 28. Präsidenten der Vereinigten Staaten von Amerika, Thomas Woodrow Wilson. «Verrückte, Schwärmer, Träumer, Neurotiker und Geistesgestörte haben in der Geschichte der Menschheit immer eine große Rolle gespielt, ...» weiter: «Die Geschichte ist voll von bekannten Neurotikern, Monomanen und Psychopathen, die plötzlich den Gipfel der Macht erklommen.»

Aber man versteht, daß niemand gerne zu den «Neurotikern», «Psychopathen» und «Geistesgestörten» gerechnet wird. Der Mann, der wesentlich dazu beitrug, daß man in Psychologie und Medizin oft nicht mehr vom Patienten, sondern vom «Klienten» spricht, war Carl Rogers. Er war – wie Freud – äußerst vorsichtig: «Ebenso wie Maslow muß der Verfasser betonen, daß er in den Anfängen seines Berufslebens einen theoretischen Standpunkt vertrat, der fast in jeder Hinsicht dem widerspricht, den er nach und nach als Folge klinischer Erfahrung und klinisch orientierter Forschung eingenommen hat.»

Er entwickelte seine Theorien in den Jahren 1938 bis 1950 an der Ohio State University und an der Universität von Chicago. Anfangs betonte er das «Nicht-Direktive» – also das, was ihn von der bisherigen Art zu behandeln unterschied. (Parallel dazu entwickelte sich in Deutschland der von I. H. Schultz vertretene, aber wenig beachtete «absolute Respekt vor dem Erleben des Patienten».) Allmählich löste er sich immer mehr von dem «verschreibenden», «verordnenden» Prinzip der Therapie ab und prägte den Begriff des «klientenzentrierten» Behandelns. Während Freud noch zwischen wertvollen und weniger wertvollen Menschen unterschied, war Rogers bereit, jedem seiner «Klienten» mit der gleichen Wertschätzung entgegenzukommen. Der Klient ist selbstverantwortlich und soll in der vom Therapeuten geschaffenen Atmosphäre selbst Entdeckungen machen und Entscheidungen treffen. Sie sehen auch schon den Widerspruch – der Mensch, der da um Hilfe kommt, kann ohne die Hilfe des Therapeuten offensichtlich keine oder weniger zweckmäßige Entscheidungen treffen, er wird der Obhut eines Therapeuten anvertraut. Er bleibt in dieser Hinsicht also der Homo patiens – der leidende Mensch, nur unter einer anderen Etikette. Aber wie Freud fand Rogers allmählich, daß seine Theorien nicht nur für den gestörten Menschen gelten, sondern grundsätzlich für den Menschen und vor allem für die zwischenmenschlichen Beziehungen.

Von der – aus der Gefühlsaufwallung in der Diskussion über den Antisemitismus gemachten – Äußerung Freuds in einem Brief an Arnold Zweig, die Menschen seien doch im großen und ganzen «elendes Gesindel», bis zur unbeschränkten Wertschätzung jedes Menschen bei Rogers und anderen Schulen der modernen Psychotherapie (siehe oben: absoluter Respekt vor dem Erleben des anderen bei I. H. Schultz!), ist ein weiter Weg.

Gerade in seinen letzten Jahren wandte sich Rogers vor allem den zwischenmenschlichen Beziehungen und den Machtstrukturen zu, die sich in der Ehe, Familie, im Verhältnis Lehrer-Schüler usw. herausbilden und oft für den einen oder anderen katastrophale Folgen haben.

Rogers stand auch an der Wiege der – nicht direktiven – Gruppentherapie, der Veränderung des Menschen durch Arbeiten in der Gruppe, wo er sein Verhalten und die Reaktion der anderen in einer «geschützten» Welt erleben kann.

Es ist nur logisch, daß Rogers mit seinem «Alles der Entwicklung überlassen» auch auf Verbindungen zu fernöstlichen Lehren kam und etwa Lao Tse zu zitieren begann. Das «Nichttun» – Wu Wei (siehe Seite 83) wurde zu einem der Prinzipien, wie im Autogenen Training in der Originalfassung von I. H. Schultz.

Rogers verlangt vom Therapeuten Haltungen, die an sich der Patient oder Klient von dem, bei dem er Hilfe sucht, grundsätzlich erwartet (»Überforderung der Vaterfigur« würde Freud sagen):

Der Therapeut soll ihm nichts vorspielen, sondern «echt» und eine in sich geschlossene Persönlichkeit sein.

Er soll seinen Patienten/Klienten so annehmen, wie er ist, und ihn so, wie er ist, auch schätzen, und letztlich soll er die Fähigkeit haben, sich in die Gefühls- und Gedankenwelt des ihm anvertrauten Menschen einzufühlen.

Er soll echt, aber nicht «direktiv» sein. Eine in sich geschlossene, starke Persönlichkeit, die sicher selten ist, wird an sich nicht «verordnend» sein: sie hat es nicht notwendig, da eben ihre Autorität «echt» ist, und der «Klient» das, was ihm der Therapeut vorlebt oder direkt bzw. indirekt zu vermitteln versucht, ohne Schwierigkeiten annehmen kann. Hier ist keine Gewalt mehr nötig, hier braucht es kein autoritäres Verhalten, weil die Dinge «von selbst», gleichsam durch das «Wu Wei» des Lao Tse, geschehen.

Wir werden wieder an das «Geschehenlassen», an die «passivierende Einwilligung» des Autogenen Trainings erinnert.

Rogers will zwar haben, daß der Klient die Dinge selbst entdeckt. Das ist sicher nicht immer möglich, und so lesen wir bei ihm auch als Antwort eines Klienten auf einen Einwurf des Therapeuten: «Ja, ich glaube, Sie haben recht! So habe ich das zuvor nie gesehen, aber das ist es, was ich die ganze Zeit gefühlt und erlebt habe.»

Es handelt sich um ein «Aha-Erlebnis», das der bekannte Psychologe Karl Bühler beschrieben hat und das man in praktisch allen Formen der Psychotherapie, vor allem natürlich auch in allen analytischen Verfahren ständig erlebt. Dem analytischen Denken verdanken wir freilich auch den vorsichtigen Umgang mit solchen Aha's, denn sie entstammen nicht selten weniger einer Einsicht als dem meist unbewußten Bedürfnis, dem Therapeuten einen Gefallen zu tun. Rogers betont auch, daß eine spontan begeisterte Antwort eher auf ein oberflächliches Verstehen des Therapeuten hinweist, während ein tieferes Verstehen eher zuerst einmal mit einer Sprechpause beantwortet wird. Ob das dann ein «sicheres Zeichen» dafür ist, daß der Therapeut wirklich ins Schwarze getroffen hat, bleibe – da wir ja vorsichtig sein wollen – dahingestellt.

Dazu kann man das, was der chinesische Philosoph Lao Tse über die Herrscher sagt, leicht auf die Therapeuten übertragen:

«Herrscht ein ganz großer,
so weiß das Volk kaum, daß er da ist.
Mindere werden geliebt und gelobt,
noch mindere werden gefürchtet...»*

Das Problem des Nicht-Direktiven scheint schon in der Zeit Laotses

---

* Übersetzung von Richard Wilhelm

und seiner frühen Interpreten sehr bedeutend gewesen zu sein. Denn eine der berühmtesten Auslegungen, die von Ho-shang kung, dem «Ehrwürdigen am Fluß», der von den Taoisten als Heiliger verehrt wird (um 170 v. Chr.), deutet das Ganze ohne Herrscher oder Prinzen:

«Von uralten Zeiten an gab es solche,
die (um das Tao) wußten,
später waren solche,
die haben es bewundert und gepriesen,
noch später hat man es gefürchtet,
noch später darüber gelacht.»

Die Version, die Wilhelm und viele andere Übersetzer übernommen haben, stammt erst von Wang Pi (um 230 nach Christi). Beide Versionen sind für die grundlegende Haltung einer abstinenten, Nichtdirektiven Therapie brauchbar.

Ein weiterer Vergleich mit der Praxis des Autogenen Trainings in der Oberstufe drängt sich auf, wenn wir von Rogers hören, daß der Patient allmählich lernt, sich selbst gegenüber eine Haltung einzunehmen, wie sie der Therapeut ihm gegenüber hat: Wohlwollend neutral, ohne Verurteilung, nicht geschockt von «verbotenen» Gedanken, von peinlichen Entdeckungen aus dem eigenen Unbewußten. Das entspricht dem Versuch, dem übenden Menschen die Fähigkeit zu vermitteln, sich selbst gegenüber die «gleichschwebende Aufmerksamkeit» zu entwikkeln, die der Analytiker ihm gegenüber an den Tag legt (und wenigstens ebenso mühsam erlernen mußte).

Das Ziel von Rogers Therapie ohne Direktiven, abgestimmt auf den «Klienten», ist der «voll funktionsfähige Mensch», ein «Exemplar», wie wir es ähnlich von Maslow kennen (Seite 221). Ob man dieses Menschen-Exemplar auch irgendwo findet, weiß ich nicht.

Rogers »Musterexemplar» sieht so aus:

• Offenheit gegenüber Erfahrungen, keine Abwehr
• Genaue und differenzierte Symbolisation von Erfahrungen
• Weitgehende Übereinstimmung zwischen Selbststruktur und Erfahrungen
• Beweglichkeit des Selbstbildes (der Selbststruktur)
• Der Ort der Entscheidung ist vorwiegend das Selbst
• Bedingungslose positive Wertschätzung des eigenen Selbst (das in seinem gesunden Grund als nur positiv angenommen wird)
• Kreative Anpassung an neue Situationen
• Erfolgreiche Steuerung des Verhaltens, die sich an den eigenen Bedürfnissen orientiert
• Unverzerrte Wahrnehmung der Realität (sicher nur ein Idealziel)
• Leichtes Korrigieren von Fehlentscheidungen (Zugeben können, daß man sich geirrt hat, ohne dadurch in Panik zu geraten)

- Ungehindertes Nehmen- und Geben-Können von positiver Wertschätzung (Zuwendung geben und nehmen können)
- Reife und befriedigende soziale Integration

Zu sagen wäre dazu, um Mißverständnisse zu vermeiden, daß alle diese «Idealfiguren» nicht als Muster von Selbstsucht gedacht sind, was am besten vielleicht aus dem letzten Punkt (aber auch aus einigen anderen: «Geben und Nehmen») hervorgeht. Man kann nicht reif und befriedigend sozial aufgenommen werden, wenn man nur an sich denkt, und man kann ohne den anderen wohl auch nicht glücklich sein, der Mensch ist eben ein «Zoon Koinikon» – ein «zusammengehendes Tier», das den anderen braucht.

Persönlichkeitsveränderung

Wie sich der Mensch innerhalb der Therapie verändern kann, beschreibt «Rogers» hervorragend in seinem Buch «Klientenbezogene Gesprächstherapie». Sein Konzept läßt sich auf viele andere Therapien mühelos übertragen. Er nimmt an (die Wurzeln sind sicher bei Freud zu suchen), daß einer der wichtigsten und natürlich auch ersten Aspekte der Selbsterfahrung des Kindes das Gefühl ist, von den Eltern geliebt und – wenn es nicht «entspricht» – abgelehnt zu werden. So entsteht ein «Konzept», eine «Struktur» vom Selbst im Kind, die sich mit dem Menschen mitentwickelt.

Nun sieht uns die Welt aber keineswegs immer so, wie wir uns selbst sehen. Im Guten nicht und nicht im Bösen. So entstehen zwei Bereiche, die «Selbst-Struktur» – also das, was wir von uns selbst zu wissen meinen, und die «Erfahrung». Je nach «Funktionsfähigkeit» des Menschen überlappen sich die beiden Bereiche, die Rogers kreisförmig symbolisiert.

Im Kreis 1 sind die Ansichten über sich selbst enthalten, die zum Teil der Erfahrung und dem Urteil der anderen entsprechen, zum Teil aber nur von dem Inhaber des Selbst so empfunden werden.

Kreis 2 symbolisiert die Erfahrungswerte, die teilweise mit dem Selbstkonzept übereinstimmen, teilweise ihm aber völlig widersprechen. Dort, wo sich die beiden Kreise überschneiden, stimmen Selbststruktur und Umwelt überein.

Machen wir ein Beispiel nach Rogers von einem meiner Patienten:

a) Ich bin für alles, was mit bildender Kunst zu tun hat, völlig unbegabt. Ich bin nicht einmal fähig, einen Pinsel ordentlich zu halten oder ein einfaches Männchen zu zeichnen.

b) Meine Lehrer schlugen schon in der Schule die Hände über den Kopf zusammen, wenn ich etwas zu zeichnen begann.

c) In aller Stille habe ich einmal den Kopf einer Schulfreundin gezeichnet, in die ich sehr verliebt war. Aber das war nur ein Zufallstreffer, den ich nicht wiederholen konnte. Niemand hat mir geglaubt, daß das Bild von mir ist.

d) Meine Mutter hat mich immer zum Flötenspielen gezwungen. Ich hatte nichts als Angst vor ihr und Abscheu gegen sie. Sie trieb mich nur an.

e) Wann immer meine Mutter in der Nähe war, fühlte ich mich schlecht, getrieben, unruhig.

f) Wenn meine Mutter abends ans Bett kam und mir vorlas oder später mit mir etwas besprach, wunderte ich mich hie und da über ein Empfinden der Geborgenheit, denn meine Mutter war ja immer ein Alptraum für mich.

g) Gleichgeschlechtliche Beziehungen verabscheue ich zutiefst, sie sind einfach unmoralisch, mit der Würde der Person nicht zu vereinbaren.

h) Einer meiner Lehrer, ein Künstler, der sehr begabt war, aber nach Tabak und Alkohol stank, wollte sich mir einmal nähern. Er gab es gleich auf, weil ich einfach erbrechen mußte.

i) Ich war sehr böse mit mir, als ich eines Nachts träumte, ich hätte einen meiner Schüler verführt, der wirklich sehr nett, sauber und freundlich ist. Deshalb kann ich aber doch keine sexuellen Wünsche gegen ihn entwickeln.

j,k,l) sind nach Rogers all die Erfahrungen, die sich mit der Wirklichkeit decken: Daß ich klein oder groß bin, blaue Augen habe, O-Beine oder was immer es sein mag. Hier besteht keine Diskrepanz zwischen dem Selbst innerer und äußerer Erfahrung.

m) Politisch rechtsgerichtete Menschen wollen alle anderen unterdrücken, daher möchte ich nichts mit ihnen zu tun haben.

n) Er wußte, daß sein Vater in der Nazizeit mehrfach eingesperrt war.

o) Ich habe einmal einen «rechten» Amerikaner erlebt, der schien mir ganz tolerant. Aber so ein Ausnahmsfall kann mich nicht dazu bewegen, Freundschaft mit ihm zu schließen – ich mag nun einmal die Rechten nicht.

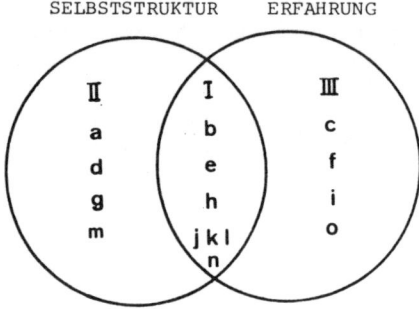

SELBSTSTRUKTUR   ERFAHRUNG

Abb. 10: *Zustand vor der Therapie*

Das war der Ausgangspunkt, an dem wir die Therapie begannen. Der Patient litt unter nassen Händen, neigte zu Herzanfällen und Attacken von hohem Blutdruck. Auch um seinen Schlaf stand es schlecht, vor allem wenn er am nächsten Tag auftreten mußte, war an eine ungestörte Nachtruhe nicht zu denken.

Gegen Ende der Therapie sah die Sache etwa so aus:

a) Im Laufe der Oberstufe des Autogenen Trainings sah der Patient rasch Bilder und entschloß sich einmal, ein solches Bild zu malen. Dabei entdeckte er, daß ihm das unerwartet gut gelang und sein und seiner Umgebung Vorurteil über seine bildnerische Begabung falsch waren.

b) Er meinte einmal, bei fortschreitender Therapie: ich war tatsächlich unbegabt für das Malen, in mir schlummerte aber scheinbar doch ein gewisses, wenn auch bescheidenes Talent.

c) Auch aus der Umgebung erfuhr er allmählich Anerkennung für seine Malereien.

d) Ich kann heute sehen, daß es zwar sehr unangenehm war, daß mich meine Mutter immer antrieb, ich habe aber auch gerne Flöte gespielt, und sie war auch sehr bemüht, meine Zuneigung zu gewinnen.

e) Meine Abneigung gegen das Getriebenwerden ist noch heute groß, aber ich bin ihr dankbar für meinen schönen Beruf, in dem ich sehr erfolgreich bin.

f) Ich kann mich bei meiner Mutter heute geborgen fühlen, kann mit ihr diskutieren und mich über eine Einladung zum Essen bei ihr freuen. Sie ist wirklich eine gute Köchin.

g) Durch die erhöhte Tragfähigkeit gegenüber «peinlichen» Erkenntnissen konnte der Patient Bilder in der Oberstufe des Auto-

genen Trainings annehmen, die eindeutig auch auf gleichgeschlechtliche Bedürfnisse hinwiesen, die er, ohne sie verteufeln zu
müssen, erkennen konnte, ohne sie befriedigen zu müssen.

h) Ein Männerkörper, etwa der der griechischen Statuen (hier blieb
er offensichtlich vorsichtig) kann sehr schön sein.

i) Einem Musikerkollegen, der sich ihm nähern wollte, konnte er
freundlich und verstehend klar machen, daß er sich von solchen
Abenteuern fernhalten wollte, ohne dem Kollegen den Eindruck
zu vermitteln, er halte Personen mit solchen Wünschen für den
Abschaum der Menschheit.

SELBSTSTRUKTUR   ERFAHRUNG

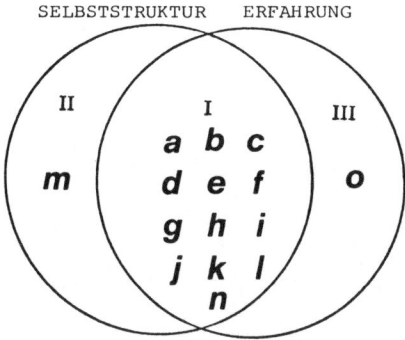

Abb. 11: Zustand gegen Ende der Therapie

j,k,l bleiben natürlich unverändert, sie «stimmen» ja – sie sind
«echt». Unter m,n,o habe ich, wie Rogers, einige der unveränderten
Persönlichkeitsmerkmale aufgeführt, denn natürlich – und Gott sei
Dank – wird der Mensch durch eine beliebige Psychotherapie nicht
völlig verändert. Selbst und Erfahrung können nun einmal nicht
überall übereinstimmen, wir können nicht alles, was (nach Freud)
verleugnet, verdrängt, verschoben oder ungeschehen gemacht
wurde, der Wirklichkeit anpassen. Das «Material» ist ja unendlich –
und wo bliebe sonst letztlich die Persönlichkeit.

Im deutschen Sprachraum haben vor allem A. und R. Tausch die
Rogers-Therapie, der sie den deutschen Namen Gesprächstherapie
gaben, bekanntgemacht und wissenschaftlich daran gearbeitet. Freilich: Der Name ist so allgemein gehalten, daß man heute die verschiedensten Formen der Psychotherapie unter der Flagge Gesprächstherapie segeln läßt. Wenn Sie die Rogers-Therapie suchen,
müßten Sie sich erkundigen, ob die angebotene Gesprächstherapie
auch die nach Rogers bzw. Tausch ist.

Selbstvertrauen lernen

Selbstbewußt im Umgang mit sich und mit anderen

Angst vor Fehlschlägen, vor Kritik, vor Versagen in der zwischenmenschlichen Beziehung, nicht «Nein!» sagen können, nicht fordern können – alles das sind Heilanzeigen für das Assertiveness-Trainings-Programm, einer Methode der Verhaltenstherapie, deutsch: «Selbstbehauptungstraining» der Therapeutengemeinschaft Dr. Rita Ullrich de Muynck (Psychologin) und Dr. Rüdiger Ullrich (Psychiater).

Hier soll nicht nur, wie in der klassischen Verhaltenstherapie, verlernt werden, sondern auch neu ge-lernt, wie man sich richtig – also selbstbewußt – verhält.

Ziele sind:

Der Mensch soll lernen, nur vernünftigerweise zu Vermeidendes zu vermeiden. Allem anderen soll er sich stellen können.

Soziale Ängste, die die Handlungsfähigkeit einschränken, sollen abgebaut werden.

Lernbares soll erlernt werden, damit nicht eine (überflüssige) Angst vor Mißerfolgen die Gefühle des Klienten beherrscht.

Positive soziale Fähigkeiten sollen systematisch erlernt werden.

Der Klient soll die Fähigkeit bekommen, fremdes Lob anzunehmen und daraus Kraft für weitere Entwicklung schöpfen.

Zu hohe Ansprüche an sich selbst und an die Umwelt sollen der Realität angepaßt werden, um Enttäuschungen zu vermeiden.

Die eigenen Handlungen (und die eigene Person) sollen nicht (wie bisher) unter- sondern richtig, also «normal» bewertet werden.

Der Klient soll lernen, sich «vernünftig» durchzusetzen. Es geht nicht um ein Durchsetzen um jeden Preis.

Die Partnerbeziehung soll durch entsprechende Übungen und Aufgaben (auch für beide) verbessert werden.

Gruppen, Familien usw. sollen lernen, «für einander dazusein».

Durch diese Maßnahmen soll das Selbstwertgefühl des Klienten gesteigert werden, seine Fähigkeit, vernünftige Ansprüche an die Umwelt zu stellen, ja, sich überhaupt erst einmal zu erlauben, solche Ansprüche zu haben.

Je nach Lage des Falles kann die Verhaltensanpassung beim ATP eine längere Therapie oder auch nur einige Sitzungen – etwa: wie gehe ich mit meinem Chef um? – notwendig machen. Auch hier sind

Tests, Aufnehmen der Vorgeschichte usw. nötig, damit man dann einen Therapieplan aufbauen kann, für den der Klient auch eigens dazu entwickelte schriftliche Unterlagen bekommt. Alles in allem ein sehr typisches Modell verhaltenstherapeutischen Denkens. Übrigens gibt es auch andere, zum Teil ältere Modelle des Trainings des Selbstbewußtseins.

Rolfing

Es ist gar nicht leicht zu entscheiden, wo man dieses Verfahren einordnen soll. Die Grundannahme ist ebenso einfach wie unwahrscheinlich: Der Körper, nicht die Seele, so meint Ida Rolf, ist der Ausgangspunkt der Störungen, die man gemeinhin Neurosen nennt. Wenn er «desintegriert» – das heißt in seiner Haltung gestört – ist, dann geht es auch den seelischen Funktionen schlecht, und daher muß man den Körper, der aus seiner richtigen Haltung gebracht ist, wieder zurechtrücken eben durch Rolfing.

Kopf, Brust, Becken und Beine bilden die «Blöcke», die Funktionseinheiten, deren schlechte bzw. falsche Stellung man durch Lockerung der Muskeln, Massage, Drücken bestimmter Punkte an der Oberfläche und in der Tiefe wieder in die «richtige» Lage bringen muß (und kann), wobei Ida Rolf eine sehr geometrische Vorstellung von der «richtigen» Körperhaltung hat: eine gerade Linie durch bestimmte Meßpunkte muß von oben nach unten führen.

In der Anlage und unmittelbaren Ausführung also keine Psychotherapie, keine Behandlung mit seelischen Mitteln. Man kann aber sehr wohl auch auf dem Weg über das Körperliche die Psyche beeinflussen, und nur selten fehlt dabei wenigstens ein wenig «Populärpsychotherapie». Wenn ein Masseur mit seinem Klienten spricht, so hat das natürlich ebenfalls einen ganz wesentlichen Einfluß, auch auf die Wirkung der Massage: «Sehen Sie, jetzt sind Sie schon viel lockerer!». In Amerika wurde die «psychische Massage» entwickelt, bei der man besonderen Wert auf die Kommunikation legt.

Muskellockerung führt ja auch nach I. H. Schultz im Autogenen Training (das vorwiegend freilich über die Psyche arbeitet) zur seelischen Entspannung. Die Spannungen im Muskelbereich beachtete besonders auch Wilhelm Reich. (Seite 171)

Wir wollen uns auch daran erinnern, daß Sigmund Freud seine Patienten zu Beginn seiner Praxis elektrisierte, hypnotisierte und massierte. Und es hat natürlich auch einen psychischen Effekt, wenn sich ein- oder mehrmals in der Woche jemand um den Körper des Patienten kümmert.

Dazu kommt die Suggestivwirkung des Glaubens des Therapeuten an seine Methode, auch wenn es sich um eine «körperliche» handelt. Das hat mit dem vorhandenen oder nicht vorhandenen wissenschaftlichen Hintergrund einer Methode bzw. ihrer «Theorie» wenig oder nichts zu tun. Es ist kaum zu leugnen, daß – wenigstens für einige Zeit – die Suggestivkraft einer Therapie umso besser wirkt, je einfacher und einleuchtender ihr theoretischer Hintergrund ist, unabhängig vom Wahrheitsgehalt ihrer Aussage.

Sexualtherapie

Es hängt viel von der Weltanschauung ab, ob man die gesamte Sexualmedizin überhaupt bejaht oder ablehnt. Wenn man auch immer wieder von der sexuellen Befreiung oder gar der sexuellen Revolution spricht, so muß man sich vor Augen halten, daß das, was hier Revolution genannt wird, vorwiegend darin besteht, daß die Menschen – wie lange noch? – im Kino und Fernsehen Nacktszenen, ja Koitusszenen sehen dürfen und daß der Verkauf von sogenannter Pornographie nur mehr dort kriminalisiert ist, wo sie Minderjährigen in die Hand fallen kann. Was mir übrigens schon deshalb berechtigt erscheint, weil Pornographie einfach das andere Ende falscher oder weltanschaulich bestimmter Informationen über das Sexualleben ist. Ich glaube, daß man hier klar eindeutig falsche von Informationen unterscheiden sollte, die nicht vom (Vermutungs-) Wissen, sondern einer Weltanschauung geprägt sind: falsch ist es zum Beispiel einfach, wenn im Pornobereich Männer ständig potent sind und Frauen ununterbrochen von Orgasmen geschüttelt werden. Im Alltag sieht das auch beim völlig Gesunden (oder eben bei dem) völlig anders aus.

Religiöse Informationen, die ein wesentlicher Bestandteil jeder Kultur sind, verquicken die Sexualität häufig mit sexuellen Regeln – von der Abstinenz bis zur Tempelprostitution oder dem Weg ins Nirwana durch den Koitus. Vollkommen keuschen, asexuellen Gottheiten, religiösen Gestalten und Heiligen stehen Götter gegenüber, die meist in der Koitusposition abgebildet werden. Ich glaube nicht, daß eine Psychotherapie, die den Anspruch erhebt, wissenschaftlich zu sein, als Behandlungsmethode berechtigt ist, die weltanschauliche Überzeugung des in seinem seelischen und körperlichen Befinden gestörten Menschen willentlich zu verändern und ihm damit in Form einer Anweisung eine andere Weltanschauung nahezubringen. Es ist kein Zweifel, daß es die ekklesiogene Neurose gibt. Sie wurde erstmals von einem Schüler von I. H. Schultz, dem Gynäkologen und Pychotherapeuten Eberhard Schätzing beschrieben. Nur: das «ekklesiogen» (also aus der Lehre einer Kirche entstanden) bezieht sich nicht auf **eine** Kirche. Überall dort, wo Religionen repressiv sind, überall dort, wo dem Kind Angst vor Sünde und Strafe gemacht wird, gibt es auch entsprechende Neurosen. Wo die Repression ähnlich ist, sind auch die Neurosen ähnlich, wie unter anderem Medardus Boss, der Schweizer Psychiater und Psychotherapeut in Indien beobachten konnte.

Wie tabuisiert das Problem ist, kann man auch daran ablesen, daß man in manchen Büchern von der Sexualtherapie als Teil der Familientherapie spricht und immer nur von der Behandlung von Paaren, wobei oft offensichtlich das Wort Ehe davor nur widerwillig weggelassen wurde. Sicherlich, Sexualtherapie kann ganz wesentlich zur Erhaltung der Ehe, der Familie oder einer anderen Form der Partnerbeziehung beitragen; soll aber jemand, der gar keine Absicht hat, zu heiraten oder sich anders ständig an einen Partner zu binden, keinen Anspruch auf ein befriedigendes Sexualleben haben? Von religiösen Regeln her oder aus sozialpolitischen Überlegungen mag mancher dieser Ansicht sein. Der Therapeut hat aber sicher die Aufgabe, einem Menschen, der ihn wegen sexueller Störungen aufsucht, zu helfen, unabhängig davon, nach welcher Weltanschauung der Patient lebt. Und wie ist es mit einem gestörten Menschen, der so gestört ist, daß er zur Partnerschaft noch gar nicht geeignet ist, bisher gar nicht fähig war, ein Gegenüber zu finden, also noch gar keine Ehe eingehen konnte?

Daß man, vorwiegend früher, aber auch noch heute, nicht selten (und oft mit bester Absicht) religiöse Vorschriften mit offensichtlich falschen und ängstigenden Sachinformationen zu erzwingen versucht, liegt in der Natur der Sache. Musterbeispiel sind die vielen schrecklichen körperlichen und seelischen Folgen, die man dem Kind androht, wenn es bei der Selbstbefriedigung ertappt wird. Wenn Keuschheit ein religiöses Gebot ist, als solches verstanden und als Opfer, als Gottesdienst oder wie immer freiwillig und aus eigener Entscheidung geübt wird, so ist es wenigstens sehr unwahrscheinlich, daß dies zu Störungen oder gar zu Krankheit führt. Wenn man aber zum Beispiel einem Kind, das hormonell stark stimuliert ist, nicht den Versuch nahelegt, seine Sexualität aus religiösen Gründen einzubremsen und zu «sublimieren», wie man diesen Vorgang in der Psychotherapie nennen würde, sondern ihm erzählt, es werde nie

Kinder oder einen Partner bekommen können, wenn es diesem La-
ster fröne, sein Rückenmark werde ausrinnen und was es an ähnlichen unsinnigen Informationen mehr gibt, so bringt man es in einen
Konflikt, der unter Umständen nur durch eine Neurose überlebbar
wird. Denn im religiösen Sinn kann das Kind, wenn es gesündigt hat,
auf Verzeihung hoffen, ja mit Gnade und Verzeihung rechnen. Wenn
die scheinbar «medizinische» Information richtig wäre, so gäbe es ja
hier keinen Ausweg: Der Zwang zur Selbstbefriedigung, der oft auch
als Zuwendungsersatz unbesiegbar ist, führt zur Ausführung. Diese
macht nicht nur Schuldgefühle, sondern auch Angst vor den körperlichen und geistigen Folgen. Diese Angst vermehrt wieder das Bedürfnis nach Zuwendung, das ohnehin bei diesem Kind unter Umständen nicht ausreichend befriedigt wird. Und somit führt die ver-
mehrte Angst zu vermehrter Selbstbefriedigung, die durch die falsche Information zu einer seelischen Störung führen kann.
Die Sexualtherapie beruht auf einigen wesentlichen Erkenntnissen:
1. Technik allein, wie sie etwa ein van der Velde als Anfang und
   Ende aller Sexualität ansah, reicht nicht aus.
2. Die sogenannte «große» Psychotherapie ist bei vielen sexuellen
   Störungen viel zu aufwendig, ja für den größten Teil der Gestörten überhaupt nicht erreichbar und – bei leichteren Störungen –
   auch überflüssig.
3. Es ist nicht unter der Würde eines Therapeuten, sei er nun Arzt
   oder Psychologe, dem Patienten offiziell handfeste Anweisungen
   für sein Sexualleben zu geben.
4. Verhältnismäßig einfache (an sich nicht neue) Ratschläge helfen
   in vielen Fällen überraschend gut, wenn man den Leistungsdruck
   von den Partnern nimmt, der heute zum Teil Scham- und Schuld-
   gefühlen den Rang als Ursache sexueller Probleme abgelaufen
   hat.
5. Die Kombination mehrerer Verfahren ist keine wissenschaftliche
   Sünde, sondern eine therapeutische Notwendigkeit im Hier und
   Jetzt des Lebens unserer Zeit.
In diesem Sinne beginnt die Sexualtherapie mit einer gründlichen
Anamnese, die natürlich auch auf die Sexualerziehung (oder Nicht-
erziehung) des Gestörten genau eingeht. Und wir erleben schon hier
die abenteuerlichsten Dinge. Da ist die Frau, die an Stelle einer
Aufklärung als Mädchen bei der ersten Blutung eine Ohrfeige bekam, weil sie die Wäsche beschmutzt hatte. Eine andere konnte
monatelang die Regel verheimlichen: sie hatte Angst, es handle sich
um die prophezeiten schlimmen Folgen des Spielens mit sich selbst.
Wir hören von dem Patienten aus der Pubertät, daß er jede kleinste
Beschwerde auf die Selbstbefriedigung zurückführte und sicher war,

nie eine Ehe führen zu können – ein allzu moralischer Lehrer hatte die Kinder im mißverstandenen Biologieunterricht so «aufgeklärt». Leider gar nicht selten ist (auch heute noch!) die Drohung, das Glied abzuschneiden (kommt der Schneider mit der Scher') bis zur Drohung der Verdammung in die Höllen der verschiedenen Religionen wegen einer kleinen Sünde. Da das Kind für diese Drohungen kaum Abwehrmechanismen hat, muß ein solches Vorgehen nach praktisch jeder psychotherapeutischen Grundtheorie üble Folgen haben. Ob man es nun vom Standpunkt des Lernens, also behavioristisch, oder analytisch, von dem des Verdrängens ins Unbewußte her, sieht.

Zwischenbemerkung

Die Sexualtherapie eignet sich vielleicht am besten, ein Problem anzusprechen, an das viele Psychotherapeuten nur ungern oder gar nicht herangehen, vor allem öffentlich, oder wenn ihre Meinung schwarz auf weiß niedergelegt werden soll. Man sollte nicht vergessen, daß es nicht nur «neutrale» Menschen gibt, die Psychotherapeuten werden, sondern daß wohl jeder von uns in irgendeiner Form von einer (ein Leben lang erworbenen, vorwiegend aber wohl in der Kindheit geprägten) Weltanschauung getragen ist. Alles, was wir können, ist, uns zu bemühen, diese Art, die Welt zu betrachten, möglichst im Hintergrund zu halten, möglichst der Forderung Freuds nachzukommen, nur ein Spiegel für den Kranken zu sein, der sich selbst und seine Entwicklungsmöglichkeiten darin sehen kann. Und das kann er umso besser, je weniger dieser Spiegel durch die Weltanschauung des Therapeuten eingefärbt ist.
Es gibt natürlich auch andere Psychotherapeuten und Psychotherapien, die ganz bewußt und überzeugt Weltanschauungen vermitteln. Dazu zählen auch viele Nachfolger Freuds (zum Beispiel Wilhelm Reich), Vertreter einer rein «naturwissenschaftlichen» Welt. Dazu gehören natürlich auch alle religiös oder pseudoreligiös gefärbten Versuche, die Seele zu heilen. Die Christotherapie (Seite 303) ebenso wie die Morita-Therapie (Seite 224).
Der sachlich denkende Psychotherapeut wird übrigens kaum je eine Heilung erhoffen und schon sehr froh sein, wenn er Symptome beseitigen oder wenigstens mildern kann. Eine Heilung im medizinischen Sinne (die eben mit dem Seelen-HEIL nichts zu tun hat) verlangt eine «restitutio ad integrum» – eine Wiederherstellung des unversehrten Ausgangszustandes. Die Frage, ob es so etwas «Unversehrtes» überhaupt gibt, nachdem das Kind sein Geburtstrauma erlebt hat oder zum ersten Mal feststellen mußte, daß seine Mutter nicht da ist, ist für mich offensichtlich mit nein zu beantworten. Vorsichtig beurteilt, bleibt sie wenigstens offen.

Verlust der Kontrolle kann auch Angst machen

Der Wiener Analytiker Alois Marksteiner hat auf eine Reaktion hingewiesen, die bisher wenig oder gar nicht beachtet wurde. Oft gelingt es durch eine längere Therapie der Patientin oder dem Patienten die Fähigkeit zu vermitteln, für die Zeit des sexuellen Beisammenseins die bewußte Kontrolle fallen zu lassen und sich im wahrsten Sinn des Wortes hinzugeben. Das ist an sich eine erwünschte Reaktion, die für ein stärkeres Selbstvertrauen spricht. Sie hat aber, wie man immer wieder beobachten kann, manchmal einen unerwünschten Nebeneffekt. Irgendeine Instanz der Person «erschrickt» über die freie Hingabe. War bisher der Wunsch nach sexuellem Erleben da, ohne daß sich der Mensch wirklich hingeben konnte, läßt jetzt – offensichtlich als Gegenreaktion gegen den Kontrollverlust – der sexuelle Appetit nach. Die «Ordnung», wenn man so will, die erlernte Sexualfeindlichkeit, ist wieder hergestellt.

Womit wir wieder zur Sexualtherapie zurückgekehrt sind. Die Behandlung sexueller Störungen ist nicht neu, neu ist, daß man dem Kind einen Namen gegeben hat. Hypnose und Psychoanalyse wurden genauso zur Sexualtherapie eingesetzt (und mit gutem Erfolg) wie Beratungen und (ebenfalls teilweise mit dem gleichen Erfolg) mehr oder weniger wirksame Aphrodisiaka (deren Wirkung zum Großteil wahrscheinlich auch auf dem Glauben an sie beruht).

Masters und Johnson, das inzwischen geschiedene Ehepaar, haben – sicher in einer dafür günstigen Zeit – ein Tabu gebrochen und nicht nur das Kind beim Namen genannt, sondern die sexuellen Reaktionen wirklich untersucht und die Ergebnisse veröffentlicht.

Man darf nicht vergessen, daß noch 1955 eine Arbeit über Blutdruck- und Pulsveränderungen beim Koitus und bei der Selbstbefriedigung in lateinischer Sprache geschrieben wurde, damit sie nicht in falsche Hände fiele. Und es ist auch kein Zufall, daß man ausgerechnet einen Insektenforscher das Verhalten des Menschen in sexueller Hinsicht untersuchen ließ: So entstand der Kinsey-Bericht! Der Urologe van Renterghem hat schon vor der Jahrhundertwende impotente Männer mit schmerzhaften Röhren katheterisiert und ihnen zusätzlich den Koitus verboten. Später nannte Viktor Frankl das Verfahren des Verbietens und des Das-Gegenteil-Wollens sehr treffend die paradoxe Intention. Und schon Renterghem hat sich sicher gefreut, wenn ihm ein Patient verschämt gestand, er habe das Koitusverbot erfolgreich durchbrochen.

Auf den wesentlichen seelischen Faktor auch bei einer nur beratenden Therapie sexueller Störungen, die gar nicht auf die möglichen Ursachen eingeht, weist die Tatsache hin, daß Masters und Johnson im Rahmen ihrer Sexualtherapie beim Einsatz von Prostituierten als Helferinnen bei impotenten Männern vollkommen Schiffbruch erlitten. Erst als sie «Freiwillige» fanden, ließ sich ein erfolgreicher Behandlungsplan aufstellen.

Das Ideal bleibt natürlich der ständige Partner. Viele sind aber eben vor der Behandlung weder in menschlicher noch in sexueller Hinsicht überhaupt partnerfähig.

Wenn man von Sexualtherapie spricht, muß man wohl auf ein Problem hinweisen, das gerade im Zusammenhang mit der Emanzipation eine große Rolle spielt: Der von Freud »erfundene» Neid der Frau auf den Penis des Mannes.

Der Penisneid ist kein Beweis für eine Art Minderwertigkeit der Frau und auch nicht als solcher gedacht. Es handelt sich um die Beschreibung einer Phantasie, die kleine Mädchen haben (können!), wenn sie die bewundernde Haltung der Mutter dem Knaben gegenüber sieht. Dabei verkörpert die Mutter natürlich die Haltung der Gesellschaft. Wenn man die Mutter mehr bewundern würde, wenn sie Mädchen gebiert, so wäre das Ganze sicher genau umgekehrt.

Tatsache ist aber – was schon der Begründer der Pychosomatik, Georg Groddeck (Seite 151) betonte, daß die Mutter mit dem Genital des Knaben viel zärtlicher umgeht als mit dem des Mädchens, was wahrscheinlich nicht nur auf die Tatsache zurückzuführen ist, daß das des Mädchens verborgener ist als der bewunderte Vorsprung beim Knaben.

Knabe und Mädchen haben also (nach O. F. Kernberg, einem bekannten New Yorker Analytiker, der viel zur Erneuerung bzw. Weiterführung der Analyse, ohne Altes mutwillig zu zerstören, beigetragen hat), verschiedene Ausgangspunkte für die Entwicklung ihrer Sexualität. Während die Mutter sich – meist mit der Begründung der Reinlichkeit, oft aber auch «weil er so süß ist!» – bei der Reinlichkeitspflege liebevoll mit dem buchstäblich «faßbaren» Genital des Knaben beschäftigt, wird das des Mädchens eben nur rasch gereinigt. Unbewußte Wünsche, die dabei durch die Wärme unter Umständen aufkommen, müssen rasch unterdrückt werden. So bleibt der Mann auch eher der direkten Sexualität zugetan und muß erst langsam lernen, auch die zwischenmenschliche Beziehung aufzubauen, um zu einem wirklich befriedigenden Sexualleben zu kommen. Umgekehrt muß das Mädchen, das im allgemeinen erst später engeren Kontakt mit dem Vater hat, was immer sie an Streicheleinheiten haben möchte, eben über das Lachen, das Verführen, über den unbewußten Aufbau einer zwischenmenschlichen Bindung aufbauen. Das ist wohl mit einer der Gründe, warum bei der Frau unserer Sozietät zur Liebe und zur sexuellen Erfüllung viel mehr Bindungs- und Beziehungsanteile notwendig sind.

Nebenbei sei noch erwähnt, daß Mütter viel eher den Töchtern drastisch erklären, wie «Pfui» die Genitalgegend sei, als den Söhnen. Keine Mutter käme auf die Idee, das Genital des Sohnes als «vorderen Popo» zu bezeichnen, wie das für die weibliche Schamgegend in vielen Gebieten üblich ist.

Das soll aber nun in keiner Weise den Inzest als Lösung der Probleme für unser Leben auch nur andeutungsweise befürworten. Was immer man von religiösen, moralischen Standpunkt aus dagegen vorbringt, wird – für unser Hier und Jetzt, und um das geht es, nicht um biologische Überlegungen – von der Psychoanalyse bestätigt. Denn das Kind, das vom Vater verführt wird, mag einerseits diese Verführung als Zuwendung, als Bevorzugung, ja sogar vielleicht als Sieg über die Mutter empfinden: Was viel schwerer wiegt, sind die Schuldgefühle, die unabdingbar damit verbunden sind, das Bewußtsein, mit dem Vater etwas Verbotenes zu tun. Dadurch wird der Vater – den man ja gerne unfehlbar und als strahlenden (und unbefleckten!) Helden sehen möchte, zur verdächtigen, moralisch minderwertigen Person. Der Idealvater geht also früh und gründlich verloren. Aber auch die Mutter steht auf der Verlustliste. Man muß sie aus dem Geschehen ausschließen, weil sie es ja nicht wissen darf, eifersüchtig, entrüstet oder wie immer negativ darauf reagieren wird. Und sie wird zur Rivalin – das Kind kann nicht mehr unbefangen mit Vater und Mutter alle jene Streicheleinheiten austauschen, die im weiteren Sinne sicher auch etwas mit Sexualität zu tun haben, aber eben «vorgenital», erlaubt, erwünscht und daher auch «harmlos» – im wahrsten Sinn des Wortes ohne Harm sind.

Aus dem oben Gesagten geht auch hervor, daß Mann und Frau genau besehen andere Partnerziele haben: Der Mann sucht die Mutter, die Geliebte und das kleine Mädchen, dem er Vater sein kann; die Frau sucht eher den Mann, der dem Vater (oder dem idealen Gegenvater) ähnlich ist, sie sucht aber in ihm auch die Mutter, die sich schon in frühester Kindheit von ihr distanziert hat.

Auch bei der Sexualität: Zuerst die Anamnese (Vorgeschichte)

Vor jede Therapie gehört eine gründliche Erhebung der Vorgeschichte, eine Bedingung, an der auch die Sexualtherapie festhält. Die Erhebung dieser Anamnese stößt auf große Schwierigkeiten, auch wenn der Arzt wegen einer Sexualstörung aufgesucht wird. Anfangs heißt es, wie bei anderen Anamnesen, als Anwort auf die Frage nach der Entwicklung des Liebeslebens: an sich war alles normal, bis . . . Geht man dann der Sache nach, was denn nun eigentlich «normal» war, so muß man den Rahmen der Normalität schon sehr weit stecken, um die Angaben des Patienten noch unterbringen zu können.

Neben einer genauen Krankheitsgeschichte (die Störungen können durchaus auch einen organischen Hintergrund haben und zum Beispiel auf eine schwere Erkrankung an Masern oder an Pfeifferschem Drüsenfieber zurückzuführen sein) muß auch eine psychologische, tiefenpsychologische und psychiatrische Anamnese gemacht werden – in all diesen Bereich kann die Ursache oder eine der Ursachen liegen. Wir verwenden dazu auch eine ausführliche Testbatterie einschließlich der speziellen auf das Sexualleben bezogenen Tests von Eysenck. Die Erhebung der Vorgeschichte ist ein wesentlicher Teil der Behandlung und so umfangreich, daß selbst ein großes Lehrbuch der sexuellen Anamneseerhebung nicht auf alle möglichen Probleme eingehen kann.

Ist das alles geschehen, kann man einen Therapieplan erstellen, nach dem man dann meist sehr zügig vorgehen kann. In Ihrem Werk **The New Sex Therapy** gibt Helen Singer Kaplan auch die Chancen des Erfolges (sehr vorsichtig und nicht so optimistisch wie manche andere Autoren) für jede einzelne Störungsart an. Auch wenn sie sehr kritisch ist, beschreibt sie doch, daß z. B. alle «anorgastischen» Frauen, die sich der Therapie wirklich unterziehen, «geheilt» werden, das heißt orgasmusfähig werden. Es gibt wahrscheinlich keine wirklich anorgastische Frau. Freilich (ich bin auf das Thema schon auf Seite 293 eingegangen) sollte man medizinisch richtiger von einer (sehr wünschenswerten) Symptombeseitigung und nicht von Heilung sprechen, wenn die Ursachen, die zu der Störung geführt haben und wahrscheinlich nicht isoliert diese allein bedingen, nicht angegangen oder gar beseitigt wurden.

Im Therapieplan haben auch Psychopharmaka ihren festen Platz, in manchen Fällen (zum Beispiel beim vorzeitigen Samenerguß und bei manchen Potenzängsten) können sie auch allein wirksam werden.

Man kann die Sexualtherapie in fünf große Gruppen einteilen:

1. Die reine Information. Es ist ein großer Irrtum zu glauben, daß die sogenannte sexuelle Revolution ganz allgemein zu einer wesentlichen Erleichterung geführt hat. Die Tatsache, daß man auf der Leinwand und im Fernsehen nackte Menschen auch beim Koitus oder anderen sexuellen Szenen sieht, ändert nicht sehr viel an der Hemmung des einzelnen, sich hinzugeben. Es vermehrt aber offensichtlch auch nicht allgemein das Wissen um grundlegende sexuelle Probleme. Eine verspätete Aufklärung kann hier völlig ausreichen, um die Probleme zu beseitigen.

2. Beratung und Beseitigung von Aberglauben und festgefahrenen

Meinungen, die keine wissenschaftliche Begründung haben. «Ich kann nur einen organischen Schaden haben», hören wir immer wieder, «denn sexuelle Probleme gab es bei uns daheim nicht, darüber wurde nicht einmal gesprochen!»

Häufig sind es Tabus, die durchbrochen werden müssen. Es ist kein Wunder, wenn die Potenz eines Ehemannes allmählich nachläßt, wenn seine Frau nicht nur jedes Licht während des Liebesaktes verbietet, sondern sich dazu auch nie auszieht. Es gibt heute noch immer Ehepaare, die sich gegenseitig nie nackt gesehen haben.

3. Die Aufklärung bezieht sich auch auf die biologischen, die physiologischen und die sozialen Probleme, die die Sexualität mit sich bringt. Wenn es gelingt, der Frau klarzumachen, woher ihre Scheu vor einem Orgasmus kommt, oder dem Mann, warum sich seine Frau so verhält, so ist die Bereitschaft, dem anderen mehr Geduld zuteil werden zu lassen, oft erheblich steigerbar.

4. Sexualtechnische Anweisungen, wie man etwa mit einem vorzeitigen Samenerguß fertig werden kann. Da diese Erscheinung sehr häufig, ja beim jungen, unerfahrenen Menschen fast die Norm ist, seien hier zwei Wege als Beispiel direkter Beratung angeführt:

   Möglichkeit a): der bald darauf folgende zweite Koitus, falls er bei keinem der beiden Partner auf Widerstand stößt. Komplizierter ist die

   Möglichkeit b): Hier erlernt die Frau, instruiert an Hand von Abbildungen, dem Partner knapp vor der Ejakulation am unteren Ende des Gliedes durch Zusammenpressen einen Schmerz zuzufügen, der die Erregung vermindert. Diese Technik kann geübt, verfeinert und über ein längeres Liebesspiel hinausgezogen werden.

5. Zur Sexualtherapie gehört es auch, einerseits die Zuwendungsfähigkeit zu stärken, andererseits aber dem Sexualakt den Geruch des Animalischen im schlechten Sinn, des Verbotenen, des Tabu-Überladenen und Geheimnisvollen zu nehmen. An die Stelle dieser negativen Belastungen sollte ein natürliches Verhältnis zu einem natürlichen Geschehen treten, das dem, was wir Liebe nennen und in keiner Weise wissenschaftlich erklären können, wohl eher förderlich als abträglich ist. Tabus, Angst vor den Produkten der Sexualdrüsen (die ja alles erst möglich machen), vor Gerüchen und Geräuschen, schadet der Fähigkeit, sich dem anderen und dem eigenen Empfinden hinzugeben, sicher mehr, als der Versuch einer etwas distanzierteren Betrachtung. Mehr, so müssen wir ehrlicherweise einräumen, ist in den nächsten paar hundert oder tausend Jahren menschlicher Sexualentwicklung ohnehin kaum zu erwarten.

Das Organische nicht vergessen

Eine abschließende Bemerkung, um Mißverständnissen vorzubeugen: Natürlich gibt es sexuelle Störungen, die rein organischer Natur sind, etwa eine venöse Zuflußstörung zum Penis oder hormonelle Probleme der Frau. Sie sind nur wahrscheinlich nicht so häufig, wie die Anhänger einer rein somatischen Medizin meinen, und nicht so selten, wie leidenschaftliche Psychotherapeuten immer wieder zu beweisen versuchen. Darüberhinaus kann man letztlich Psyche und Körper nicht trennen; meist werden beide Instanzen in irgendeiner Form beteiligt sein.

Jedenfalls hoffe ich, daß diese Ausführungen zeigen, daß die Sexualtherapie ein nicht nur neues Fach geworden ist, sondern auch ein Beispiel dafür, daß die Kombination verschiedener psychotherapeutischer Verfahren mit Beratung und körperlichen Übungen sehr wohl berechtigt und erfolgreich ist.

Klar dürfte auch geworden sein, daß die Sexualtherapie eben eine Kombination von technischen Anweisungen mit verhaltenstherapeutischen Elementen, mit tiefenpsychologischen und psychologischen Erkenntnissen ist. Sigmund Freud stand hier ebenso Pate wie Wilhelm Reich, C. G. Jung, die Gestalttherapeuten wie Fritz Perls und der Schöpfer der Logotherapie, Viktor Frankl. In diesem Sinn ist sie einerseits ein eigenes Fach, zählt aber andererseits zweifellos auch zum Bereich der Psychotherapie, die natürlich nach wie vor ebenfalls und erfolgreich zur Behandlung sexueller Störungen eingesetzt wird.

Transaktionsanalyse

Ich bin okay – Du bist okay

Diesem Buchtitel des Eric-Berne-Schülers Thomas A. Harris bin ich immer wieder versucht hinzuzufügen: . . . und wie gut sind wir doch beide. Eric Berne, Psychoanalytiker Freudscher Prägung, hatte die große Gabe, ein Konzept zu schaffen, das zwar nicht sehr viel Neues bot, aber von jedermann verstanden werden kann. Wie so viele unmittelbare Freud-Schüler verließ er die mühsame Suche nach den Quellen einer Störung, eines inneren Konfliktes in der Kindheit und nahm den Patienten so, wie er ihm augenblicklich entgegentrat. Und in diesem Patienten leben – was an sich schon aus dem Freudschen

Überlegung schlüssig ist, drei Anteile: Ein Eltern- («Parents»)-Ich, ein Erwachsenen- («Adults-»)-Ich und ein Kinder- («Children»)-Ich. Man kann auch sagen, das Ich verhält sich einmal eben wie ein Erwachsener, wie ein Elternteil und wie ein Kind. «Erlernte» Verhaltensweisen, mit denen man früher gut durchkam, würde ein Behaviorist sagen. Aus der Literatur der Transaktionsanalyse geht hervor, daß der Kinderstatus viel mit dem, was man in der Psychoanalyse ES nennt zu tun hat, der Elternstatus stark an das von außen her geprägte Überich erinnert und mit Erwachsenen-Ich jener selbständige, eigene Entscheidungen treffende Teil unserer Persönlichkeit gemeint ist, den auch Freud, Jung, Adler und viele andere unter Ich verstehen.

Berne spricht nicht wie Jung vom Archetypus (Urtypus, allen «eigen») sondern von der Archäopsyche des Menschen, deren Muster wir in den Märchen und Mythen der Menschheit finden.

Das Konzept ist grandios, weil es für jeden verständlich ist. Sei nicht «kindisch» ist ein viel gebrauchter, meist aggressiver Rat, der darauf hinweisen soll, daß man noch nicht erwachsen – also ok! – ist. Du willst mich immer wieder bemuttern, wirft der Geliebte oder der Ehemann der Frau vor, die – wenigstens in seinen Augen – immer wieder in die Rolle des Eltern-Ichs, des Verantwortung- Übernehmens, Sorgens, Ermahnens usw. verfällt. «Reiß dich zusammen!», «entscheide selbstständig!», «laß dich nicht immer wieder von anderen bevormunden!» hören wir, wenn unser «Erwachsenen-Ich» angesprochen werden soll.

Berne hat diese Beziehungen und die «Spiele», die sich daraus unter den Menschen ergeben, sehr genau untersucht und damit sicher einen wesentlichen Beitrag zu den Methoden geleistet, deren Aufgabe es ist, möglichst rasch zu helfen.

Jedes Leben hat ein «Drehbuch». Also ein vorgegebenes Verhaltensmuster, das man im verhaltenstherapeutischen Sinn das Erlernte, im analytischen das durch die Umgebung geprägte unbewußte Reagieren nennen würde. Wieder hat Berne einen zugkräftigen, allen einleuchtenden Namen gefunden. In der Zeit des Films und Fernsehens ist es gar nicht so bedrückend, ein «Skript» zu haben, nach dem man sich verhält, denn das tun ja die Helden und Heldinnen von der Leinwand auch. Wenn Klein Hänschen durch harte Züge und tapferes Verbeißen jeden Schmerzes Vater und Mutter zu Begeisterungsausbrüchen bringen und die vergossene Milch damit vergessen machen konnte, dann wird Herr Generaldirektor Hans auch erwarten, daß seine ernste Miene und sein immer undurchdringliches Gesicht ihm nach oben und unten Respekt verschaffen wird. Er lebt nach dem Skript, das ihm das Schicksal mitgab. Wie der Ehetherapeut Jürg Willi bei den Ehepaaren das Spiel «komm her – geh weg» fand, mit dem sie sich immer wieder anlokken, um den anderen zu erobern und abstoßen, sobald die Sache zu gefährlich wird, fand auch Berne unzählige Spiele, die die Menschen so miteinander spielen. Und in den therapeutischen Gruppen der Transaktionalen Analyse sollen nun die Gruppenteilnehmer die Spiele der anderen und mit der Zeit auch die eigenen erkennen lernen. Dazu gehört das uralte Spiel «Rütteln am Ohrfeigen-(Watschen-)Baum», das «kick me», also sich so lange aggressiv verhalten, bis man einen Tritt bekommt, das Intrigieren, das Haken auswerfen, damit sich jemand daran festbeißt, das Streicheln usw.

Bernes Theorie ist so einleuchtend und verständlich, daß sie leicht Eingang in Bereiche fand, wo man versucht, Menschen zu erziehen oder auch umzuerziehen. Wir finden die Transaktionale Analyse nicht nur in den Programmen für Manager, zur Verbesserung des Betriebsklimas, sondern auch in Projekten zur Rehabilitation von straffällig gewordenen Menschen.

Das Ziel ist es, der Norm, wie Berne sie sieht, allmählich immer mehr zu entsprechen, also immer mehr wie ein Erwachsener zu reagieren. Alle «kindlichen» Ausflüchte, wie Traurig- oder gar Unglücklichsein, Grollen und Schmollen usw. werden, soweit das möglich ist, schon durch die Gruppenregeln aus dem Gruppenalltag verbannt.

Nach den neueren Anschauungen der Vertreter der Transaktionalen Analyse soll der Patient lernen, vom Skript frei zu kommen und autonom zu entscheiden, was er tun will – ein Ziel, das, wenn man von dem Wort Skript absieht, wohl fast allen modernen Psychotherapien eigen ist. Der Patient soll lernen, auf vier Wegen an ein Problem heranzugehen:

1. Was ist eigentlich das Problem, in welcher Weise verhalte ich mich falsch?
2. Warum gibt es überhaupt dieses Problem? Was geht in mir vor, daß es zu diesem Problem gekommen ist (warum warte ich immer wieder auf den Tritt?)
3. Wie geht es mir gefühlsmäßig mit dem Problem, wieso bin ich so fixiert in meinen Emotionen und Affekten?
4. Wo in meinem Körper ist diese Blockierung, wodurch ist sie entstanden?

Krankheit ist nach dieser Ansicht alles, was «kindlich» geblieben ist und nicht erwachsen werden konnte und den Einflüssen des «Urkindes» und der Elterninstanzen gehorchen muß, statt sich frei entscheiden zu können.

Im Institut für transaktionale Analyse in Rom ist man noch etwas weiter gegangen und hat nun neben der Analyse des «Skripts» wieder das Freudsche Konzept der Übertragung und Gegenübertragung (siehe Seite 266, 267) in die Transaktionale Analyse eingebaut.

Transzendenz-Therapie

Ein katholischer amerikanischer Priester, Psychologe und Therapeut, Prof. Adrian van Kaam, hat gegen Ende der fünfziger Jahre begonnen, sich näher mit den existentiellen Problemen seiner Klienten auseinanderzusetzen. Ihm fiel auf, daß die Menschen immer mehr die Beziehung zur Transzendenz verloren und in eine Transzendenzkrise kamen. Was Graf Dürckheim von einem eher östlichen Ansatz her sah, begann van Kaam vom katholischen Standpunkt her zu betrachten, und meinte, es werde allmählich (wieder?) zu einer Verschmelzung von Religion und Psychotherapie kommen. Denn alles, was den Menschen, die mit diesen Symptomen kommen, fehlt, ist seiner Ansicht nach eben der Verlust der Beziehung zur Transzendenz. Er gründete 1963 das Institute of Man und nannte es seit 1978, seiner Lehre entsprechend: Institute of Formative Spirituality.

Er geht von der Ganzheit des Menschen aus, der grundsätzlich formfähig ist und diese Formung auch selbst gestalten kann. Kultur und Tradition haben einen wesentlichen Einfluß auf diese Form des Lebens. Er anerkennt die Biologie und die biologischen Gesetze. Was wir aber mit ihnen machen, und was wir aus den biologischen Gegebenheiten machen, das ist eben die Folge der Formung. Die Transzendenz ist ein wichtiger Bestandteil dieser Formungsmöglichkeit. Wo sie fehlt, gerät – nach der Meinung van Kaams – der Mensch in Panik.
Fragen wie: Wohin gehe ich? Welche Bedeutung hat das Leben? Wie soll ich mein Leben formen? bedrängen ihn und wollen beantwortet werden. Erst wenn der Mensch weiß, in welche Richtung er gehen will, kann er seinem Leben «Form» geben. Sie sehen, daß hier Fragen angeschnitten werden, die sich durch unser ganzes Buch ziehen. Er trennt auch ein «transzendentes Selbst», das «immer strebend sich bemüht», von dem «funktionalen», ehrgeizigen Selbst. Davon wieder das «scheinbare Selbst», also jenen Teil unserer Persönlichkeit, den unsere Umwelt wahrnimmt. Der Drang zu idealisieren ist dem Menschen seiner Meinung nach grundsätzlich angeboren.

In einer kurzen Übersicht nun die Versuche, mit denen van Kaam versucht, seinen Klienten zu helfen:

In der Gruppe soll der Mensch seine eigene Psychodynamik – zum Teil am anderen – erkennen lernen. Seine Triebe, sein Ehrgeiz, sein Streben nach einem Ziel sollen in ihrer Harmonie oder Disharmonie erkannt werden. Hier spielt auch die Analyse der Interaktionen (Berne) eine Rolle.

Die Quellen der Tradition sollen genützt werden, ohne daß unnötiger Ballast und unnötige Schuldgefühle mitgeschleppt werden.

Man spürt dem Widerstand und der Resonanz – also Mitschwingen mit dem Therapeuten und der Gruppe – nach, die aufgedeckt und erkannt werden sollen.

Der Mensch soll von einem falschen, ihm aufgezwungenen Bild seiner selbst und aus der Gefangenschaft des «Du sollst» und «Du mußt» befreit werden. Illusionen soll er als solche erkennen können.

Der Mensch soll – siehe Rogers und I. H. Schultz! – respektiert, in seinem So-Sein geachtet werden, der Therapeut soll ihm «Ehrerbietung» (Respekt heißt es bei I. H. Schultz) entgegenbringen.

Was Freud Übertragung (Seite 266) nennt, taucht bei van Kaam als «Fusion» wieder auf. Daß sich der Klient mit dem Therapeuten identifizieren will, ist auf seine Sehnsucht nach Einheit mit den transzendenten Werten zurückzuführen.

Auch der Widerstand hat seine Ursachen in – zum Teil während der Therapie auftauchenden – transzendenten Strebungen.

Im Rahmen dieser Therapie wird auch das Lesen religiöser Schriften empfohlen. Große Namen tauchen auf: Thomas von Kempten, der heilige Augustinus und Pascal mit seinen Pensées.

Alles in allem richtet sich die Transzendenztherapie vorwiegend eben gegen Transzendenzkrisen. Bestehen Neurosen oder gar eine Psychose, sollten diese Erscheinungen vor oder neben der Transzendenztherapie behandelt werden.

Christotherapie

Wie in der Transzendenz-Therapie ist auch hier der Autor katholischer Priester. Er ist Jesuit und befand sich, als er selbst eine Psychotherapie begann, in einer schweren seelischen Krise. Da kam er zu einem New Yorker Psychiater, den er gleich zu Beginn sehr erstaunte. Dr. Hora sagte ihm: «Welche Ironie ist das doch: Sie als Priester und Jesuit kommen zu mir zur psychotherapeutischen Behandlung und suchen seelische Heilung! Wenn eine Religion wirklich authentisch ist und wenn Sie wirklich nach Leben und Licht suchen in der Religion, dann soll doch der Glaube die Quelle des Heilungsprozesses und der seelischen Ganzheit für Sie sein; der seelischen und körperlichen Heilung genauso wie der moralischen und geistigen.»

Während eines Aufenthaltes in einem Exerzitienhaus begann Bernard J. Tyrell die Grundsteine für seine Christotherapie zu legen, deren Hauptaussage es ist, daß, wenn man die Handlungen und Lehren von Jesus meditiert, er «in der Tat jedem eine Hilfe sein kann, der wirklich nach Ganzheit in seinem Leben sucht.» Das ist freilich eine Einschränkung, die das Wort Therapie in Frage stellt – denn der Durchschnittspatient wird kaum nach Ganzheit suchen, sondern eher nach Heilung.

Es geht in der Christotherapie – wie etwa bei Viktor Frankl um Werte. Die «existentielle Unwissenheit», die fehlende Erkenntnis der Sinnwerte, soll überwunden werden. Sie ist «Sünde» (Sünde kommt ja von «sich absondern», und dieses sündhafte und selbstentfremdete Leben soll durch Reue und Bekehrung umgestaltet werden. Wir sind am anderen Ende von Tantra, wenn er Jesus in Matthäus 5,28 zitiert: «Ich aber sage euch: Wer eine Frau auch nur lüstern ansieht, hat in seinem Herzen schon Ehebruch mit ihr begangen.»

Tao und Zen

Es wird aber auch Lao Tse (frei) zitiert: Der richtige Weg zu handeln ist der zu sein. Man würde das in dieser Form freilich eher einem Zen-Meister zuschreiben. Aber auch das schon erwähnte Wu-Wei, das Nicht-Tun wird als schöpferische Stille gedeutet und ihm eine enge Beziehung zur Demut und «Niedrigkeit des Herzens» zugeschrieben. Wenn das an sich unübersetzbare «Tao» als «Weg» im übertragenen Sinn (es bedeutet unter anderem ja auch Weg) gedeutet wird, so ist eben für den Christen Christus der Weg, und in diesem Sinn kann jeder Christ auch vom Taoismus lernen.

Dann wird auch – freilich kaum vom sinologischen Standpunkt aus vertretbar – eine andere Stelle aus dem Buch vom Sinn und Leben in Zusammenhang mit der Bibel gebracht: Im Hinblick auf Epheser 4,18 über die Heiden «Ihr Sinn ist verfinstert. Sie sind dem Leben, das Gott schenkt, entfremdet durch die Unwissenheit, in der sie befangen sind, und durch die Verhärtung ihres Herzens» sagt Tyrall: «Im Taoismus heißt es: Geistige Krankheit besteht darin, sein Nichtwissen als Wissen anzusehen. Erst wenn wir an dieser Krankheit Überdruß haben, dann beginnen wir wissend zu werden.»

Nun, am nächsten kommt dieser Auslegung noch die Übersetzung des Chinesen Lin Yütang (dem wir übrigens einige sehr vergnügliche Bücher verdanken): «Wer (vorgeblich) weiß, was er nicht weiß, ist geistig krank. Und wer geistige Krankheit als geistige Krankheit erkennt, ist nicht geistig krank.» Abgesehen davon, daß es im Originaltext wahrscheinlich einfach Krankheit heißt, ist vielleicht noch der Hinweis interessant, daß man den 71. Spruch, aus dem das Zitat stammt, mit dem 56. in Verbindung bringen kann: «Der Wissende redet nicht, der Redende weiß nicht.»

Die Pforten der Hölle und des Paradieses

Immerhin, durch die ganze Christotherapie ziehen sich immer wieder Hinweise auf Taoismus, Buddhismus usw., die als durchaus vereinbar mit dem Christentum erkannt werden. Gemäß dem religiösen Charakter dieser Therapieform werden Verhaltensweisen, die zuträglich bzw. schädlich sind, als Pforten der Hölle und des Paradieses angesehen. Sie werden die Beziehungen zu den «weltlichen» Therapien sofort erkennen:

Sensualismus: Menschen, die sich dieser Lebensweise hingeben, wollen nur Glück, Freude, Genuß, Sexualität als eigene Befriedigung. Sie werden von ihren Zu- und Abneigungen geleitet, verdrängen alles, was sie stört, und leben nur ihren Gefühlen.

Perzeptivismus: Diese Menschen sind genau das Gegenteil. Sie entsprechen in hohem Maß dem Ideal von Fromm, Maslow, oder Frankl und vielen anderen. Sie sehen die Welt, wie sie ist, sind auf der Suche nach den echten, authentischen Werten des Lebens, die Sexualität kann mit ekstatischer Erfahrung zu tun haben und damit mit einer Sensibilität für den göttlichen Bereich.

Emotionalismus: Auch in dieser Form leben die Menschen nach ihren Gefühlen, der Überschwang kann aber viele körperliche und seelische Störungen auslösen.

Verstehen: Der verstehende Mensch hat auch Gefühle, sein Weinen ist echt, aber er kennt sein wahres Selbst und auch das des anderen.

Possessivismus: Gier und Besitzstreben vergiften das Leben dieser Menschen, sie sind schlechthin die Materialisten.

Sein-Lassen und Sich-Hingeben: Man wird an «Sein und Haben» von Erich Fromm erinnert und erkennt natürlich starke Beziehungen zum «Geschehen-Lassen» im Zen-Buddhismus ebenso wie im Autogenen Training.

Intellektualismus: Selbstbestätigung, Selbstverherrlichung – Narzißmus würde Freud sagen –, der ja auch in der Selbstverwirklichung solche Tendenzen sah. Der Intellektualisierende kann keine Fehler zugeben (auch keine erkennen) und sucht durch sein Wissen Macht über andere zu bekommen.

Weisheit: Dem Höllentor des Intellektualismus stellt Tyrall die Paradiespforte der Weisheit gegenüber, in der der vorurteilslose Mensch zum Werkzeug Gottes wird und Zeugnis von der Wahrheit geben will.

Genug der Beispiele. Die Heilung liegt in «Dienst und Hingabe», Glaube, Hoffnung und Liebe. Insgesamt scheint mir die Christotherapie ein interessanter Versuch zu sein, die zwei Bereiche Psychologie und Religion, die, wie Tyrall bevor er die Christotherapie entwickelte meinte, sich so wenig vertragen, wie Öl und Wasser zueinander passen, in einen für beide Teile annehmbaren Rahmen zu bringen. Ob das jemals wirklich gelingen wird, ist eine – wie mir scheint – bisher unlösbare Frage. Vielleicht ist das Problem ganz allgemein grundsätzlich nicht lösbar, sondern muß von jedem einzelnen für sich selbst gelöst werden.

Urschreitherapie

Schreien bis zum Urschrei, das Verfahren von Janov

Einer meiner Lehrer war Prof Erwin Stransky, Psychiater und mutiger Kritiker, der nach dem ersten Weltkrieg in einer Broschüre forderte, man solle doch jeden, der sich mit Politik befassen wolle, vorerst einmal psychiatrieren. Um die gleiche Zeit erfand er freilich auch die Subordinations-Autoritäts-Relationstherapie, die davon ausging, daß wir in allen Altersstufen auch ein gewisses Maß an fremder Autorität brauchen. Der Arzt gab in dieser Situation Befehle, die der Patient zu befolgen hatte. An Stransky werde ich immer wieder erinnert, wenn ich mit den Theorien der Primärtherapie, mit den Thesen von Arthur Janov konfrontiert werde. Janov ist noch viel strenger als Stransky: er verbietet seinen Patienten, Gefühle zu haben, die nach der Freudschen Theorie in jeder Therapie auftauchen – die Empfindungen, die mit der (positiven oder negativen) Übertragung zu tun haben. Janov schreibt (in der deutschen Übersetzung) wörtlich: «Die Primärtherapie unterbindet jede Übertragung und läßt keinerlei neurotisches Verhalten zu, weil das bedeutet, daß der Patient nicht fühlt; er agiert aus.»

Das klingt außerordentlich einfach, und man könnte sich fragen, warum die Menschheit, seitdem wir denken können, nach den Grenzen der Seele gesucht hat, wenn alles so simpel ist, wie Janov es darstellt. Das Kind wurde von den Eltern zuwenig geliebt, und mit diesem «Urzustand» muß der Erwachsene wieder konfrontiert werden. Dazu werden Befehle aller Art erteilt, man muß in unbedingtem Gehorsam tun, was einem der Therapeut sagt, und wird so allmählich (möglichst unter Ausschaltung aller anderen Eindrücke, ohne Medikamente, Alkohol usw.) in einen Ausnahmezustand getrieben, der einem hysterischen Geschehen wenigstens sehr ähnlich ist. Und in dieser Verzweiflung ruft der Patient endlich «Mama, Mama» oder «Mutti! Mutti!» und hat seinen «Urschrei», sein «Primal» getan. Die Intensivphase dieser Behandlung, die meist als Einzeltherapie, von manchen Janovanhängern aber auch in der Gruppe durchgeführt wird, dauert etwa drei Wochen, wobei der erste Urschrei oft schon in der ersten Woche erlebt wird. Da Janov soviel von diesem Ruf nach der Mutter (unter Umständen nach dem Vater) hält, gibt er auch Anweisungen, laut nach der Mutter oder nach der Liebe der Eltern zu rufen – der «Urschrei» ist also oft kein spontanes Erleben, wie wir es in verschiedenen Gruppen- und Einzeltherapien erleben. Auch da ruft jemand einmal nach seiner Mutter, klammert sich im Gefühl verzweifelt an den Vater – aber das geschieht dann nicht über Auftrag, sondern spontan, als Folge des inneren Erlebens.

Ich glaube, daß es Janov wie so vielen anderen ging, die im Vaterprotest der ursprünglichen Lehre, der sie einmal angehangen haben, den Rücken zuwandten, ja der Vatermordtheorie von Freud entsprachen, weil sie aus irgend einem Grund keinen Mittelweg finden konnten. Dazu kommt eine zweite, sehr menschliche Verhaltensform, die wir immer wieder erleben: Was mir geschehen ist oder womit ich einmal Erfolg hatte, muß ja auch für alle anderen gültig sein. Selbst so kritische Denker wie Sigmund Freud waren von diesem verführerischen Denken nicht frei – nur versuchte Freud stets, alle seine Theorien von den verschiedensten Gesichtspunkten aus neu zu überdenken und auch zu modifizieren, was viele andere «Gründer» von neuen Psychotherapieformen freilich nicht taten oder tun.

Janov nimmt für sich in Anspruch, daß er den Menschen in etwa einem halben Jahr nicht nur von der Neurose heilen könne, sondern ihn auch zu seinem «wahren Selbst» führen würde. Einem Selbst, das – soweit ich diese Theorien überblicke – freilich nicht nach den Grenzen sucht, sondern einen Zaun um sich zieht, damit die Welt von außen keinen Einfluß mehr nehmen kann. Das mag für viele Menschen die Lösung sein, für den, der sucht, ist sie es sicher nicht.

Die Urschreitherapie hat auf jeden Fall etwas Gutes: sie mobilisiert oft bei Menschen, die es bisher nicht wagten, ihren Gefühlen freien Lauf zu lassen, ihnen bisher unbekannte Emotionen, sofern sie freilich nicht früher aus der Therapie aussteigen, weil ihnen das strenge, fast religöse Regime nicht zusagt. Ob man damit mehr als (eher zweifelhafte) Anfangserfolge, die freilich vom Patienten erst einmal begeistert begrüßt werden, erzielen kann, sei zumindestens dahingestellt.

Das Prinzip der Katharsis ist uralt, uralt ist aber auch das Wissen, daß das bloße «reinigende» Abreagieren kaum eine Dauerlösung bringt. Die Gefahr, daß man mit kathartischem Geschehen schlechthin zum Beispiel latente Schizophrenien zum Ausbruch bringen kann, ist zweifellos gegeben.

Für die Suche nach den Grenzen der Seele scheint die Primärtherapie jedenfalls kein geeignetes Mittel zu sein – schon weil sie ja von der Theorie ausgeht, daß es diesen erweiterbaren Bereich gar nicht gibt. Alles, was auch nur andeutungsweise mit der Suche nach den Ursachen von Störungen, von Verhaltensweisen usw. zu tun hat, ist bei Janov, wie wir schon festgestellt haben, ja streng verpönt.

Verhaltenstherapie

Der Pawlowsche Hund

Von den ursprünglichen Methoden dieser Behandlungsform blieb – wie bei so vielen Konzepten – nur mehr wenig, vor allem das Grundprinzip des Konditionierens und des Lernens, übrig. Der berühmte russische Forscher Iwan Petrowitsch Pawlow (* 1849 † 1936), Nobelpreisträger für seine Arbeiten über den Verdauungstrakt, wurde vor allem durch die Entdeckung des «bedingten Reflexes» berühmt, mit dem er dann freilich fast alles Menschliche erklären wollte. Pawlow war es gelungen, an einem Hund zu zeigen, daß nicht nur der Anblick (und der Geruch) von Futter zur Abgabe von Speichel führt, sondern daß man die Speichelproduktion mit Sicherheit auch dann auslösen kann, wenn man das Tier vorher «konditioniert» hat. Das heißt, knapp bevor der Hund sein Futter bekam, wurde eine Glocke geläutet. Macht man das fünf oder sechs Mal, so geben die Drüsen auch Speichel ab, wenn gar kein Futter da ist, sondern nur die Glocke geläutet wird.

Man kann nun genau das Gleiche beim Menschen beobachten – ja hier noch weiter gehen. Wir spüren nicht nur den Speichel im Mund zusammenfließen, wenn wir an eine gute Speise (oder an eine Zitrone) denken. Ein Pawlow-Schüler, A. G. Smolenskij, machte folgenden Versuch, den man leicht selbst wiederholen kann. Er verband ein Klingelzeichen mit dem Aufblenden einer Lampe. Das Licht führt natürlich dazu, daß sich die Pupillen verengen. Nach einigen Versuchen genügt aber zur Pupillenverengung das Klingelzeichen – ein bedingter Reflex ist entstanden. Nicht nur Licht, auch die Klingel verändert die Pupillengröße. Der nächste Schritt ist im ersten Augenblick dann aber doch verblüffend: Bald genügt es, an den Klingelton nur zu denken, und die Pupillen verengen sich!

Folgerichtig sagte Pawlow von der Suggestion: «Das Wort ist für den Menschen ein ebenso realer bedingter Reiz wie alle übrigen bedingten Reize, die auch bei Tieren auftreten .... so ist die Suggestion als einfachster und typischster bedingter Reflex des Menschen anzusehen.»

Lernen ist alles

Daraus wurde allmählich die Überzeugung, man könne mit dem bedingten Reflex und einer Erweiterung der Theorie alle menschlichen Handlungen erklären. Es ist auch verblüffend, wie man zum Beispiel in Hypnose jemanden konditionieren kann, etwa auf einen Klingelton oder auf Licht einer bestimmten Farbe mit der Entstehung von Gefühlen wie Angst, Wut und Ärger, Freude und Glücklichsein, aber auch sexueller Erregung zu reagieren. Man kann so künstlich Neurosen – etwa Angst vor einem ganz einfachen, aus Draht gefertigten Stern – erzeugen und sie auch wieder wegbekommen, wenn man der Versuchsperson die Hintergründe klarmacht. Nun scheint das doch letztlich keine ganz allgemeingültige Erklärung zu sein, und der amerikanische Verhaltenstherapeut Prof. Frederick H. Kanfer stellte daher auch fest – zwischen dem Ereignisablauf Reiz-Effekt des Reizes steht doch in der belebten Natur ein Organismus. Und wie dieser jeweilige Organismus auf einen Reiz antwortet, hängt wohl auch stark davon ab, in welcher «Stimmung» dieser Organismus augenblicklich ist, wie er sich «fühlt», ob er schwach oder stark usw. ist. Kanfer stellt daher auch vor die Verhaltenstherapie die Verhaltensanalyse, um auf die besonderen Bedingungen beim einzelnen Menschen eingehen zu können.

Man kann nicht nur einen bedingten Reflex erzeugen, man kann ihn mit geeigneten Maßnahmen auch löschen, man kann «dekonditionieren». Man hat versucht, aus dem Konditionieren alles abzuleiten, was wir unter Lernen verstehen. Das stieß verständlicherweise auf Widerspruch und ist auch sicher in dieser Form nicht haltbar. So lernen wir ja zum Beispiel nicht nur durch direkte Reize, die auf uns einwirken: Durch den Vortrag des Lehrers oder durch die «Verstärkung» der Neigung zu einer Handlung, wenn wir gelobt werden oder den Klaps, den wir bekommen, wenn wir etwas falsch machen. Einen wesentlichen Anteil am Lernen hat unter anderem auch der Wunsch, es dem anderen gleich zumachen, ihn nachzuahmen, zu imitieren (so lernen unter anderem auch Affen) oder gar sich mit einem Vorbild zu identifizieren. All das hat auch zu Abwandlungen in der Verhaltenstherapie geführt.

Daher haben sich auch die Grundlagen der Verhaltenstherapie ständig weiterentwickelt. Man bezieht heute eine ganze Reihe von Theorien in dieses Konzept mit ein. Manche Forscher sogar Ideen, die der «Erzfeind» erarbeitet hat: Sigmund Freud.

Der amerikanische Verhaltenstherapeut Prof. J. Wolpe gilt als der eigentliche Vater der Verhaltenstherapie. Er versuchte durch die Koppelung von unangenehmen mit angenehmen Reizen Angst und andere unerwünschte Erscheinungen zu beseitigen, und gab von seiner Methode auch rund 90 Prozent Erfolge an, die freilich seine Schüler nicht mehr mit dieser hohen Quote erreichten.

Eine Übersicht über die Verfahren, die die Verhaltenstherapie anwendet, sieht etwa so aus:

1.) «Einfaches» Konditionieren: Man paart einen Reiz mit einem anderen, also etwa einen angstauslösenden (den Gedanken an eine Maus!) mit einem angenehmen, Ruhe, Entspannung. Dabei wurden vor allem die Übungen von E. Jacobson angewendet*, in Europa auch das Autogene Training. Oder man koppelt etwas Unangeneh-

---

* Eine Übung, bei der man bis zu einer halben Stunde die Muskeln anspannt und wieder entspannt.

mes mit etwas Verbotenem. So kann man zum Beispiel in Hypnose den Patienten dazu konditionieren, daß er, wenn er Alkohol nur sieht oder riecht, sofort erbrechen muß: Aversionstherapie. Chemisch hat man das schon früher versucht, indem man den Patienten Alkohol zu trinken gab und ihnen gleichzeitig ein Brechmittel spritzte.

2.) Die Konditionierung wird erreicht, indem man die Versuchsperson immer belohnt, wenn sie etwas Erwünschtes tut, und bestraft, wenn Unerwünschtes geschieht. Natürlich muß man vorher feststellen, womit man die einzelne Person «belohnen» kann, also dazu verlocken, etwas «Positives» zu tun, und welche Bestrafungsmethoden wirksam sind, ohne ihr zu schaden.

3.) Der Patient soll am Modell (Modellverhalten des Therapeuten, Lehrers) lernen, eigene Verhaltensweisen abzulegen und die anderen, «besseren», anzunehmen. Damit wird vor allem bei Kindern gearbeitet.

Der rechte Weg

«Der rechte Weg ist gar nicht schwer, nur abhold wählerischer Wahl» sagt ein Zen-Spruch. Wenn Sie nun am Ende dieses Buches angelangt sind, in dem ich versucht habe, Sie ein wenig in das Gedankengut von Meditation und Psychotherapie einzuführen, so hoffe ich, daß Sie durch die Lektüre vielleicht ein wenig mehr mit einem der Ziele der Psychotherapie vertraut wurden: «Leben lernen mit der Unsicherheit.» Was immer wir auch tun, wir werden das Leben besser leben, unser Ziel – was immer das sein mag – besser erreichen, wenn wir den Weg mit weniger Angst vor der Zukunft, vor allem mit weniger Angst vor Dingen, die wir ohnehin nicht ändern können, gehen. Die Realität erfassen heißt wohl auch, erkennen können, wo ich in meinem Leben etwas ändern kann, und nicht sich dort abzumühen, wo es gar keine Möglichkeit gibt, etwas wirklich zu ändern.

Ein gutes Beispiel dafür ist der Versuch, mit Rauschmitteln, vom Alkohol bis zum Heroin, das Leben «schöner» zu machen. Auch wenn es wirklich gelingt, für einige Zeit mit Rauschmitteln angenehme Gefühle zu erzeugen: am Ende steht sicher eine schlechtere Lebensqualität.

Das war ja auch die große Enttäuschung bei den – an sich sehr brauchbaren – Psychopharmaka: Man hatte ihnen im Überschwang der Entdeckerfreude den Namen «Happy-Pills» gegeben und hat damit ebenso Schiffbruch erlitten wie Sigmund Freud, als er meinte, mit der Hypnose das Mittel in die Hand bekommen zu haben, mit dem er dem Kranken nun befehlen könne, gesund zu werden. Der Machtrausch des jungen Freud zerflog wie der der Werbeleute, die glaubten, die Menschen mit Drogen glücklich machen zu können. Es scheint so zu sein, daß es kaum ein anderes Mittel für den Menschen gibt, sein Leben – soweit es eben möglich ist – zufrieden und glücklich zu leben, als eben: es zu leben. Daß dabei derjenige, der sich auf die Entdeckungsreise in sein Inneres begibt, oft, trotz aller Mühe, die das kostet, ein reicheres Leben führen kann – ja das, liebe Leserin, lieber Leser, das ist schon wieder Weltanschauung!

Wir dürfen uns dabei freilich auf ein Leben berufen, das in unserem Kulturkreis wohl einmalig ist: Auf Johann Wolfgang von Goethe. Er rang wie kaum ein anderer um Selbsterkenntnis und war auch Genie genug, das Mögliche voll auszuschöpfen. In seinem reichen und bewegten Leben war auch Raum für die innere Stille: «Über allen Wipfeln ist Ruh . . .» «Er wußte mehr über sich selbst, als die meisten Sterblichen aus eigener Kraft je über sich wissen können», schreibt der Psychoanalytiker K. R. Eissler in seiner (zweibändigen) Studie über Goethe.

Hat jemand sein Ich, hat er zu sich selbst gefunden, so ist es ihm vielleicht auch gelungen, manchmal die Ruhe zu finden, die man den vollendeten Zen-Meistern zuschreibt. Der Weg zum Ich wird ein Weg zum inneren Frieden.

Nachdem Sie mich auf dem Streifzug durch die Welt von Ich und Selbst, von Bewegung und Ruhe, Spannung und Lösung begleitet haben, lassen Sie mich am Ende Gottfried Benn zitieren:

Wer sich begrenzt, vollendet seine Spur,
Wer trägt, damit er nicht das Sein verletze,
Verzögernd sich, den fördert die Natur,
Den Schweigenden erhalten die Gesetze.

Register

316

319

Bücher zum Thema

Von (fast) allen wichtigen Werken von Adler, Berne, Erickson M. H., Freud, Fromm, Groddeck, Horney, Janov, Jung, Lao Tse, Lin Yü Tang, Perls, Peseschkian, Rogers, Schultz, Thomas, Allen Watts (Zen) existieren Taschenbuchausgaben.

Zum Autogenen Training, zur allgemeinen Psychotherapie, zu östlichen Lehren usw., aus der Überfülle des Vorhandenen:

Binder H. und K. Binder: Autogenes Training, Basispsychotherapeutikum

Diehl, B. J. M.: Autogenes Training und gestufte Aktivhypnose

Fromm–Suzuki–Martino: Zen-Buddhismus und Psychoanalyse

Herrigel, E.: Zen in der Kunst des Bogenschießens

–: Der Zen-Weg

Jung, C. G.: Erinnerungen, Träume, Gedanken

Kapleau, T.: Die drei Pfeiler des Zen

Kraft, H.: Autogenes Training, Methodik, Didaktik und Psychodynamik

Krapf, G.: Autogenes Training aus der Praxis

Enomiya–Lasalle (S. J.), H. M.: Zen, der Weg zur Erleuchtung

–: Zen-Meditation für Christen

Lindemann, H.: Einfach entspannen – Psychohygiene – Training

Mensen, H.: Das neue ABC des Autogenen Trainings

Müller-Hegemann, D.: Autogene Psychotherapie

Riemann, F.: Grundformen der Angst

Roazen, P.: Sigmund Freud und sein Kreis

Rosa, K. R.: Das ist Autogenes Training

–: Das ist die Oberstufe des Autogenen Trainings

Seifert, T. u. Waiblinger, A.: Therapie und Selbsterfahrung

Stockvis–Wiesenhütter: Lehrbuch der Entspannung

Wallnöfer, H.: Seele ohne Angst

–: Gesund mit AT

–: Wissen vom langen Leben

Ausführliche Informationen über deutsche, englische und italienische Literatur (Psychotherapie, Hypnose, Meditation in Ost und West, Adressen von Vereinigungen usw.) sind über ECAAT (European Committee for the Advanced Analytic Autogenic Training), Pyrkergasse 23, A-1190 Wien erhältlich.